CHRISTIAN COUNSELING
Solution-Oriented LifeWay CoachingTherapy

현대 크리스천 상담의 이해와 실제

유 재 성 지음

추 천 사

고 병 인 교수
(한세대학교 목회상담학 교수, 한국 기독교상담심리치료 학회 회장 역임)

　오늘날 수많은 사람들이 정서적으로 관계적으로, 혹은 영적으로 각양 문제를 안고 상처로 인해 아파하며, 회복을 향한 몸부림을 치며 살아가고 있다. 이처럼 흔들리는 개인이나 가족들을 위한 관심이 최근 한국 사회에 고조되고 다양한 상담 프로그램이나 상담 전문가들이 등장하고 있는 것은 반가운 현상이다. 하지만 건강한 개인과 가정들을 세우고, 상처받은 이들을 돌보고 세우는 치유와 회복의 최일선 현장은 여전히 교회이다.
　유재성 교수는 침례신학대학교 상담심리학과에 소속된 교수로서, 한국기독교상담심리치료학회의 대전/중부지역 지회장으로서 크리스천 상담의 이론적 기반 구축과 교회 현장에서의 치유와 회복을 위해 다양한 활동을 하는 상담학자이다. 그가 이번에 자신이 구축해온 상담이론과 접근을 정리하여 책으로 펴내게 되었다. 그는 크리스천 상담학 개론서에서 흔히 볼 수 있는 많은 일반적인 내용들을 본서에서 과감히 생략하였다. 21세기 크리스천 상담의 방향을 향한 자신의 확신과 실천적인 상담모델을 제시하는 것에 집중하려는 의도가 있었기 때문이다.
　저자는 먼저 크리스천 상담의 정의와 특성 및 역사적 흐름을 간략하게 정리한 후, 바로 1세기적 교회의 정체성과 성서적 돌봄에 충실한 21세기 크리스천 상담의 접근으로 '공동체적 패러다임'을 소개하고 있다. 그는 자신의 개인적인 성장 경험과 임상적 훈련 과정을 통해 21세기 크리스천 상담은 교회사를 관통하여 흐르는 고전적이고 권위적인 패러다임과 지난 세기의 개인적이고 임상적인 패러다임을 넘어 교회와 성서의 전통에 충실하면서도 새로운 시대의 문화적 환경과 현실을 반영하는 공동체적 패러다임에 충실해야 한다는 확신을 갖게 되었다.

본서의 전반부에서 교회를 중심한 크리스천 상담 및 돌봄사역을 공동체적 맥락에서 재해석한 저자는 후반부에서 자신의 상담이론 연구와 임상적 경험을 바탕으로 구축한 실제적인 크리스천 상담 접근을 제시하고 있다. 그의 상담 모델은 '대학'이라는 상아탑에서 이론적으로 만들어낸 것이 아니다. 그는 단순히 기존의 상담이론을 소개하거나 개념 등을 가르치는 것에 만족하지 않는다. 늘 교회와 성서의 전통에 기반을 두면서도 21세기 한국 문화와 그 현실에 적합한 상담이론과 접근 모델을 구축하기 위해 노력한다. 이러한 그의 상담 접근에는 자신의 지도교수였던 C. W. Brister 교수의 교회중심적 돌봄과 상담, 신학적이면서도 성서적 메시지를 담은 상담 접근을 하도록 영향을 준 Howard Stone 교수의 영향이 고스란히 배어있다.

유재성 교수는 단순히 공부만 하는 사람이 아니다. 그는 시간적 여유가 생기면 사랑하는 가족과 함께 커피 한 잔 앞에 놓고 음악 듣기를 좋아한다. 분위기가 되면 직접 기타를 들고 부드러운 노래 한 곡 부를 수 있는 문화적 여유를 즐길 줄 아는 따뜻한 상담자이다. 본서에는 고통 받는 내담자들과 그들의 회복을 촉진하고 주님 앞으로 인도하고자 하는 상담 사역자들을 위한 그의 자상한 관심과 배려가 녹아 있다. 단기적이면서도 효과적인 상담을 원하는 상담 전문가, 신학교에서 상담을 가르치는 크리스천 상담 교수나 신학생, 성도들을 전인적으로 돌보는 일에 관심을 갖고 있는 목회 사역자, 그리고 성서적이면서도 구체적인 상담 접근을 원하는 모든 상담학도들에게 기쁨으로 이 책을 추천한다.

추 천 사

정 동 섭 교수
(침례신학대학교 상담심리학 교수 역임, 가족관계연구소 소장)

　유재성 교수는 크리스천 상담의 각종 이론에 대한 폭넓은 연구와 더불어 다양한 상황에서의 임상적 경험을 두루 겸비한 상담학자이다. 그는 한국의 크리스천 상담학계에 새롭게 떠오르는 별이다. 나는 그가 한국 교회와 상담학계에 전할 메시지가 많이 있다고 확신한다. 이전에 여러 권의 양서들을 번역하기도 하였지만, 본서는 그가 직접 자신의 목소리로 그동안 이론과 현장을 넘나들며 연구하고 관찰하고 경험한 것들을 정리하여 세상에 내놓는 첫 번째 메시지이다. 동시에 본서의 내용은 그가 추후에 내놓을 후속 연구들의 기본 바탕이요 뼈대가 될 것이다.
　최근의 상담이론과 실제를 누구보다 잘 파악하고 있는 상담학자로서 유재성 교수는 '공동체적 패러다임'을 21세기 크리스천 상담의 새로운 물결로 확신하고 교회의 정체성과 현장에 충실한 상담이해와 접근을 구축하기 위하여 노력해왔다. 그리고 해결중심상담의 창의성과 단기적인 접근을 접하면서 "바로 이거야!" 하고 쾌재를 불렀다. 그 후 이혼위기에 있는 사람들을 해결중심상담으로 돕는 「누구나 한번쯤 이혼을 꿈꾼다」(한언출판사, 2003년)와 교회의 사역자들을 위한 「해결중심 목회상담」(요단출판사, 2004년)을 한국 독자들에게 소개한 바 있다. 그리고 이제 해결중심상담을 성서적으로 신학적으로 재해석하고 한국의 교회현장에 접목시킨 '해결중심 라이프웨이 상담' 모델을 세상에 내놓게 되었다. 저자가 '하나님 나라 신학의 구도'(already, but not yet)와 연결하여 상담을 '소망'(HOPES)과 '기대'(EXPECT)의 과정으로 도식화한 것은 매우 독특한 접근이라고 할 수 있다.

유재성 교수는 상담 이론을 배웠지만 구체적으로 크리스천 상담을 어떻게 해야 할지 몰라 힘들어했던 자신의 과거 경험을 늘 잊지 않는다. 그래서 그의 글에는 언제나 신학과 심리학, 그리고 현실적인 상담 접근이 조화롭게 반영되어 있다. 저자는 침례신학대학교 상담심리학 교수로서 학부와 대학원에서 학생들을 가르치며 본서의 이론과 접근 모델의 효용성을 점검하고, 현장에서 다양한 내담자들을 상담하면서 그 적용성을 재차 확인한 바 있다. 그리고 그동안 자신이 구축해 온 상담 접근을 한국 교회와 상담학계와 나누고 싶은 열정에서 본서를 출간하게 되었다.

상담과 치유, 회복사역에 관심이 있는 모든 분들에게 자신 있게 이 책을 추천한다.

머리말

"21세기 크리스천 상담의 현대적 도전"

필자의 유학시절 지도교수였던 브리스터(C. W. Brister) 박사는 평소 '교회'에 대해 "구성원들로 하여금 성경적인 신앙의 내용뿐만 아니라 사랑과 희망의 공동체를 경험하고 그 안에서 치유와 성장을 하도록 관심을 가져야 한다"고 역설한 바 있다.[1] 교회의 역할에 대한 이러한 이해와 메시지는 필자의 성장기 교회 경험과 상충되는 부분이 많이 있었다. 그래서 필자는 "교회는 과연 무엇인가? 교회는 왜 있어야 하는가? 교회는 어떤 공동체여야 하는가?" 등에 관한 질문들을 자주 하였다. 본서는 교회 혹은 크리스천 공동체의 정체성과 기능에 대한 이러한 질문들과 성찰에서 비롯되었다. 21세기의 상담현장에서 경험하기를 원하는 1세기적 크리스천 공동체의 모습과 성서적인 상담접근은 무엇일까에 대한 관심에서 출발하였다.

필자는 본서에서 기존의 기독교 혹은 목회상담학 개론서 등을 통해 다루어진 내용들을 대부분 과감하게 생략하고, 21세기 포스트모던 상황에서 크리스천들이 효과적으로 적용할 수 있는 핵심적이고도 실질적인 내용들에 초점을 맞추려고 하였다. 이러한 의도에 따라, 제 1부에서는 크리스천 상담[2]에 대한 개념적 정의와 범주 및 그 특징들을 중심으로 간략하게 다루었다. 그리고 크리스천 상담의 세 가지 패러다임, 즉 초대교회 이후 근대에 이르기까지 주도적인 역할을 해왔던 고전적 패러다임과 지난 100여 년을 지배해 온 임상적 패러다임, 그리고 21세기에 새롭게 등장한 공동체적 패러다임을 소개하였다.

제2부에서는 현대 크리스천 상담의 새로운 패러다임으로 등장한 공동체적 접근이 어떻게 성서적으로 그리고 교회의 본질과 연결되었는지, 어떻게 현대의 심리학적 이해를 넘어 성서적인 상담활동으로 전개될 수 있는지를 다루고 있다. 크리스천의 상담은 고전적·임상적 패러다임의 긍정적 효과를 부인하지 않으면서도 21세기의 새로운 현실 속에서 개인과 공동체가 서로의 자원과 강점을 통합하여 상호적인 치유와 변화, 성장을 이끌어내는 성서적 공동체 접근으로 나아가야 할 것을 강조하였다. 세상을 치유하고 회복하기 위해 오신 그리스도의 몸된 교회의 1세기 공동체적 정체성을 확인하고, 크리스천 공동체의 상호적 돌봄과 사역, 상담 접근을 21세기적으로 재해석함으로써 현대 크리스천 상담의 이해와 실제를 위한 이론적 바탕을 마련하였다.3)

제 3부는, 현대 크리스천 상담의 공동체적 패러다임에 근거한 하나의 실제 모델로 '해결지향' 혹은 '해결중심 라이프웨이 코칭상담'(Solution-Oriented LifeWay CoachingTherapy)을 소개하고 있다. 1부와 2부에서 언급한 공동체적 돌봄 및 상담 사역의 개념에 근거하여 어떻게 크리스천 코칭 및 상담을 통합적으로 그리고 구체적으로 전개할 수 있을지를 다루고 있다. 필자가 해결중심 및 이야기 상담 등의 구성주의적 접근에 머레이 보웬(Murray Bowen)의 가족상담 접근을 비롯한 다양한 상담원리와 방법을 통합하여 성서신학적으로 재구성하고, 코치 혹은 상담사가 성령님의 인도하심을 따라 자신과 내담자 및 공동체의 강점과 자원을 활용하여 어떻게 전문적인 코칭상담을 할 수 있을지 그 내용과 과정을 제시하고 있다.

필자는 이를 통해 크리스천 상담의 한 가지 실질적인 접근 방안을 나누고 싶었다. 기독교 신앙을 가졌지만 자신의 정체성 및 성서적 관점과 괴리된 코칭 혹은 상담을 하는 코치, 상담사들을 많이 보았기 때문이다. 그리고 '코칭은 미래의 희망, 상담은 과거의 문제를 다룬다'는 식의 이분

법적 접근이 아닌 코칭과 상담의 통합적 접근을 통해 더 큰 효과를 경험할 수 있음을 나누고 싶었다. 크리스천이 코칭상담을 하면서 성경말씀과 성령께서 역사하시는 공동체적 맥락과 역동을 도외시하는 것은 안타까운 일이다. 비기독교인과 코칭상담을 할 때는 물론 그들의 언어와 사고의 맥락에서 소통하며 작업해야한다. 하지만 그런 상황에서도 크리스천 코칭상담사는 치유와 회복, 생명의 근원이신 삼위 하나님을 의지하며 통합적으로 접근해야 할 것이다.

아울러 필자가 많은 이론적 내용보다 크리스천 코칭상담의 실제에 관심을 가진 것은 '코칭' 혹은 '상담에 대한' 많은 공부를 하고도 실제 '해보라'고 하면 우물쭈물 하는, 혹은 '아무것도 배우지 않은 것과 방불한 접근'을 하는 코칭·상담전공자나 사회복지사, 사역자, 교사, 및 각양 리더들을 많이 보았기 때문이다. 그러한 '배움의 낭비'를 예방하고 싶었다. 크리스천 코치 혹은 상담 전문가는 물론 코칭·상담을 전공하지 않은 목회자, 교사, 각종 기관이나 기업의 리더들도 본서에 제시된 단계들을 차분하게 익히고 따른다면 서로의 강점과 자원들을 활용한 공동체적 코칭상담의 '맛'을 볼 수 있게 될 것이다. 물론 신뢰할 수 있는 코칭·상담 활동을 위해 충분한 훈련과 임상수련을 하고, 자격인증을 받는 것과 같은 전문화 과정의 중요성과 필요성은 아무리 강조해도 지나침이 없을 것이다.

감사하게도 '현대목회상담학개론'으로 출판되었던 본서에 대해 그동안 많은 목회자 및 목회상담자들을 비롯하여 코칭·상담 전문가, 복지사, 사역자, 교사, 전공 학생 및 수련생들이 꾸준히 긍정적 평가 및 피드백들을 주셨다. 그 중에 이 책이 목회상담사들에게만 읽히는 것이 아니라 기독교 상담사, 교사, 복지사, 각종 기관의 리더, 나아가 돌봄과 상담에 관심 있는 이들이 쉽게 읽고 적용할 수 있도록 본서를 크리스천 상담으로 통합 및 확장해달라는 요구들이 있어 왔다.

그래서 이번에 새로 증보판을 내면서 이전의 내용과 기본적인 접근을 유지하되 '현대크리스천상담의 이해와 실제'라는 제목을 달고 세부적인 용어들과 내용들을 수정·보완 및 확장하여 제시하였다. 그리고 '실제'에 해당하는 한 가지 접근 사례로 '최근 크게 확장되고 있는 코칭과 상담 접근을 상호지원적으로 실시하여 상승효과를 이룬다'는 취지를 담아 라이프웨이 '코칭상담' 모델로 재구성하였음을 밝힌다.

  본서는 수많은 선행 연구자들과 지인들의 도움이 없었다면 오늘날 이렇게 햇빛을 볼 수 없었을 것이다. 먼저, 필자의 학문적 여정의 버팀목이 되어준 목회신학과 돌봄 및 상담 분야의 두 거목인 브리스터(C. W. Brister) 박사와 하워드 스톤(Howard Stone) 교수를 언급하지 않을 수 없다. 그리고 웨인 오우츠(Wayne Oates)와 수어드 힐트너(Seward Hiltner), 도널드 캡스(Donald Capps), 찰스 걸킨(Charles), 존 패튼(John Patton), 스탠리 하우어와스(Stanley Hauerwas), 머레이 보웬(Murray Bowen), 인수 버그(Insoo Berg), 스티브 쉐이저(Steve de Shazer) 등의 영향을 많이 받았다. 필자는 이들의 학문적, 임상적 전통에 뿌리를 내리고 있는 셈이다.

  브리스터 박사는 필자의 지도교수로서 교회 중심의 크리스천 돌봄과 신학의 근간을 설정하는데 절대적인 영향을 주었다. 스톤 박사는 해결중심 상담을 소개해주고, 본서의 성경적 기반과 상담 실제에 대한 많은 가르침을 주었다. 이들은 교실이나 연구실 외에도 학교 근처의 허름한 가게에서 함께 햄버거를 먹으며, 커피가 식어 차가와질 때까지 학문과 상담의 즐거움을 논하면서 다양한 코칭 질문들로 필자의 변화와 성장을 자극하였다. 그리고 필자가 귀국한 후에도 자신들이 체득한 다양한 노하우(know-how)와 정보들을 나누며 코칭관계를 지속적으로 이어갔다.

  필자를 침례신학대학교로 안내하고 오늘까지 지원과 격려를 아끼지 않는 정동섭 박사께 깊은 감사를 드리지 않을 수 없다. 때로는 스승처럼, 때로는 머리 "하얀" 형님처럼 자신의 삶을 나누며 필자를 지도해 주신다. 책으로 가득 찬 그분의 가방은 늘 묵직하다. 종종 그분의 가방을 대신 들고 함께 대화하며 아름다운 대학 캠퍼스들을 걷는 즐거움이 필자에게 크다.

　침례신학대학교의 상담학도들과 신학 전공자들, 코칭상담의 현장에서 만난 수많은 내담자들 또한 필자가 제시한 크리스천 코칭상담 모델을 경험하고 진지한 피드백을 나눔으로써 본서의 내용을 구축하는데 헤아릴 수 없는 값진 영향을 끼쳤다. 필자가 초벌작업을 한 것보다 더 나은 책이 되도록 만든 하기서원의 이정훈 편집장과 교정 및 문헌 정리에 수고한 대전청소년상담복지센터장 김계명 박사께 감사드린다.

　그리고 누구보다도, 어린 시절에 닫혀진 방문 너머에서 컴퓨터와 씨름하고 있는 아빠를 참아주었던, 그리고 지금은 벌써 대학생이 되어 자신들의 인생길을 힘차게 나아가고 있는 소중한 세 딸 하은과 하연, 하나, 그리고 필자의 삶을 보다 의미 있고 풍요롭게 해주는 아내 그레이스(Grace)에게 마음속 깊은 곳으로부터 다함없는 사랑을 전한다. 이들이 있어 나는 더욱 행복하고 즐거우며 아름다운 인생을 살아간다.

　교회는 복음 전파의 사명과 더불어 영혼의 아픔 및 상처들을 치유하고 돌보며, 서로 사랑과 선행을 격려하는 가운데 그리스도의 장성한 분량에 이르도록 돕는 사랑의 공동체여야 한다. 21세기를 살아가는 오늘 우리에게 그리스도께서 보여주신 이러한 1세기적 교회는 과연 어디에 있는가? 아니, 어떻게 우리가 그러한 교회, 그러한 크리스천 공동체가 되어갈 수 있을까?

　자 이제, 그동안 필자가 대학교의 연구실과 클래스에서, 임상수련 그룹들을 통해, 영혼 돌봄의 코칭과 상담 및 지역사회와 교회 사역의 현장에서 건진 1세기적인 21세기 교회의 크리스천 코칭상담 사역의 흔적을 찾아가는 가슴 뛰는 여정을 함께 시작하도록 하자.

2015년 2월
하기동 연구실에서　유 재 성

주(註)

1) C. W. Brister, *Pastoral Care in the Church*, 3rd ed. rev. and expanded (New York: HarperSanFrancisco, 1992), 218.
2) 필자는 이전 인쇄본에서 '목회적' 혹은 '목회상담'이라고 한 부분을, 특별한 언급이 없는 한, 보다 포괄적인 의미에서 '기독교 상담'과 통합하여 '크리스천 상담' 혹은 '크리스천 코칭상담'이라는 용어로 통칭하여 사용하고 있음을 밝힌다.
3) 본서의 1장에서 6장까지는 필자의 학위논문 일부를 보완 및 재구성한 것임을 밝힌다. Jae Sung Yoo, "Brief Pastoral Caregiving in a Communal Context" (Ph.D. diss., Southwestern Baptist Theological Seminary, 2002), 1-43, 76-115.

Cotents

제1부 크리스천 상담의 이해 • 15

제1장 크리스천 상담의 정의와 범주 ········· 19
1. 크리스천 상담의 세 가지 차원과 정의 ········· 19
2. 크리스천 상담의 세 가지 접근 범주 ········· 30

제2장 크리스천 상담의 특징 ········· 45
1. 성령의 프락시스(Praxis)로서의 상담 ········· 46
2. 크리스천 상담의 목표 ········· 49
3. 크리스천 상담의 컨텍스트(Context) ········· 51
4. 크리스천 상담자의 정체성과 역할 ········· 54
5. 크리스천 상담자 훈련 ········· 57

제3장 크리스천 상담의 패러다임 변천 ········· 63
1. 고전적 패러다임 ········· 64
2. 임상적 패러다임 ········· 67
3. 공동체적 패러다임 ········· 73

제2부 21세기 현대 크리스천 상담의 새로운 물결 • 85

제4장 공동체에 대한 정의와 성서적 이해 ········· 89
1. 공동체에 대한 일반적인 정의 ········· 89
2. 공동체 시대의 개인주의 ········· 92
3. 개인주의화된 기독교 공동체 ········· 96
4. 공동체에 대한 성경의 메시지 ········· 98

제5장 성서적 공동체로서의 교회 ···································· 107
1. 돌봄 공동체로서의 교회 ·· 107
2. 성서적 윤리 컨텍스트로서의 교회 ································ 117

제6장 교회 컨텍스트에서의 공동체적 크리스천 상담 ············ 125
1. 자기실현을 위한 심리학적 접근 ··································· 126
2. 공동체적 맥락에서의 자기실현 ···································· 129
3. 공동체적 자기실현을 위한 크리스천 상담자의 과제 ·········· 135

제3부 21세기 현대 크리스천 상담의 실제 • 149

제7장 해결중심 라이프웨이 코칭상담 이해와 과정 조감도 ········· 153
1. 새로운 상담 물결로서의 해결중심 단기상담 ···················· 153
2. 해결중심 라이프웨이 코칭상담의 열 가지 전제 ················ 156
3. 해결중심 라이프웨이 코칭상담의 순환적 통합 접근과 조감도 ······ 169

제8장 코칭상담을 위한 만남 및 목표설정 ······························· 183
1. 코칭상담 전(前) 만남과 과제(Pre-Session Assignment) ············ 183
2. 코칭상담 시작: 내담자와의 만남(Heartful LW Encounter) ········ 190
3. 코칭상담 목표구축(Organizing LW Goal) ··························· 206
4. 사례: "문제, 무디어진 사랑을 일깨우는 사랑의 신호등" ············ 213

제9장 미래비전과 과거자원 탐색 ·· 223
1. 라이프웨이 미래비전 구축(Piecing LW Vision Together) ········ 224
2. 라이프웨이 과거자원 탐색(Exploring LW Resources) ············· 238
3. 사례: "문제, 무디어진 사랑을 일깨우는 사랑의 신호등-1" ······· 253

제10장 변화와 성장을 위한 실천과제 수립 ····························· 263
1. 실천과제를 위한 내용분석(Accountable Reflection) ················ 264
2. 공동체적 라이프웨이 실천전략 구축(Communal LW Strategy) ···· 269
3. 코칭상담 첫 회기 종료(Try in Faith with Expect) ················· 286
4. 사례: "문제, 무디어진 사랑을 일깨우는 사랑의 신호등-2" ······· 289

제11장 라이프웨이 코칭상담 첫 회기 이후의 진행 ·················· 299
  1. 실천과제를 통한 변화의 흔적 탐색(Exception-finding) ············ 302
  2. 내담자에 대한 유연한 반응(FleXible Response) ················· 304
  3. 효과적인 실천과제 강화 및 추가이슈 작업(Promoting) ············ 307
  4. 비효과적인 과제에 대한 대안 수립(Edit) ······················· 309
  5. 공동체적 접근(Communal Approach) ························· 311
  6. 실천과제 구축 혹은 종결(Tracking or Termination) ·············· 314
  7. 사례: "문제, 무디어진 사랑을 일깨우는 사랑의 신호등 - 3" ······· 320

제12장 크리스천 상담, 그 부르심과 성숙에로의 공동체적 여정
     (Where Do We Go from Here?) ························ 329
  1. 크리스천 상담자의 자기성찰과 성장 ··························· 330
  2. 21세기 크리스천 상담과 그 공동체적 여정에의 초대 ················ 346

▎부   록 ··· 355
▎참고문헌 ··· 359

제1부
크리스천 상담의 이해

20세기 초, 미국의 주도적인 목회신학자들과 교회 사역자들은 당시 새롭게 등장한 심리학적 발견과 원리들에 관심을 갖고 종교적 현상이나 문제들에 적용하기 시작하였다. 그 한 예가 1905년 미국 보스턴에 있는 임마누엘 교회에서 시작된 '임마누엘 운동'이었다. 이 운동은 전통적인 영혼 돌봄과 치유 사역을 근대 심리학의 관점과 구조 속에서 이해하고 접근하려 하였으며, 여러 교단과 교회들이 신속하게 여기에 동참하였다.[1]

크리스천 사역에 이러한 임상적 접근이 시도된 이래로 전통적인 영혼 돌봄의 사역과 기능은 한 세기 만에 교회뿐 아니라 병원, 대학, 공항, 경찰서, 소방서 등까지 다양하게 확장되고 세분화되는 과정을 겪어왔다. 이와 더불어 이러한 사역을 하는 사역자들의 종류도 교회 안에서 활동하는 목회자 외에 교회 안과 밖에서 활동하는 크리스천 상담자 및 심리상담사, 채플린, 복지사 등으로 다양하게 확대되어 왔다.

이처럼 20세기 초반에 시작된 임상적 접근은 20세기 중반을 거치면서 활짝 꽃을 피웠다. 교회의 돌봄과 성도들을 치유하는 사역에 심리학적 접근이 강력한 영향을 끼치는 것을 넘어 전통적이고 성서적인 접근보다 더 권위적인 것으로 인정받기에 이르렀다. 그러나 일각에서 편향된 심리학적 접근에 대한 자성의 소리가 일어나면서 크리스천 상담자들은 그들의 사역과 활동에 성서적 관점과 접근을 중심으로 잃었던 균형을 회복하는 것에 관심을 갖기 시작하였다. 그리고 20세기 말이 되면서 돌봄 공동체로서의 교회와 그 공동체적 맥락에 새롭게 주목하는 경향을 보였다.[2] 교회는 사람들을 치유하고 새롭게 할 수 있는 강력한 잠재력이 있음에도 불구하고 그동안 공동체적 자원을 활용하여 체계적인 돌봄과 회복, 치유, 상담활동을 수행해오지 않았다는 지적을 인정 및 수용했기 때문이었다.[3]

이러한 인식 하에, 본서의 제1부는 크리스천 상담의 정의와 범주들을 살펴보며 크리스천 상담이 무엇인지에 대한 기본적인 이해를 제공하고 있다. 여타의 일반 상담과 다른 크리스천 상담의 특징들이 무엇인지를 다섯 가지 측면에서 살펴보고, 과거에서부터 현재까지 이어지는 상담 패러다임을 세 가지로 나누어 설명한다.

제1장 크리스천 상담의 정의와 범주

본 장은 크리스천 상담의 개념적인 정의와 접근 범주를 다루되, 특별히 교회 그리고 좀 더 넓게는 기독교적 맥락에 초점을 맞추어 그 이해를 시도하고 있다. '크리스천 상담'이라고 할 때 일반적으로 알려진 크리스천 상담(counseling) 자체만 아니라 크리스천의 사역(ministry) 및 돌봄(care)을 하나의 연장선상에 있는 포괄적인 개념으로 제시하고 있다.4) 이 세 가지 요소들은 여러 면에서 상호 관련되어 있고 중복되는 부분들이 있지만 동시에 서로 다른 측면들도 있다. 이제 이들에 대한 용어와 개념을 간략하게 살펴보고 규정하되, 먼저 교회사를 통하여 전해 내려온 크리스천의 돌봄 사역에 대한 일반적인 이해를 시도하고자 한다. 이어서 현대적인 의미에서의 '크리스천 상담'이란 무엇인지 살펴보고, 돌봄과 상담의 환경이요 그 현장(context)으로서 중요한 기능을 하는 '크리스천 사역'에 관한 것을 다루고자 한다.

1. 크리스천 상담의 세 가지 차원과 정의

✝ **크리스천 돌봄(Christian Care)**

교회의 역사를 통해 볼 때, '돌봄'은 대개 사역자 혹은 교회의 리더들이 성도들을 위해 행하는 '모든 활동'을 총칭하는 것으로 인식되었다.5)

그러나 일각에서는 아픈 사람을 심방하거나 임종을 앞둔 사람들 및 가족들과 함께 그 순간을 맞이하며 위로하는 것, 또는 어떤 곤경이나 문제에 처한 사람들의 말을 경청하고 그들의 아픔에 동참하는 것 등 보다 제한적인 의미로 사용하기도 했다.6) 이러한 상황에 처한 사람들에게 누군가가 관심을 갖고 위로하며 돌봄을 제공하는 것은 매우 커다란 의미가 있는 것이라 아니할 수 없다. 내가 아프거나 곤경에 처했을 때 누군가가 내 말에 귀를 기울여주고, 공감하며 받아줄 때, 기억해 줄 때 우리는 큰 위안을 받는다. 그리고 그 상황을 대처해갈 수 있는 힘과 용기를 얻을 수 있다.

사람들은 교회에 올 때 몸만 오는 것이 아니다. 구체적인 돌봄과 관심이 필요한 아픈 마음과 관계의 역기능적인 상황들 또한 함께 가져온다. 이러한 현상은 21세기의 급변하는 현실 속에서 더욱 빠르고 광범위하게 확장되어가고 있다. 오늘날 사회가 더 복잡해지고 자기중심적이며 개인주의화되어 사람들은 페이스북이나 카카오톡, 트위터 같은 발달된 소통의 통로들을 갖고 있지만 그 어느 때보다 더 소외되고 단절된 삶을 살고 있다. 이런 면에서 '서로 돌아보고 지원하며 사랑과 선행을 나누는 크리스천의 돌봄 활동'은 현대 교회가 어떤 면으로도 회피하거나 외면할 수 없는 필요불가결한 사역의 하나가 되었다.

크리스천 돌봄은 전통적으로 "영혼 치료"(the cure of souls) 활동으로 인식되었다.7) '치료'를 의미하는 영어의 '큐어'(cure)는 라틴어 '큐라'(cura)에서 유래된 것이다. 여기에는 어떤 사람이나 물건의 치유 또는 그 대상에 대한 '돌봄'의 의미가 내포되어 있다.8) 목회신학자 존 맥닐(John McNeill)은 사람의 혼적인 측면(soul)을 '인간 성품의 핵심'이라고 보았다. 한 사람을 대표하는 가장 중요한 기능을 갖고 있다고 인식했기 때문이었다. 그에게 있어서 영혼 치유는 사람을 지탱하고 고치는 포괄적인 전체 과정을 의미하는 것이었다.9)

이 개념은 목회사역자가 말하는 '목회적'(pastoral)이라는 용어에서 잘 나타나고 있다. 목회신학자 토마스 오든(Thomas Oden)은 '목자'

(shepherd)를 의미하는 헬라어 '포이맨'(poimen)이라는 단어를 사용하여 돌봄을 '목자가 양을 치듯 성도들을 안내하고, 돌보며, 바로잡고, 사랑하는 것'으로 묘사한 바 있다.10) 힐트너(Seward Hiltner) 또한 '목자'의 이미지를 도입하여 돌봄을 "목자가 하는 일"로 규정한 바 있다.11) 이와 같은 기본적인 이해에 근거할 때, 돌봄이란 목자의 심정으로 성도들 혹은 이웃들을 돌보고 안내하며 보호하고 자라게 하는 모든 행위 혹은 사역이라 할 수 있다.

돌봄에 대한 이러한 정의를 수용할 때, 그 돌봄적 행위 혹은 사역이 추구하는 것은 구체적으로 무엇인가? 교회사학자 윌리암 클렙쉬(William Clebsch)와 챨스 재클(Charles Jaekle)은 교회사 속에 나타난 돌봄사역을 크게 네 가지로 분류한 바 있다:

* **치유(healing)** : 교회에 어떤 곤경에 처한 사람이 있을 때 그를 온전한 상태로 회복시켜 영적인 통찰과 안녕의 새로운 차원으로 나아가게 하는 사역

* **유지(Sustaining)** : 상처받은 사람이 이전 상태로의 회복이나 곤경에서 벗어나는 것이 불가능하거나 개선이 어려울 때 그 상황을 견디거나 지탱하며 지나갈 수 있도록 돕는 사역

* **안내(Guiding)** : 혼란 가운데 있는 사람으로 하여금 자신의 현재와 미래에 영향을 줄 수 있는 여러 생각과 행동의 가능성들 중에서 가장 적절하고 믿을 수 있는 선택을 하도록 돕는 사역

* **화해(Reconciling)** : 사람과 사람, 사람과 하나님 사이의 깨어진 관계를 회복하도록 돕는 사역12)

목회상담자 하워드 클라인벨(Howard Clinebell)은 이러한 돌봄의 네 가지 측면 외에 '양육'(nurturing)의 기능을 추가하였다. 그는 이 기능의

목표를 사람들이 살아가면서 겪게 되는 인생의 굴곡과 어려움뿐 아니라 다른 일상의 경험들과 각종 사건들을 통하여 하나님께서 부여해주신 잠재력과 가능성들을 찾아 발전시키고 강화하는 것으로 보았다.13)

교회의 크리스천 사역자들은 전통적으로 그들의 일차적인 사역 초점을 어려움에 처한 개인들을 돌보고 치유하는 것에 두었다. 이러한 전통은 그 접근 방식에 있어서 근대 사회에 심리치료적 접근이 발달함에 따라 다양한 영향을 받아왔다. 사람의 심리 내적인 역동성과 개인에 초점이 맞추어진 심리학적 연구와 이해가 확산되면서 교회 사역자들도 이 새로운 분야에 적지 않은 관심을 갖게 되었기 때문이었다. 그 결과 이전에는 '자기 부인(否認)'과 공동체에 초점이 있었지만 이제는 개인의 자아에 초점을 맞추어 상처받거나 위축된 자아를 회복하고 강화시키는 것이 일차적인 관심사가 되기에 이르렀다. 이러한 경향은 폴 존슨(Paul Johnson)이 돌봄을 "역동적인 관계 속에서 각 개개인을 향해 행해지는 종교적 행위"로 이해한 것에서도 잘 나타나고 있다.14)

한 개인과 그 개인의 내적 역동성에 관심을 두는 접근이 지속되는 가운데, 일각에서는 이러한 개인중심적 접근에 대항하여 집단 차원의 돌봄과 도움을 제공하는 것이 중요하다는 주장이 제기되기 시작했다. 목회신학자 제임스 랩슬리(James Lapsley)는 돌봄이 개인의 자아에 집중되는 것을 비판하면서 그것이 지나치게 일대일의 관계 안에 머무는 것을 경계한 바 있다. 그러면서 사람들의 공동적인 관계 차원으로 돌봄사역이 전개되어야 할 것을 주장하였다.15) 이러한 집단적인 돌봄에의 관심은 집단역동에 대한 연구가 활성화되고 시스템 이론을 적용한 교회사역에 대한 이해가 증가함에 따라 더욱 널리 많은 사람들에게 확장되어 갔다.

한편, 개인중심적인 접근과 집단적인 돌봄 접근에 대해 래리 그래함(Larry Graham)은 이 두 가지 접근의 연관성을 강조하는 심리시스템(psychosystemic)적 접근을 소개한 바 있다. 그래함에 의하면, 돌봄사역에 있어서 한 개인에 대한 관심은 그를 둘러싼 주변 사회 시스템과의 상호적인 관련성을 고려하는 것과 분리하여 생각할 수 없다. 모든 돌봄 상황은 개인들의 심리 내적 측면만 아니라 그것에 영향을 주는 주변의 사회 집단적 요소들이 함께 관련되어 있다고 보았기 때문이다.16)

이러한 맥락에서, 어려움에 처한 사람을 돌보는 일에 있어서 개인과 집단의 양면적 요소들이 함께 고려될 필요가 있다면 이는 어느 한 개인의 심리 상담실보다 교회가 더욱 효과적인 돌봄을 제공하는 장소가 될 수 있다는 것을 의미한다. 오늘날 교회만큼 이러한 양면적인 접근과 치료적 기능을 발휘할 수 있는 장소는 없기 때문이다.

교회는 전통적으로 서로를 돌보는 일을 목회자나 어떤 특정한 전문가만이 할 수 있는 기능으로 인식하는 경향이 있었다. 이런 인식은 현재에도 여전히 많은 크리스천들에 의해 지속되고 있다. 안수 받지 않은 사람은 일반적으로 심방이나 위로 혹은 서로를 돌보는 사역활동 하는 것을 허용하지 않는 분위기가 있을 뿐 아니라, 성도들 자신도 목회자나 전문 사역자 외에 어떤 사람이 그러한 사역을 하려고 하면 쉽게 수용하거나 따르지 않는 모습을 보이고 있는 것이 사실이다. 요즘은 사역에 있어서 '목회자와 평신도'라는 이분법적 인식이 전에 비해 많이 달라지긴 했지만 그 기본 관점은 여전히 진행형이다.

하지만 크리스천 돌봄은 꼭 목회 사역자에게만 속한 것이 아니다. 그것은 모든 성도들이 감당해야 할 공동체적 과제이다. 필자의 지도교수였던 사우스웨스턴 신학교의 브리스터(C. W. Brister) 박사는 만인제사장직에 대한 성서적 가르침에 근거하여 크리스천의 돌봄활동을 교회의 포괄적인 공동체적 기능으로 이해하고 정의한다. 돌봄은 모든 그리스도인들이 서로를 위하여, 그리고 그리스도께서 위하여 죽으신 세상의 사람들을 위하여 함께 관심을 가지고 수행해야 하는 것이기 때문이다.17)

크리스천의 돌봄 사역은 목회자나 안수 받은 특정한 사역자들만이 할 수 있는, 또는 그러한 사람들만이 해야 하는 어떤 특별한 혹은 제한적인 것이 아니다. 교회에서의 직분이나 역할은 달라도 모든 그리스도인들이 함께 참여하고 감당해야 할 사역이다. 어떤 면에서 목회자보다 더 현장에서 신속하게 돌봄이 필요한 주변 이웃들을 발견하고 예수 그리스도의 이름으로 손을 내밀어 연약한 몸과 마음을 돌아볼 필요가 있다(엡 4:11-16). 이러한 면에서 볼 때, 크리스천 돌봄은 교회에서 모든 지체들에 의해 실천되어야 할 가장 핵심적인 사역의 하나이며, 교회는 그러한 사역이 실천될 수 있는 가장 효과적이면서도 독특한 현장이라고 할 수 있다.

✝ 크리스천 상담(Christian Counseling)

현대적인 의미에서 '상담'의 발전은 지난 100년 안팎의 비교적 짧은 기간 동안에 이루어졌다. 하지만 그 기원에 있어서는 꽤 오랜 과거로 거슬러 올라갈 수 있다. 그 한 예로 우리는 출애굽 후 40여 년 동안 광야 생활을 한 이스라엘 백성들 가운데에서 사역한 모세를 통해 상담의 한 단면을 볼 수 있다. 오랫동안 정착하여 살던 애굽을 떠나 모든 것이 부족하고 안정되지 않은 척박한 광야 생활을 하던 당시 백성들은 많은 불편과 어려움, 문제와 직면할 수밖에 없었다. 그들은 저마다 자신들의 고통이나 불만, 문제들을 갖고 모세를 찾아와 자신들의 사정을 나누었다. 모세는 하루 종일 그들과 함께 하며 그들이 가져온 각종 불만과 문제에 귀를 기울이고 적절한 안내와 해결책을 모색해 주었다.

이와 같은 상담자의 모습은 이후 이스라엘 백성들에게 각종 깨달음과 자문을 제공했던 선지자, 교사 및 지혜자들에게 전수되어 그 명맥을 이어갔다(렘 18:18). 구약성경의 잠언서에 보면 그들은 백성들의 가족 관계나 생활상의 문제들, 자녀 양육, 심리적 혹은 성격적인 요소 등 일상의 삶에서 부딪치는 각종 이슈들이나 경험들에 대한 지혜와 깨달음을 제공하였다.[18] 오늘날과 같은 형태의 상담은 아니었지만 삶의 현장에서 부딪치는 각종 문제들에 대해 귀를 기울이고 그러한 상황에서 어떠한 생각과 행동을 가지고 대처해 가야 할지에 대한 유익한 정보와 안내를 공급해 주었던 것이다.

이러한 전통은 신약성서 시대로 넘어와 예수 그리스도에게서 백성들을 돌보는 '목자'의 모습으로 이어졌다. 예수께서는 이 마을 저 마을 사람들이 있는 곳을 찾아다니시며 그들의 어려운 사정과 아픔을 경청하며 공감해주셨다. 사랑하는 마음으로 그들과 대화를 나누시며 위로와 치유를 전하는 사역을 전개하셨다. 주님은 자신을 '선한 목자'로 소개하시며 "양으로 생명을 얻게 하고 더 풍성히 얻게" 하려고 세상에 오셨다고 말씀하셨다(요 10:10-11). 삶의 각종 고통과 슬픔, 아픔과 문제를 안고 도움을 요청하며 찾아오는 사람들에게 구원을 베풀고, 회복과 치유, 및 새로운 삶의 소망을 주시는 것은 그분의 지상사역에서 빼놓을 수 없는 핵심적인 활동의 하나였다. 그리고 세상을 떠나시면서 보혜사 성령, 곧 놀라운 상담자(the Wonderful Counselor)를 우리에게 보내어 우리와 함께 하실 것을 약속하셨다(요 14:16; 16:7).

이처럼 사람들의 문제에 귀를 기울이고, 그들의 아픔과 고통에 공감하며 문제로부터의 회복과 치유를 경험하도록 돕는 상담적 전통은 성서 시대뿐 아니라 교회사 속에서도 늘 중요한 크리스천 사역으로 인식되고 실천되었다. 해도 되고 안 해도 그만인 '선택' 사항이 아니라 교회의 사역에서 뺄 수 없는 핵심적인 영혼돌봄의 사역으로서 세월의 흐름을 따라 면면이 이어져왔다.

그러나 현대적인 의미에서의 크리스천 상담은 비교적 최근에 발전된 새로운 전문 분야라고 할 수 있다. 이러한 맥락에서, 미국 에모리(Emory) 대학교의 목회상담자 로드니 헌터(Rodney Hunter)는 상담을 '내담자에 의해 특별히 언급된 어떤 이슈나 문제에 집중하여 도움을 제공하는 가장 구조적이고 조직적인 돌봄 사역'이라고 정의한 바 있다.[19] 즉, 자신을 비롯한 타인과의 관계, 나아가 하나님과의 관계에서 어떤 갈등이나 정서적 압박 혹은 혼란을 경험하는 사람들을 지원하는 공식적인 사역인 것이다.[20] 이 분야의 선구자 중 하나인 웨인 오우츠(Wayne Oates)는 이보다 좀 더 구체적으로 '상담자와 내담자 사이의 공식적인 관계를 통하여 어떤 특정한 장소에서 시간을 정해 여러 번의 만남을 갖는 것'을 상담이라고 지적한 바 있다.[21]

이 외에 하워드 클라인벨(Howard Clinebell)은 크리스천의 상담을 '사람들의 성격 이슈를 다루고 성장케 하며, 불만족스러운 삶의 모습들을 점검하고 교정하려는 목적을 갖고 접근하는 것'으로 보았다. 그는 '살아가면서 어쩔 수 없이 경험하는 상실감이나 실패 등을 직면하도록 필요한 지혜와 관계를 제공하는 것'을 상담이라고 정의하기도 하였다. 클라인벨은 상담과 돌봄을 비교하면서 사람들은 평생을 살아가면서 누군가의 돌봄을 필요로 할 때가 있으며, 특별히 어떤 위기적인 상황이나 어려움에 직면했을 때는 대개 짧은 기간을 설정하여 단기적인 도움을 받을 필요가 있는데 그것이 바로 상담이라고 주장하였다.22)

이상에서 보았듯이, 상담은 일반적인 의미에서의 돌봄과 달리 비교적 장소적, 시간적으로 제한된 상황에서 구체적인 초점을 갖고 이슈들을 다루는 것이라고 할 수 있다. 신뢰할 수 있는 관계를 구축하고, 돌봄의 대상이 되는 문제 보다 좀 더 구체적이고 신속한 개입을 요하는 문제들을 비교적 단기에 해결하고자 하는 사역의 한 형태로 볼 수 있다. 이러한 구조 속에서 크리스천 상담자는 어려움 가운데 있는 사람들로 하여금 자신의 아픔과 상처를 돌아보고 매일의 삶 속에서 함께 하시는 하나님의 임재와 은혜를 통해 치유와 회복을 경험하도록 도우려고 한다. 그리고 이러한 깨달음을 통해 매일의 삶을 보다 긍정적이며 풍성하게 살아갈 수 있도록 격려하며 지원하는 역할을 한다.23) 이를 위해 다양한 접근과 방법론을 적용하는데, 이러한 측면에서 상담은 돌봄보다 구체적이고 체계적이며 집중된 활동이라고 할 수 있다.

✝ 크리스천 사역(Christian Ministry)

크리스천 '사역'은 일반적으로 교회나 관련 기관 혹은 모임에서 실행하는 예배와 기도, 말씀 선포, 교육 등 다양한 활동들을 포함한다. 앞에서 언급한 크리스천의 돌봄이나 상담보다 광범위하고 포괄적인 것이라 할 수 있다. 데이빗 베너(David Benner)에 따르면, 크리스천 '사역'은 '상담'과 '돌봄'의 컨텍스트로서 가장 포괄적인 크리스천 활동의 장(場)이요 배경이 된다. 베너는 기독교적 상담과 돌봄이 다른 일반 상담 접근과 달리 목회적 혹은 기독교적인 것이 되기 위해서는 '크리스천 사역'의 범주에서 진행되어야 한다고 보았다. '사역'의 컨텍스트와 목적은 '상담'과 '돌봄' 활동의 방향, 과정, 목적뿐 아니라 그 테크닉에도 의미 있는 영향을 끼치기 때문이다. 아래의 도식은 사역과 돌봄, 상담의 관계를 잘 보여주고 있다.24) 이들은 상호 유사성을 갖고 있지만 차이가 있고, 상호적으로 영향을 미치고 있으며, 보다 효과적인 영혼 돌봄과 치유, 변화와 성장의 사역을 위해 통합적으로 인식되고 접근할 필요가 있다.

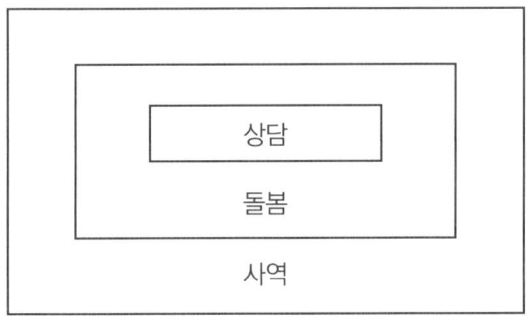

크리스천의 사역을 목양적 관점(shepherding perspective)에서 인식한 목회신학자 힐트너(Seward Hiltner)의 접근은 이러한 크리스천 사역의 본질을 이해하는데 유용한 도움을 준다. 그는 크리스천 사역자들의 주된 사명은 복음 안에서 사람들을 그리스도께로 인도하되 특별히 곤경에 처한 사람들을 목자가 양을 돌보듯 사려 깊고 자상한 태도로 이해하고 배려하며 돕는 것이라고 보았다.25) 우리는 이러한 모습을 하나님에게서 발견한다. 하나님은 '목자'로서 자기 양떼를 인도하고, 먹이고, 회복시키며, 보호하는 모습으로 자신을 드러내신다(시 23:1-3; 79:13, 100:3).

이러한 목양적 개념은 구약 성경에서만 아니라 신약 성경에 와서도 예수 그리스도의 사역을 통해 지속되고 있다. 성경은 예수 그리스도를 '자기 양떼'를 구체적으로 알고, 심지어 목숨까지도 내놓는 '선한 목자'로 소개하고 있다(요 10:1-16; 마 18:12-14; 눅 15:3-7). 이러한 예수 그리스도의 '목자' 이미지는 교회사 속에서도 교회 지도자들에게 하나의 전형적인 상징으로 일관되게 전해졌다.26)

크리스천의 사역에 대한 목양적 관점은 힐트너(Hiltner)만 아니라 제임스 랩슬리(James Lapsley), 찰스 걸킨(Charles Gerkin), 웨인 오우츠(Wayne Oates), 토마스 오든(Thomas Oden), 브리스터(C. W. Brister), 존 패튼(John Patton), 로드니 헌터(Rodney Hunter) 하워드 스톤(Howard Stone) 등 근·현대의 대표적인 목회적 돌봄 및 상담학자들에게서도 공통적으로 드러나고 있다.

그 한 예로, 존 패튼에게 있어서 목회사역의 기본은 전통적으로 내려온 성서에 대한 고전적 인식과 접근을 넘어 목회적 현장과 사건들, 그리고 여기에 관련된 사람들을 목양적 관점에서 이해하고 돌보는 것으로 출발하고 있다. 그는 돌봄의 사건과 그 상징, 신학적 성찰 등을 통하여 임상적인 크리스천 사역의 실제를 이해하고 구축하려 하였다.27) 사역에 대한 이러한 이해와 접근은 점차 교회의 지경을 넘어 사회 현장에서 전문적이고도 임상적인 사역을 전개하는 것으로 확장되어 갔다.

브리스터는 이러한 시대적 경향과 분위기 속에서 활동하면서도 일관되게 크리스천의 사역을 교회 컨텍스트에서 이해하고 접근하려 노력하였다. 그러면서 사역을 어느 특정한 전문가만 하는 것이 아니라 성도의 상호적 돌봄의 개념 안에서 모든 성도들이 감당해야 할 중요한 사명으로 이해하였다. 교회의 사역을 소수의 무리들에게만 해당되는 것으로 본다면 성경이 '서로를 돌보고 사랑하라'고 한 공동체적인 책임을 놓치는 것으로 인식하였기 때문이다.

신약 성경에 나타난 초대교회를 보면 그 돌봄의 형태와 접근은 오늘날의 개인중심적이고도 전문적인 것과는 사뭇 다른 공동체적인 것이었음이 분명하다. 브리스터는 초대교회 당시 사역에 참여한 사람들을 크게 두 부류로 나누고 그들의 공동체적 사역에 두 가지 특성이 있었다고 주장하였다. 그 하나는 성령의 은사를 받아 자신이 처한 상황과 형편에 따라 사역을 한 사람들이었고(고전 12:12-28; 엡 4:7-12; 롬 12:5-8), 다른 한 부류는 사도들에 의해 교회의 목사나 감독, 혹은 집사로 임명된 소수의 사람들이었다(행 20:28; 빌 1:1; 히 13:7, 17, 24; 딤전 3:8-13, 5:17).28)

이들에 의해 전개된 초대교회의 사역은 신자들의 돌봄 공동체로서 크게 두 가지 특성이 있었다. 첫째는, 서로를 돌보고 사랑과 선행을 격려하는 사역이었는데, 목회자나 평신도 구분 없이 모두가 함께 하는 것이었다. 둘째로, 이러한 사역은 성도 전체의 협동적인 과제였으며, 목회자와 리더들은 성도들을 양육하고 훈련하여 사역을 할 수 있도록 돕는 역할을 하였다(엡 4:11-12).

우리가 앞에서 본 바와 같이, 크리스천 사역은 돌봄 및 상담과 더불어 상호적인 영향을 미치는 긴밀하고도 지속적인 관계에 있다. 이 세 영역은 서로 다른 측면들이 있으면서도 긴밀하게 연결되어 있다. 크리스천 사역자는 성도들이 어떤 위기상황에 처했을 때뿐만 아니라, 인생을 살아가면서 시시때때로 경험하는 어려운 순간들을 맞이했을 때 먼저 그들을 찾아가 관심과 사랑, 위로와 격려를 나눈다. 이와 같은 접근을 통해 성도 개개인의 필요들이 충족되면 좋지만, 그렇지 않을 때 교회는 돌봄 차원에서 좀 더 구체적으로 문제에 처한 성도를 지원하거나 도울 수 있다. 이에 더해 보다 집중적인 단기 상담활동을 통해 당면 문제의 해결 내지는 변화와 성장을 꾀할 수 있다.

이러한 단기적인 상담활동은 다시 순환적으로 돌봄 및 사역의 차원으로 연결되고, 문제 이슈의 상황과 정도에 따라 지속적이고도 적절한 사역이 추가적으로 제공될 수 있다. 이러한 의미에서, 교회 혹은 크리스천 기관은 공동체적 맥락에서의 사역과 돌봄, 상담 접근을 서로 다른 것으로 분리하여 이해하거나 상호 무관한 개별적, 개인주의적인 접근을 취하기보다 서로 연결되어 영향을 주고받는 영혼 돌봄(soul caregiving) 사역의 세 측면으로 인식하고 접근하는 것이 바람직하다.

2. 크리스천 상담의 세 가지 접근 범주

오늘날 인간관계의 갈등과 그로 인한 상처, 가정해체, 언어행동적 폭력과 학대, 성적일탈, 우울증, 중독, 반사회적 성격장애 등 각종 역기능적이고 병리적인 문제가 사회 전반에 급증하고 있다. 사람들은 그 어느 때보다도 불안하고 두려워하며 불확실한 내일에 대한 전망으로 힘들어하고 있다. 이러한 문제들을 안고 찾아오는 사람들의 문제 증상과 고통을 누그러뜨리거나 문제의 원인을 제거하는 것이 참으로 중요한 시대가 되었다.

크리스천 상담사들도 이러한 문제들을 해결하기 위해 노력한다. 하지만 그 궁극적인 관심은 여기에서 그치지 않는다. 좀 더 나아가 내담자들로 하여금 영적인 성장의 단계에까지 나아가도록 촉진하는 것에 관심이 있다. 현대인들이 많이 경험하는 인간의 내면적인 갈등과 관계의 문제 등은 교회 사역 현장에서의 관심이나 배려, 또는 잘 구성된 '돌봄' 사역 프로그램 등을 통해 치유되거나 개선 혹은 회복될 수 있다. 상처와 슬픔이 더 심해지기 전에 예방될 수도 있다. 상담자의 집중적인 관심과 '상담'을 통해 단기에 문제 해결 혹은 그 실마리를 이끌어낼 수 있다.

하지만 많은 경우, 그리스도의 장성한 분량에까지 이르는 지속적인 변화와 영적인 성숙을 추구하는 크리스천 상담의 궁극적 목적을 위해서는 단기적인 상담 후에도 문제 이슈와 관련된 심방, 전화, 기도, 예배, 설교 등을 비롯한 아버지 학교, 어머니 학교, 결혼예비교육 등의 각종 '사역'이 지속적이고도 체계적으로, 그리고 일관성 있게 제시되어야 한다. 따라서 교회의 목양을 담당하는 목회자나 크리스천 상담자는 내담자의 문제 이슈와 상황, 그리고 그 정도에 따라 효과적이고도 적절한 접근 방법을 유기적으로 선택하고 적용하는 것이 필요하다. 이것을 세 가지 접근으로 나누어보면 다음과 같다.

✝ 사역 차원에서의 "비공식적, 즉각적" 접근

교회 혹은 크리스천 기관에서 어떤 위기나 도움이 필요한 상황에 처한 구성원들에게 즉각적인 관심과 돌봄을 제공하는 것은 초대 교회를 비롯하여 교회사 속에서 사역자들이 늘 중요하게 인식하고 실천해온 것이다. 교회 역사를 통해 볼 때 사역자들은 성도들의 삶의 현장에서 드러나는 문제나 이슈들을 관찰하고 목양하는 사역을 위해 특별히 훈련을 받았든 안 받았든, 또는 그것을 원했든 원하지 않았든 상관없이 이 사역을 하였고, 또 그러한 사역을 할 것이 요구되었다. 실제로 이 사역은 교회의 출입구에서, 화장실에서, 주차장에서, 예배 시작 전이나 후, 성도간의 친교나 기도 모임, 집이나 직장 등 그 시간이나 장소, 형식에 크게 구애받음이 없이 간단한 대화나 활동을 통해 전개되어왔다.

크리스천 사역자는 이러한 비공식적이고 즉각적인 만남을 통해 확인한 성도들의 아픈 사연이나 문제를 기도시간에 하나님께 아뢰고, 적절한 목양계획을 세워 각종 사역 활동에 적용해왔다. 예배를 드리면서 성도들로 하여금 '믿음의 주요 온전케 하시는 이인 예수'를 바라보도록 기도하며 찬양하고, 주님의 기름 부으심이 예배를 통하여 그들에게 전해지도록 간구한다. 하나님께서 주시는 영감 있는 메시지를 준비하고 선포함으로써 그들의 곤경이 결코 하나님께 잊힌바 되지 않았다는 사실을 확신시켜 주기도 한다. 구역 모임이나 셀 모임을 통하여 성도 개개인과 부부, 가정의 문제를 서로 나누고 위로와 격려를 하면서 그리스도께서 그들 가운데 함께 하시는 체험을 하도록 돕는다. 이러한 모든 사역들은 자기 백성들을 향한 하나님의 사랑과 관심을 인식하게 하고, 회복과 자유를 경험하게 한다.

영혼 돌봄과 관련된 이와 같은 사역 활동들은 대부분 비공식적이고 즉각적으로 이루어진다는 특성이 있다. 상담의 경우처럼 특정한 문제 해결을 위해 미리 어떤 공식적인 조직이나 치밀한 계획을 세워 진행되는 것이 아니다. 성도에게 어떤 어려움이 있음을 목격하거나 그러한 사실을 알게 되었을 때 즉각적인 기도나 대화 등을 통하여 문제를 다루되, 많은 경우, 간단하고 짧은 단회적인 만남과 사역으로 전개된다. 물론 몇 시간씩 대화가 지속되거나 장기적인 만남으로 연결되는 경우들도 있다.

웨인 오우츠(Wayne Oates)는 이러한 종류의 사역을 '친구 관계' 차원의 상담이라고 정의하였다.29) 비공식적이고 짧은 대화를 통해 이루어지지만 그렇다고 친구들과 만나 회포를 풀거나 수다를 떠는 것과 같은 성질의 것은 아니다. 사역자의 심정으로 돌봄을 위한 의도를 갖고 행해지는 것을 의미한다. 비록 사전에 치밀하게 계획된 어떤 공식적인 만남이나 활동에 의한 것이 아니더라도 그러한 활동들이 미치는 영향력이나 이를 통해 얻을 수 있는 역동성은 결코 무시할 수 없다. 클라인벨(Clinebell)은 많은 위기상담이나 사역 개입이 이러한 비공식적인 방법으로 이루어지고 있고, 그 효과 또한 상당히 크다고 주장한 바 있다.30)

비공식저이고 즉각적인 사역 차원의 접근에는 여러 가지 유리한 점들이 있다. 사역자에게는 도움이 필요한 사람들에게 먼저 찾아가 그들에게 도움의 손길을 내밀 수 있는, 즉 사회에서 활동하는 일반 심리상담사들에게는 없는 독특하고도 비교할 수 없는 사명이자 특권이 있다. 사람들은 대개 도움이 필요한 상황에서도 그러한 사실을 모르거나, 안다고 해도 무시하고 지내는 경우가 많다. 주위에 도움을 줄 수 있는 사람들이나 시설이 있어도 찾아가 도움이 필요하다는 것을 인정하거나, 도움 요청하는 것을 주저한다.

이러한 상황일지라도 일반 상담자들은 내담자가 찾아올 때까지 먼저 나서지 않는다. 그렇게 할 수 없다. 하지만 크리스천 사역자들은 먼저 그들을 찾아갈 수 있다. 집이나 직장을 방문하여 그들에게 무엇이 필요한지를 발견하고 문제가 악화되어 만성적이 되거나 해결이 더 어려워지기 전에 문제를 다룰 수 있다.31) 문제는 발생 후 치료하기보다는 예방하는 것이 더 효과적이다. 이러한 차원에서 정기적인 만남이나 방문을 통한 관심과 배려는 문제가 일어날 수 있는 상황이나 여건을 사전에 인지하고 제거함으로써 문제를 예방하게 하는 실질적인 치유사역으로 연결될 수 있다.

이러한 접근이 갖고 있는 또 다른 장점은 어려움에 처한 사람의 상황이나 현장이 어디이든지 바로 그 자리에서 필요한 것이 무엇인지 탐색하고 적절한 도움제공을 모색할 수 있다는 것이다. 시간을 다투는 위기 상황에서는 즉각적인 개입을 통해 필요한 응급조치를 취하는 것이 중요하다.32) 성도들과 이미 형성된 신뢰 관계가 있는 크리스천 상담사역자는 즉각적으로 문제 현장으로 들어가 대화를 나누며 함께 해결을 모색할 수 있다. 일반 심리상담 접근과는 달리 상담 약속을 잡기 위해 다음 날까지, 또는 일주일, 경우에 따라 그 이상을 기다리거나, 신뢰가 있는 관계를 발전시키기 위해 많은 시간을 기다릴 필요가 없다.

교회나 크리스천 공동체의 맥락에서 활동하는 크리스천 상담자는, 일반 상담자와 달리, 대개 어려움에 처한 사람들과 그의 가족들을 잘 알고 있거나 상황에 따라 신속하게 접근할 수 있는 장점이 있다. 그들의 가족 배경이나 상황을 잘 알고 있는 경우들도 많다. 따라서 이미 확인된 정보들을 바탕으로 내담자의 강점이나 자원, 경험들을 활용하고, 즉각적인 위로와 격려, 영적인 지원을 제공할 수 있다. 친지나 가까운 친구들과 연합하여 내담자를 지원하고 필요한 돌봄을 제공하는 공동체적인 접근을 할 수 있다. 위기에 처한 사람들에게 정말 필요한 도움을 주는 것은 곤경에 처한 사람을 진심으로 사랑하고 아끼는 가족이나 친지들, 또는 가까운 친구들일 경우가 많기 때문이다.

미국 에모리(Emory) 대학교의 목회신학자 챨스 걸킨(Charles Gerkin)은 자신이 나이 들어 질병으로 고통당할 때 정말 필요한 도움이 되었던 것은 그의 가족과 이웃 친구들의 사랑과 관심이었다고 고백한 바 있다.33) 도움을 필요로 하는 사람의 상황과 형편을 누구보다 잘 알고 그들이 정말 원하는 것, 필요한 것이 무엇인지 잘 아는 사람은 전문 상담자가 아닌 가까운 친지나 이웃, 동료들일 수 있다. 동료들 간의 친밀한 관계는 한 사람에게 문제가 생기기 시작할 때 누구보다도 먼저 그것을 알아내고, 문제가 심화되기 전에 서로를 돕는 예방차원의 사역을 전개하는데 중요한 요소가 된다. 상담자에게 있어서 이들은 사역적 차원의 영혼 돌봄에 꼭 필요한 동역자요 효과적인 돌봄 사역을 위해 발전시켜야 할 필수적인 자원인 것이다.

'비공식적이고 즉각적'인 사역 접근의 또 다른 장점은 목회자 혹은 사역자의 정체성에서 오는 영적 권위이다. 이것은 스스로 자기 권위를 내세우거나 사람들에게 그것을 요구하는 것과는 다른 차원의 것이다. 성도들을 향한 진정한 사랑과 돌봄, 섬김의 자세로 말미암아 성도들이 자발적으로 그에게 부여하는 종류의 권위이다. 상담 사역자에게 이러한 영적 권위가 부여되고, 하나님의 사람으로, 교회 공동체의 영적인 리더로 인식될 때 성도들은 그들에게 찾아와 영적 요소들뿐 아니라 일상적인 삶의 이슈들에 대한 자문을 구하고 도움을 요청한다.

오늘날 사회가 복잡해지면서 사람들은 더욱 개인중심적이고, 자신의 사생활이나 문제가 드러나는 것을 두려워하여 그러한 대화 나누기를 꺼리는 경향이 있다. 그러면서도 다른 사람들과 연결되기를 원하고, 누군가가 진정으로 자신의 깊은 내면의 이야기를 들어주고 이해하여 주기를 바란다. 크리스천 상담 사역자들은 다른 어떤 상담사들보다 이러한 역설의 현장에 보다 자연스럽게 접근할 수 있다. 그들에게 부여되는 영적인 권위와 신뢰를 통해 더욱 효과적으로 인간관계의 상처로 고통스러워하는 사람, 어려운 결정을 내려야 하는 사람, 예기치 못한 상처로 갈등을 겪는 사람 등 다양한 사람들의 아픔을 수용하고, 공감하며, 함께 예배하고 기도하며, 교제를 나누면서 치유와 회복이 있는 사역을 전개할 수 있다. 클라인벨이 주장한 대로, 사역적 차원의 비공식적이고 순발력있는 사역을 통해 교회는 수많은 사람들에게 필요한 도움과 지원을 제공할 수 있다.[34] 21세기 교회는 이러한 영혼 돌봄의 사역적 측면을 결코 도외시해서는 안 될 것이다.

✟ 돌봄 차원에서의 "비공식적, 조직적" 접근

선한 목자 되신 예수 그리스도께서 보여주신 핵심 사역의 하나는 인생의 각종 문제로 고통 가운데 있는 사람들에 대한 각별한 애정과 관심을 갖고 찾아가 치유해주신 것이었다. 성경은 곤경에 처한 사람들을 향한 '측은지심'으로 가득 차있는 그리스도의 모습을 자주 보여주고 있다(마 9:36). 주님은 사람들이 있는 곳이면 어디든 찾아가 그들에게 필요한 관심과 사랑을 베풀어 주셨다. 그들의 손을 잡아주셨고, 아픈 심정을 위로하셨고, 함께 대화하시며, 고통의 현장에서 함께 우셨다(요 11:35). 인간의 연약함과 한계가 지속되는 한, 이러한 돌봄 사역의 필요는 옛날이나 지금이나 변함이 없다. 나아가 그리스도께서 다시 오셔서 택하신 백성들의 눈에서 눈물을 씻어주시는 날까지 계속될 것이다(계 21:4).

살다 보면 누구나 사랑하는 이의 갑작스러운 죽음을 경험하거나 기약 없이 오랜 세월을 투병하며 고생할 수 있다. 뜻하지 않게 평생 장애를 갖고 살아야 하는 사고를 당하거나 직장에서의 갑작스런 구조조정으로 온 가족이 경제적인 어려움을 겪으며 뿔뿔이 흩어지는 경우들도 있다. 그런가하면 자연 재해로 인해 평생에 걸쳐 쌓아온 모든 재산을 하루아침에 날려버리거나, 성폭력 혹은 가정폭력의 피해자가 되기도 한다. 신문이나 텔레비전의 뉴스는 이 외에도 수많은 인간의 곤경을 날마다 경쟁하듯 토해내고 있다. 그래서 사람들은 더욱 누군가와 함께 자신들의 심정을 나누고, 위로와 격려를 받으며, 상처를 싸매고 싶어 한다.

인간사의 다양한 곤경은 한두 차례의 간단한 만남이나 대화로 끝나기보다 체계적으로 조직되고 집중된 계획과 실질적인 돌봄 활동을 필요로 할 때가 많다. 그래서 상담자들은 사역 차원의 비공식적이고 어떤 사전 계획이나 조직 없이 진행되는 것보다 한결 규모가 있고 계획적인 사역을 전개하기 위해 노력한다. 그러나 그 사역의 장소나 시간, 돌봄 관계의 성격상 여전히 현대적인 의미에서의 공식적인 상담 활동의 범주에 해당되지는 않는, 즉 비공식적인 돌봄 사역에 해당되는 것들이 있다.

이러한 종류의 사역으로는 오늘날 교회들이나 기독교 사역 단체들에서 실시하는 각종 인간관계의 회복이나 치유를 위한 워크숍, 세미나 또는 가정사역 프로그램들이 해당된다. 이러한 사역들은 사전에 다양한 준비와 조직이 필요하지만 참여자 각각에 대한 돌봄은 비교적 제한적이고 비공식적인 관계의 테두리 안에서 이루어진다.35) 이러한 활동들은 전문가는 물론 도움이 필요한 사람들과 함께 삶을 나누며 우정과 지원, 격려와 지혜를 나누기를 원하는 비전문가들에 의해 진행된다. '익명의 알코올 중독자'(Alcoholics Anonymous) 지원그룹과 같은 경우가 대표적이다.

이러한 사역을 하기 원하는 단체나 개인들은 대개 일정 기간 필요한 훈련과 경험을 쌓아야 한다.36) 교회에서는 이들과 함께 구체적인 사역을 조직하고 감독하는 전문 상담사역자 혹은 책임자를 둔다. 이러한 사역의 구체적 예로, 미국에서 시작된 스데반 사역(Stephen Ministry)을 들 수 있다. 스데반 사역자 훈련을 받은 사람들은 주변에 인간관계의 갈등이나 부적응적인 어려움을 경험하는 사람들, 병원에 입원한 환자나 그 가족들을 찾아가 위로하며 격려한다.

이들의 활동은 앞에서 언급된 '사역' 차원의 접근보다 훨씬 조직적이고, 그 대상이나 방법 면에서 구체적이다. 한국에서는 아버지 학교, 어머니 학교, 가정행복학교 등 다양한 형태의 프로그램들이 크리스천 돌봄의 차원에서 훈련된 일반 리더나 사역자들에 의해 효과적으로 운영되고 있다. 이러한 집단적인 접근을 하는 사역은 상담 전문가와의 일대일 상담이나, 그러한 구조 하에서 상담 받기를 주저하는 사람들에게 좋은 돌봄 사역의 한 방편이 될 수 있다.

✝상담 차원에서의 "공식적, 조직적" 접근

교회나 지역 사회에 도움이 필요한 사람들을 향한 돌봄 사역을 전개하는 데에 있어서, 문제의 성격이나 종류에 따라 좀 더 조직적이고 구체적인 접근이 필요할 때가 있다. 장소와 시간적인 면에서도 보다 철저한 계획을 통해 집중적인 돌봄을 제공해야 할 때가 있다. 사역자들은 성도들과의 만남에서 이러한 접근이 필요하다고 여겨지면 보다 엄밀한 의미에서의 공식적이고 조직적인 상담을 시도할 수 있다. 자신이 그러한 훈련과 준비가 되어 있지 않다면, 또는 다른 사역에 대한 책임과 시간적 여건 등으로 상담을 실시하기 어렵다면, 교회 내에 상담센터나 상담사를 두고 성도들에게 필요한 도움을 받을 수 있도록 하는 것이 좋다. 이것이 어렵다면, 지역 사회의 신뢰할 수 있는 크리스천 상담자나 전문가 리스트를 갖고 있다가 필요할 경우 도움을 받도록 연결해줄 수 있다. 이것이 진정으로 성도들의 영혼을 사랑하며 돌보는 전문 사역자의 모습이다. 21세기 한국 교회는 이러한 접근이 필요한 시대가 되었음을 인식해야 한다.

크리스천의 돌봄과 상담 사역 사이에는 서로를 구분 짓는 몇 가지 뚜렷한 요소들이 있다. 브리스터에 의하면, 가장 중요한 차이의 하나는 상담할 때 여러 회기에 걸쳐 내담자와 집중적인 상담 인터뷰를 갖는 것이다.37) 상담 회기는 일반 심리상담사들이 주로 사용해 온 장기적이고 문제 중심적인 상담보다 성경적 원리에 근거한 단기적인 상담 접근 및 상담자의 훈련 및 시간적 여건에 맞도록 진행하는 것이 좋다. 상담자와 내담자는 일련의 만남과 대화를 통해 일반적인 돌봄 접근과는 다른 차원에서 구체적인 문제 회복과 치유를 위한 상담접근을 시도할 수 있다.

크리스천 사역이나 돌봄 차원의 만남에서는 대개 돌봄 사역자가 먼저 성도 혹은 내담자에게 다가가 대화를 시도하고, 필요한 돌봄을 제공한다. 그러나 상담의 맥락에서는 상담의 필요를 인식한 내담자가 먼저 다가와 상담을 요청하고 자신의 이야기를 털어놓는 것이 일반적이다. 때로는 사역이나 돌봄 차원의 만남을 갖다가 공식적 상담으로 연결되는 경우들도 있다. 지인들의 추천이나 권면을 통해 상담이 시작되기도 한다.

문제나 진단 중심의 장기적인 상담접근을 하는 전문가들은 치료자가 상담 기간은 물론 진행과 방법 등에 이르기까지 모든 것을 주도적으로 결정하고 실천하는 것이 중요하다고 보는 경우들이 있다. 하지만 교회나 공동체적 맥락에서 상담을 진행할 때는 개인의 비밀을 너무 많이 파헤치거나 문제 초점의 진단 및 장기적인 접근을 하기보다 하나님의 은혜와 역사의 흔적을 찾는 성서적인 초점을 갖고 긍정적인 성장지향의 단기적인 접근을 하는 것이 좋다.

상담을 위한 만남 혹은 상담 관계를 얼마나 지속할 것인가, 또는 상담 회기를 언제 종결할 것인가 하는 것은 중요한 이슈이다. 기본적으로 상담자와 함께 내담자가 주도적으로 결정하는 것이 좋다. 상담을 종결한 후에도 필요하면 언제라도 다시 상담 관계를 재개할 수 있음을 알리고, 또 그렇게 할 것을 약속한다. 아울러 이중관계의 윤리적 측면을 인식하고 상담관계의 시작과 종결 및 그 이후의 관계 전환이 유연하게 이루어 질 수 있도록 적절한 방안을 마련하는 것이 필요하다.

교회에서 효과적으로 상담사역을 하기 위해서는 상담 분야에서 인정된 전문가에 의해 필요한 훈련을 받는 것이 중요하다. 교회의 신앙과 정체성을 지킬 수 있는 성경적 이해와 통찰, 교회의 사역방향과 문화 이해, 건강한 신앙과 성품 그리고 윤리적 상담을 할 수 있는 기본적인 소양이 갖추어져야 한다. 아울러 정기적으로 스텝 모임을 통해 자신의 이슈나 상담활동에 관한 상황 및 문제들을 나누고 피드백을 받으며, 윤리적이고 법적인 이슈들에 대해서도 불확실한 것이나 의문점들에 대해 함께 상의하고 의견을 교환하는 것이 필요하다.

아울러, 상담자가 내담자에게 미칠 수 있는 영향을 고려할 때 크리스천 상담사는 정기적으로 자신의 상담활동에 대한 점검과 평가, 수퍼비전을 받는 것이 효과적이고 건강한 상담사역의 발전과 지속을 위해 꼭 필요하다. 따라서 교회 내에 훈련된 상담 수퍼바이저가 있으면 그를 통해 자체적으로 수퍼비전이 진행될 수 있다.38) 그러한 여건이 안 될 경우에는 외부에서 자격을 갖춘 크리스천 전문 수퍼바이저를 초빙하여 일대일이나 소그룹으로 일주일에 한 번, 혹은 두 주에 한 번 등 적절한 연중 훈련 계획을 세워 성서적이면서 전문적인 상담 시스템을 발전시킬 필요가 있다. 그럴 때, 지역사회에서도 그 전문성을 인정받고 다양한 협력사업이나 프로젝트를 통해 지역주민을 섬기고 치유하는 활동을 전개할 수 있다.

최근에는 바쁜 사역자나 상담 리더들을 위해 시간과 장소에 구애받지 않을 수 있는 이메일이나 인터넷을 통한 사이버 수퍼비전이 시도되기도 한다. 이러한 수퍼비전은 상담자 훈련이 일단락 된 후에도 정기적으로 혹은 필요하다고 여겨질 때 추가적으로 실시하는 것이 상담자와 내담자 모두에게 유익하고 바람직하며, 교회에도 덕을 세우는 방법이 될 것이다.

이상에서 살펴본 바와 같이 교회 또는 기독교적 맥락에서 실시되는 영혼 돌봄의 세 가지 접근은 각각 그 목표와 초점, 사용하는 방법이나 테크닉에 있어서 비슷한 요소들을 공유하면서도 동시에 서로 다른 특징들을 갖고 있다. 상담사역자는 예배나 설교를 통해 삶의 문제나 아픔을 가진 사람들을 격려하고 하나님의 사랑을 인식하도록 함으로써 고통을 극복하거나 인내하도록 도울 수 있다. 교회 복도나 화장실, 또는 길거리에서의 우연한 만남을 통해서도 이미 형성된 신뢰관계와 개인사, 가정사에 대한 축적된 이해를 바탕으로 일상의 문제는 물론 영혼의 깊은 이슈에 이르기까지 필요한 돌봄을 제공할 수 있다.

이러한 상담사역을 통해 문제가 진정되거나 해결의 물꼬가 트이기도 하지만 상황 개선이 즉각 일어나지 않는 경우들도 많다. 상담자는 어떤 면에서 문제의 해결사이기 전에 내담자로 하여금 자신의 상황이나 문제를 돌아보게 하고, 그에 대한 효과적인 대처를 통해 상황의 개선을 추구하도록 안내하고 촉진하는 자이다. 일반 상담에서는 내담자가 지속적으로 찾아오지 않으면 어떤 추가적 조치를 취하기가 어렵다. 그러나 크리스천 상담자는 심방이나 교회의 돌봄 사역을 통해 혹은 구체적이고도 전문적인 상담활동을 통해 지속적으로 문제를 해결하거나 예방하도록 혹은 변화와 성장을 향해 나아가도록 필요한 도움을 제공할 수 있다. 그리고 하나님께서 그 상황을 통해 어떻게 인도하고 계신지 지켜보며 결국 합력하여 선을 이루어 가시는 하나님을 발견하고 경험하는, 그래서 그리스도의 장성한 분량에 이르기까지 성장하도록 안내하는 영혼의 동반자가 될 수 있다.

이러한 차원에서 크리스천 상담의 세 가지 차원들과 접근은 서로 분리되어 어느 한 가지만 강조되거나 제공되기보다는 통합적이고도 순환적으로 다루어지는 것이 온전한 영혼 돌봄의 사역을 위해 필요하다고 할 수 있다. 그럴 때, 크리스천 상담은 여타의 일반 상담 접근을 뛰어넘는 효율적이고 실질적인 치유와 회복의 결과를 가져올 수 있게 될 것이다.

주(註)

1) Brooks Holifield, *A History of Pastoral Care in America: From Salvation to Self-Realization* (Nashville: Abingdon Press, 1983), 201.
2) Howard Stone은 교회 공동체적 맥락에 대한 연구를 통하여 돌봄 사역자들이 심리학적 접근에 치중하느라 소홀하였던 성서적이고도 공동체적인 관점에 다시 관심을 기울이기 시작하였다고 분석한 바 있다. Howard Stone, "The Congregational Setting of Pastoral Counseling: A Study of Pastoral Counseling Theoriest from 1949-1999," *The Journal of Pastoral Care*, 55, no. 2 (Summer): 181.
3) William E. Hulme, *Pastoral Care and Counseling: Using the Unique Resources of the Christian Tradition* (Minneapolis: Augsburg Press, 1981), 153.
4) C. W. Brister, *Pastoral Care in the Church*, 3d ed. (San Francisco: Harper, 1992), 178. 본서에서는 '크리스천 상담'을 목회 사역자의 상담과 돌봄을 넘어 보다 광의적 의미에서 크리스천 공동체의 상담과 돌봄 및 사역을 포괄하는 것으로, 그리고 이 세 가지 차원은 서로 긴밀히 연결되어 상호적인 영향을 주고받는다는 통합적인 입장을 취하고 있음을 밝힌다.
5) William Hulme, *Pastoral Care Come of Age* (Nashville: Abingdon Press, 1970), 10.
6) Hulme, *Pastoral Care and Counseling*, 9.
7) William Clebsch and Charles Jaekle, *Pastoral Care in Historical Perspectives* (Englewood Cliffs, NJ: Prentice-Hall, 1964), 4.
8) John McNeill, *A History of the Cure of Souls* (New York: Harper, 1951), vii.
9) Ibid.
10) Thomas Oden, *Pastoral Theology: Essentials of Ministry* (San Francisco: Harper, 1983), 52.
11) Seward Hiltner, *The Christian Shepherd: Some Aspects of Pastoral Care* (Nashville: Abingdon Press, 1959), 7.
12) Clebsch and Jaekle, *Pastoral Care in Historical Perspectives*, 8-9, 32-66.
13) Howard Clinebell, *Basic Types of Pastoral Care and Counseling: Resources for the Ministry of Healing and Growth*, rev. ed. (Nashville:

Abingdon Press, 1984), 43.
14) Paul Johnson, *Psychology of Pastoral Care* (Nashville: Abingdon Press, 1953), 24.
15) James Lapsley, "Pastoral Theology Past and Present," in *The New Shape of Pastoral Theology*, ed. William B. Oglesby Jr. (Nashville: Abingdon Press, 1969), 45.
16) Larry Graham, *Care of Persons, Care of Worlds: A Psychosystems Approach to Pastoral Care and Counseling* (Nashville: Abingdon Press, 1992), 13.
17) Brister, *Pastoral Care in the Church*, 12.
18) Charles Kemp, *The Caring Pastor: An Introduction to Pastoral Counseling in the Local Church* (Nashville: Abingdon Press, 1985), 16-7; Charles Gerkin, *An Introduction to Pastoral Care* (Nashville: Abingdon Press, 1997), 23-7.
19) Rodney Hunter, "Pastoral Care and Counseling," *Dictionary of Pastoral Care and Counseling*, ed. Rodney J. Hunter (Nashville: Abingdon Press, 1990), 845.
20) Hulme, *Pastoral Care and Counseling*, 9.
21) Wayne Oates, *Pastoral Counseling* (Philadelphia: Westminster Press, 1974), 9.
22) Clinebell, *Basic Types of Pastoral Care and Counseling*, 26.
23) David Benner, *Strategic Pastoral Counseling: A Short-Term Structural Model* (Grand Rapids: Baker Books, 1992), 32.
24) Ibid., 13-4.
25) Hiltner, *The Christian Shepherd*, 7.
26) Gerkin, *An Introduction to Pastoral Care*, 27.
27) 이에 관한 보다 자세한 설명은 다음의 자료를 참고하라. John Patton, *From Ministry to Theology* (Nashville: Abingdon Press, 1990).
28) Brister, *Pastoral Care in the Church*, 106.
29) Oates, *The Christian Pastor*, 194-9.
30) Clinebell, *Basic Types of Pastoral Care and Counseling*, 36.
31) Ibid.
32) 위기적인 상황에서 돌봄과 개입의 '시간'적 요소가 얼마나 중요한 가에 대

해서는 다음의 자료들을 참고하라. H. Norman Wright, *Crisis Counseling: What to Do and Say during the First 72 Hours* (Ventura, Regal Books, 1993); David Switzer, *Pastoral Care Emergencies* (Minneapolis: Fortress Press, 2000); Howard Stone, *Crisis Counseling* (Minneapolis: Fortress Press, 1993).

33) Gerkin, *An Introduction to Pastoral Care*, 234-6.
34) Clinebell, *Basic Types of Pastoral Care and Counseling*, 36.
35) Brister, *Pastoral Care in the Church*, 180.
36) Brister, *Pastoral Care in the Church*, 181.
37) Ibid., 184.
38) 필자가 섬기는 교회에서도 성도들의 관계적 문제나 심리 내적 이슈들에 대해, 혹은 신앙적인 요소들에 대한 상담사역이 실시되고 있다. 여기에는 상담 학위를 가진 전문가는 물론 준전문가에 해당되는 성도들이 자발적으로 영혼 돌봄의 사역에 참여하고 있다. 그리고 교회에서는 이들을 위해 담임 목회자와 변호사 그리고 정신과 의사, 상담전문가를 자문위원으로 위촉하여 상담 사역자들을 지원하고 있다.

제2장 크리스천 상담의 특징

크리스천 상담은 여러 면에서 다른 종류의 상담 접근들과 유사한 부분들이 있다. 예를 들어, 상담자가 내담자의 말에 귀 기울여 경청하고 공감을 나누는 것은 상담의 효과를 위해 필수적인 것이다. 이는 크리스천 상담에서도 마찬가지이다. 상담자와 내담자 사이에 신뢰감이 형성되고, 양자가 서로를 잘 이해하는 치료적인 관계를 구축하기 위해서 상담자는 내담자가 하는 말이나 사용하는 단어들, 비언어적인 행동이나 자세, 태도 등을 주목하여 관찰하고 그것을 상담 과정에서 적절하게 반영하는 것이 중요하다. 이 외에도 상담을 여러 회기로 나누어 진행하는 것이나, 상담 회기의 끝 부분에 실천 과제를 나누는 것도 일반 상담이나 크리스천 상담 간에 별 차이가 없다.

하지만 그럼에도 불구하고, 크리스천 상담과 다른 일반 상담 사이에는 서로를 구별시켜주는 분명한 차이점들이 있다. 비록 이 차이점들에 대해 모든 사람들이 이구동성으로 동의하는 일치된 견해가 있는 것은 아니지만, 크리스천 상담자들은 지금까지 다양한 방식으로 이러한 차이점들을 구분하고 정리해온 것이 사실이다.

브리스터는 크리스천 상담과 일반 상담을 구별시켜주는 요소들을 거론하면서 상담의 기술이나 방법 등은 일반적으로 크게 문제가 되지 않는다고 보았다. 상담방법이란 누구에게나 열려 있는 것이고, 시대나 상황에 따라 혹은 사람이나 문제에 따라 달라질 수 있는 것이라고 인식했기 때문이다. 그 보다 더 근본적으로 크리스천 상담과 일반상담을 구분시키는 것은 상담에 대한 성서적 접근 또는 그 접근에 대한 관점에 기인한다고 보았다.1)

이러한 견해와 유사한 맥락에서 필자는 크리스천 상담의 특성을 다섯 가지로 정리하고자 한다.2) 이것이 크리스천 상담의 특성을 종합적으로 정리했다거나, 그 특성들을 대표하는 유일한 견해로 보아서는 안 된다. 크리스천 상담자마다 상담에 대한 이해와 관점에서 서로 다를 수 있으며, 그 중요성에 대해서도 우선순위가 다를 수 있기 때문이다.

1. 성령의 프락시스(Praxis)로서의 상담

크리스천 상담자나 일반 상담자들은 곤경에 처한 사람들을 도울 때 많은 경우 유사한 절차나 기술들을 사용한다. 그들이 받은 상담 훈련과 기술은 문제 해결을 호소하면서 찾아온 내담자들로 하여금 혼란스러운 내면의 감정이나 생각들을 정리하고, 삶의 새로운 방향을 찾아 어려움 중에도 새 생활을 위한 전진을 할 결단과 힘을 얻도록 요긴하게 사용된다. 상담 지식과 기술은 상담의 과정뿐 아니라 문제 해결에 지대한 영향을 미친다. 그래서 상담자는 최선의 상담 결과를 얻기 위해 자신의 지식이나 경험들을 총동원하여 상담을 실시한다. 이런 면에서 크리스천 상담자는 일반 상담자와 크게 다르지 않다.

하지만 어떤 상담방법이나 기술을 사용하느냐 못지않게 중요한 것은 누가, 어떻게 그러한 것들을 사용하는가 라는 점이다. '누가 중심인가' 라는 것이다. 인간의 속성과 문제상황에 대한 이해, 상담 테크닉들을 누가, 어떤 관점에서, 어떻게 받아들이고 기술적으로 적용하느냐에 따라 상담 접근과 그 결과는 다양하게 달라질 수 있다. 여기에서 크리스천 상담과 일반 상담의 차이점을 생각할 수 있다. 일반 상담에선 제반 상담 과정의 중심에 상담자 및 상담자의 지식과 경험 등이 자리잡고 있다. 그것이 중심적인 역할을 수행한다.

크리스천 상담에서도 이와 같은 요소들은 중요하다. 하지만 궁극적으로, 상담의 제반 과정은 단순히 사람의 지식이나 경험, 어떤 행위에 의해 좌우되는 것이 아니라 궁극적으로 성령님의 인도하심과 역할, 즉 '성령의 프락시스'에 의해 좌우된다고 믿는다. 그래서 인간의 축적된 지혜나 기술 혹은 경험보다 성령님의 임재와 역사를 인정하고 그 인식 가운데 상담의 과정을 진행하고자 한다. 성령님은 상담의 일차적인 주체가 되시며, 모든 상담 과정에서 궁극적인 안내자가 되신다.3) 이러한 측면에서 볼 때, 크리스천 상담은 본질상 사람의 어떤 전문성이나 그 기능에 의존하기보다는 성령님의 역사에 의해 이루어지는 것이다. 성령께서 주체가 되어 사람을 통해 전개하시는 성령님의 사역인 것이다.

성경은 일찍이 하나님께서 이 땅에 보내실 메시아 곧 예수 그리스도를 '상담자'(Counselor)라고 묘사한 바 있다. 그 분은 보통 상담자가 아니라 모든 상담자의 롤 모델이 되는 '놀라운 상담자'(the Wonderful Counselor, NIV)이시다(사 9:6). 그리고 이 땅에 오신 예수께서는 우리들에게 보혜사 곧 '상담자'(Counselor) 성령님을 보내겠다고 약속하셨고(요 14:16, 26), 성경은 그것이 실제로 이루어졌음을 증거하고 있다. 이러한 사실은 크리스천 상담이 궁극적으로 삼위 하나님께서 관여하시는 영적인 차원에 속한 것이며, 단순히 사람들이 만나 감정적인 또는 관계의 갈등 등을 다루는 것 이상을 의미한다는 것을 여실히 보여주고 있는 것이라 하겠다. 목회신학자 웨인 오우츠는 상담의 이러한 삼위일체적 특성을 다음과 같이 기록한 바 있다:

> 삼위일체의 개념은 상담자로서의 아버지 하나님에 대한 개념에서 잘 나타나고 있다. 메시야는 기름 부으심을 받은 자로서 마음이 상한 자를 치유하고 포로들을 자유케 하기 위해 보냄을 받으셨다. 그리고 아버지께서는 아들의 기도하심을 따라 성령님을 선물로 보내셔서 우리로 하여금 결코 고아와 같이 되지 아니하고 지속적인 성령님

의 상담을 받도록 인도하셨다.4)

이러한 영적인 차원을 인식하는 크리스천 상담자는 내담자를 향한 돌봄 혹은 상담사역을 할 때 성령께서 그 중심을 차지하고 계시다는 사실을 인정하지 않을 수 없다. 그리고 내담자의 삶에서 성령님을 통해 이미 역사하고 계시는 하나님의 사역에 동참하려고 한다. 챨스 콜라(Charles Kollar)는 자신의 책「해결중심 목회상담」에서 모든 그리스도인은 성령께서 인도하시는 자기만의 길, 곧 어떤 트랙(track)을 갖고 있으며, 성령께서 이 길로 인도하시며 그 일을 이루신다는 것을 강조하였다(빌 1:6).5) 실제로 하나님께서는 사람이 회심할 때 그 마음에 성령님을 보내셔서 하나님의 선하신 뜻 가운데 자신의 인생트랙을 따라 그리스도의 장성한 분량에까지 변화와 성장의 길을 가도록 안내하고 인도하는 상담자가 되게 하신다.

따라서 크리스천 상담자들은 상담에 임할 때 내담자가 가져온 문제나 이슈들의 진정한 해결은 어떤 상담 이론이나 사람의 기술에 의존하는 것 이상의 영적 초점에서 오는 것임을 인정한다. 상담의 진정한 주체는 자신이 아니라 내담자의 삶 속에서 역사하시는 보혜사 성령님(the Counselor)이심을 고백한다. 그렇기에 다양한 상담 개념과 기법들을 사용하되 매 순간 내적으로 기도하며 성령께서 상담 과정을 이끄시고 그 결과에까지 능동적으로 역사하실 것을 기대한다.

이처럼 곤경에 처한 사람을 진정으로 돕고 변화와 성장을 경험하게 하기 위한 모든 과정에서 삼위 하나님을 깊이 의식하고 의지하는 것이야말로 크리스천 상담을 다른 여타의 상담 접근과 구별시켜주는 일차적인 요인이 된다. 상담이 성령께서 중심되시고 이끌어 가시며 끝까지 책임지시는 성령의 프락시스가 될 때 크리스천 상담은 일반 상담과 구분되는 독특한 영역이 된다. 이러한 깊은 인식에서부터 상담의 모든 활동이 구성되고 진행될 때 성령님의 역동이 일어나는 크리스천 상담이 가능하게 되는 것이다.

2. 크리스천 상담의 목표

상담에 임하는 전문 상담사들은 그 목적하는 바나 추구하는 것에 있어서 저마다 다른 견해나 기대를 갖고 있다. 병원의 의사가 추구하는 것은 아픈 사람으로 하여금 질병에서 벗어나게 하거나 고통을 조절할 수 있도록 돕는 것이다. 상담자는 일반적으로 비의료적인 측면에서 내담자로 하여금 정서적 또는 관계적인 갈등이나 문제를 해결하도록 지원한다. 크리스천 상담자 역시 자신을 찾아오는 사람들로 하여금 정서적 혼란에서 회복되거나 낮은 자존감 극복, 또는 일상의 삶 속에서 경험하는 스트레스에서 자유로워질 수 있게 하려고 한다.

그러나 크리스천 상담의 목표는 단순히 심리적 혹은 관계적 차원에 머물지 않는다. 내담자들이 가져오는 표면적이고 직접적인 목표에 더해 그 이면에 있는 영적인 요소들까지 관심을 기울인다. 삶의 현장에서 내담자들이 경험하는 각종 이슈들 속에서 인간의 부패, 용서, 중생, 은혜, 구원 등과 같은 영적인 측면들을 찾아내고 그것에까지 나아가려고 한다. 내담자들이 내어놓는 어떤 이슈들은 일견 아주 간단하거나 피상적인 문제인 것처럼 보일 때가 있다. 그러나 외견상 아주 단순하게 보이는 문제라 해도 그 이면에는 삶의 궁극적인 어떤 영적인 차원이 내재되어 있을 때가 많다. 크리스천 상담과 영성에 관한 책들을 저술해 온 래리 크랩(Larry Crabb)은 심리학적 문제와 영적인 문제가 서로 분리되어 있다는 관념을 거부하면서 내담자의 모든 비의료적 문제들은 대개의 경우 그 근저에 드러나거나 인식되지 않은 영적인 요소들이 깊이 뿌리내리고 있음을 주장한 바 있다.[6]

이러한 사실은 크리스천 상담의 목표와 관련하여 상담 실천과 프락시스 사이의 차이점을 이해할 때 보다 명료해진다. 기독교 신앙에 대한 의미 있는 통찰들을 제공해 온 레이 앤더슨(Ray Anderson)에 따르면, 어떤 이론을 관련 기술이나 테크닉을 이용하여 현장에 적용할 때 이것을 '실천'(practice)이라고 한다. 그러나 '프락시스'(praxis)는 실천의 차원을 넘어 한 걸음 더 나아간다. 프락시스는 **텔로스**'(telos), 즉 어떤 행동의 궁극적인 가치와 목표에까지 나아가는 것을 의미한다.7)

앤더슨은 이 두 가지 용어의 차이에 대해 설교를 예로 들어 설명한다. 어떤 설교자가 자신이 배운 성서주해와 설교 작성법에 따라 설교 원고를 기록하고 그것을 선포하면 그 자체로 설교의 '실천'이 된다. 그렇지만 설교가 행해졌음에도 사람들의 마음이 그것에 감동을 받고 하나님께 가까이 나아가는 결과가 일어나지 않는다면 그 설교의 텔로스 즉 궁극적인 목적은 아직 이루어지지 않은 것이다. 잘 작성된 설교 원고와 그것을 전달하는 행위 그 자체로는 하나님 말씀의 프락시스라고 할 수 없다. 말씀이 성령님의 역사를 통하여 사람들의 마음에 와 닿고 어떤 변화로 나타날 때, 즉 말씀의 궁극적인 목적이 분별되고 그것이 성도들의 삶 속에서 실천될 때 **프락시스**가 되는 것이다.8)

상담자들은 각종 문제와 이슈, 관계갈등이나 억울한 심정을 토로하고 회복하기 위해 상담실을 찾는 내담자들의 안녕을 도모하며 문제에서 벗어날 수 있도록 도와주려고 한다. 내담자들이 갖고 오는 문제들을 다루고 해결하는 것은 도움을 제공하는 자나 받는 자 모두에게 중요한 목표이다. 내담자들의 사정을 이해하고, 그들의 필요를 충족시키는 것은 대단히 중요하다. 오늘날처럼 빠르게 변모하는 사회에서는 무엇보다도 내담자들이 가져온 문제를 신속하게 해결하는 것이 중요하다.

크리스천 상담에서도 이것을 중요하게 받아들인다. '지금-여기'에 문제의 해결을 위해 찾아온 내담자의 이야기를 경청하며 그들의 아픔에 공감하고 그들이 원하는 해결책을 찾는 것이 중요하다. 하지만 크리스천 상담에서는 내담자들이 가져오는 표면적인 문제나 이슈에만 초점을 두거나 그것의 해결에만 머무르지 않는다. 진정한 문제해결 및 변화와 성장은 관계나 감정, 심리적 차원을 넘어 영성적 측면에까지 나아가야 한다고 믿기 때문이다.

성령께서는 그리스도인들로 하여금 주께서 자신들을 위해 행하신 것들을 기억나게 하고 그리스도께로 나아가도록 인도하신다(요 14:26).

크리스천 상담이 성령님의 프락시스라면 이러한 성령의 역사는 상담의 차원에서도 그대로 적용되어야 한다. 크리스천 상담의 궁극적 목표는 표면적인 문제의 해결에 그치는 것이 아니라 그것을 넘어 사람들 안에 그리스도의 성품을 형성하고, 그분을 향해 나아가는 영적인 성장을 경험하도록 하는 것에 그 중심이 있다고 하겠다.9)

사람들을 돌보고 상담하는 것을 기독교적인 행위로 만들고 여타의 상담과 다르게 만드는 것은 결국 이러한 영적인 초점에 있다. 영적인 초점과 목적에의 비전이 없다면 아무리 기독교적이고 성경적인 용어를 사용한다 해도 그것은 일반 상담과 별로 다를 것이 없다. 크리스천 상담의 독특성은 "그것이 다루는 문제의 종류에 있는 것이 아니라 그것의 목적에 있다."10) 크리스천 상담자는 내담자의 문제나 경험 속에 내재된 영적인 측면을 분별하고, 내담자와 함께 이러한 요소들을 효과적으로 다룰 수 있어야 한다.

3. 크리스천 상담의 컨텍스트(Context)

크리스천 상담을 다른 일반 상담과 구분시키는 또 다른 특징의 하나는 상담의 컨텍스트를 교회 혹은 공동체에 두고 그것에 초점을 기울인다는 것이다. 그동안 크리스천 상담자들은 그들의 활동 영역을 교회를 넘어 일반 병원은 물론 지역사회의 각종 상담소와 복지 기관, 학교 등으로 확장하였다. 그 뿐만 아니라 각 직장과 소방서, 경찰서, 공항, 휴가지 등에 이르기까지 상담 현장을 꾸준히 확장시켰다. 이러한 모든 과정이 크리스천 상담의 발전과 활성화에 기여한 것이 사실이다.

하지만 크리스천 상담이 본질적으로 성령의 프락시스이고, 그 목적이 내담자의 표면적인 문제 해결을 넘어 그리스도의 성품과 장성한 신앙인격에 이르도록 자라게 하는 것에 있다면, 그 사역의 일차적이고도 가장 핵심적인 컨텍스트는 바로 교회이며 신앙 공동체이다. 이러한 기반이 분명할 때 크리스천의 정체성과 초점을 유지하는 가운데 일반 상담현장에서도 그들의 용어와 눈높이에 맞춰 더 효과적인 상담활동을 전개할 수 있다.

교회는 크리스천 상담의 기본적인 컨텍스트일 뿐만 아니라 각 개인과 가정, 사회의 치유와 성장을 위한 강력한 자원이기도 하다. 수어드 힐트너(Seward Hiltner)와 로웰 콜스톤(Lowell Colston)은 크리스천 상담에서 시행하는 돌봄의 과정과 다른 일반적인 상담 활동을 비교했을 때 둘 사이에 방법론이나 접근에서 어떤 큰 차이점이 있는 것이 아님을 발견하였다. 그렇지만 상담의 컨텍스트가 어디냐에 따라 차이가 있음을 확인할 수 있었다. 그들의 연구에 의하면 상담 컨텍스트 자체가 내담자의 문제를 접근하고 해결하는데 아주 중요한 기능을 하며, 여기에서 모든 크고 작은 차이점들이 발생하였다.11)

교회 혹은 공동체적 컨텍스트는 일반 상담에서 실시하는 어떤 접근이나 방법을 능가하는 효과를 가져다줄 수 있다. 교회나 크리스천 공동체에 대한 인식에 따라 그것이 주는 효과는 매우 강력할 수 있다. 기독교 신앙을 갖지 않은 사람들일지라도 힘들고 어려울 때 교회를 찾아가 기도하거나 머물면서 마음의 안정을 찾고 감정과 생각을 추스르는 장면들을 우리는 드라마나 영화에서 어렵지 않게 볼 수 있다. 교회나 공동체 자체가 주는 이미지나 인식이 적지 않은 치유적 효과를 주는 것이다.

교회는 삶의 소용돌이 속에서 하나님을 만나는 조용하고도 안전한 장소라는 깊은 인식과 하나님의 돌봄, 보호, 또 그와 관련된 각종 메시지가 흐르는 곳이다. 교회는 내담자에게 찾아온 문제 이슈와 그 상황에 대한 성서적인 통찰 및 교회사를 통해 전승되어온 교회의 입장 내지는 반응들이 대변되는 곳이다. 내담자의 입장에서 볼 때 교회는 그들에게 필요한 성서적인 안내와 도움뿐 아니라 자신의 상황에 대해 어떤 입장과 가치관을 갖고 접근할 지에 대한 방향과 정보를 제공해주는 곳이기도 하다. 이러한 요소들은 내담자와 상담자의 상황 이해나 가치관의 차이에서 올 수 있는 혼란과 시행착오를 줄여주며 상담의 효용성을 증가시켜주는 중요한 요인이 될 수 있다.

그러나 이러한 요인들 못지않게 교회 컨텍스트가 지니는 중요한 의미와 가치는 그것이 아픈 현실과 상실된 마음으로 괴로워하는 내담자들에게 흔들리지 않는 믿음과 희망의 공동체로 다가올 수 있으며, 그로 인한 각종 순기능을 제공할 수 있다는 것이다. 하나님의 섭리에 대한 성서적인 확신과 믿음은 곤경 속에서도 '나는 혼자가 아니다'는 확신 가운데 희망과 인내의 끈을 놓지 않을 수 있는 확실한 바탕이 된다. 크리스천 상담에는 모든 피조물을 향한 하나님의 사랑에 대한 깊은 인식과 그 하나님에 근거한 희망, 그리고 그 하나님께서 영원토록 돌보고 인도하실 것에 대한 믿음이라는 세 가지 핵심 요소들이 흐르고 있다. 크리스천 상담자는 이러한 것들이 상담 과정에 면면이 내재되도록 기도하며 상담을 진행해야 한다(고전 13).[12] 내담자는 교회사를 통하여, 그리고 크리스천 공동체에서 이러한 사랑과 믿음, 희망으로 역경을 뚫고 전진한 승리의 이야기들을 목도하며 자신도 공동체 안에서 믿음의 사람들과 함께 새로운 승리의 이야기를 써갈 수 있다는 확신과 소망, 힘의 부여(empowerment)를 경험할 수 있다. 이것이 바로 컨텍스트가 주는 강력한 파워이다.

콜럼비아 신학교의 월터 브루거만(Walter Bruggemann)은 '희망'을 '믿음의 행동'으로 정의한다. 희망을 갖는다는 것은 하늘로부터 임하는 약속에 대한 확신을 갖고 사는 것이며, 하나님의 약속과 목적은 결코 패하지 않을 것임을 날마다 신뢰하며 사는 것이라고 주장한다.[13] 크리스천의 희망에 대한 탁월한 통찰을 제공해준 앤드류 레스터(Andrew Lester)에 의하면, 하나님의 약속을 확신하고 그것에 근거하여 행동할 때 희망은 날마다 새롭게 살아난다. 이 희망은 상처와 아픈 가슴을 부여안고 힘들어하는 사람들에게 새로운 힘과 에너지를 부여해주고, 하나님의 뜻이 하늘에서 이루어진 것처럼 땅에서도 이루어질 것을 기대하며 새롭게 살아갈 동기를 제공해준다.[14]

이러한 믿음과 희망이 사랑 가운데 실천되고 강화될 수 있는 최고의 컨텍스트가 바로 교회이다. 교회는 상한 심령들로 하여금 믿음과 희망을 잃지 않고 사랑으로 변화된 생활을 경험하도록 돕는 자연스러운 치유의 현장이다. 그 구성원들로 하여금 믿음과 희망을 갖고 살아가도록 부르심을 입은 사랑의 공동체이다. 이런 면에서 크리스천 상담 컨텍스트로서의 교회 공동체는 어떤 심리치료보다 더 치유적(therapeutic)인 상담의 현장인 동시에 자원이다. 크리스천 상담자는 단순히 자신의 상담지식과 경험에 의존하여 개인적으로 내담자를 치료하려 하기보다는 교회와 신앙 공동체의 다양한 특성과 자원들을 활용하여 치료적 역동을 활성화시키는 접근을 탐색하고 시도할 수 있어야 할 것이다.

4. 크리스천 상담자의 정체성과 역할

크리스천 상담의 특성이라고 할 수 있는 또 하나의 요소는 상담자의 자기 인식, 즉 일반 상담자와는 다른 '하나님의 부르심을 받은 사람' 혹은 '상담 사역자'로서의 자기 정체성과 역할이다. 오늘날 사회가 다방면으로 분화되고 복잡해지면서 사람들은 더욱 더 관계에서 소외되고 피곤하며 고통스러운 상처들을 경험하며 살아가고 있다. 이들을 위해 수없이 많은 상담자가 나타나 다양한 방법으로 돕고 있으며 앞으로도 그 필요성과 중요성은 더욱 확장될 것이다. 현재 우리 주변에서 발생하는 각종 폭력과 갈등, 왕따, 중독, 가정해체 등의 문제만 보아도 그렇다.

이러한 상황에서 교회의 목회 사역자 혹은 크리스천 상담자는 곤경에 처한 사람들이 가장 먼저 찾아가 선뜻 자신들의 문제를 내어놓고 상담을 받을 수 있는 특별한 전문가이다. 영적이고도 정서적인, 혹은 관계적인 도움을 기대하며 찾아가는 신뢰할 수 있는 대상이다. 이들은 사람들이 문제 해결을 위해 제일 먼저 찾아가는, 또는 최후의 선택으로 도움을 요청하는 마지막 대상이 되기도 하다. 그런 만큼 상담 사역자는 자신의 정체성을 분명히 하고 치유와 회복을 위한 전문적인 역할을 할 수 있는 사람으로 훈련받고 성장할 필요가 있다.

현대 사회에서 목회지 혹은 크리스천 사역자만큼 일반적인 문제에서부터 우울증이나 자살의 문제에 이르기까지 인생의 전 발달 단계를 거쳐 광범하게 다양한 종류의 문제를 접하고 도움을 요청받는 위치에 있는 사람은 없을 것이다.15) 이러한 현상은 사람들이 교회의 목회자나 사역자들에게 부여하는 독특한 이미지와 역할 기대 때문이다. 사역자는 교회를 대표하는 '하나님의 사람'으로서 일상의 삶의 요소들에 대한 성서적인 관점과 가치관, 회복과 치유의 자원을 제공하고 돕는 역할을 하는 사람들로 인식되기 때문이다.16)

개인 상담소에서 활동하는 일반 상담자들은 기본적으로 자신의 경험과 가치관, 선호도에 따라 상담 접근이나 테크닉 등을 선택하고 상담을 이끌어간다. 하지만 크리스천 상담자는 성서적 이해와 전통, 가치를 대변하는 하나님의 사람이라는 자기 정체성과 역할 인식을 갖고 상담하는 사람이다. 그런 면에서 지역 사회의 상담소나 사회 기관, 병원 등에서 활동하는 개인 상담자와는 다른 공적인 존재이다. 이것은 크리스천 내담자만 아니라 기독교 신앙을 갖고 있지 않은 일반 내담자를 만날 때에도 그리 다르지 않다. 상담 과정에 내담자의 동의 없이 상담자의 신앙이나 가치관을 개입시키는 것은 윤리적 중립에 문제가 될 수 있지만, 상담자의 자기 정체성이나 가치관을 도외시 혹은 무시하는 것 또한 건강하지 않다. 우리는 단순한 상담 기술자가 아니기 때문이다.

사람들이 크리스천 상담자를 찾는 것은 대개 자기 정체성과 무관하지 않다. 일견 기독교적 가치나 윤리적 이슈와는 관련이 없어 보이는 문제들에서도 궁극적으로는 영적인 측면들을 발견하기 때문에 더욱 그럴 수 있다.17) 예를 들어, 어떤 사람이 찾아와 이혼할 의사를 표명할 때 그것은 단순히 그 개인이 '행복한가 아닌가?' '그래서 이혼할 것인가 말 것인가?'만의 문제가 아니다. 크리스천 상담자는 내담자의 관심사에 대해 단순히 개인적인 심리역동 차원에서 대화를 나누고, 가족 시스템적 관점에서 상담을 해주는 것으로 자기 역할을 다했다고 생각해선 안 된다. 내담자가 크리스천 상담자를 찾는 것은 그러한 부분의 도움이 필요하기 때문일 수도 있지만 자기 문제와 상황을 성서적으로 어떻게 보아야 할지, 크리스천으로서 어떠한 접근을 해야 할지 등과 관련된 영적인 차원의 도움을 기대하기 때문일 수 있다.

따라서 크리스천 상담자는 표면적으로 기독교적인 것과 관련이 없는 것 같은 이슈들에 대해서도 궁극적으로 그것이 내담자와 그의 삶에 어떤 영적인 의미를 내포하고 있는지를 살펴보는 것이 필요하다. 그리고 자신 또한 그리스도인으로서의 자기 정체성을 인식하며 상담 장면에서 직면하는 각종 이슈들에 내재된 성서적 관점 혹은 영적인 차원을 고려해야 한다. 그리고 윤리적 중립성을 위배하지 않으면서도 성서적 관점에 부합되는 상담을 전개해야 한다. 나아가 내담자가 동의한다면, 당면 이슈와 관련된 성서적 해석과 윤리적 안내를 제공하고 지탱하며 치유와 회복을 경험하도록 도울 수 있어야 한다.[18]

크리스천 상담자에게는 그 역할에 있어서 일반 상담에서 말하는 상담자와 내담자 간 '전문적 거리 유지'(professional distance) 요건과 충돌하는 상황이 불가피하게 발생할 수 있다. 일반 상담에서는 상담 관계 외에 다른 이중적 혹은 다중적 관계를 갖지 않도록 요구하지만 크리스천 상담자는 한 교회에 소속된 내담자를 만날 가능성이 많기 때문이다. "서로 돌아보며 짐을 나누라"는 공동체적 돌봄(communal caregiving)의 사명을 부여받은 그리스도인들에게 있어서 이것은 자연스러운 상황이기도 하다.

그렇지만 한 공동체 안에서 서로 잘 알고 있는 사람을 상담하다보면 의도치 않은 부작용이 발생할 수 있다. 상담 비밀이 노출되거나 감정적 전이가 발생하여 상담과정 및 결과에 부정적인 영향을 줄 수도 있다. 상담 후 교회에서의 관계가 어색하게 되는 상황이 발생하기도 한다. 나중에 제시되겠지만 필자가 부정적인 문제중심의 장기상담보다 성서적 맥락에서의 강점과 자원에 근거한 변화와 성장의 단기적인 코칭상담을 선호하는 이유이다.

그러므로 크리스천 상담자는 부정적인 상황을 예방하는 동시에 상호 돌봄과 섬김의 사명을 건강하게 감당할 수 있도록 분명한 자기 정체성과 분화된 역할 인식을 할 수 있어야 한다. 자신의 미해결 과제나 정서적 이슈들을 점검하고 명료한 관계의 경계선을 유지하는 등 전문적 대처를 할 필요가 있다. 그것이 어렵다면 신뢰할 수 있는 다른 크리스천 상담자에게 내담자를 위탁하거나 정기적인 수퍼비전을 받는 것이 좋다. 그럴 때 크리스천 상담자는, 영성 신학자 헨리 나우웬(Henry Nouwen)이 지적한 것처럼, 어쩔 수 없는 인간 존재의 상황에서 오는 아픔과 고통을 경험한 '상처 입은 치유자'(wounded healer)로서 그것을 자신들이 도우려는 내담자들과 함께 나누고 공유하며 '전문적 거리'를 뛰어넘는 치유의 역동을 경험할 수 있다. 자신의 상처조차도 치유의 자원과 요건이 되는 참된 '영혼의 치유 사역'을 전개할 수 있는 것이다.[19]

5. 크리스천 상담자 훈련

사람들을 돕는 상담 테크닉이나 과정만 보면 많은 경우 크리스천 상담자와 일반상담자 사이에 표면상 큰 차이는 없어 보일 수 있다. 그러나 인간의 한계와 문제에 대한 성서적이고도 영적인 관점을 갖도록 고안된 상담 훈련은 상담 관계의 관점과 방향, 그리고 그 과정에서 발생하는 다양한 상황과 경험들에서 결국 일반 상담과 차이점을 가져오게 한다.

예를 들면, 크리스천 상담자는 상담을 진행하며 심리학적 관점에서 고안된 방법들을 사용할 수 있지만, 교회 컨텍스트에서 가능한 기도와 성도의 교제, 말씀과 묵상, 경배와 찬양, 소그룹 모임 등을 유용하게 활용할 수도 있다. 이러한 요소들은 건강한 교회 공동체 안에 이미 마련되어 실천되고 있는 자연스러운 자원이다. 내담자가 건강한 돌봄과 지원을 해주는 공동체에 참여하고 있다는 것은 자신의 문제를 해결하거나 극복하는 데에 있어서 이미 혼자가 아니며, 자신만의 한정된 자원에 의존하고 있지 않다는 것을 의미한다. 이러한 사실은 내담자의 상황이 해결되거나 변화될 것에 대한 전망이 그리 밝지 않거나 확신하기 어려운 상황에서도 내담자나 상담자로 하여금 성서적인 소망을 포기하지 않도록 도와준다.

교회 공동체에서 전개되는 다양한 예배와 기도, 상호돌봄과 섬김 등 다양한 요소들은 돌봄이나 상담사역의 역사 전체를 통하여 지속적으로 그리고 유용하게 사용되어져 왔다. 초대 교회에서 성도들은 정기적으로 모여 예배드리고 음식을 나누며 교제를 나누고, 기름을 바르며 서로의 건강과 안녕을 기원하였다.20) 사역자들은 안수, 기도, 성만찬 등 다양한 공동체적 자원을 활용해 왔다. 그들은 혼란과 어려움에 처한 성도들이 찾아올 때 교회의 한 구석에서 그들의 사연에 귀를 기울이며 관심과 위로, 사랑을 담은 대화를 나누곤 하였다.21) 크리스천 상담자 훈련은 이처럼 예로부터 실천되어온 교회 공동체의 다양한 자원들을 적절하게 활용할 수 있도록 진행되어야 한다.

이 외에도 크리스천 상담자 훈련은 성도들의 다양한 문제 이슈들에서 영적인 요소들을 분별하여 그 의미와 해결 방안을 사역의 관점에서 다룰 수 있게 하는 것에 관심을 둔다. 그리고 교회의 대표적 존재로서 문제를 안고 찾아온 내담 성도들과의 신뢰 관계를 효율적으로 발전시키고 성서적인 상담 과정을 활성화할 수 있도록 훈련하는 것에 주안점을 둔다. 성서적 묵상이나 다양한 상징 및 교회 공동체적 자원들을 적절하게 활용하고, 상담 과정에서 성경 또는 기도를 어떻게 활용하는가 하는 것도 중요한 훈련의 한 부분이다.22) 인생의 발달 주기와 관련된 다양한 가정 사역 등의 프로그램을 통한 예방 및 회복 사역을 전개할 수 있도록 하는 것도 필수적인 훈련 포인트이다.

이러한 공동체적 자원은 일반 상담자와 달리 크리스천 상담자들이 교회와 그 사역의 현장에서 변화와 치유를 위해 활용할 수 있는 강력한 무기들이다. 크리스천 상담자들로 하여금 이러한 자원들을 적절하게 적용하고 활용할 수 있도록 강조하는 것은 아주 중요한 일이다. 그리고 혼란과 고통 가운데 있는 성도들을 세심하게 배려하며 유연하게 접근할 수 있어야 한다. 같은 방법이라도 사람들마다 다 다른 의미로 다가올 수 있기 때문이다. 성경의 메시지나 자원들이 적절하지 않은 동기나 방법으로 사용될 경우, 즉 하워드 클라인벨이 지적한 대로, 경직되고 율법적인 방법으로 이용될 경우 이는 자유롭고 창의적인 대화를 억압할 뿐만 아니라 부적절한 죄책감을 야기하고, 영적인 성숙을 이루는데 장애가 될 것이다.23)

한국 사회에 상담에 대한 관심이 증가되고, 각 교회나 대학교, 대학원에서 크리스천 상담에 관한 중요성과 훈련 프로그램들이 계발되고 확장되는 것은 매우 반갑고 고무적인 일이다. 그런데 크리스천 상담자 훈련이 교회 공동체나 상담자의 특성 혹은 상황을 고려하지 않은 채 단순히 심리학적 이론과 방법, 테크닉 등을 익히고 사용하는 데에 집중하는 경향이 있는 것은 유감스러운 일이 아닐 수 없다.

교회사를 통하여 지속적으로 전해져 내려온 각종 크리스천 돌봄사역의 자원과 방법들은 근대 사회에 들어와 신속하게 심리학적 통찰과 접근으로 대체되었다. 그리고 21세기에 들어선 현재에도 그러한 경향이 지속되고 있다. 성서적인 접근을 한다고 하는 상담자들 중에는 피상적인 성경 인용과 권위적인 접근으로 오히려 상담의 역기능을 초래하는 경우들도 있었다.

이러한 상황에서 나온 하워드 스톤의 지적은 여러모로 우리가 귀담아 들을 필요가 있다. 즉 크리스천 상담자는 철저하게 검증된 건전한 성서적 이해와 토대 위에 상담 이론을 구축하고 공동체적 자원을 활용하는 실천적 접근을 해야 한다는 것이다.24) 따라서 크리스천 상담자 훈련은 단순히 기독교적 용어로 포장된 심리학적 이론과 테크닉을 수용하고 습득하는 것을 넘어 영혼 돌봄 사역에 대한 건강한 이해와 성서적 기반을 구축하고, 교회 공동체에서의 다양한 자원들을 통합적으로 그리고 효과적으로 활용할 수 있는 통찰과 능력을 강화하는 방향으로 전개되어야 할 것이다. 우리는 다음 장에서 크리스천 돌봄과 상담사역이 어떻게 그 패러다임의 변천을 거쳤는지 살펴보면서 이러한 내용을 확인하게 될 것이다.

주(註)

1) C. W. Brister, *The Promise of Counseling* (New York: Harper, 1978), 52.
2) 본 장의 내용은 다음의 자료에 많은 빚을 지고 있다. Benner, *Strategic Pastoral Counseling*, 23-32.
3) Ray Anderson, *The Soul of Ministry: Forming Leaders for God's People* (Louisville: Westminster Press, 1997), 30; Wayne Oates, *The Presence of God in Pastoral Counseling* (Dallas: Word Books, 1986), 97-9; Brister, *Pastoral Care in the Church*, 69.
4) Wayne Oates, *Protestant Pastoral Counseling* (Philadelphia: Westminster Press, 1962), 57-8.
5) Charles Kollar, 「해결중심 목회상담」, 유재성 역 (서울: 요단출판사, 2004), 100.
6) Larry Crabb, "Project Connection: A Personal Word from Larry Crabb," http://www.gospelcom.net/ibc/Pages/projconn.htm〉, November 2000. 크랩은 이러한 입장과 관련하여 일련의 글들을 발표했다. 다음의 자료들을 참고하라. Larry Crabb, *Connecting* (Nashville: Word Books, 1997) and *The Safest Place on Earth* (Nashville: Word Books, 1999).
7) Anderson, *The Soul of Ministry*, 27.
8) Ibid., 28.
9) Brister, *Pastoral Care in the Church*, 188-91; Benner, *Strategic Pastoral Counseling*, 27-8.
10) Benner, *Strategic Pastoral Counseling*, 28.
11) Seward Hiltner and Lowell Colston, *The Context of Pastoral Counseling* (Nashville: Abingdon Press, 1961), 28.
12) Brister, *Pastoral Care in the Church*, 2.
13) Walter Brueggemann, "Covenanting as Human Vocation: A Discussion of the Relation of Bible and Pastoral Care," *Interpretation* 33, no. 2 (April 1979): 121.
14) Andrew Lester, *Hope in Pastoral Care and Counseling* (Louisville: Westminster Press, 1995), 22.
15) Frank Thomas and Jack Cockburn, *Competency-Based Counseling: Building on Client Strengths* (Minneapolis: Fortress Press, 1998), 2.

16) Benner, *Strategic Pastoral Counseling*, 26.
17) Oates, *Pastoral Counseling*, 18-9.
18) Joretta Marshall, "Pastoral Care with Congregations in Social Stress," in *Pastoral Care and Social Conflict*, ed. Pamela Couture and Rodney Hunter (Nashville: Abingdon Press, 1995), 177.
19) Henry Nouwen, *The Wounded Healer: Minister in Contemporary Society* (New York: DoubleDay, 1979), 88.
20) Clebsch and Jaekle, *Pastoral Care in Historical Perspectives*, 34.
21) Ibid., 50-4.
22) Benner, *Strategic Pastoral Counseling*, 34.
23) Clinebell, *Basic Types of Pastoral Care and Counseling*, 121-3.
24) Howard Stone, *Theological Context for Pastoral Caregiving: Word in Deed* (New York: Haworth Press, 1996), xi.

제3장 크리스천 상담의 패러다임 변천

교회는 그 역사가 시작된 이래로 늘 돌봄과 치유, 회복의 장소로 인식되었다. 성도들의 마음과 삶을 살피고 세워주는 치유와 회복 및 돌봄 사역은 교회의 필수적인 기능이었다. 초대 교회의 성도들은 교회 안이나 밖에서 "서로 돌아보아 사랑과 선행을 격려"하며, "예수 안에서 함께 지어져" 가도록 가르침과 훈련을 받았다. 사도 바울은 이처럼 서로를 돌보고 세워주는 교회의 모습을 몸의 각 부분이 서로 연합하여 돌보며 전체적인 몸의 기능을 하는 것과 연결시켜 이해하였다(고전 12:25-26).

하지만 성도들이 서로 관심을 갖고 돌보며 세워주는 돌봄 사역은 교회가 구조적으로 조직화되면서 그 목양적인 강조점과 역동성을 신속하게 상실하고 말았다. 나아가 세상이 근대화되어 가면서 개인적이고도 임상적인 심리치료가 사람들의 마음과 생각을 지배하는 시대의 아이콘이 되면서 교회의 돌봄 사역에도 큰 변화가 발생하였다.[1] 크리스천 상담은 이러한 역사적 배경과 구도 하에서 형성 및 발달되어 왔다.

그러면, 교회사를 통해 볼 때, 크리스천 상담은 어떠한 형태로, 어떤 것에 강조점을 두며 변화를 거듭해 왔는가? 존 패튼(John Patton)은 그 역사적 변천을 세 가지 패러다임, 즉 고전적 패러다임과 임상적 패러다임, 그리고 공동적 패러다임으로 분류하고 있다.[2] 그의 분류를 기초로 하여, 오늘날까지 교회 맥락에서의 크리스천 상담이 어떻게 변천되어 왔는지 그 경로를 확인하고, 21세기 한국의 크리스천 상담이 추구해야 할 성서적 모델은 무엇이며 어떠한 방향으로 나아가야 할지에 대한 지혜를 얻고자 한다.

1. 고전적 패러다임

고전적 패러다임은 기독교의 태동기를 포함하여 중세와 종교개혁 시대를 넘어 서양에서 근대 심리학이 발전하고 그 영향이 교회의 돌봄 사역에 영향을 미치기 이전까지를 포괄하는 긴 시대를 지배해왔다고 할 수 있다. 패튼에 의하면, 이 시기의 교회 리더들은 돌봄이 필요한 상황이 생기면 성경과 신학, 교회의 전통에서 발견되어지는 돌봄 관련 성경 구절이나 메시지를 찾아내어 권위적이고 지시적으로 전달하는 것에 주안점을 두었다.3)

이러한 고전적 패러다임에 해당하는 돌봄 관련 문헌의 대표적인 예들로는 인내, 시기, 질투에 대한 키프리안(Cyprian)의 글, 영혼에 대한 터툴리안(Tertullian)의 글, 제사장직에 대한 크리소스톰(Chrysostom)의 글, 사제의 책임에 대한 암브로우스(Ambrose)의 글, 영혼, 행복, 훈계, 인내, 슬픔 상담과 관련된 어거스틴(Augustine)의 다양한 글들, 그리고 교회 사역자들에게 '필요불가결한 안내서'라고 일컬어졌던 그레고리(Gregory)의 「목회적 돌봄」 등이 있다.4)

고전적 패러다임의 접근은 현대에도 많은 목회자 혹은 크리스천 상담자들에 의해 수용 및 실천되고 있다. 그 한 예가 웨스트민스터 신학교의 제이 아담스(Jay Adams)와 그 계승자들이라고 볼 수 있다. 아담스는 지시적이고도 교육적인 상담 접근을 제시하였는데, 그가 주장하는 '교화적 상담'의 4단계를 보면 교육, 확신, 교정 그리고 의로운 삶을 위한 훈련 등으로 구성되어 있다.5) 하워드 스톤은 이러한 방식을 내담자의 문제에 맞추어 선포하는 "대화적 설교"라고 정의하였다.6) 이러한 입장을 취하는 사역자들은 대체로 성서적인 메시지를 올바로 선포하고, 믿음을 확고하게 갖도록 인도할 때 문제가 해결될 수 있다고 믿는다.

✝ 고전적 패러다임의 핵심과 접근

고전적 패러다임의 핵심은 하나님의 말씀과 그 선포에 대한 강조이다. 하워드 스톤은 이것을 "육신이 되시고, 우리 가운데 사셨으며, 우리를 하나님과 화목하도록 죽으신 말씀, 바로 그 말씀을 전달"하는 것이라고 설명한다.7) 유럽의 목회 신학자인 에드워드 터니슨(Edward Thurneysen)도 교회에서의 돌봄사역에 대해 이와 유사한 견해를 제시한다. 터니슨에 따르면, 돌봄사역이란 "교회에서 개인을 설교와 성례, 곧 하나님의 말씀으로 인도하는 것"이다.8)

하나님은 말씀을 통해 사람들이 하나님과의 관계를 파괴한 것에 대해 용서하시고 상징적으로 그러한 사실을 잊어버리심으로 그 백성들과의 분리된 관계를 다시 지속한다는 것을 알려주신다.9) 따라서, 고전적 패러다임에 의하면, 상담은 사람이 죄로 말미암아 자기 자신을 비롯하여 타인들과 그리고 하나님과 분리되었다는 것을 인정하는 것으로부터 시작된다. 이러한 입장을 지지하는 상담자는 하나님과 사람간의 뒤틀려진 관계, 그리고 사람과 사람들 간의 분리된 관계를 치유하고 회복하는 핵심적인 열쇠가 바로 죄에 대한 고백과 용서라고 인식한다. 이것이 선행될 때 관계를 비롯한 제반 문제들이 해결될 수 있다고 보는 것이다.

✝ 고전적 패러다임의 역사적 전개와 도전

인간이 처한 본질적인 곤경이나 문제와 관련하여 초대 교회의 성도들은 예수 그리스도께서 보여주신 '목자'의 이미지를 갖고 서로를 돌보고 지원하는 일에 열심을 내었다. 그런 가운데 정치 사회적인 혼란이 지속되고 그리스도의 재림이 임박했다는 인식이 확산되면서 성경적 메시지로 교회 공동체 구성원들의 믿음을 지키고 강하게 하는 것이 돌봄사역의 주된 초점이 되었다. 이때 강조되었던 것이 바로 '회개'와 '고백'이었다. 터툴리안(A.D. 160-220)은 회개와 고백을 당시 기독교 공동체에서 화목과 치유를 위한 돌봄사역의 두 가지 핵심 요소라고 주장하였다. 교회는 이 시기에 한편으로는 성도들에 대한 훈련과 그들의 행동 영역을 규정하는 교회 지도자의 권위 강화, 그리고 다른 한 편으로는 사람들을 화목케하고 상처를 치유하는 사람으로서의 목양 사역자의 역할을 강조하기 시작하였다.10)

돌봄사역에 대한 이러한 접근은 교회가 점차 제도화되어 가면서 그 핵심이 말씀 선포와 성례집행으로 옮겨지게 되었다. 그리고 이러한 인식이 인간 상태에 대한 축소주의적 견해와 결합되면서 교회는 점차 윤리와 도덕, 그리고 언약에의 헌신 등과 관련하여 경직된 법리주의적 경향을 띠기 시작하였다.11) 사람들이 겪는 문제나 그 상실된 상태를 죄의 외적 결과로 인식하고, 교회는 이것을 지적하여 고백하게 하고 고행을 통하여 용서받게 하면 되는 것으로 이해하였다.

그러나 이러한 이해는 마틴 루터(Martin Luther)를 비롯한 다수의 종교 개혁자들로부터 신학적으로 부적절하며 균형을 잃은 것이라는 비판을 받았다. 인간의 곤경과 상실된 상태에 대한 이해가 지나치게 낙관적 혹은 피상적이며, 인간의 상황에 대한 하나님의 개입에 대해 "지나치게 염세적"으로 보았기 때문이었다.12) 그래서 '모든 신자의 제사장직'과 '이신칭의' 구원론에 대한 확신을 가진 종교개혁자들은 성례주의와 사제 중심적인 접근에서 각 개인의 구원과 관련하여 하나님과의 관계회복에 초점이 맞춰진 영혼 돌봄에 관심을 기울이게 되었다.13) 이러한 초점 전환은 사람의 본성과 상태에 대한 세분화된 관심을 불러일으켰다. 하지만 그 결과, 신앙적인 면이나 돌봄사역에 있어서 지나치게 개인주의적인 경향 또한 발생하게 되었다.

역사학자 브룩스 홀리필드(Brooks Holifield)는 교회의 돌봄사역이 인간의 죄성과 자아에 대한 신학적 관념에 의해 영향을 받아왔음을 잘 보여주고 있다.14) 즉, 사람의 죄된 성품과 상태, 구원에 대한 강조가 강하던 16세기에는 성도들의 '자기 부정'이 크리스천 돌봄의 중요한 포인트가 되었고, 당시 일반 사회의 권위적인 패턴을 따르는 접근을 한 것을 볼 수 있다.

그러나 근대 사회로 넘어오면서 각 개인의 안녕과 보호, 자아 성취에 대한 개념들이 돌봄사역의 중요한 요소들로 등장하기 시작하였다. 그리고 인간의 문제와 곤경, 죄에 대한 해결 방도로서의 말씀, 선포, 회개 등의 이해와 접근은 점차 사람들로부터 제한적이고 권위적이며 형식주의적인 것으로 도전받게 되었다. 그 대신 인간 상황에 대한 구체적인 관심과 이해, 성장 등에 관심을 가지면서 새롭게 부각되고 있었던 과학과 심리학적 연구들을 통하여 과거의 자기부정보다는 자기실현을 위한 심리치료 테크닉과 방법에 눈을 돌리게 되었다. 이러한 경향은 교회의 교리적이고 권위적이며, 때로는 인간 상황의 곤경에 대한 경직된 접근으로부터 칼 로저스(Carl Rogers)와 같은 상담 전문가들의 비지시적이고 내담자 중심적인, 그리고 임상적인 접근에 돌봄사역의 초점과 방법이 집중되는 결과를 초래하였다.15)

2. 임상적 패러다임

말씀 선포와 성례전 집행을 강조하였던 고전적 패러다임이 근대의 크리스천 돌봄사역에 끼친 영향은 미미하였다. 근대의 돌봄사역자들은, 많은 경우, 고전적 패러다임의 사역자들이 성서 해석이나 전통에 근거하여 내담자들이 해야 할 것을 지시하거나 가르침으로써 바로 잡으려고 했던 접근 방식에 동의하지 않았다. 그것은 인간 문제의 구체적인 현실과 상황을 피상적으로 이해하고 도외시한 결과로 인한 것이라고 보았기 때문이다. 그들은 인간의 문제와 아픔, 및 상실을 치유하고 도울 수 있는 보다 실제적인 방안을 찾아 나서게 되었다. 그 결과 이전의 고전적 접근과는 달리 문제를 가진 사람들에 대한 이해와 관심을 강조하는 새로운 관점과 접근이 생겨나게 되었다.

시대 상황의 변화와 더불어 돌봄사역에 대한 새로운 요구와 탐색은 20세기 심리학의 발전과 인간 자아에 대한 관심, 그리고 그것이 교회 사역에 적용되기 시작하면서 큰 전환점을 맞게 되었다. 한 인간, 개인에 대한 초점과 심리학의 발전은 개인 중심적인 심리치료 모델의 등장 및 발전을 가져왔다. 이러한 모델들은 교회 안으로 들어오면서 돌봄사역의 중심에 '사람'을 올려놓았다.

※ 제1의 물결 등장

근대의 인간 이해에 큰 전환점을 제공한 사람의 하나는 오스트리아의 정신의학자 지그문트 프로이드(Sigmund Freud)였다. 그는 인간의 과거와 내면세계의 역동성 및 병리적 상태를 분석하고 진단하는 것에 관심을 갖고 자신의 연구 결과들을 발표하였다. 빌 오핸론(Bill O'Hanlon)에 의하면, 이러한 접근은 임상적 패러다임의 등장을 가져왔고, 그 첫 번째 흐름 즉 '제1의 물결'을 주도하였다.

20세기 전반기에 활동한 많은 심리학자나 교회 사역자들은 이러한 접근에 관심을 갖고 수용하기 시작하였다. 삶의 어려움이나 곤경에 처한 사람들의 문제를 병리적 현상으로 이해할 뿐 도덕적 결핍이나 신앙적인 차원과 연결된 문제로 생각하지 않게 되었다. 그리고 「정신장애의 진단과 통계 편람」 등과 같은 기준으로 문제의 종류와 정도 등을 구분하여 치료함으로써 인간의 본성에 대한 기존 이해와 접근에서 탈피하는 결과를 초래하기도 하였다.16)

이 시기의 돌봄사역자들은 놀랍게도 고전적 패러다임의 시각에서 신속하게 벗어나 프로이드와 같은 심리학자들의 임상적 패러다임을 받아들였다. 토마스 오든(Thomas Oden)은 이러한 사실을 흥미 있는 연구를 통해 확인한 바 있다. 그는 고전적 패러다임에 속하는 핵심 인물 10명과 그들의 대표적인 작품들을 선택하였다. 키프리안(Cyprian), 터툴리안(Tertullian), 크리소스톰(Chrysostom), 어거스틴(Augustine), 그레고리(Gregory the Great), 마틴 루터(Martin Luther), 존 칼빈(John Calvin), 조지 허버트(George Herbert), 리챠드 백스터(Richard Baxter), 그리고 제레미 테일러(Jeremy Taylor) 등이 여기에 포함되었다.

오든은 이외에 19세기를 대표하는 목회신학자들인 윌리엄 쉐드(William G. T. Shedd), 패트릭 페어배언(Patrick Fairbairn), 제임스 호핀(James Hoppin), 챨스 브리지스(Charles Bridges), 하인리히 케슬린(Heinrich Koestlin), 워싱턴 글래든(Washington Gladden), 그리고 다니엘 키더(Daniel Kidder) 등을 선정하여 그들의 글에 고전적 패러다임에 속한 위 저술가들의 글이 몇 번이나 언급되었는지 그 숫자를 계수하였다. 여기에서 오든은 총 314회의 인용을 확인하였다.

이어서 오든은 이 고전적 패러다임의 저술가들이 20세기에 활동한 기독교 혹은 목회상담자들인 수어드 힐트너(Seward Hiltner), 하워드 클라인벨(Howard Clinebell), 웨인 오우츠(Wayne Oates), 캐롤 와이즈(Carrol Wise), 디트릭 스톨버그(Dietrich Stollberg), 폴 투르니어(Paul Tournier)와 조셉 누틴(Joseph Nuttin)의 글에는 얼마나 인용되었는지를 계산하여 비교하였다. 그런데 이들의 글에는 고전적 패러다임에 속한 저술가들이 한 차례도 인용되지 않은 것을 발견하였다.

오든은 다시 여섯 명의 대표적인 심리상담자들을 선발하였다. 여기에 프로이드(Freud), 융(Jung), 로저스(Rogers), 설리번(Sullivan), 번(Berne), 프롬(Fromm) 등이 포함되었다. 그리고 이 여섯 명의 심리학자들이 위에 언급된 근대 돌봄 사역자들의 글에 몇 번이나 언급되었는지를 추적하였다. 그 결과 330회의 인용이 확인되었고, 그 중에서 프로이드가 109회, 로저스가 101회, 융이 45회, 프롬은 27회, 번은 26회, 그리고 설리번은 22회를 기록하였다. 오든은 이러한 결과를 놓고, 고전적 패러다임에 속한 저술가들보다는 근대의 일반 심리학자나 상담자들이 교회 맥락에서의 크리스천 상담에도 더 권위가 있는 인물들로 인정되고 그들의 이론이나 방법론들이 적극적으로 받아들여졌다고 분석하였다.[17]

한편, 이와 유사한 형태의 연구에서 하워드 스톤은 오든이 발견한 것과 거의 동일한 결과를 확인하였다. 20세기 전반기에 근대 돌봄 사역자들이 기록한 글들에 고전적 패러다임에 속한 저술가들과 일반 심리상담 분야에 속한 저술가들이 인용되었던 패턴이 20세기 후반기에도 어떤 변화 없이 유사하게 전개된 것이었다. 스톤은 당대의 저명한 26명의 목회 상담자들의 글에 언급된 것들 중에서 심리치료 이론가들의 것이 고전적 신학 저술가들이나 돌봄사역 이론가들에 대한 인용보다 훨씬 많았다는 것을 발견하였다. 전자에 대한 인용이 전체적으로 1,848회였던 반면에, 후자의 경우는 각각 925회와 449회에 불과하였던 것이다.[18]

✝ 제2의 물결 등장

오핸론에 의해 분류된 임상적 패러다임의 '제2의 물결'은 1950년대를 전후하여 등장하였다. 당시 주류를 이룬 상담 접근은 제1의 물결 때부터 지속되어온 '문제 중심의 상담'이었다. 이러한 측면에선 새로운 흐름이 제1의 물결을 대체한 것은 아니었다. 다만 제1의 물결이 지나치게 병리적인 요소들과 과거에 초점을 맞춘 것에 대한 교정을 시도하려는 것이었다. 심리 상담자들은 심리학과 상담 이론이 발달되는 초창기에서부터 그들의 상담 이론 저변에 사람들의 문제가 오랜 기간에 걸쳐 서서히 발전되면서 어떤 고착된 심리정서적 특성과 질환을 형성한다는 견해를 견지해왔다. 그리고 문제가 오래된 만큼 해결도 장기적인 노력이 필요하다고 보았다.

그러나 제2차 세계 대전 이후 전쟁의 여파로 심리적 도움을 필요로 하는 사람들이 급속하게 발생하면서 장기적인 정신병리적 치료로는 갑작스럽게 증가된 필요들을 더 이상 충족할 수 없게 되었다. 무언가 더 짧고 효과적인 새로운 대안이 필요하였다. 그래서 사람의 결핍된 성격이나 문제를 유발한 숨겨진 어떤 원인들을 탐색하고 진단하여 장기적인 치료를 하는데 집중하던 첫 번째 물결과 달리 '지금-여기'를 강조하며 의사소통과 관계, 가족과 사회적 관계패턴 등을 규명하고 재구성함으로써 문제를 해결하는 단기상담에 관심을 두는 전문가들이 나타나기 시작했다.19)

이때 등장한 사람들이 돈 잭슨(Don Jackson), 버지니아 사티어(Virginia Satir), 폴 와즈러윅(Paul Watzlawick), 존 위크랜드(John Weakland), 칼 위타커(Carl Whitaker), 살바도르 미누친(Salvador Minuchin), 머레이 보웬(Murray Bowen), 밀턴 에릭슨(Milton Erikson) 등이었다. 이들은 과거의 정신분석이나 심리치료적 역동과는 다른 가족 시스템 이론을 비롯한 다양한 치료적 개념과 방법들을 발전시켰다.20)

✞ 제3의 물결 등장

한편, 단기적인 상담 접근을 실시해오던 일부 상담자들은 문제중심의 상담이 내담자 안에 존재하는 내적인 능력이나 자원들을 강화하고 활용하기보다는 도리어 문제를 강화하고 그 자원들을 도외시하는 경향이 있다는 것에 주목하기 시작하였다. 그리고 상담자가 문제를 해결할 수 있는 유일한 자원이 아닐 수 있으며, 내담자 자신과 그들 주변에 있는 자원들을 통해 해결책이 발견될 수 있다는 생각을 갖게 되었다.

그리하여 1980년대 초에 일단의 상담자들에 의해 이러한 요소들을 활용하는 해결중심 상담 접근이 제시되었다. 오핸론은 이것을 '제3의 물결'로 구분하였다.21) 필자는 이 해결중심상담을 문제중심의 단기상담 접근과 구분하여 다음과 같이 소개한 바 있다:

> 해결중심 상담은 일반적인 단기상담과 그 기원과 문제에 대한 접근에 있어서 단기적 치료를 추구한다는 면에서 공통점을 공유하고 있기는 하지만 나름대로의 독특한 특성과 요소들을 발전시켜 왔다. 가장 두드러진 패러다임 전형의 예로는 그 이름에서 드러나듯이 이전의 문제중심에서 해결중심으로 방향을 바꾸었다는 것이다. 그리고 내담자에게 없는 것이나 부정적인 문제를 분석하며 그러한 결핍용어(deficiency language)를 사용하기보다는 내담자에게 있는 것이나

장점, 자원을 활용하여 변화와 성장으로 이끌어간다는 점이다.
 이러한 단기상담 접근은 미국 밀워키에서 단기가족치료센터를 운영하던 스티브 쉐이져(Steve de Shazer)와 인수 버그(Insoo Berg)를 비롯한 그의 동료들에 의해 1982년에 '해결중심단기상담'(solution-focused brief therapy)이라는 공식적 이름으로 불려지기 시작하였다. 그리고 오늘날까지 전 세계적으로 다방면에서 그 효과에 대한 연구가 진행되었고 증명되어 왔다.22)

 송성자는 이러한 해결중심 단기상담 접근이 그 어느 접근보다도 '한국적인 가치와 신념'을 많이 내포하고 있다고 보았다. 그리고 그러한 요인들로 말미암아 문화적 갈등이나 마찰을 최소화하는 가운데 한국적 상황에도 잘 적용될 수 있다고 주장한 바 있다.23)
 칼 로저스가 제안한 내담자 중심의 상담 접근 이래로 현대의 심리상담 모델은 교회 맥락의 크리스천 상담에 새로운 바람을 불러 일으켰다. 하워드 스톤에 의하면, 전통적인 돌봄 사역자나 크리스천 상담자들은 로저스의 비지시적 상담 접근을 기꺼이 받아들였으며, 이를 통해 교회 성도 혹은 내담자들의 말에 좀 더 귀를 기울여 경청하며 효과적인 상담 관계를 형성하는 것에 관심을 가졌다.24) 힐트너와 같은 대표적인 인물도 이러한 접근을 자신의 돌봄 및 상담사역에 적극적으로 반영하였다. 그리고 이러한 내담자 초점의 돌봄 요소들은 지금도 상담의 중요한 요소로 강조되고 있다.
 임상적 패러다임 또는 심리상담 모델이 20세기 크리스천 상담 및 돌봄사역에 포괄적이고도 결정적인 영향을 미쳤다는 것은 자명하다. 지난 한 세기 동안 임상적 패러다임에 속한 심리치료 이론가 및 상담자들은 다양한 이론과 테크닉들을 발전시켰고, 이러한 심리치료 시스템의 발달은 돌봄사역에 있어서 실제적인 방법과 도구를 찾아왔던 많은 목회사역자와 크리스천 상담자들에 의해 환영을 받았다.
 그 결과 일부에서는 성서적이고 목회적인 전통 및 상황과는 거리가 있는 심리치료 이론과 방법들까지 동원하며 심리학적인 상담과정을 따라가는 경향도 생겨나게 되었다. 그리고 어떤 면에서 자신들의 "사역 정체성"까지 흔들리는 혼란을 경험하기도 하였다.[25] 이런 현상은 자연스럽게 일부 선각자들에 의해 새로운 패러다임의 등장으로 연결되었다.

3. 공동체적 패러다임

20세기 말에 들어 사회 전반에 걸쳐 다문화적 관점과 인식이 급격히 확장되고 사람들은 빠른 상황 변화를 경험하면서 교회와 크리스천 상담에도 새로운 패러다임이 등장하기 시작하였다. 도날드 캡스(Donald Capps)는 1998년에 쓴 글에서, 기존의 상담 패러다임을 뛰어넘는 새로운 접근이 필요하다며 그것이 이미 시작되었다고 강조한 바 있다.[26] 하워드 스톤은 기존의 임상적 상담 패러다임의 효과를 부인하지 않으면서도 크리스천 상담이 교회의 특성이나 목회자의 상황에 적합한 형태의 패러다임으로 발전되고 전개될 필요가 있음을 역설하였다.[27]

✝ 공동체적 패러다임의 등장과 기독교적 함의

찰스 걸킨 또한 이와 유사한 입장에서, 심리치료 모델에 많은 장점과 보존되어야 할 중요한 요소들이 있지만 오늘날 사회와 교회의 현실에서 요구되는 다양한 필요들을 충족하고 그러한 이슈들을 효과적으로 대처해 가기에는 부적절한 측면이 있음을 지적하였다. 걸킨이 크리스천의 입장에서 볼 때, 임상적 패러다임 모델의 약점은 신앙 공동체의 가장 기본적인 형태인 교회의 공동체적 상황을 고려하지 않는 것이었다.[28]

존 패튼은 이처럼 돌봄사역에 있어서 공동체적 차원을 강조하는 새로운 경향을 '공동적 맥락의 패러다임'(communal contextual paradigm) 으로 정의한다. 이것은 개인 중심의 임상적 패러다임을 넘어 내담자를 둘러싼 공동체적 전통과 상황, 나아가 사회와 시대문화적 상황을 고려하는 보다 포괄적인 접근이라고 할 수 있다. 이는 보다 최근에 나타난 현상으로서 한 개인에 대한 심리내적인 분석과 진단을 넘어 초문화적 인식의 변화와 경제적 상황, 관계와 힘의 균형, 인종 및 성별과 관련된 사회적 이슈들과 그것이 미치는 영향 등에 관심을 기울이는 상담 접근을 추구한다.29)

공동체적 관심과 그 영향은 이미 성경 시대에서부터 일관되게 강조되고 존재해온 것이다. 성경은 구약성경의 창조 기사 이래로 공동체적 요소가 인간의 죄와 타락으로 말미암아 어떻게 훼손되었는지, 하나님께서는 어떻게 이 공동체를 재건하시려 했는지를 잘 보여주고 있다. 하나님은 아브라함과 언약을 맺으시면서 사람들을 향해 의도하셨던 본래적인 신앙 공동체를 회복하시려 하였다(창 12:1-3). 그리고 모세를 통하여 이스라엘 공동체 전체와의 관계언약을 체결하셨다(출 19). 이때 하나님의 관심은 단순히 모세나 어떤 영웅적인 개인에 있는 것이 아니었다. 이스라엘 백성들과의 언약 공동체 구축에 있었다. 성경은 한 사람을 볼 때 그 자체로 무엇과도 비교될 수 없는 소중한 존재인 동시에 단순히 독립적인 한 개인으로보다는 전체 공동체의 한 부분으로 보는 관점을 유지하고 있다.

이러한 공동체적 개념은 신약 시대 '교회'에 대한 이해에서도 그대로 드러나고 있다. '교회'는 '불러내다'라는 의미의 칼레오(kaleo)와 '~으로부터'라는 의미의 전치사 에크(ek)가 합성되어 생겨난 말이다. 초대 교회 당시 사람들은 교회를 하나님께서 불러낸 사람들의 '모임,' '집회' 또는 '집단'으로 인식하였다.30) 1세기 그리스도인들은 이러한 모임을 '그리스도의 몸'으로 비유하였고, 공통의 관심사와 가치관을 품은 신자들로 구성된 공동체로 규정하였다.31) 즉, 교회는 그리스도의 몸이요, 모든 성도들은 그 몸을 구성하는 지체의 각 부분인 것이다(고전 12:27). 이처럼 초대 교회는 그리스도인이 된다는 것을 공동체적이고 관계적인 차원에서 이해하였다. 그래서 한 사람이 그리스도를 영접하면 그 사람은 공식적으로 지역의 교회 공동체에 가입하고, 그 안에서 새로운 정체성과 공동체적 가치를 반영하는 새로운 삶의 스타일을 추구하였다.

하지만 이러한 공동체적 관계와 상호적인 교회의 본질은 오직 그리스도 안에서만 가능한 실제이다. 육신적 관계정서와 자기중심적인 이기성이 지배하는 상황에서는 불가능한 것이다. 이것은 과거의 역사와 우리가 살아가는 현실을 볼 때 자명한 사실이다. 사람은 기본적으로 서로 다투고 갈등하며 상처를 주었고, 그러한 면에서 '역사는 반복된다'는 것을 우리는 잘 알고 있다.

그래서 디트릭 본회퍼(Dietrich Bonhoeffer)는 인간의 소외와 상처, 갈등의 치유는 그리스도 안에서 서로 하나되고 돌보는 공동체가 될 때에만 가능한 것으로 이해하였다.[32] 본회퍼의 시각으로 볼 때, 교회 공동체는 각 개인의 욕망과 심리적 충동으로 특징져지는 심리적 실제가 아니라 하나님께서 그리스도 안에서 이미 구현해 놓으신 영적인 실제이다. 자기중심적인 개인주의 속에서 거절당하고 상처받은 심령은 이러한 공동체적 실제 안에 속하여 서로 상합하고 받아들여지면서 가치 있는 사람으로 인정되고 용서와 사랑을 경험할 때 비로소 진정한 치유를 맛볼 수 있다고 본 것이다.[33]

✝공동체적 패러다임과 체계(system)적 관점

공동체에의 관심과 더불어 새로운 패러다임에 중요한 요소로 부각된 것이 있는데 바로 돌봄사역이 일어나고 있는 현장의 상황 혹은 '맥락적 요소들'(contextual factors)이다. 가족치료에서 발전된 시스템 이론과 접근들은 돌봄사역이 일어나는 교회 현장과 그 회중을 하나의 공동체적 시스템으로, 그래서 돌봄사역을 주고받는 사람들이 서로에게 영향을 미치는 현상을 새롭게 이해하도록 도와주었다.[34]

시스템 이론에 의하면, '전체는 각 부분들의 합 이상'(holism)이며, 그 중의 '한 부분이라도 변하면 다른 부분들에게도 영향을 준다'(open synergy).[35] 몸의 각 부분들이 연합하여 각 부분의 기능보다 더 큰 기능을 하고, 한 부분이 변화되면 다른 부분에도 영향을 주며 치유의 기능을 하듯이, 교회도 살아있는 시스템으로서 성도들은 그 시스템 안에서 서로에게 영향을 주고받으며 자체적인 치유의 기능을 한다. 이러한 차원에서 크리스천 상담 또는 돌봄사역은 어떤 한두 가지의 특정한 상담이론이나 테크닉 등의 전략을 갖고 있거나 그것에 제한되지 않는다. 교회 자체가 치유의 전략이며, 그 안에 삼위 하나님의 치유적 역동성이 있기 때문이다.

이러한 이해는 기존의 '일방향적인 원인-결과의 사고방식'(linear cause-effect thinking)에서 '상호적이고 순환적인 사고방식'(reciprocal-circular process thinking)으로의 의식전환을 초래하였다. 전자의 경우, '가 → 나'의 등식으로 보면 '가'는 '나'라는 결과를 가져오도록 영향을 주지만 '나'는 '가'에게 어떠한 영향도 주지 않는다. 반면에 후자의 ㉮㉯ 구도로 보면 양쪽은 서로 영향을 주고받는 관계에 있다.

이러한 시스템적 사고방식은 기존에 돌봄사역을 전문가로서의 목회자가 일방향적으로 성도들에게 하는 것으로 인식한 것을 목회자와 성도들이 유기적으로 연결된 공동체로서 함께 실천하는 것으로 이해하는 인식의 전환을 가능하게 하였다. 돌봄사역에 대한 목회자의 역할과 과제를 홀로 그리고 일방적으로 실행하는 것에서 성도들로 하여금 이웃을 돌보고 섬기는 공동체적 사역을 하도록 안내하고 촉진하는 자로 인식하는 성서적 관점을 회복하도록 도와주었다(엡 4:11-12).36)

이러한 입장에서 볼 때, 목회사역자가 단순히 한 개인이나 그의 상황에 관심을 기울이고 개입하는 개인초점의 접근으로는 충분하지 않다. 교회 공동체의 지체들이 상호 연합하여 각자의 사명과 은사의 분량에 따라 서로 돌아보고 짐을 나눌 때 온전한 그리스도 몸으로서의 놀라운 기능을 할 수 있다.

그리고 이것은 교회 공동체 내에만 머물지 않는다. 오늘날 교회 공동체는 교회 밖 지역사회에 대한 돌봄 및 상담 사역을 공동체의 사역으로 활성화하고 촉진시키며, 현 사회의 문화적 다원주의와 상대주의의 도전 앞에서 성서적이고 신학적인 이해와 접근에 뿌리를 둔 사역이 되도록 하는 이중적인 과제를 안고 있다.

교회를 상호적이고 서로 연결되어 영향을 주고받는 시스템으로 인식한 사도 바울은 에베소서 4장 16절을 통해 공동체적 역동성 및 교회 돌봄사역의 공동체적인 속성을 잘 보여주고 있다: "그에게서 온 몸이 각마디를 통하여 도움을 입음으로 연락하고 상합하여 각 지체의 분량대로 역사하여 그 몸을 자라게 하며 사랑 안에서 스스로 세우느니라." 여기에서 바울은 교회의 돌봄이나 크리스천 상담사역의 본질은 단순한 시스템적 원리와 기능에 제한되지 않는다는 것을 명백하게 보여준다.

관계 시스템의 과정은 각 집단에 내재하는 집단 역학에 의해 특정지어지고 좌우되는 것이 일반적이다. 하지만 크리스천 상담사역은 단순히 일반 심리치료 이론의 개인적 적용이나 관계 시스템 과정에 머물지 않는다. 본질적으로 성령 안에서 하나님의 말씀과 인도하심을 따라 그리스도와 연결되고 그에게까지 자라가는 공동체적이고 영적인 사역 시스템의 구조와 역동을 통해 진행되기 때문이다.

✝ 공동체적 패러다임의 돌봄사역 사례

미국 듀크(Duke) 대학의 스탠리 하우어와스(Stanley Hauerwas)와 윌리암 윌리몬(William Willimon)은 이러한 사실을 다음의 이야기를 통해 잘 보여주고 있다.37) 어느 교회의 청소년이 어느 날 자신이 임신했다는 사실을 알게 되었다. 그리고 가족들만 아니라 교회에도 이 사실이 알려지게 되었다. 전통적인 개인초점의 교회에서는 이런 경우 혼전임신을 한 당사자는 물론 가족에까지 '어떻게 이런 일이 발생할 수 있는가?' '어떻게 그리스도인이 혼전임신을 할 수 있는가?' 등의 판단이나 상처가 되는 말들이 들려오고, 그러한 소문들이 교회나 이웃에 돌게 될 가능성이 크다.

하지만 하우어와스와 윌리몬이 소개한 성서적인 공동체 교회는 달랐다. 교회 리더들은 '혼전임신'이라는 위기 상황이 소녀와 가족의 문제만이 아니라 교회 공동체 전체의 문제요 함께 해결해야 할 당면 과제라고 보았다. 그래서 교회의 돌봄 사역자가 임신한 소녀와 태내에 있는 생명의 소중함에 대해 대화하고 교회가 함께 그 상황을 대처하기로 하였다. 소녀가 잉태된 생명을 낙태시키기보다는 출산할 수 있도록 가급적 외부에 드러나지 않는 방식으로 소녀와 가족들을 세밀하게 지원하였다. 재정적 여유가 있는 성도는 이 소녀가 고등학교에 복귀하여 교육 과정을 마치고 재정적인 자립을 할 수 있을 때까지 기저귀를 제공하겠다고 나섰다. 어떤 성도는 자기에게는 시간이 있으므로 소녀가 학교에 가는 동안 아기를 돌봐주겠다고 자원하였다.

혼전임신한 소녀와 가족들에게 이 상황은 감당하기 어려운 충격이었다. 여기에다 주변에서 부정적인 수근거림이나 소문이 들린다면 더 견디기 어려울 것이다. 이때 교회에서 이들의 상황을 외면하거나 스스로 알아서 해결하도록 방치 혹은 책망의 메시지를 보낸다면 더더욱 힘든 시기를 보내거나 "자신들의 소견에 옳은대로" 행동하였을 것이다(삿 21:25). 하지만 교회가 이 상황을 함께 안타까워하며 돌봄을 제공하고, 소식을 알게 된 주변의 소수 의미 타자들이 적절한 관심과 지원의 손길을 내밀 때 가족은 깊은 영혼의 안정감과 위로를 경험할 수 있다. 그리고 자신들의 충격과 염려를 상쇄하고 대처할 수 있는 내적인 힘과 영성적 초점을 유지할 수 있다.

이와 같이 교회 공동체는 비밀보장의 한계와 이중관계의 이슈들을 무시하지 않는 가운데 자신에게 있는 것으로 어려움을 당한 개인이나 가족들의 필요를 효과적으로 지원하고 돌볼 수 있다. 개인 초점의 심리적 역동을 뛰어넘는 공동체적 치유와 회복의 역동이 발생할 수 있기 때문이다. 하우어와스와 윌리몬이 소개한 교회 공동체는 이와 같은 방식으로 어려움에 처한 소녀를 외면하지 않고 함께 지체된 몸으로서 서로 필요를 제공하고 지원하면서 함께 위기상황을 건강하게 대처할 수 있었다. 그리고 그 소녀는 인생의 큰 어려움과 위기 속에서 진정한 공동체적 돌봄과 치유가 무엇인지, 그리스도의 제자도(discipleship)가 무엇인지를 교실이 아닌 삶의 현장에서 배워갈 수 있었다.

✠ 개인주의와 집단주의를 뛰어 넘는 21세기 공동체적 패러다임

이상에서 살펴본 바와 같이, 고전적 패러다임은 말씀의 선포와 교화중심의 접근을 하였다. 모두가 그런 것은 아니었지만, 그 실천 방식에 있어서 인간의 상실과 고통의 문제에 대한 경직되고 일방적인, 때로는 피상적인 이해로 인하여 비판을 받기도 하였다. 그래서 오랜 역사를 갖고 있음에도 불구하고 근대에 들어 인간에 대한 새로운 심리학적 이해와 접근 방법들이 대두되자 많은 상담 사역자들이 신속하게 그 접근에서 돌아서게 되었다.

이때 등장한 것이 임상적 패러다임이었는데 개인의 심리적 이슈나 문제들을 이해 및 해결하는 구체적인 이론과 방법들로 인하여 교회 상담자들에 의해 폭넓은 지지를 받았다. 그러나 토마스 오든이 지적하였듯이, 개인중심적이고 심리역동적인 접근에 대한 편향성으로 말미암아 크리스천 상담은 교회의 현장과 공동체적인 특성, 그리고 성서적인 정체성이 상실되거나 흔들리는 결과를 초래하였다. 칼 슈나이더(Carl Schneider)는 이러한 위기가 초래된 원인을 임상적 패러다임의 핵심에 자리 잡고 있는 '개인주의'를 뛰어넘지 못한 '옛 모델의 부적절성'에 있다고 분석하였다.[38]

이러한 상황에서 교회의 공동체적 맥락과 그 역동성에 초점을 둔 공동체적 패러다임이 등장하였다. 필자는 미국 유학 시절, 기존의 임상적 패러다임의 효과와 기여를 부인하지 않으면서도 새롭게 등장하기 시작한 공동체적 접근에 대한 확신을 갖게 되었다. 그래서 본서를 통해 교회가 그 시초에서부터 돌봄과 치유의 공동체였고, 21세기에도 그러한 공동체적 기능이 새롭게 조명되고 계속 유지되어야 한다는 확신을 제기하고자 하였다.

교회사를 통해 볼 때 사람들에 대한 관심과 돌봄은 권위적이고 일방향적인 '집단중심 접근'과 개인의 자율성과 성장에 초점을 둔 '개인중심 접근' 사이를 오가며 그 강조점과 접근 방식이 결정되어 왔다. 한국 교회의 돌봄과 상담도 이 두 가지, 즉 권위적인 고전적 패러다임과 개인중심적인 임상적 패러다임 사이를 오가며 따르는 경향을 보였다. 그러면서 급변하는 시대적 상황 속에서 다양한 관계적 갈등과 정서적 욕구를 가진 현대인들의 복합적인 필요들을 돌보지 못하는 결과가 생겨났다. 기독교적 정체성을 상실하거나 교회 안에서 상담의 역기능적인 상황이 발생하기도 하였다.

따라서 21세기에는 이러한 부정적인 요소들을 극복하기 위해 '자기'중심의 '개인주의'도 일방적 '집단주의'도 아닌 '교회의 성서적 전통과 공동체적 맥락'에서 '개인을 강화하고 치유'하는 통합된 공동체적 패러다임의 돌봄 및 상담사역 접근을 발전시킬 필요가 있다. 이러한 접근은 말씀과 성령님의 인도에 헌신되어 있고, 체계적인 상담이나 세련된 돌봄사역의 조직이 없었을 때에도 구역이나 목장으로 모여 '서로 돌아보아 사랑과 선행을 격려'하는 헌신된 그리스도인들이 많은 한국 교회에서 유용하게 사용될 수 있다(히 10:24).

이처럼 한국 교회의 실정에 맞는 공동체저 상담 접근과 그것을 위한 훈련과 활용에 대한 기본적인 연구와 시도가 그동안 일각에서 꾸준히 이루어져 왔다. 이러한 접근을 다양한 이슈에 적용하기 위한 연구와 시도는 앞으로도 계속되어야 할 것이다. 이와 더불어 '공동체적 접근을 통해 개인이 변화되고, 개인의 변화가 어떻게 다시 공동체적인 변화에 기여할 수 있는가?' 하는 상호적 관련성에 대한 임상적 연구도 앞으로 수행해야 할 과제 중의 하나라 하겠다.

주(註)

1) Philip Rieff, *The Triumph of the Therapeutic* (New York: Harper, 1966).
2) John Patton, *Pastoral Care in Context* (Louisville: Westminster Press, 1993).
3) Ibid., 4.
4) Thomas Oden, *Care of Souls in the Classical Tradition* (Philadelphia: Fortress Press, 1984), 27. 오든은 고전적 패러다임에 해당되는 자료들을 다음의 저술들을 통해 펴낸 바 있다. Thomas Oden, *Classical Pastoral Care*, vol. 1-3 (Grand Rapids: Baker Books, 1987); Ibid., *Classical Pastoral Care*, vol. 4 (Grand Rapids: Baker Books, 1994). 이 외에도 돌봄사역에 대한 고전적 접근을 소개하는 자료들로 다음을 참고하라. John McNeill, *A History of the Cure of Souls* (New York: Harper, 1951); William Clebsch and Charles Jaekle, *Pastoral Care in Historical Perspective* (Englewood Cliffs: Prentice-Hall, 1964); Brooks Holifield, *A History of Pastoral Care in America: From Salvation to Self-Realization* (Nashville: Abingdon Press, 1983).
5) 아담스의 상담 접근에 대해서는 다음의 자료를 참고하라. Jay Adams, *How to Help People Change* (Grand Rapids: Zondervan, 1986).
6) Stone, *Theological Context for Pastoral Caregiving*, 50.
7) Ibid., 40.
8) Edward Thurneysen, *A Theology of Pastoral Care*, trans. Jack Worthington and Thomas Wieser (Richmond, John Knox, 1962), 11, 32.
9) Patton, *Pastoral Care in Context*, 6-7.
10) Gerkin, *An Introduction to Pastoral Care*, 30.
11) J. Harold Ellens, "Sin and Sickness: The Nature of Human Failure," in *Counseling and the Human Predicament*, eds. LeRoy Aden and David Benner (Grand Rapids: Baker Books, 1989), 68-9.
12) Ibid., 70.
13) Gerkin, *An Intorduction to Pastoral Care*, 41.
14) Holifield, *A History of Pastoral Care in America: From Salvation to Self-Realization*, 350-2.
15) Stone, *Theological Context for Pastoral Caregiving*, 39-40.

16) Bill O'Hanlon, "What's the Story?: Narrative Therapy and the Third Wave of Psychotherapy," in *Evolving Possibilities: Selected Papers of Bill O'Hanlon*, eds. Steffanie O'Hanlon and Bob Bertolino (Philadelphia: Brunner/Mazel, 1999), 210.
17) Oden, *Care of Souls in the Classic Tradition*, 29, 31.
18) Howard Stone, ed., *Strategies for Brief Pastoral Counseling* (Minneapolis: Fortress Press, 2001), 208-16.
19) Gary Oliver, Monte Hasz, and Matthew Richburg, *Promoting Change through Brief Therapy in Christian Counseling* (Wheaton, Tyndale House, 1997), 71.
20) Ibid., 51-68.
21) O'Hanlon, "What's the Story?: Narrative Therapy and the Third Wave of Psychotherapy," 210-2.
22) 유재성, "장기상담에서 단기상담으로: 해결중심의 전략적 단기 공동체 상담,"「복음과 실천」, 29 (2002): 383.
23) 송성자, "해결중심 가족치료의 전략과 기법,"「무엇이 좋아졌습니까?」, 김인수 외 4인 공저 (서울: 동인, 1998), 14. 이와 관련하여 다음의 자료를 참고하라. 송성자,「한국문화와 가족치료: 해결중심 접근」(서울: 법문사, 2001).
24) Stone, *Theological Context for Pastoral Caregiving*, 39, 50.
25) Ibid., 40. 다음의 자료도 참고하라. Thomas Oden, "Recovering Pastoral Care's Lost Identity," in *The Church and Pastoral Care*, eds. LeRoy Aden and J. Harold Ellens (Grand Rapids: Baker Books, 1988), 17-31.
26) Donald Capps, *Living Stories: Pastoral Counseling in Congregational Context* (Minneapolis: Fortress Press, 1998), vii.
27) Howard Stone, "Pastoral Counseling and the Changing Times," *The Journal of Pastoral Care* 53 (Spring 1999): 32, 44.
28) Gerkin, *An Introduction to Pastoral Care*, 98, 103.
29) Patton, *Pastoral Care in Context*, 4.
30) F. F. Bruce, *The Book of the ACTS*, in F. F. Bruce, ed., *The New International Commentary on the New Testament* (Grand Rapids: Wm. B. Eerdmans Publishing Co., 1984), 116; Andrew Lincoln, *Ephesians*, David Hubbard and Glenn Barker, *Word Biblical Commentary*, vol. 42 (Dallas: Word Books, 1990), 67.
31) Bruce, *The Book of the ACTS*, 116.

32) Dietrich Bonhoeffer, *Life Together and Prayerbook of the Bible*, Dietrich Bonhoeffer Works, vol. 5, Geffrey Kelley, ed., english edition (Minneapolis: Fortress Press, 1996).
33) 이러한 관점에 대해 다음의 자료를 참고하라. Leigh Bishop, "Healing in the Koinonia: Therapeutic Dynamics of Church Community," *Journal of Psychology and Theology* 13(1) (1985): 12-20.
34) 이러한 입장에 대해서는 다음의 자료들을 참고하라. Ronald Richardson, *Creating a Healthier Church* (Minneapolis: Fortress Press, 1996); Peter Steinke, *How Your Church Family Works* (Bethesda, Alban Institute, 1993); George Parsons and Speed Leas, *Understanding Your Congregation as a System* (Bethesda, Alban Institute, 1993); Steve Lyon, "Leading in Congregational Conflict: A Family Systems Model," *Southwestern Journal of Theology* 43, no. 3 (Summer, 2001): 37-56.
35) Mansell Pattison, *Pastor and Parish-A Systems Approach* (Philadelphia: Fortress Press, 1977), 6, 7.
36) Rodney Hunter and John Patton, "The Therapeutic Tradition's Theological and Ethical Commitments Viewed through Its Pedagogical Practices: A Tradition in Transition," in *Pastoral Care and Social Conflict*, eds. Pamela Couture and Rodney Hunter (Nashville: Abingdon Press, 1995), 40.
37) Stanley Hauerwas and William Willimon, *Resident Aliens: Life in the Christian Colony* (Nashville: Abingdon Press, 1989). Resident Aliens의 후편으로 동일한 저자들이 저술한 다음의 책도 참고하라. Stanley Hauerwas and William Willimon, *Where Resident Aliens Live: Exercises for Christian Practice* (Nashville: Abingdon Press, 1996). 하워드 스톤은 이와 유사한 공동체적 돌봄과 치유 접근을 세계 여러 곳에서 발견할 수 있었다. 그가 남아프리카에서 경험한 공동체적 돌봄의 현장에 대해서는 다음의 자료를 참고하라. Howard Stone, "Sojourn in South Africa: Pastoral Care as a Community Endeavor," *Journal of Pastoral Care* 50, no. 2 (Summer 1996): 207-13.
38) Carl Schneider, "'If One of Your Number Has a Dispute with Another': A New/Ancient Pastoral Paradigm and Praxis for Dealing with Conflict," in *Pastoral Care and Social Conflict*, eds. Pamela Couture and Rodney Hunter (Nashville: Abingdon Press, 1995), 210.

제2부

21세기 현대 크리스천 상담의 새로운 물결

우리는 제 1부에서 크리스천 상담의 정의와 특성들, 그리고 교회의 돌봄 사역이 고전적 패러다임에서 어떻게 오늘날의 공동체적 접근까지 변천되어 왔는지에 대해 살펴보았다. 제 2부에서는 교회의 정체성과 관련하여 상담을 공동체적으로 접근하는 것에 대해 살펴보고자 한다. 그리고 이러한 접근이 어떻게 개인중심적이고도 전통적인 일반 상담 접근들과 다른지, 교회 공동체에 대한 성서적인 개념과 얼마나 잘 부합되고 있는지에 대해 고찰할 것이다. 우리는 이러한 과정을 통하여 교회 컨텍스트에서의 돌봄이나 상담은 공동체적 접근에 기초해야 하며, 이것이 21세기 크리스천 상담의 새로운 물결이 될 것임을 확인하게 될 것이다.

포스트모더니즘 시대의 교회에 대한 성서적 이해와 바탕을 '기억과 희망의 공동체'로 정의한 스탠리 그렌츠(Stanley Grenz)는 일련의 글을 통해 '공동체적 교회'의 이해와 사역접근을 돕는 기본적이고도 유익한 틀을 제시해주었다.[1] 그렌츠가 제시하는 틀은 공동체에 대한 성경적 메시지와 교회에 대한 신학적 전통, 그리고 사람들이 말하고, 행동하고, 살아가는 역사적·문화적 삶의 컨텍스트 등이다.

이러한 공동체 신학의 개념들은 크리스천 상담의 공동체적 패러다임을 형성해주는 3가지 기본적인 개념 또는 틀로 적용되어질 수 있다. 이제 이 요소들과 연결하여 성경이 제시하는 공동체 개념, 성서적 공동체로서의 교회, 그리고 그리스도인의 윤리와 도덕, 가치관, 삶의 관점들이 반영되고, 토론되고, 해석되고, 구축되어지는 크리스천 컨텍스트에서의 공동체적 상담 접근에 대해 살펴보도록 하자.

제4장 공동체에 대한 정의와 성서적 이해

1. 공동체에 대한 일반적인 정의

오늘날 후기 근대 산업화의 시대에 살고 있는 사람들은 거의 모든 삶의 영역에서 '공동체'에 대한 관심이나 그러한 요소들이 언급되고 강조되는 것을 어렵지 않게 볼 수 있다. 산업화가 진전되고 기계 문명이 고도로 발달함에 따라 사람들의 생활은 더욱 편리해지고 다양한 선택의 기회를 갖게 되었다. 우리는 이러한 현실을 미국이나 서구 세계뿐 아니라 이제 우리 주위에서도 흔히 볼 수 있는 시대에 살고 있다.

인터넷의 발달로 사람들은 자신의 방에 앉아서 전 세계 정보의 바다를 시공간 제한 없이 항해할 수 있다. 실시간으로 해외 명품백을 "직구"(직접구매)할 수 있고, 국경을 초월하여 다양한 사람들과 한 순간에 연결되어 자신의 취미나 의견, 주장을 나눌 수 있는 시대에 살고 있다.

오늘날 사람들은 전보다 비교할 수 없이 빠르고 편리한 교통수단과 함께 페이스북이나 카카오톡, 트위터 같은 SNS 서비스를 통해 전 세계에 흩어진 사람들과 수시로 연락하며 지낼 수 있는 첨단 문명 속에 살아가고 있다. 하지만 한 지붕 밑에 살고 있으면서도 각자의 방에 틀어박혀 컴퓨터 모니터 앞에서 보내는 시간이 점점 많아지고 있다. 지구 반대편 사람들과 채팅을 하며 밤을 지새우면서도, 정작 옆방에 있는 자신의 배우자나 부모, 자녀들과는 대화가 단절된 채 살아가는 사람들이 많다. 이러한 역설적인 삶의 정황은 사람들로 하여금 급변하는 사회문화적 환경과 현실이 주지 못하는 진정한 만남과 돌봄, 배려 등에 대한 정서적 관심과 필요, 열망을 갖게 한다.

현대인들은 개인주의적인 삶의 형태에서 야기되는 각종 공허함과 단절감, 소외감, 무기력감을 느끼면서 점점 더 공동체성에 대한 관심과 필요를 호소하고 있다. 이러한 현상은 인터넷 신문이나 잡지, 서점의 베스트셀러 목록에 공동체와 영성 관련 기사나 서적들이 꾸준히 등장하여 인기를 끄는 데에서도 잘 나타나고 있다. 이러한 현실은 교회에게 하나의 위기이기도 하지만 동시에 그러한 사람들을 향한 사역을 요구하는 새로운 도전이면서 기회이기도 하다.

오늘날 현대인들은 공동체에 대해 폭넓은 관심을 갖고 있고, 그것에 대해 많은 이야기들을 하고 있다. 하지만 정작 '공동체'가 무엇인지에 대한 정의나 의미에 대해서는 잘 모르고 있는 경우가 많다. 그리고 사람들 간에 일치된 견해가 있는 것도 아니다. '공동체'에 대한 이해나 그것을 바라보는 관점, 접근에 따라 차이가 있고, 어떤 특정한 견해나 의견을 강요할 수도 없기 때문이다.

✝ 공동체는 유사한 관심이나 필요를 공유하고 나누는 사람들의 모임

이러한 전제 하에, 일반적으로 말하는 '공동체'란 어느 특정한 지역이나 공간에 사는 사람들의 모임, 또는 공통의 관심사와 특성들, 그리고 사회문화적 요소들을 공유하는 사람들의 집단이라고 할 수 있다. 경우에 따라서 같은 아파트 지역에 사는 사람들을 가리키는 말이기도 하다. 여러 집들로 구성된 생활 거주 지역을 공동체라 부르기도 한다. 은퇴자들의 집단 거주지를 공동체라 부르는 곳도 있다. 골프나 테니스를 치는 단체의 사교 멤버들이나, 정치적 이유로 연합한 사람들이 스스로를 공동체라 부르는 경우도 있다.

'공동체'란 말은 교회에서 특히 즐겨 사용하는 경향이 있다. 대부분의 교회에서 주보나 교회 편지, 혹은 교회 벽에 자신들을 가리켜 'OOO 공동체'라고 소개하는 것을 볼 수 있다. 이러한 차원에서 본다면, 공동체란 일반적으로 서로를 연결시켜주는 어떤 공통적인 요소에 따라 모인 사람들의 모임이나 장소를 지칭하는 것이라 할 수 있다.

공동체에 대한 심리학적 정의는 위의 지역적, 조직적 모임의 측면 외에 사람들 사이의 상호 관계에 초점을 맞추고 있다. 심리학자 레이몬드 코르시니(Raymond Corsini)에 따르면, 공동체란 지역적으로 조직된 거주 형태를 의미하는데, 여기에서 사람들은 서로 대화하고 공통적인 자원들과 관심, 상징을 공유하며 함께 나누는 관계를 발전시킨다고 한다. 이때 각 사람들은 자기 옆에 있는 한두 사람만 아니라 전체 공동체 자체를 통해 자신의 필요들을 충족할 수 있다고 코르시니는 보았다.[2]

이러한 정의에 의하면, 공동체는 단순히 사람들의 모임이나 건물만으로 되는 것이 아니라 그 안에 있는 사람들 간의 필요가 공유되고 충족되어지는 관계가 전제되어야 한다. 서로 유사한 관심이나 경험들을 나누고, 서로를 지원하는 친밀한 관계가 있는 사람들의 모임이 공동체인 것이다.

이러한 공동체의 한 예가 바로 오늘날 점점 늘어나고 있는 '지원 그룹'이다. 사회학자 로버트 우트나우(Robert Wuthnow)에 의하면, 미국에서는 약 40퍼센트 이상의 사람들이 다양한 지원그룹에 속하여 활동하고 있다.[3] '익명의 알코올 중독자 모임'(Alcoholic Anonymous)에서부터 교회의 목장 혹은 기도모임에 이르기까지 유사한 필요와 관심을 가진 사람들이 소규모 집단으로 모여 서로의 관심사에 귀를 기울이며 지원하는 다양한 모임에 참여하고 있다.

인터넷의 활발한 보급으로 이제는 지역과 장소, 시간과 문화를 초월하여 사이버 세계에서 저마다 자신들의 관심과 경험을 공유하고 나누는 모임들이 폭발적으로 증가하고 있다. 이를 통해 누군가와 연결됨으로써 어쩔 수 없이 밀려오는 삶의 공허감과 각종 필요들을 채우려고 하는 것이다. 사람들은 이러한 온오프라인의 그룹 모임 혹은 지원그룹에의 참여를 통해 자신들의 존재 의미와 영적인 안녕을 추구한다. 21세기는 역사의 그 어느 때보다도 이러한 모임과 참여가 다양한 방법으로 활성화되고 증가하는 시기가 될 것이다.

그렇지만 현대인들의 미충족된 욕구와 갈망은 이러한 지원그룹과 같은 것으로는 온전히 충족되기 어렵다. 치열한 경쟁과 미래에 대한 불안, 삶의 공허와 불안정성, 무의미감은 더욱 커지고 있다. 자신들의 삶의 현실이나 인간관계에서 진정한 평화나 안녕을 찾기 어렵다. 보다 안정된 삶의 현실과 의미, 성취와 보람, 영적 각성과 안녕에 대한 갈망을 갖고 그것을 위해 다양한 시도를 하지만 사람들은 여전히 깊은 공허감과 무기력감으로 고통스러워하고 있다. 이러한 현상을 우리는 어떻게 설명할 수 있을까? 이러한 현상이 일어나는 것은 어떤 이유에서일까?

2. 공동체 시대의 개인주의

현내인들은 근대화의 과정을 겪으면서 자연스럽게 기계문명의 발달과 그것이 가져다주는 다양한 기회 및 편리함과 깊은 사랑의 관계에 빠져들게 되었다. 이제는 대형 극장에서 느끼는 것과 방불한 사운드 시스템을 집 안에 설치하고 대형 화면을 통하여 최신 영화를 자신이 원하는 시간에 원하는 방식으로 선택하여 감상할 수 있다. 지구 저편에서 진행되는 월드컵 게임을 동시간대에 볼 수 있고, 실황중계를 잠시 중단하고 골이 어느 쪽으로 날아갈지 알아맞히는 게임까지 즐길 수 있게 되었다. 굳이 시장을 돌아다니며 물건을 고르지 않아도 전화 한 통이면 오늘 저녁 자신이 원하는 찬거리를 배달할 수 있다. 그것도 귀찮으면 다 만들어진 음식을 주문하여 간단히 저녁 식사를 해결할 수도 있다.

이뿐만이 아니다. 대학교에서 강의를 신청할 때도 굳이 복잡한 학과 사무실이나 컴퓨터실에 갈 것 없이 자기 방에서 한 손에 피자를 들고 먹으며 다른 손으로 손가락 몇 번 클릭함으로써 자신이 원하는 과목들을 신청할 수 있다. 외국에 나가 있는 친지들과도 일초면 간단히 이메일을 보낼 수 있다. 요금 걱정 없이 한 시간 내내 화상으로 서로를 보며 대화할 수도 있다. 굳이 다른 사람들과 만나거나 그들의 시간에 내가 맞추어야 할 필요 없이 자신이 정한 시간에 자신이 원하는 장소에서 자신이 원하는 것을 할 수 있게 되었다. 이 모든 것이 내 손 안에서 손가락 몇 번 클릭하는 것으로 가능한 시대가 된 것이다.

✝ 21세기 실리적 개인주의와 그 여파

오늘날 사람들은 전례 없이 다양하고도 편리한 물질문명의 혜택과 극대화된 각종 서비스가 언제라도 가능한 시대에 살고 있다. 그러나 이러한 물질문명의 발달과 편리한 서비스가 진정한 행복이나 삶의 만족을 가져다주거나 보장해줄 수 있는 것이 아님은 더 이상 재론의 여지가 없는 사실이다. 그래서 사람들은 자신들의 가슴 아픈 사연이나 인간관계의 실패 또는 상실에서 오는 고통, 그리고 물질적인 양극화 속에서 소외와 고독, 영적인 공허감 등을 충족하기 위해 몸부림친다. 나름대로 이것저것 시도하고 사회적인 모임을 찾아 나서보기도 하지만 차가운 현실은 경제적인 궁핍과 소외, 좌절을 부추길 뿐 깊은 영혼의 갈증해소나 다른 사람들과의 연합, 소속감 등에 대한 욕구를 충족시켜주지 못한다.

현대인들이 과거보다 더 독립적으로 살아갈 수 있는 다양한 문명의 이기와 서비스가 제공되는 현실에서 굳이 각종 모임이나 지원그룹 등에 참여하는 것은, 많은 경우, 자기중심적인 개인주의적 삶으로는 충족되지 않는 기본적인 욕구와 필요, 기대들이 있기 때문이다. 그래서 사람들은 그러한 욕구와 필요들을 충족하기 위해 사회의 다양한 모임이나 집단에 참여하여 공동체적 만남을 추구한다. 하지만 결국 자기중심적이고도 개인주의적인 동기와 삶의 스타일은 그대로 유지하기를 원하기 때문에 서로 기대 충돌을 경험하며 실망하거나 좌절한다.

오늘날 미국에서는 알코올 중독자들을 위한 모임이나 성폭력 피해자를 위한 모임, 자존감이나 우울증과 같은 이슈를 갖고 있는 사람들의 모임 등이 전국 방방곡곡 병원, 사회단체, 상담소, 교회 등에서 운영되고, 거기에 참여하는 사람들의 수도 지속적으로 증가하고 있다. 이러한 각종 지원그룹은 참된 공동체에서 줄 수 있는 여러 가지 유익을 약속하고 있지만, 정작 그것을 위해 멤버들이 생활스타일을 바꾸거나 감당해야 할 것들에 대해서는 별로 강조하지 않는다. 각 개인의 가치관이나 삶의 방식, 또는 그 관심사나 원하는 것 어떤 것도 포기하지 않고도 진정한 공동체적 만남과 연결, 삶의 의미를 얻을 수 있다고 약속하는 것처럼 보인다.

이러한 '실리적 개인주의'는 21세기 포스트모던 시대에 사는 현대인들의 생활 스타일과 잘 맞는 것처럼 보인다. 어떤 면에서, 미국뿐 아니라 한국 사회에 부는 영성 또는 공동체에 대한 다양한 관심과 강조 이면에도 이와 유사한 측면이 있는 것 같다. 급격한 근대화의 과정을 거치며 형성된 지난 세기의 사회문화적 개인주의를 계승하면서 충족되지 않은 필요들을 만족시킬 수 있는 그 어떤 것에 대한 갈망을 갖고 있는 현대인들의 특성이 최근 한국의 사회문화적 현상 근저에 뿌리를 내리고 있는 것으로 보인다.

✤자기중심 시대의 공동체에 대한 관심은 개인주의의 위장

지난 세기의 사람들은 근대화의 대가로 자신들의 삶이 다른 사람들로부터 분리되고 고립되어가는 것을 경험해야 했다. 근대화의 물결은 인간의 전 삶의 영역에 걸쳐 물질주의적이고도 개인주의적인, 그리고 인본주의적인 방향으로 전개되어갔다. 그리고 이러한 개인중심적인 가치관과 인간관계는 현대의 상대주의적인 관점과 잘 맞아떨어졌다. 그래서 모든 활동이나 사고의 중심에 가치판단자로서의 '자기 자신'을 올려놓고 모든 것을 '자기 소견에 옳은 대로' '자신의 감정이 끌리는 대로' 살아가는 것을 '쿨'하게 '잘 사는' 것으로 받아들이게 되었다. 이러한 상대주의적 사회문화 속에서는 어떤 윤리적 가치판단의 기준이나 평가를 제시한다 해도 그것은 한 개인의 의견쯤으로 받아들여지고, 사람들은 저마다 자신의 판단이나 확신에 근거하여 행동하면 그것이 옳은 것으로 인식하게 되었다.[4]

현대의 심리학은 이러한 사회적 흐름과 분위기가 잘 반영된 개인주의적 초점과 상담 접근을 발전시켜왔고, 여러 이슈들에 걸쳐 자기중심적인 개인주의에 사상적인 근거를 제공해왔다. 서양의 심리학사(史)에 있어서 이러한 경향이 잘 반영된 분야가 인간의 발달과 정체성에 관한 것이다. 20세기 전반기에 쟝 삐아제(Jean Piaget)와 에릭 에릭슨(Erik Erikson), 로렌스 콜버그(Lawrence Kohlberg)와 같은 주요 심리학자들은 저마다 자신들의 관점에 따라 인간의 정체성 형성과 발달에 관한 다양한 이론들을 제시하였다. 그들의 심리학은 대개가 계몽주의 시대 이후 인간 사회의 전반적인 영역에 결정적인 영향을 끼쳤던 개인주의적 관점을 반영하여 아브라함 매슬로우(Abraham Maslow)의 경우에서 보듯이 주로 개인의 자기존중, 자기성장, 나아가 자기실현 등에 초점이 맞추어져 있는 것을 볼 수 있다.

이처럼 본능적이고 자기중심적인 관점을 유지하고 있는 현대 심리학의 발달은 상담 현장에서의 일차적인 관심이 개인의 필요와 안녕을 구축하는 것에 집중되도록 강력한 영향을 끼쳤다. 다양한 모임이나 집단들도 이러한 심리학적 통찰과 흐름을 반영하여 집단 참여자들로 하여금 각자의 느낌이나 생각을 표출하고 개인적인 필요를 충족하는 것에 집중하게 하였다. 어떤 판단을 하거나 결정을 내릴 때 그것의 적합성 내지 옳고 그름에 대한 기준이 각 개인의 느낌이나 정서적 수용성 여부에 따라 좌우되게 되었다. 이러한 상황과 구조에서 이루어지는 사람들과의 만남이나 집단은 진정한 공동체의 특성을 구현한 모임이기보다는 사실상 자기중심적 심리학에 근거한 '개인주의의 위장'으로 보는 것이 타당할 것이다.

3. 개인주의화된 기독교 공동체

✞ 복음의 중심에 자리 잡은 자아(self)

근대 시대에 들어와 인간 사회와 문화 전반에 걸쳐 결정적인 영향력을 행사해온 개인주의는 기독교에서도 예외가 아니었다. 개인주의적인 사회 환경은 인간의 '자아'를 복음의 중심자리에 앉히고, '자기중심적'인 새로운 형태의 기독교를 만들어내는 경향을 보였다.

예수께서는 자신을 따르는 무리들에게 "수고하고 무거운 짐진 자들아 다 내게로 오라. 내가 너희를 쉬게 하리라"고 말씀하셨다(마 11:28). 이 구절은 예수 믿으면 자신들의 '개인적인' 문제가 다 해결되고 필요가 충족될 것이라는 말씀으로 해석되어 많은 현대인들이 즐겨 인용하곤 한다.

현대 젊은이들은 "당신은 사랑받기 위해 태어난 사람"이라는 내용의 복음송을 즐겨 부른다. 그러나 "아무든지 나를 따라 오려거든 자기를 부인하고 자기 십자가를 지고 나를 좇을 것이니라"(눅 9:23)는 말씀은 많은 현대 그리스도인들에게 그리 인기 있는 메시지가 아니다.

이처럼 신앙생활을 하면서도 개인적인 필요충족이나 관심사에 초점을 맞추는 경향은 비단 현대 시대에만 그런 것이 아니었다. 이러한 현상은 지난 수세기에 걸쳐 교회사를 통하여 면면히 지속되어온 것이 사실이다. 교회사학자 브룩스 홀리필드는 미국 교회의 돌봄 사역에 관한 초점이 사회의 흐름을 반영하듯 '저 세상의 구원 이상'에서 '이 세상에서의 자기실현'으로 변하여갔다고 주장한다.5) 홀리필드에 의하면, 본래 미국 교회의 사역 초점은 자기부정과 구원에 있었다. 그러나 이러한 자기부정의 시각은 점차 자기사랑으로, 자기사랑은 자기문화로, 자기문화는 자기완성으로, 자기완성은 자기실현으로 바뀌었고, 이것이 오늘날 교회 사역의 주된 관심사가 되기에 이르렀다.

✝ 지원 그룹을 닮은 현대 교회들

오늘날 많은 사람들은 불신자들이 다른 사람들과의 친밀한 관계와 교제를 위해 지원 그룹에 참여하는 것과 같은 동기로 교회를 찾는 경향이 있다. 교회에서 다른 사람들과의 관계를 통해 소속감, 연결감, 내적인 평안과 안정감, 삶의 의미 등을 얻는 것에 주된 관심을 갖고 교회에 다니는 것이다. 사회에서 모이는 지원 그룹은 모임에 참석하기 위해 삶의 어떤 중요한 가치나 태도를 변화시키거나 사고방식을 바꿀 것을 요구하지 않는다. 누구도 각 개인의 취향이나 삶의 방식, 가치관에 이의를 달거나 도전하지 않는다. 또 굳이 요구받지 않는 한 어떤 종류의 조언이나 충고를 주거나 받으려 하지 않는다.

이러한 모습은 많은 경우 현대 교회에서도 그리 다르지 않다. 많은 교회들은 예수 그리스도를 따라가는 제자의 삶에 수반되는 어떤 기존 개인적인 삶의 포기나 가치관 및 삶의 변화를 요구하지 않는다. 많은 사람들이 이를 부담스러워하거나 좋아하지 않기 때문이다. 그 대신 각 개인의 필요나 자기수용, 신뢰, 자기성취를 위한 목표에 초점을 맞추어 교회 프로그램들을 조직하고 운영하는 경향이 있다. 사회의 개인주의적 초점을 교회 또한 따라가고 있는 것이다.

파멜라 커쳐(Pamela Couture)와 리처드 헤스터(Richard Hester)가 지적하는 것처럼, 오늘날 크리스천들이 공통적으로 갖고 있는 많은 확신들 중에는 개인중심적인 심리학적 전제와 메시지가 깊이 자리 잡고 있는 것이 사실이다. 그래서 많은 그리스도인들은 자기 존중이나 원가족과의 관계, 자신의 과거 경험이 오늘 자기에게 미치는 영향 등 심리적 전제나 통찰들에 대해서는 많은 관심을 갖고 알려고 하면서도 정작 성경 이야기는 잘 모르고 알아가려고 하지 않는다.6) 성경적 원리를 일상에 적용하고 공동체적 삶을 사는 것에 별 관심이 없다. 필자가 매 학기 교회와 사회의 가정들을 건강하게 하는 성경적 원리와 사역을 강조할 때 많은 학생들은 "내가 왜 그렇게 해야 합니까?" "그들이 나와 무슨 상관입니까?"

라고 반문한다.

하나님은 각 사람들로 하여금 그리스도를 자신의 구세주로 받아들이라고 부르신다. 이것은 개인적인 초청이요 부르심이다. 그러나 이 부르심에는 또 다른 측면이 있다. 그것은 예수 그리스도의 공동체, 즉 교회에 등록하여 동료 그리스도인들과 공동체적인 제자의 삶을 살라고 하는 부르심이다. 어떤 사람이 그리스도인이 될 때 회중 앞에서 예수 그리스도에 대한 믿음을 공개적으로 고백하고 교회 공동체의 한 지체로 거듭나야 하는 이유가 여기에 있다.

로드 윌슨(Rod Wilson)은 이와 같은 공동체적인 요소가 지켜지지 않을 때 우리는 사적이고도 개인주의적인 기독교의 세계로 들어가는 것이라고 주장한다. 그리고 이는 기독교인이 된 이후에도 그 삶의 방식이나 가치관에는 아무런 변화나 차이가 없고 대신 자신의 필요 충족에 초점을 맞춘 개인주의적 신앙 행태를 형성하게 만든다고 지적한다.[7] '개인주의화된 기독교'(privatized Christianity)의 한 전형이다. 이는 기독교인이 된다는 것을 개인적이고도 사적인 사건으로 인식하기 때문이다.

4. 공동체에 대한 성경의 메시지

현대 사회와 문화에 만연된 개인주의적 관점과 그것에 근거한 신앙 행태에 대해 성경은 무엇이라고 말하고 있을까? 성경은 창세기의 창조 기사 초반부에서부터 사람들을 향하신 하나님의 비전과 그 비전의 중심에 공동체가 자리 잡고 있음을 분명하게 제시하고 있다. 하나님은 사람들을 창조하시되 그들을 각각 구분된 개인들로 만드시기보다는 서로 연결되고 돌보는 믿음의 공동체를 구축하기를 원하셨다.[8]

✝ 사람 안에 내재된 공동체적 속성

하나님은 이 세상을 지으시고 사람을 창조하실 때 특별히 하나님 자신의 형상을 따라 만드셨다. 이렇게 창조된 인간은 그 본성상 삼위 하나님의 공동체적 속성을 반영하고 있다(창 1:27). 이것은 사람이 홀로 존재하도록 창조된 것이 아니라, 처음부터 하나님과의 관계 속에서 그리고 다른 사람들과 친밀한 교류를 나누며 살아가도록 지음 받은 관계적 존재라는 것을 의미한다.9)

아담은 에덴동산에서 하나님과 온전한 공동체적 관계 속에 있었다. 그는 생물학적인 관점에서 한 인간으로서 기능하고 살아가는 데 아무런 문제가 없었다. 그러나 하나님의 눈에는 그가 홀로 독처하는 것이 좋지 않게 보였다(창 2:18). 하나님은 아담이 다른 사람과도 공동체적인 관계 속에서 지내기를 원하셨다. 그래서 하와를 창조하시고, 두 사람을 부부로 엮어주시면서 공동체적 관계 속에서 살아가게 하셨다.

하지만 아담과 하와는 하나님의 말씀을 어기고 죄를 범함으로써 하나된 관계의 파괴를 경험하였다. 그들은 더 이상 하나님 앞에 머물 수 없었다. 하나님과의 관계가 깨어지고 단절되었기 때문이다. 이로 말미암아 사람과 사람사이의 불신과 원망, 분리, 상처, 갈등이 끊이지 않게 되었다. 그리고 한 세대가 지나기도 전에 아담과 하와의 가정에 형이 시기와 질투로 동생을 죽이는 살인 사건이 발생하기에 이르렀다. 그 이후로, 인간 세계는 미움과 갈등, 폭력, 두려움, 분리 등 많은 요소들에 의해 치명적이고도 파괴적인 일들을 피할 수 없게 되었다.

성경은 이처럼 아담과 하와의 범죄 이후로 사람의 공동체적 본성이 어떻게 타락하고 부패하였는지, 어떻게 서로 물고 뜯으며 관계가 지속적으로 파괴되고 각종 문제들이 발생하였는지를 잘 보여주고 있다. 죄로 말미암아 인간 세계에 닥친 가장 결정적인 타격은 아마도 인간의 공동체적 본성이 죄에 오염되고, 그로 말미암아 인간의 순전한 공동체적 관계가 유린되어 왔다는 사실일 것이다.

✞인간의 곤경에 대한 하나님의 치유책: 상실된 공동체의 회복

하나님은 아담과 하와의 범죄 이후로 만연된 사람들의 관계 파괴 그리고 그로 인한 각종 문제와 갈등, 다툼과 상처의 지속을 그냥 방관하지 않으셨다. 끊임없이 택하신 사람들을 보내어 끊어진 관계를 치유하고 회복하고 다시 세우기를 원하셨다. 인간의 곤경과 절망의 상태에 대한 하나님의 치유책은 바로 잃어버린 공동체를 회복하는 것이었다. 성경은 하나님께서 순전한 공동체를 회복시키기 위해 어떻게 노력해 오셨는가를 잘 보여준다.

우리는, 먼저, 노아 이후 아브라함을 불러 상호적인 관계의 언약을 맺는 하나님의 모습에서 본래적으로 의도하셨던 공동체의 비전을 다시 세워가는 하나님의 의도를 엿볼 수 있다(창 12:1-3). 하나님은 이어 모세를 통해 전체 이스라엘 백성들과 언약을 맺으셨다(출 19). 이때 시내산에서 주신 십계명은 본질적으로 모세나 그를 추종하는 몇몇 사람들에게 한정된 관계 회복을 위한 것이 아니었다. 그것은 전체 이스라엘 공동체와 그들의 안녕을 위한 것이었으며, 그들과 새로운 차원의 관계를 구축하시기 위한 것이었다. 그 핵심 관심은 모세나 어떤 특정한 개개인을 위한 것이 아니라 전체를 포괄하는 언약 공동체를 구축하려는 것이었다.

성경은 한 사람을 볼 때 독립적인 한 개인으로 보기보다 전체 공동체에 소속되고 상호 긴밀히 연결된 한 부분으로 인식한다. 예를 들어, 이스라엘 백성들은 강력한 여리고 성을 무너뜨렸지만 그보다 훨씬 약한 아이성과의 싸움에서는 패배하였다. 성경은 이것을 아간이라는 한 사람이 하나님의 명을 어기고 죄를 범하였기 때문이라고 밝힌다. 그의 범죄는 곧 이스라엘 백성 전체의 범죄로 연결되었고 전쟁에서의 패배로 나타났다(수 7:1). 아간은 단순한 한 개인이 아니라 이스라엘 공동체 전체와 긴밀히 연결된 한 부분이고, 그의 행동이 이스라엘 전체 공동체에게 영향을 준 것이다.

이러한 공동체적인 인식은 시편에서도 잘 나타나 있다. 시편에서는

"나"라는 단어를 언급할 때 한 개인으로서의 '나'뿐만 아니라 이스라엘 전체를 가리키는 의미로 같은 용어를 사용하곤 한다(시 44:4-8; 81:1-10; 129:1-3). '나'라는 한 개인은 전체의 한 부분이지만 동시에 전체를 대변하는 존재이며, 상호적인 영향을 주는 뗄 수 없는 관계에 있기 때문이다.10)

구약 시대에 공동체를 세우기를 원하셨던 하나님의 관심은 신약 시대에서도 계속 이어졌다. 예수 그리스도는 사복음서에서 하나님 나라와 그 의를 강조하시면서 그 나라의 공동체적 삶의 모습을 소개하셨다(마 5-7). 사도행전은 신앙 공동체를 구축하려는 예수님의 사역이 어떻게 성령님의 역사를 통하여 계속 이어졌는지 잘 보여주고 있다. 그리고 고린도 교회에 보내는 서신에서는 교회를 하나의 공동체로, 즉 그리스도의 몸으로 정의하면서 교회가 어떻게 서로 연결되고 기능해야 하는지에 대해 잘 설명해주고 있다(고전 12:12-27).

이 외에 목회 서신서들에서도 우리는 구약성경에서부터 일관되게 내려오는 공동체적 관점과 그 공동체의 멤버들이 지키고 따라야 할 윤리적 메시지를 보게 된다. 이러한 전통은 초대 교회에도 그대로 이어져 교인들은 그리스도인이 되는 것을 공동적이고도 관계적인 차원에서 이해하고 받아들였다. 그래서 그들은 어떤 사람이 예수 그리스도를 영접하면 그를 전체 공동체 앞에서 공식적으로 소개하고 교회 공동체의 일원이 되는 의식을 가졌다. 그리고 그 개인은 이제 새로운 사람으로서 예전처럼 자기중심적인 한 개인으로 사는 것이 아니라 교회 공동체의 한 구성원으로서의 자기 정체성과 가치관을 갖고 공동체적인 새로운 생활 스타일을 발전시켜 가도록 하였다.

✝ 교회 서비스의 소비자인가, 자신의 껍질을 깨고 나온 예수 공동체인가

하지만 교회가 점점 제도화되면서 사람들은 예수 그리스도를 영접하고 그리스도인이 되는 것을 개인적인 차원에서 결정하고 행동하면 되는 것으로 인식하기 시작하였다. 사회가 개인주의화 되면서 예수 그리스도에 대한 믿음도 개인적으로 고백하고 교회에 등록만 하면 되었다. 회중 앞에 나와서 자신의 신앙을 고백하고 그것을 확증하는 것은 부담스럽고 불편한 것이 되었다. 마치 사회의 동호회나 지원그룹에 가입하는 것처럼 자신이 선호하는 교회를 선택하여 다니면 그만이다. 개인적인 삶의 방식이나 가치기준을 변화시키라는 메시지는 부담스럽다. 자신을 만족시키는 생활 태도나 행위, 삶의 관점 등 변화시킬 것은 아무 것도 없다. 예전의 삶의 방식을 그대로 유지하면서 교회에 등록하면 된다.

이와 더불어 교회는 사람들의 필요를 충족시켜주는 설교와 프로그램을 제공해주는 곳이 되었다. 교회가 이러한 것들을 제공하지 못하거나 자기 마음에 들지 않는다면, 자신의 필요에 맞는 프로그램과 사역이 있는 다른 교회를 찾아가면 그만이다. 그리스도 몸의 지체로서 교회를 세워가는 참여자가 아닌 교회가 제공하는 서비스의 소비자인 셈이다. 이러한 현상은 성경 전체를 관통하여 내려오는 공동체적인 관점과는 판이하게 다른 모습이다. 물론 모든 교회들이나 그리스도인들이 다 이런 것은 아니다. 그렇지 않은 경우들이 더 많다. 하지만 이러한 개인주의적인 경향이 현대 기독교인들 사이에 확산되어온 것은 부인할 수 없는 사실이다.

엄밀히 말하면, 회심이란 단순히 한 개인의 경험으로 그치는 것이 아니다. 그 개인에게만 속한 사건이 아니다. 그것은 교회 공동체 전체가 관련된 사건이다. 한 사람이 자신의 죄를 고백하고 예수 그리스도를 구세주로 영접하는 것을 넘어 공동체적인 관계에로 부르시는 하나님의 초청에 응하는 것을 포함하기 때문이다. 그리고 그리스도 몸의 공동체는 이들 회심한 개인들이 서로 연합하고 지체가 됨으로써 구성되기 때문이다.

하나님은 우리를 부르실 때 영웅적인 한 개인에 관심이 있어서 그러한 사람이 되도록 부르시는 것이 아니다. 우리를 부르시되 하나님의 백성으로서 공동체를 세우는 일에 관심을 갖고, 또 그러한 일에 참여하도록 부르신다. 하나님은 평범한 보통 사람들을 통하여 그리스도의 몸, 즉 하나님의 창조 비전에 충실한 교회 공동체를 세우기를 원하신다(엡 1:23).

이 공동체는 각각의 독립적인 개인들이 자기 성취를 향해 저마다 달려가는 곳이 아니다. 그곳은 "그 예비한 것이 신부가 남편을 위하여 단장한 것" 같은 하나님의 백성들이 모인 하나님의 장막이요 하나님의 공동체인 것이다(계 21:1-3).

공동체적 관점에서 보면, 인간의 곤경에 대한 하나님의 치료책은 죄로 말미암아 상실된 하나님의 공동체를 구축하는 것으로 나타났다. 스탠리 그렌츠(Stanley Grenz)는 이러한 관점에서 하나님 및 다른 사람들과 자연스럽게 한 공동체로 사는데 실패한 것이 바로 죄라고 보았다.[11] 다시 말하면, 하나님의 형상을 가진 자로서 그 형상을 따라 하나님의 의도와 목적대로 다른 사람들과 함께 살아가지 않는 것 자체가 죄인 것이다. 이로 인해, 사람들은 인생의 궁극적인 목적과 가치 기준을 하나님으로부터 자기 자신에게로 이관하였고, 자신이 삶의 목적과 계획, 활동 그리고 가치 판단의 중심을 차지하게 되었던 것이다.

이러한 본질적인 한계를 지닌 인간이 그저 한 단체에 가입하여 서로 교제하며 관계를 맺는다고 해서 참된 공동체가 형성되는 것이 아니다. 진정한 공동체에는, 쟝 바니어(Jean Vanier)가 말한 것처럼, 공동의 목적과 가치를 향한 삶의 방향 전환과 소속감이 있다. 자신을 순전하게 열어놓을 수 있고, 자신의 정체성을 동일시하며 그 안에서 자신의 참 모습과 서로를 발견할 수 있는 깊은 만남이 있다.[12]

우리는 이러한 공동체를, 그리고 그 절정을 자신의 개인적 목표보다는 우리를 위해 하나님의 뜻에 순종하셨던 그리스도에게서 발견한다. 이것은 개인적인 욕망과 가치에 따라 좌우되는 심리적 실제로서의 공동체와는 다른 것이다. 그리스도는 이러한 공동체를 자신의 지상 사역을 통하여, 그리고 오늘날 교회를 통하여 지속적으로 구축하시며 우리들 또한 이 과정에 참여하도록 초청하신다.

엄밀한 의미에서, 성경적인 공동체는 우리가 실현해야 하는 어떤 이상이 아니다. 그것은 이미 그리스도 안에서 하나님에 의해 창조된 영적인 실제이다. 디트릭 본회퍼(Dietrich Bonhoeffer)에 의하면, 우리는 오직 예수 그리스도를 통하여, 그리고 오직 예수 그리스도 안에서만 자신의 껍질을 깨고 나와 서로에게 속하는 진정한 생명의 공동체가 될 수 있다. 그리고 세상을 이 생명에 초대할 수 있다.[13] 여기에 참된 공동체의 소망과 가능성이 있다. 그리스도께서 세상에 자신의 몸으로서의 교회를 남겨놓으신 이유가 여기에 있다. 그리고 여기에 성서적인 공동체로서의 교회의 참된 이상과 비전, 파워가 있는 것이다.

주(註)

1) Stanley Grenz, "Salvation and God's Program in Establishing Community," *Review and Expositor* 91 (1994): 516. 21세기 공동체적 교회에 대한 그의 견해에 대해서는 다음의 자료들을 참고하라. Stanley Grenz, *Revisioning Evangelical Theology: A Fresh Agenda for the 21st Century* (Downers Grove: InterVarsity Press, 1993); Ibid., *Created for Community: Connecting Christian Belief with Christian Living* (Grand Rapids: Baker Books, 1998); Ibid., *Theology for the Community of God* (Grand Rapids: Eerdmans, 2000).
2) Raymond Corsini, *The Dictionary of Psychology* (Philadelphia: Brunner/Mazel, 1999), 192.
3) Robert Wuthnow, *Sharing the Journey: Support Groups and America's New Quest for Community* (New York: Free Press, 1994), 3.
4) James Poling, "Ethical Reflection and Pastoral Care, Part 1," *Pastoral Psychology* 32 (Spring 1984): 107.
5) Holifield, *A History of Pastoral care in America*, 11.
6) Pamela Couture and Richard Hester, "The Future of Pastoral Care and Counseling and the God of the Market," in *Pastoral Care and Social Conflict*, eds. Pamela Couture and Rodney Hunter (Nashville: Abingdon Press, 1995), 45.
7) Rod Wilson, *Counseling and Community* (Waco, Word Books, 1995), 14.
8) Grenz, *Theology for the Community of God*, ix.
9) Wilson, *Counseling and Community*, 61.
10) Lyon, "Leading in Congregational Conflict," 39.
11) Grenz, *Theology for the Community of God*, 243.
12) Jean Vanier, *Community and Growth* (New York: Paulist Press, 1979), 10, 13.
13) Bonhoeffer, *Life Together and Prayerbook of the Bible*, 31, 38.

제5장 성서적 공동체로서의 교회

우리는 앞에서 인간의 곤경을 치유하고 회복하시기 위한 하나님의 대안을 살펴보았다. 하나님께서는 창조 비전 속에 나타난 공동체 구축을 위해 힘쓰셨으며, 이는 예수 그리스도의 지상 사역과 오늘날 교회를 통해 이어지는 영적인 실제로 우리에게까지 이어졌다는 사실을 확인하였다.

이러한 '공동체' 개념은 성경 전체를 관통하는 매우 중요한 관점이다. 인간의 문제를 치유하기 위한 하나님의 구속적인 계획은 사람들을 그리스도께서 머리되신 교회 공동체에 들어오게 하는 것이다. 그리고 인간 삶의 현장에서 아버지와 아들과 성령이 하나되어 역사하시는 삼위 하나님의 속성인 공동체적 관계를 회복하고 그 관계성 안에서 그리스도를 따라 살아가는 것이다(요 17:11, 21-23). 우리는 이제 교회가 성경적인 공동체의 모형으로서 사람들의 아픔과 곤경을 어떻게 다루고 치유하는 공동체가 될 수 있을지에 대해 살펴보고자 한다.

1. 돌봄 공동체로서의 교회

밤에 도심지에 나가보면 수많은 네온사인과 함께 곳곳에서 불을 밝히고 있는 십자가들을 볼 수 있다. 교회이다. 전국 방방곡곡에 교회가 없는 곳이 없다. 어디든 눈을 들어 보면 찾아가 조용히 머리 숙이고 주님과 기도하며 영적인 교제를 나눌 수 있는 곳이 있다는 것은 분명 큰 축복이다. 이는 아무나 누릴 수 있는 축복이 아니다. 수많은 믿음의 선진들이 목숨 걸고 복음을 전하며 피를 뿌린 대가로 오늘 우리는 자유롭게 그리고 마음껏 하나님을 찬양하고 말씀을 배우며 기도하며 성도의 교제를 나눌 수 있다.

✝교회, 한 성령 안에서 하나가 되어가는 생명 공동체

교회는 그런 곳이다. 단순히 각 개인들이 모인 전체의 합 혹은 건물 이상의 것이다. 교회는 그리스도가 위하여 자신의 생명을 내어준 사람들의 모임이며, 그리스도께서 지금도 친히 머리되시고 인도하시는 공동의 생명 연합체이다. 교회의 멤버들이 이제는 더 이상 자신들이 원하는 대로, 마음대로 살아가는 한 개인으로 남아서는 안 되는 이유가 바로 여기에 있다. 교회의 지체가 된다는 것은 이제 자기중심적인 삶을 고집하기보다 교회의 머리되신 그리스도를 향한 공통의 목적과 가치 안에서 서로 하나의 연합체가 되는 삶에의 초대에 응하는 것을 의미하기 때문이다. 그것은 끊임없이 살아 움직이고 변화하는 공동체적 삶으로의 전환을 의미하는 것이다.

그래서 사도 바울은 교회를 그리스도의 몸으로서 한 성령 안에서 하나가 되어가는 공동체로 소개하고 있다(고전 12:12-27). 교회에 대한 사도 바울의 이러한 진술은 우리로 하여금 공동체를 정체된 어떤 것이 아니라 살아 움직이고 변화하는 생명의 존재로 이해하는데 도움이 된다. 공동체는 명사가 아닌 하나의 동사이다. 그리스도의 영으로 말미암은 공동체적인 삶이 있고, 상호간의 연합과 돌봄 및 사랑과 하나됨의 역동이 있을 때 비로소 공동체는 존재한다.[1)]

따라서 교회는 지체된 멤버들로 하여금 이전과는 다른 새로운 존재가 되어 성령님의 인도하심을 따라 그리스도를 닮아가는 변화(transformation)의 과정을 걷게 하는 '영적인 공동체'이다(고후 5:17; 롬 12:1-2). 예수 그리스도를 통하여 교회 컨텍스트 안에서 자신이 원하는 것과 필요들을 그리스도와 그분의 공동체 스토리에 맞게 재구성하고 변화되어갈 때 거기

에 진정한 교회 공동체가 존재한다.[2]

　사도 바울은 예수 그리스도께서 일으키시는 교회의 참된 모습을 우리 '몸'의 이미지를 사용하여 소개한다. 사람의 몸은 머리와 얼굴, 눈, 코, 귀, 가슴, 배, 손과 발 등 각기 다른 역할들을 맡은 다양하고 서로 다른 부분들로 구성되어 있다. 모든 부분들은 서로 긴밀히 연결되어 있으며, 서로에게 속해있다. 그리고 하나의 전체로서 모두가 함께 조화로운 기능을 수행할 때 건강한 몸으로 존재하며 제 역할을 할 수 있다.

　그래서 사도 바울은 공동체적으로 연결되고 기능하는 교회의 모습을 "만일 한 지체가 고통을 받으면 모든 지체도 함께 고통을 받고 한 지체가 영광을 얻으면 모든 지체도 함께 즐거워하나니"라고 설명한다(고전 12:26). 이것은 교회 성도들이 저마다 한 사람의 분리된 개인으로 존재하는 것이 아니라 서로 긴밀히 연결되어 있고 상호 의존적인 돌봄 및 생명의 관계에 있다는 사실을 의미한다. 그리고 성도들은 이러한 관계를 통해 자기중심적인 경쟁과 거기에서 오는 실패와 좌절, 혹은 거절의 피해와 아픔에서 오는 상처와 불안, 단절감 등을 넘는 깊은 수용감과 안전감 및 연결성을 경험할 수 있다.

　따라서 교회는 곤경에 처한 사람이 있을 때 단순히 어떤 상황이나 관계의 피해자로 규정하지 않는다. '사람이 왜 그러냐'며 섣불리 판단하거나 비난하지 않는다. 문제가 있으면 각자가 알아서 아무도 모르게 지역사회의 심리치료사나 상담실을 찾아가 정신분석을 받고 회복한 후 교회로 돌아와야 한다고 생각하지 않는다. 내 손톱 밑에 가시가 박히면 온 몸의 마디마디가 아프고 열이 나고 고통스러워하듯이 한 지체가 아프면 서로 연결된 지체들로서 함께 아파하고 공감하며, 저마다 자기가 할 수 있는 것으로, 자기에게 있는 것으로 주 안에서 치유와 회복, 해결의 방도를 함께 찾는 곳이 바로 교회이다. 곤경에 처한 사람으로 하여금 자신의 정체성을 확인하고 그리스도의 장성한 분량에 이르는 생명의 길에 올라서도록 공동체적 대처를 하는 곳이 오늘 21세기를 살아가는 우리가 찾는 교회이다(요 14:6).

✝ 당신의 교회는 어떤 곳인가?

현대 크리스천 상담자 중에서 로렌스 크랩(Lawrence Crabb) 만큼 진정한 돌봄과 상담이 어떤 심리치료 보다도 강력하게 교회에서 전개될 수 있다고 주장한 사람은 드물 것이다. 교회에는 일반 상담 접근에 없는 핵심적인 세 가지 요소들이 있다고 믿기 때문이다. 그 요소들이란 문제의 본질에 대한 이해, 공동체의 파워, 그리고 사람들을 돌보고 사랑하시는 하나님의 열정이다.

크랩은 사람에게 어떤 관계의 문제나 정서적인 문제, 혹은 신체적 장애가 있다고 해도 결코 치유될 수 없는 절망과 실패의 상태에 있는 것은 아니라고 주장한다. 도리어 하나님 및 다른 사람들과 함께 살아가도록 의도된 본래적인 창조 목표에 어긋나는 분리된 삶을 사는 것이 더 심각하고 시급히 해결되어야 할 중요한 문제라고 본다. 따라서 성도들이 공동체 속에서 서로 연결되고 수용될 때 사람을 변화시키는 능력과 치유가 가능하게 된다고 그는 역설한다. 공동체 안에는 이러한 강력한 파워가 있음에도 불구하고 많은 상담 전문가들은 별로 이것을 인정하지 않고 있으며, 그 중요성도 인식하지 못하고 있다는 것이다.[3]

교회의 돌봄사역 내지 크리스천 상담은 전통적으로 어떤 문제가 발생하면 그것을 한 개인의 문제로 인식하고 다루는 개인적인 접근이 주류를 이루었다.[4] 문제 상황에 처한 사람에게 관심을 기울이고 문제 해결을 위해 필요한 지원을 제공하는 것은 예나 지금이나 중요한 사역이고, 앞으로도 그러할 것이다. 그러나 공동체적 관점에서 볼 때, 한 사람의 문제는 단순히 그 개인만의 것이 아니고, 그에게만 속한 문제도 아니다. 따라서 어떤 문제가 발생할 때 당사자가 알아서 해결하라거나 그 사람만의 책임으로 돌리고 방관하는 것은 적절하지 않다. 한 사람의 문제는 개인의 문제인 동시에, 공동체 전체의 문제이기 때문이다. 다시 말하면, 개인을 둘러싼 공동체는 그가 처한 상황이나 문제에 함께 참여하며 대처하고 해결할 공동의 책임을 갖고 있는 것이다.[5]

이러한 사실에 대해 그렌츠는 우리에게 좋은 통찰을 제공하고 있다. 즉, 예수 그리스도를 우리의 주로 고백하는 것은 그분이 우리 모두의 공동의 주인이며, 우리는 그분 안에서 서로 교제하고 함께 책임을 져야 할 존재임을 인정하는 것이라는 사실이다.6) 함께 그분의 제자가 되기로 헌신하는 것은 서로에 대해 책임을 지는 것을 포함한다. 따라서 공동체의 멤버들은 주께 속할 뿐만 아니라 서로에게도 속한다. 그렇다면 그분의 몸된 교회에서의 돌봄은 공동체 전체가 서로를 향해 수행해야 할 실제적인 과제이며 사명이다. 이것은 교회의 담임 목회자나 몇몇 선택된 리더들에게만 해당되는 책임이 아니다. 공동체 전체가 돌봄의 사역에 책임이 있는 것이다. 당신의 교회는 어떠한가? 당신의 교회는 과연 다른 사람의 아픔을 '나'의 그리고 '우리'의 아픔으로 공감하며 손 내밀어 함께 주님께 나아가는 치유와 회복의 공동체인가?(요 5:7)

나는 이런 교회를 찾고 싶다. 내가 아프고 힘들 때, 어떤 길로 나아가야 할지 앞이 보이지 않을 때 내 손을 잡고 나를 치유하고 회복해주시는 주께 인도해주는 사람들이 있는 그런 교회에 가고 싶다. 하지만 내 어린 시절의 교회 경험은 그렇지 못했다. 내가 교회에서 열심히 일하고 충성할 때는 인정과 관심을 주었지만 정말 힘들어 어두운 영혼의 밤을 지나며 "거기 누구 없어요? 나 힘들어요!" 하며 쓰러져 있을 때 손 내밀어 일으켜주는 사람은 없었다.

그래서 유학 시절에 교회는 서로를 돌아보고 세워주는 생명의 돌봄 공동체가 되어야 한다는 사실을 깊이 마음에 새기고 또 새겼다. 가족을 잃고 눈물짓는 이들을 찾아가 위로하고 깊은 상처와 문제 속에서 헤매는 자들을 안아주신 예수님처럼 교회도 그래야 한다는 것을 마음에 깊이 각인하였다. 그리고 앞에서 소개한 바 있는, 듀크 대학의 하우어와스와 윌리몬이 제시한 치유와 회복의 감격이 있는 공동체 교회 스토리를 접하고 개인적으로 편지를 썼다: "어디에 이러한 교회가 있습니까?" 하우어와스의 답장이 왔다: "당신이 있는 곳에서 그러한 교회를 찾으시오. 당신이 그러한 교회를 세우시오!" 나는 오늘도 등불을 들고 이러한 교회를 찾고 있다. 이러한 교회가 세워지는 것을 보고 싶다. 그리고 거기에 나의 벽돌도 한 개씩 올리고 싶다.

✝불편한 공동체

몸의 지체들이 상합하여 서로를 자라게 하며 치유와 회복의 돌봄을 나누는 공동체적 관계와 사명에 대한 신학적 배경을 제공하는 개념 중의 하나가 바로 '만인 제사장직'의 개념이다. 모든 그리스도인은 하나님 앞에서 자신뿐만 아니라 다른 동료 그리스도인들을 주께로 인도하고 책임지는 자세로 임할 사명이 있다. 서로를 지탱하고 섬기는 공동체적인 삶에의 부르심과 책임을 공유하고 있기 때문이다(롬 12:4-5; 고전 12:22, 24-26).

이런 맥락에서 사도 바울은 목회서신에서 '서로'라는 말을 24번이나 반복하여 사용하고 있다. 이 말들 속에는 그리스도인들이 믿음의 공동체로서 서로 복종하고, 서로의 짐을 나누어지며, 서로 조화를 이루며 살아가야 한다는 성서윤리적인 메시지가 담겨있다.[7] 바울 사도는 그의 서신을 통해 개인주의도, 집단주의도 아닌 상호 관계적이고 지원적인 건강한 관계와 공동체적 라이프 스타일을 변화된 그리스도인의 새로운 삶의 모델로 제시하고 있는 것이다.

교회에서의 공동체적 돌봄은 멤버들 간의 상호적 책임뿐만 아니라, 상호간의 치유와 성장을 가져오는 강력한 방법이다. 공동체적 연대를 통해 사람들은 서로에게 속해 있고 연결되어 있다는 확신을 갖게 되고, 이는 그들 가운데 치유가 일어날 수 있는 역동을 가능하게 한다.

공동체적인 삶과 관계는 이처럼 변화와 치유를 위한 능력이 멤버들 간에 가능하게 하지만 그것은 아주 고통스러운 경험일 수 있다. '열린 관계'라는 공동체의 속성으로 말미암아 사람들은 자신들의 내면 모습이 다른 사람들에게 알려지는 것뿐만 아니라 감추어지고 드러나지 않았던 다른 사람들의 비밀스런 모습에 직면하기도 한다. 그리고 상대방이 어떠한 사람인지, 그 사람의 참 모습이 얼마나 이기적이고 약하고 제한된 존재인지를 직면할 때도 있다.

　서로 다른 사람들과 함께 공동체적인 삶을 지속한다는 것은 결코 쉬운 일이 아니다. 어쩔 수 없이 인간의 한계와 이기성, 상처가 드러날 수밖에 없기 때문이다. 공동체는 어떤 고상한 개념이 아니다. 아주 불편하고 눈살이 찌푸려지는 순간들도 있을 수 있다. 바니어에 의하면, 공동체란 우리 자신의 약함과 두려움, 그리고 자기중심성이 드러나는 곳이다. 우리의 헐벗음과 연약함, 다른 사람들과 함께 존재하지 못하는 제한성, 끊임없는 욕망, 시기와 좌절, 미움과 파괴적인 감정이 숨김없이 노출되는 곳이 곧 공동체의 현장이다.[8]

　공동체란 이처럼 냄새나는 곳이며 자신이 어떤 사람인지 밑바닥을 보여주는 고통스러운 환경일 수 있지만, 우리는 공동체에서 다른 방법으로는 찾기 어려운 영적인 돌파구와 성장을 경험할 수 있다. 예수께서 이 땅에서의 사역을 시작하면서 수행하신 첫 작업은 소수의 사람들을 불러 '제자 공동체'를 형성하신 것이었다. 그들은 주님의 부르심이 없이는 결코 함께 모이거나 관계를 맺으며 지낼 수 있는 사람들이 아니었다. 예수님은 그들을 불러내어 그들 각자가 본질상 어떤 존재인지 그 정체를 보게 하셨다.

　제자들은 공동체적 관계를 통하여 자신들을 가려온 가면을 벗고 숨겨져 있는 혹은 숨기고 싶었을 자기 내면의 어두운 그림자들을 볼 수 있었다. 베드로는 예수님에 대한 남다른 헌신과 용기가 있는 사람이었다. 누구보다 열정적이었고 예수님을 위해서라면 죽음도 불사할 수 있을 것 같았다. 그러나 공동체 안에서 그는 아주 급한 성격과 자기 야망이 있는 사람임이 드러났다. 그는 한 순간에 예수님을 모른다고 세 번이나 부인할 수 있는 어처구니없는 모습이 자기 안에 존재한다는 사실을 인정하지 않을 수 없었다. 요한 또한 자신에게 베드로 못지않은 야망과 불같은 성격이 있다는 사실을 발견하였다. 도마는 의심이 많은 사람으로 밝혀졌다. 다른 제자들도 공동체 안에서 자신들의 민낯을 직면하며 자신의 진짜 모습을 알아갔다. 예수님은 다양한 가면을 쓰고 제각각이었던 그리고 그리스도가 아니었다면 결코 함께 하지 않았을 제자들을 공동체로 불러 가면을 벗은 얼굴로 자신의 참 모습을 직면하고 결국은 공동의 가치와 목적을 향해 달려가도록 인도하셨다.9)

✝공동체는 모자이크다.

사람은 자신의 이익과 원하는 것을 얻기 위해 조변석개(朝變夕改)할 수 있는 존재이지만 살면서 형성되어온 성격이나 언행습관 등은 잘 변하지 않는다. 인간적 한계와 약점, 자기중심성은 더더욱 그렇다. 하지만 이런 부분들도 그리스도 공동체 안에서 있는 모습 그대로 드러나고 고백되고 사랑 가운데 수용될 때 치유되고 변화될 수 있다. 세상에서 아무리 작고 보잘 것 없고 존재감이 없는 사람일지라도 공동체 안에서는 모두 중요하고 없어서는 안 될 소중한 지체이다. 몸의 어느 부분도 소외되거나 소용이 없다고, 쓸모없다고, 의미없다고 말할 수 없기 때문이다(고전 12장).

오랫동안 문제 속에 잠겨있는 사람은 종종 자기 자신을 무가치하거나 쓸모없는 사람으로 여기며 고통스럽게 살아가는 경향이 있다. 그러나 그리스도 몸의 지체로서 모든 사람은 몸의 건강한 기능 수행을 위해 저마다 맡은 역할이 있고 또한 그들만이 할 수 있는 것들이 있다. 하나님께서는 공동체를 위하여 우리 각자에게 적절한 은사를 나누어 주신다. 바니어에 의하면, 우리가 자신에게 주어진 은사들에 충실하지 않으면 우리는 공동체와 그 멤버들에게 해를 끼치는 것이다. 그리스도 몸의 공동체에서 모든 사람은 각자가 독특할 뿐만 아니라 자신에게 주어진 것들로 서로에게 기여할 수 있는 필요한 존재들이기 때문이다.10)

이러한 면에서 공동체는 하나의 모자이크다. 모든 부분들이 모여 하나의 아름다운 그림이 된다. 살아 있는 참된 공동체에서는 건강하고 잘 난 사람들뿐 아니라 육신의 기능이 마비된 사람이나 깊은 우울증에 빠진 사람, 세상에서 소외되고 상처받은 사람들도 서로에게 진정한 선물이 된다. 그들이 없이는 결코 알 수 없는 방식으로 자신이 참으로 어떤 사람인지, 어떠한 종류의 공동체인지를 알 수 있게 되기 때문이다. 그들을 대하는 자신의 모습에서 자기가 먼저 고침 받아야 할 필요가 있는 사람은 아닌지, 어떤 면에서 자신이 먼저 변화되고 성장해야 하는 것은 아닌지를 볼 수 있는 눈이 열리기 때문이다.

이러한 사실들은 우리가 심리치료적 접근들의 효용성을 섣불리 거부하지 않으면서도, 동시에 너무 쉽게 사람들의 상황과 아픔을 몇 가지 기준에 의해 '기능,' '역기능' 혹은 '정상,' '비정상'의 심리적 기제로 진단하고 분석하는 것에 조심하도록 도전한다. 내 생각이나 경험, 어떤 기준에 의해 일방향적으로 판단하고 접근하기보다 함께 연결된 지체로서 서로를 지탱하고 치유하는 공동체적 맥락에서 접근할 필요가 있음을 시사해 주는 것이다.

✟힘든 세상 속에서 천국을 살아가는 이지선 스토리

이러한 공동체적 역동을 누구보다도 생생하게 보여주는 사람이 있다면 아마도 이지선일 것이다. 대학교 4학년에 재학 중일 때 타고 가던 차가 음주 운전자가 몰던 자동차와 충돌해 발생한 화재로 전신 55%의 화상을 입고 기적적으로 살아난 장본인이다.[11] 처음에 지선은 흉측하게 뒤틀린 자신을 보며 죽음보다 더한 고통 속에서 절망할 수밖에 없었다.

그러나 그를 둘러싼 수많은 믿음의 공동체원들 속에서 자신의 정체성을 찾고 희망을 붙잡을 수 있었다. 사랑하는 사람들과의 만남을 통해 점차 자신을 수용하며 다시 희망을 노래할 수 있게 되었다. 짧아진 여덟 개의 손가락을 갖고 살아가면서 손톱이 얼마나 중요한 것인지 알게 되었고, 1인 10역을 해내는 엄지손가락으로 글을 쓰면서 엄지손가락을 온전히 남겨주신 하나님께 감사할 수 있게 되었다. 눈썹이 없어 무엇이든 여과 없이 눈으로 들어가는 것을 경험하며 아주 작은 눈썹이지만 그것이 얼마나 필요한 것인지 알게 되었고, 막대기 같은 오른팔로 인하여 하나님이 왜 관절이 모두 구부러지도록 만드셨는지 깨달았다.

그래서 사람들이 "저러고도 살 수 있을까?"라고 할 때 지선은 "네, 이러고도 삽니다"고 응답한다. "이런 몸이라도 전혀 부끄러운 마음을 품지 않게 해주신 하나님을 찬양하며, 이런 몸이라도 사랑하고 써주시려는 하나님의 계획에 감사드리며… 저는 이렇게 삽니다. 누구보다 행복하게 살고 있습니다"라고 말한다.

이지선의 외모를 처음 보았을 때 20대의 아가씨가 감당하기에는 너무나 충격적이었다. 그러나 그녀는 오늘날 놀랍도록 밝고 긍정적이다. 그녀를 만난 사람들은 그녀의 신체적 장애보다 자신의 심리적 장애가 더 심각한 수준에 있다는 것을 새롭게 발견하곤 한다. 그래서 지선을 위로하기보다는 자신이 더 위로를 받는다.

그룹 지누션의 멤버인 가수 션은 '많은 사람들이 천국을 바라며 세상을 힘들게 살아가지만 힘든 세상 속에서 천국을 살아가는 지선을 통하여 그의 마음에 있는 천국을 선물로 받았다'고 한다. 지선의 이야기를 접하고 눈이 퉁퉁 붓도록 울었던 어떤 사람은 '자신을 사랑하지 못하는 사람에게 자신을 사랑하고 안아줄 수 있는 용기를 주었다'며 지선을 통해 자신도 행복할 수 있었다고 고백한다.[12] 지선과 그녀를 둘러싼 믿음의 공동체 사람들 간에는 삶의 현실에서 오는 아쉬움과 아픔을 뛰어넘는 웃음과 여유, 치유와 회복, 사랑과 희망의 이야기들이 있다.

필자는 그리스도 안에서 서로 돌아보며 사랑과 은혜를 나누는 돌봄 공동체의 맥락 외에 어떤 심리학적 접근이 죽음보다도 더 힘들었을 고난의 골짜기에서 지선을 이토록 멋지게 변화시킬 수 있을지 모르겠다. 어떤 심리학적 상담 이론과 테크닉이 한 사람을 통하여 공동체가 이토록 놀랍게 축복을 받고, 그 공동체는 다시 그녀에게 축복의 울타리가 되어 더 많이 행복하고 주께 가까이 나아가게 하는 이 놀라운 '공동체적 역동'(communal dynamics)을 일으킬 수 있을지 상상하기 어렵다.

2. 성서적 윤리 컨텍스트로서의 교회

급격하게 변모하는 사회에서 늘 경쟁하듯 쫓기면서 다른 사람들을 의식하며 살아가는 현대인들에게 있어서 다른 사람들과 자신을 있는 그대로 공개하며 열린 관계를 갖는 공동체적 삶을 산다는 것은 결코 용이한 일이 아니다. 현실적으로 가능할 것 같지도 않다. 이러한 상황에서 크리스천 상담이, 일반 상담 영역에서 그랬던 것처럼, 개인중심적인 접근을 취해왔다는 것은 어쩌면 자연스러운 현상인지도 모른다. 어떤 학문 분야이든지 역사적으로 늘 당시의 시대상을 반영하며 전개되어온 것이 사실이기 때문이다.

하지만 교회에 대한 성서적 이해는 교회가 자체적으로 그리고 지역 사회의 빛과 소금으로서 어떤 모습을 취해야 할지, 기독교적 맥락에서 크리스천 상담이 어떤 방향으로 어떻게 나아가야 할지를 잘 보여주고 있다. 즉, 인생길(lifeway)을 가다 강도만난 자와 같은 현대인들을 돌보고 치유하며 참된 생명의 길(Truthful LifeWay, 요 14:6)로 나아가도록 도와야 한다는 것이다. 이것은 목회자나 전문 상담사 한두 사람의 개인적인 과제가 아니라 크리스천 공동체의 구성원 전체가 감당해야 할 공동의 과제라는 것을 분명하게 제시하고 있다.

✝ 교회와 성서적 초점

교회는 성서적 인간관을 비롯하여 일상생활의 전반적인 영역과 관련된 가치관 내지는 세계관이 선포되고, 토론되고, 형성되는 삶의 컨텍스트이다. 성도들은 교회에서 자신들의 삶에서 경험하는 각종 이슈나 문제들을 어떻게 보아야 할지, 그리스도인으로서 어떠한 자세로, 어떻게 접근해야 할지 탐색하고 알아간다. 교회의 목회자나 상담자, 심지어는 교회 건물 자체도 성서적 메시지를 상징적으로 보여주는 대상이 된다. 그리고 삶의 각종 이슈들에 대해 그리스도인들이 전통적으로 어떻게 이해하고 대처해 왔으며, 지금 어떻게 행동해야 할지에 대한 통찰을 얻도록 도와준다.

사람들이 교회의 목회자나 크리스천 상담자를 찾아올 때 그들은 자신의 이슈나 문제들에 대해 어떤 종류의 상담을 받을지, 크리스천 상담자가 자신의 이슈에 대해 일반 상담자와 어떻게 다른 견해와 확신을 갖고 있을지에 대한 대강의 이해를 갖고 찾아온다. 어떤 신앙과 가치관의 구조 속에서 자신의 상황을 이해하고 접근할지 예상하고 혹은 그러한 맥락에서 자신의 문제를 이해하고 해결하기를 원하기 때문에 크리스천 상담자를 찾는 경우가 많다.

하지만 필자가 상담 현장에서 반복적으로 발견하는 아쉬운 점은 성서적 인식이나 교회 공동체적 맥락과는 전혀 상관없는 혹은 단순히 일반 심리학적 원리와 가치에 국한된 상담을 하는 크리스천 상담자가 너무나 많다는 사실이다. 크리스천 내담자와 상담하면서도 사람을 지으시고 치유하시는 하나님의 말씀과 개인의 신앙생활 및 그가 속한 공동체에 내재된 놀라운 가능성과 파워를 도외시하는 경우가 너무 많다. 시급히 해결해야 할 문제가 아닐 수 없다. 이것은 내담자의 가치와 강점, 자원을 존중하고 활용하는 상담의 기본원리에도 어긋나는 것이다.

물론 비기독교인과 상담할 때는 그들의 눈높이에서 그들의 용어(language)로 소통하며 상담을 전개해야 한다. 그렇지만 이들에게 맞추기 위해 상담자 자신의 기독교적 정체성과 가치관을 무시 혹은 배제하면서 일반 상담을 해야 하는 것은 아니다. 기독교적 원리나 가치를 주장하거나 강요하지 않으면서, 즉 일반 상담윤리에 저촉되지 않으면서도 여전히 '기독교적인 상담'을 할 수 있기 때문이다.

예수님은 시몬과 안드레, 야고보와 요한을 '고기 잡는 어부'에서 '사람 살리는 어부'가 되도록 부르셨다(막 1:16-20). 우리 또한 이러한 '부르심'(calling)에 따를 때 단순히 직업인으로서의 '심리 상담자'를 넘어 영혼의 깊은 곳까지 터치하고 치유하여 그리스도의 장성한 분량에까지 나아가도록 안내하는 사명자로서의 '크리스천 심리 상담자'가 될 수 있다.

✠ 개인중심적 가치중립 접근과 공동체적 맥락 접근

상담자는 내담자의 문제가 단순히 그 사람에게서만 시작되기보다 삶의 현장 나아가 사회문화적 상황과의 긴밀한 관련성 속에서 진행된다는 사실을 간과해서는 안 된다. 그 한 예로서, 한국의 전통적 문화는 여성에 대해 자기희생적 사랑과 헌신을 이상으로 제시하였고 그것을 당연하게 받아들였다. 그래서 많은 여성들이 가정이나 사회에서 한 인격체로서의 자기 정체성을 잃어버리거나 합당한 대우 혹은 존중을 받지 못한 것이 사실이다. 하지만 이제는 시대가 변했다. 이 변화에 유연하게 적응하지 못할 때 각종 문제가 발생한다.

이러한 사회문화적 상황이나 전통 및 그 맥락에 관심을 갖지 않는다면 균형된 상담을 하기 어렵게 된다. 상담할 때 상담 이슈 자체만 아니라 그와 관련된 주변의 상황이나 사회문화적 관계 시스템을 연결하여 같이 관찰하고 고려해야 할 이유가 바로 여기에 있다.13) 한 개인의 치유와 회복은 그를 둘러싼 사회적 컨텍스트 혹은 맥락과 무관하지 않기 때문이다.

이러한 사실을 다르게 정리하면, 한 개인의 삶의 맥락과 그를 둘러싼 공동체적 관계는 문제 요인이 될 수 있지만 동시에 문제 해결에 중요한 부분을 차지한다고 말할 수 있다. 공동체는 어떤 사람이 삶의 방향과 의미를 잃고 혼란에 빠질 때 그에게 공동체적 목표와 가치를 분명하게 전달함으로써 실이 끊어진 연처럼 이리저리 흔들리며 너무 멀리 일탈되지 않도록 안내하는 울타리가 된다. 따라서 크리스천 상담자는 성서적 메시지와 잘 부합되는 공동체적 맥락 속에서 내담자들이 경험하는 고통과 상한 심정을 주변의 의미 타자들과 함께 적절히 공유하고 나누며 치유하는 독특하고도 효과적인 돌봄과 치유의 공동체적 환경을 구축하는 것이 좋다.

이러한 차원에서 크리스천 상담자는 내담자의 사회문화적 환경이나 관계 맥락과 상관없이 개인 초점의 심리치료적 기법에만 의지하기보다는 성서적 가치와 공동체적 자원을 통합한 상담활동을 전개하는 것이 필요하다. 그리고 그렇게 할 때 상담 효과 면에서도 더 유익한 결과를 가져올 수 있다는 것에 주목해야 한다. 개인의 정체성과 삶에 깊은 영향을 주는 공동체적 맥락을 도외시하고 개인주의적인 심리치료를 전개하는 것은 공동체적 차원에서 얻을 수 있는 강력하고도 효과적인 자원을 놓치는 것이다. 교회 컨텍스트에서의 크리스천 상담이 여타의 일반 상담접근들과 다르다면 바로 이러한 성서적인 메시지와 전통에 부합하는 공동체적 접근을 하는 것에서 찾아볼 수 있다.

그러나 현대의 사회 문화적 분위기가 상대주의와 다원주의로 흘러가면서 많은 크리스천 상담자들은 기독교적 정체성과 성서적 가치 기준보다는 심리학적인 문제 인식과 가치중립적인 상담 접근에 더 많은 관심을 기울이는 경향을 보이고 있다. 제임스 폴링(James Poling)은 이러한 현상을 프로이드의 심리학이 기독교 혹은 목회상담에 끼친 중요한 영향의 하나라고 주장한다. 즉, 프로이드의 심리학이 교회 맥락에서의 상담을 '개인의 자기중심적인 심리내적 탐색과 자기 발견'에 집중하도록 만들었다는 것이다. 그래서 사람들은 상담할 때 어떤 신앙적이거나 규범적인, 혹은 도덕적인 이슈를 꺼내는 것은 갈등을 겪는 자아에 도움이 되기보다는 도리어 고통과 신경증을 유발하는 피해를 촉진한다고 인식하게 되었다.14)

일반 심리학의 가치중립적인 태도는 칼 로저스의 상담 이론과 활동에서 이미 잘 나타난 바 있다. 그는 자신에게 찾아온 내담자들을 윤리적 기준이나 요구들로부터 자유롭게 하기를 원하였다. 로저스의 내담자 중심적 및 가치중립적인 상담 접근은 수어드 힐트너를 비롯한 당대의 목회자나 상담 리더들에게 강한 영향을 주었고, 그들은 로저스가 그러했던 것처럼 내담자들과 도덕적인 요소들에 대해 이야기하는 것을 꺼리게 되었다.

✟윤리적 상대주의와 성서적 윤리 컨텍스트로서의 교회

돈 브라우닝(Don Browning)은 이러한 경향에 대해 크리스천 돌봄 사역을 윤리적 요소들과 분리되게 하는 결과를 초래하였다며 비판하였다.15) 제임스 폴링 역시 이러한 시대적 흐름이 상담에서 윤리적 이슈를 언급하는 것은 좋지 않은 것으로 판단하는 시대를 만들었다고 주장하였다.16) 효과적인 상담을 위해서는 그러한 이슈들에 대한 언급을 피해야 한다는 것이 당연시된 것이다. 그리고 이러한 입장은 21세기 상황에서 더욱 강화되고 있다.

이와 같은 윤리적 상대주의는 21세기 크리스천 상담자들에게도 강력하게 영향을 끼쳐 가치중립적 입장이 자연스럽게 받아들여지고, 상담에서 성서적 윤리 컨텍스트로서의 교회 공동체의 역할이나 기능은 크게 축소되고 말았다. 윤리적인 측면이 개인의 사적인 영역에 속하게 되면서 기독교 공동체는, 어떤 면에서, 단순히 사람들이 모여 자신의 유익과 필요 충족을 위해 존재하는 자기중심의 사적인 장소가 되어버린 것이다.17) 많은 사람들은 교회를 찾을 때에도 어떤 구속 없이 자신들의 삶의 방식을 그대로 인정하고 수용해주는 가치중립적인 곳으로 인식하고 교회를 찾아가는 시대가 된 것이다.

이와 같은 현상은 교회의 본질적인 속성과는 상반되는 것이다. 크리스천 돌봄이나 상담 및 교회사역은 돌봄 공동체로서 그리고 성서 윤리가 기반이 된 교회의 정체성과 목적, 가치와 구별되어 진행될 수 없다. 교회는 성서 전반에 드러난 성서적 가치관과 목표 및 그것의 도덕적 컨텍스트를 대표하는 곳이다. 크리스천 상담 사역의 모든 과정은 교회의 이러한 윤리적 컨텍스트와 분리하여 진행될 수 없다. 살아가면서 부딪치게 되는 이슈들을 다룸에 있어서 성서적 가치관이나 표준 또는 교회 공동체의 신앙 전통을 배제시킬 수는 없는 것이다.

사람들은 저마다 무엇이 옳고 그른지, 좋거나 나쁜지에 대한 나름대로의 생각과 판단을 갖고 있다. 그렇다면 심리치료에 있어서도 가치중립이나 도덕적 자유라는 개념은 사실상 가능한 것이 아니다. 그러한 입장 자체도 사실은 하나의 가치를 대변하는 것이기 때문이다.18) 현대에 들어와서 심리치료 분야에 가치중립에 대한 생각이 활발하게 주장되고 있지만, 본래 크리스천의 돌봄사역과 상담은 삶의 이슈들을 기본적으로 성서와 신앙윤리적 맥락에서 해석하고 다루었다. 그랬던 것을 현대 사회에서 빠르게 상실한 것이다. 그래서 돈 브라우닝은 상담자들이 그 사역의 현장에서 윤리적 가치와 직면하는 전통을 회복하는 것에 더 많은 관심과 노력을 기울여야 한다고 주장한다.[19]

그렇다면 우리는 어떻게 교회의 성서적 및 윤리적 컨텍스트에 맞는 공동체적 접근을 이 시대에 시행할 수 있을까? 오늘날처럼 개인주의적 자기실현이 큰 관심사인 시대에 이러한 것이 과연 가능한 것일까? 크리스천 상담자들은 오늘날과 같은 다원주의 사회에서 어떻게 성서윤리적 실천자로서의 기능을 수행할 수 있을까? 다음 장에서 그 힌트와 방향성에 대해 살펴보도록 하자.

주(註)

1) Anderson, *The Soul of Ministry*, 219.
2) Hauerwas and Willimon, *Resident Aliens*, 79.
3) Lawrence Crabb and Dan Allender, *Hope When You're Hurting: Answers to Four Questions Hurting People Ask* (Grand Rapids: Zondervan, 1996), 170, 171, 180.
4) Gerkin, *An Introduction to Pastoral Care*, 18.
5) K. Brynolf Lyon, "Aging and the Conflict of Generations," in *Pastoral Care and Social Conflict*, eds. Pamela Couture and Rodney Hunter (Nashville: Abingdon Press, 1995), 94.
6) Grenz, *Theology for the Community of God*, 614.
7) R. Paul Stevens and Phil Collins, *The Equipping Pastor* (New York: Alban Institute, 1993), 5.
8) Vanier, *Community and Growth*, 26.
9) Ibid., 45.
10) Ibid., 50.
11) 이지선에 대한 이야기를 알려면 다음의 자료들을 참고하라. 이지선, 「지선아 사랑해: 희망과 용기의 꽃 이지선 이야기」 (서울: 이레, 2003); 이지선, 「오늘도 행복합니다: '지선아 사랑해' 두 번째 이야기」 (서울: 이레, 2005).
12) 위의 책, 「오늘도 행복합니다」의 독자 리뷰.
13) Bonnie Miller-McLemore and Herbert Anderson, "Gender and Pastoral Care," in *Pastoral Care and Social Conflict*, eds. Pamela Couture and Rodney Hunter (Nashville: Abingdon Press, 1995), 109.
14) Poling, "Ethical Reflection and Pastoral Care," 107.
15) Don Browning, *Religious Ethics and Pastoral Care* (Philadelphia: Fortress Press, 1983), 18.
16) Poling, "Ethical Reflection and Pastoral Care," 106.
17) Wilson, *Counseling and Community*, 174.
18) Monica McGoldrick, Carol Anderson, and Froma Walsh, eds., *Women in Families: A Framework for Family Therapy* (New York: W. W. Norton and Co., 1982), 62; Allen Tjeltveit, "The Psychotherapist as Christian Ethicist: Theology Applied to Practice," *Journal of Psychology*

and Theology (1992): 89.
19) 브라우닝의 이러한 입장에 대해서는 그가 쓴 *The Moral Context of Pastoral Care*(1976)과 *Religious Ethics and Pastoral Care*(1983) 등의 저술들을 참고하라.

제6장 교회 컨텍스트에서의 공동체적 크리스쳔 상담

　우리는 21세기 포스트모더니즘 시대를 살아가면서 자기 초점의 돌봄과 성취, 그리고 영성에 대한 관심이 매일의 이슈와 대화 중심에 포진하고 있는 것을 발견하게 된다. 자기성장과 치유 혹은 힐링에 대한 잡지와 책들이 주요 서점의 코너들을 차지하고, 인터넷이나 가판대에서도 베스트셀러 리스트에 올라있는 것을 보게 된다. 텔레비전 방송국이나 관련 기관들에서는 최적의 건강과 힐링, 행복한 삶을 보장해 주는듯한 프로그램들을 경쟁적으로 내놓으며 많은 사람들의 주목을 받고 있다.
　가족, 친지, 이웃 등 과거에 가능하였던 자연적 돌봄의 자원이 상실된 요즈음 자신의 개인적 안녕과 성장을 위해 교회나 사회의 각종 지원 그룹이나 프로그램들에 대한 관심이 높아가고 있다. '자기'에 대한 이러한 관심은 결국 급변하는 시대의 사회적 상황에서 살아남기 위한 일종의 생존 방식으로 볼 수 있다.[1] 이러한 상황에서 진정한 공동체에의 관심은 부차적일 수밖에 없는 것처럼 보인다. 그렇다면 교회와 연결된 공동체적 상담이 현 시대적 상황에서 가능한 것일까? 고전적 패러다임의 경직성과 임상적 패러다임의 '자기' 초점의 한계를 보완할 공동체적 접근은 과연 무엇이며 어떻게 시도할 수 있을까?

1. 자기실현을 위한 심리학적 접근

한국 사회는 산업화가 비교적 서서히 진행된 다른 나라들에 비해 1970년대 이후 단기간에 급격하게 진행되는 과정에서 사람들 간의 관계가 더욱 경쟁적이 되고, 사회의 구조도 가족과 같은 전통적인 관계 중심의 구조에서 개인중심의 구조로 빠르게 바뀌었다. 이러한 변화는 1990년대 말의 경제위기를 계기로 산업의 구조화뿐만 아니라 사회의 전반적인 영역에서 전통적인 가치관과 관계의 패턴이 급속도로 무너지거나 재편되는 가히 혁명적인 '파격'의 시대를 만들어놓고 말았다. 생존 경쟁은 더욱 치열해지고, 과거에 가능하였던 가족이나 친지 등의 전통적인 지지기반은 그나마 가족의 핵가족화 또는 가족해체 현상이 급증하면서 더 이상 가능하지 않게 되었다.

✟'본자이' 시대의 자기실현 초점

한국 사회는 이제 세계에서 유례를 찾을 수 없을 만큼 급변하는 시대를 살아가고 있다. 그리고 사람들은 그 어느 때보다 '본능적'이고 '자기중심적'이며 '이기적'인 '본·자·이' 성향을 띠게 되었다. 물질과 이념의 양극화가 커지고 무한경쟁 속 약육강식의 정글과 같은 사회 속에서 내면적 소외와 불안, 상처 및 관계 갈등의 골이 도처에서 깊어지는 것을 보게 된다. 그래서 '상처'와 '힐링'에 대한 관심과 연구가 활발하게 전개되고, 일반 사회나 교회 할 것 없이 '치유'와 '회복' 관련 정책과 프로그램들이 폭발적으로 증가하고 있다. 그리고 현 시대적 상황에 대한 '불안' 심리의 반작용으로 개인중심적인 '자기 성취'에의 관심이 현 시대를 특징짓는 하나의 중요한 문화코드로 자리 잡게 되었다.

자기중심적인 개인주의는 급변하는 치열한 경쟁 사회에서의 자기생존, 자기성장, 나아가 자기실현의 욕망과 긴밀한 관계가 있다. 이러한 상황에서는 다른 사람을 위한 배려 이전에 자기 우선의 방어적 관심과 욕망이 강화될 수밖에 없다. '나'의 필요 앞에서 다른 사람의 필요는 부차적인 것으로 보인다.

오늘날의 상담 문화에 결정적인 역할을 한 서구 심리학은 이러한 현상에 관심을 기울였다. 상담자들은 심리적 병리현상이나 갈등, 관계의 어려움 등을 겪는 사람들의 안녕과 그들의 가치관에 부합되는 개인적 목표, 성취 등에 일차적인 초점을 둔 상담 원리와 접근 방법들을 발전시켜 왔다.

이러한 전통은 사실 한 세기도 더 전에 활동했던 지그문트 프로이드의 인간 이해와 상담 접근에서 이미 잘 드러난 바 있다. 그는 무엇보다도 사람들의 초자아 영역이 갖고 있는 힘으로부터 각 개인의 본능과 자기 욕망을 자유케하는 것에 중점을 둔 상담 개념과 접근들을 소개하였다.[2] 심리학자 고든 알포트(Gordon Allport)도 자신에 대한 적절한 이해를 통해 한 개인으로서의 '자기 성장'을 하는 것에 우선적인 관심을 기울였다.[3] 에릭 에릭슨(Erik Erikson)의 접근도 비록 사회적인 맥락이 반영되기는 하였지만 각 개인이 자신의 연령 단계에 따른 성장 과제를 어떻게 성취할 것인가에 그 초점이 있었다.[4] 아브라함 매슬로우(Abraham Maslow)는 각 개인마다 자기의 성장과 성숙을 위해 필요로 하는 것이 있는데 신체적 생존의 필요에서부터 시작하여 각 단계의 자기 필요를 성공적으로 성취하면서 결국 자기실현을 이룰 수 있다고 보았다.[5]

✞자기실현 초점에 내재된 세 가지 전제들

크리스천 상담자 로드 윌슨(Rod Wilson)에 의하면, 현대인의 자기 초점과 성취에 대한 관심에는 기본적으로 세 가지 강력한 전제들이 스며들어 있다.[6] 첫째, 모든 사람은 저마다 자신의 필요를 충족함으로써 더 성장하고, 성취하며, 나아가 온전해질 수 있다는 관점이다. 사람은 스스로 그렇게 할 수 있는 잠재력이 있다고 믿는 것이다. 둘째, 사람에게 가장 중요한 것은 자기 '자신'이며, 각자가 자기실현을 선택하고 촉진할 수 있는 능력을 갖고 있다는 확신이다. 이러한 전제에는 각 개인이 저마다 자기 운명과 삶의 목적을 선택 및 결정하고 좌우할 수 있다는 자기중심적인 확신이 스며들어 있다. 하나님을 찾거나 의지하지 않고서도 각자 자기 삶의 주체가 되어 자기 필요를 따라 스스로 판단하고 선택하여 자기 마음대로 살아갈 수 있다는 것이다.

이러한 관점과 관련하여, 세 번째 전제는 어떤 선택을 할 때 '내 생각' 혹은 '내 느낌'이 중요하다는 것이다. 자기 내면의 심리적 역동을 중요시하고 그것에 우선권을 부여하는 것이다. 다른 외적인 도덕적 전통이나 신념, 가치관은 그리 중요한 고려 대상이 아니다. 자신의 판단과 느낌에 따른 선택이 중요하며, 그 외의 것들은 부차적인 것들로 보는 것이다.

물론 모든 나라 모든 문화 속의 사람들이 다 이러한 개인주의적 접근을 하는 것은 아니다. 우리나라의 전통적인 문화 배경에도 스며들어 있었던 것처럼, 개인이나 개인의 관심사를 집단적 가치와 규준에 묻어버리고 외면하거나 억압하는 경우들도 있었다. 개인의 독특성이 무시되고 한 인간으로서의 개인적 정체성까지 함몰되는 집단주의적 측면이 강했던 때도 있었다. 그랬던 한국이 지금은 세계에서 가장 가치관이 급변하고 개인주의가 확대되며 세대 간 변화와 차이도 큰 사회가 되었다.

이러한 상황에서는 가치 판단의 기준이 궁극적으로 각 개인에게 속하게 된다. 각 개인의 활동이나 목표는 스스로 정한 자기 판단의 기준에 따라 자신이 성취하기를 원하는 것을 중심으로 전개된다. 사람들의 이러한 태도와 입장은 상담의 영역에도 그대로 반영되어 현대의 상담은 대부분 고도로 개인주의적인 태도와 치료적 접근을 택하고 있다.[7] 현대의 심리학적 접근들은 각 개인으로 하여금 어떤 외부의 가치관이나 사회적 의무감에 얽매이기보다는 궁극적으로 자신이 원하는 것을 선택하는 것이 중요하다고 강조한다. 자기 내면에서 올라오는 소리에 귀를 기울이고 자기감정을 충실하게 따르는 것이 '쿨'한 것이고 '정답'이라는 것이다.

이와 같은 자기중심적인 접근의 한 예로써 오늘날 한국 사회에서 황혼 이혼이 급증하고 있는 것을 들 수 있다. 황혼 이혼을 신청하는 사람들은 많은 경우, '억울한 인생을 살아왔다'며 '이제부터라도 나 자신을 위해 살 겠다'며 소위 '자아 선언'이라는 것을 한다. 이제는 텔레비전이나 신문 등 사회의 대중매체에서 '참고 살기보다는 너 자신의 행복과 자아 성취를 위해 이혼을 선택하라'고 부추기는 모습을 어렵지 않게 볼 수 있다. '자 기'가 중요하기 때문에 자신의 안녕과 행복, 자기실현을 위해 다른 사람 들의 눈치 보지 않고 다른 선택을 할 수 있는 시대가 된 것이다.8) 이러 한 모든 선택과 가치 판단의 중심에 바로 '자기'가 있다.

2. 공동체적 맥락에서의 자기실현

우리는 앞에서 개인중심적 가치관과 관심에 근거한 상담 접근을 시도 하는 것은 일반 상담뿐만 아니라 크리스천 상담에서도 크게 다르지 않았 음을 살펴본 바 있다. 자기중심적인 자기실현에 대한 일반 심리학자들의 관점에 타당한 측면이 없는 것은 아니다. 하지만 이것은 성경적인 관점 과 동일하지 않으며 어떤 면에서는 근본적인 차이가 있음을 부인할 수 없다. 그럼에도 불구하고 많은 크리스천 상담자들이 일반 상담의 접근을 무비판적으로 수용하고 교회 환경에 적용하여 온 것이 사실이다. 그렇다 면, 우리는 어떤 입장을 취해야 할까?

✤심리학과 기독교적 접근에 대한 네 가지 입장

그동안 많은 전문가들이 심리학과 기독교의 입장을 비교하며 저마다 다양한 의견들을 제시해왔다. 그러면서 일반 심리학적 접근과 기독교적 접근의 통합 내지는 차이점들을 비교 검토하고 바로 이해하려는 시도들 이 꾸준히 이어졌다. 조앤 올스키 콘(Joann Wolski Conn)은 이것을 약 네 가지 입장으로 분류하여 정리한 바 있다.9)

1) 기독교와 심리학적 접근은 양립할 수 없다.

이 입장은 기독교와 심리학은 서로 반대적이기 때문에 함께 할 수 없다는 사실을 강조한다. 이 견해는 각 사람이 자신의 필요를 충족하고 자기를 통제하며 스스로 성장할 수 있는 존재라고 본다. 권위주의적인 종교적 요구를 따르는 것은 개인의 성장을 저해하고 병리적인 갈등을 초래할 수 있다고 주장한다. 프로이드로부터 시작하여 많은 심리학자들이 이러한 입장을 취한다. 그리고 기독교에서는 이와 같은 '자기' 중심의 심리학적 입장을 받아들일 수 없다고 단정하는 사람들이 늘 있어 왔다.

2) 기독교와 심리학적 접근은 병존할 수 있다.

이러한 견해를 가진 전문가들은 기독교와 심리학적 접근이 서로 다르지만 함께 할 수 있다고 본다. 이들은 사람을 스스로 자신의 '필요 충족'과 '만족'을 추구하는 존재로 이해한다. 심리학적 이론과 발견들이 이러한 인간의 욕구충족에 도움을 준다고 본다. 어떤 사람들은 이런 면에서 종교적으로 경직되거나 권위주의적인 모습을 보이기도 하는데 심리학적 이해와 접근이 이러한 경직성을 완화시켜줄 수 있다고 믿는다. 기독교가 의존성을 야기시킬 수 있는 부분도 심리학적 이해와 접근이 자기분화와 성장을 도울 수 있다고 주장한다. 심리학적 한계와 제한성은 성서적인 관점을 통해 다양한 측면에서 보완할 수 있다. 무엇보다도, 심리학의 현실적인 초점을 넘어 더 폭넓고 초월적인 영역까지 포함하여 인간을 이해하고 도움을 줄 수 있다고 인식한다.

3) 기독교와 심리학적 접근은 상호 호혜적이다.

이 입장은 기독교와 심리학의 상호보완성에서 한 발 더 나아가 두 접근이 서로 호혜적인 관계에 있다고 본다. 예를 들면, 심리학은 사람이 자기 정체성을 확립하고 하나의 주체로서 자신을 인식하는 과정을 통해 성장해 가도록 돕는다. 그런데 이러한 성장은 깊은 기독교적 영성, 즉 하나님과의 깊은 관계 형성을 촉진해 줄 수 있다. 동시에 하나님과 깊은 사랑의 관계를 가질 때 사람은 더욱 성숙하고 건강한 인간관계를 맺을 수 있다. 하나님의 사랑을 경험하면서 사람은 폐쇄적인 자기만의 세계 또는 그 경계를 넘어 다른 사람들과 상호적인 교류와 친밀함을 추구할 수 있기 때문이다.

4) 기독교와 심리학적 접근은 통합될 수 있다.

네 번째 입장은 심리학과 기독교가 서로 통합되어 더 발전적인 결과를 가져올 수 있다고 주장한다. 사람은 심리적인 존재인 동시에 영적인 존재이기도 하다. 본질적으로 초자연적인 특성이 있기 때문에 인간적인 성장과 발전은 영적인 성숙과 더불어 더 깊은 경지로 나아갈 수 있다고 믿는다. 이 접근은 영성적 추구를 통하여 참된 삶의 만족과 자기 성취에까지 이를 수 있다고 인식한다. 사람이 하나님의 부르심에 대한 순종과 자기 부인, 헌신 등 성서적 메시지를 따르면서도 인격적 존재로서의 자율성과 개별화 등 심리학적 요소들을 질서 있게 통합하고 적용함으로써 진정한 자기성장과 실현에 이를 수 있다고 본다.

예를 들면, 일반 상담자들은 상담 과정에서 외적인 어떤 윤리적 가치 판단이나 요구, 또는 규례를 고려하기보다 내담자 개인의 억눌린 자아와 감정이 요구하는 대로 자기 목소리를 내고 행동하게 하는 것에 일차적인 관심을 부여하는 경향이 있다. 즉 문제 해결 과정에 다른 어떤 것보다도 개인의 필요와 욕구충족에 우선적인 초점을 두는 것이다. 이러한 접근을 통해 개인의 심리내적, 정신적 문제들에 대한 치료적 효과를 이끌어낼 수 있고 그렇게 하는 것이 필요한 측면이 있다. 하지만 이러한 접근은 크리스천 상담자의 입장에서 볼 때, 그리스도인의 영적 성장을 자기부인 내지는 자신을 비우고 내려놓는 것으로 보는 성서적 개념과 상충되는 부분이 있다(마 16:24; 갈 2:20; 빌 2:7-8).

그래서 많은 사람들은 이 두 가지의 어느 한 면을 주장하면서 자신과 다른 견해를 가진 사람들을 비판하고 공격해 온 것이 사실이다. 어떤 면에서 이 두 가지 접근은 서로 상반된 것처럼 보인다. 그러나 사실은 둘 다 서로에게 긴밀한 영향을 주고받는 관계에 있으며 서로 통합될 수 있는 부분들이 있다. 사람이 자기 자신을 다른 사람들과 독립된 한 인격체로 인식하고, 분화된 자기 정체성을 확립 및 자기실현을 위해 노력하는 것은 필요한 일이다. 그렇지만 크리스천의 경우 자기부인을 통한 제자의 삶을 살도록 부르심을 받은 것 또한 분명한 사실이다. 자신을 비워 하나님께 드리는 삶의 변화와 그러한 과정을 통해 하나님께서 사랑하시는 한 개인으로 성장하는 것은 매우 중요한 일이다.

다른 사람을 어렵게 하거나 상처를 줄까봐 자기 마음을 잘 표현하지 못하는 대학생이 있었다. 이 학생은 자신의 이런 현실을 상담자에게 토로했다가 "다른 사람이 상처를 받건 말건 그게 너와 무슨 상관이니? 그건 그 사람의 문제이니 신경 쓰지 말고 네가 하고 싶은 말과 행동을 하며 살아라"는 지적을 받았다고 한다. 다른 사람에 대한 자기감정이나 생각을 억압하기보다 적절히 표현하고 나누는 것은 건강한 크리스천의 삶에 중요한 것이다. 하지만 타인이 어떻게 되든 자기감정과 생각대로 말하고 행동하라는 지적은 크리스천 상담자로서 적절하지 않다. 우리의 행위 자체가 틀린 것이 아니라 할지라도 그것이 다른 사람을 실족하게 하는 결과를 가져온다면 성경에서 엄중하게 금하는 것이기 때문이다. 사도 바울은 음식일지라도 타인을 실족하게 할 수 있다면 평생 먹지 않겠다고 스스로를 제한시켰다. 자신의 내면을 억압하고 부인하지 않으면서도 성경적 가르침과 원리를 조화시키는 것은 매우 중요한 과제가 아닐 수 없다.

이러한 맥락에서 한 개인으로서의 건강한 자기이해와 돌봄을 소홀히 하지 않으면서 예수 그리스도 안에서 참된 영적 성장을 경험한다면 우리는 더욱 성숙하고 강화된 자신의 참 모습을 발견할 수 있게 될 것이다 (엡 2:27; 골 1:10; 2:6-7). 이러한 인식은 우리에게 심리학적 성장과 영적인 성숙이 서로 배치되기보다 균형된 통합을 이룰 수 있음을 확인시켜 준다. 상호적으로 유익을 끼치고 더 깊은 성장에로 인도하는 상승 작용을 일으킬 수 있기 때문이다.

조앤 콘은 위의 네 가지 입장을 설명하면서, 기독교 영성은 인간의 사고와 정서적 요소 등 모든 측면들을 포괄하지만 심리학적 이론이나 접근으로 제한될 수는 없다고 주장한다. 궁극적으로 하나님은 우리 안에서 함께 거하시는 분이지만 인간의 모든 한계를 뛰어넘어 존재하시는 초월자이시기 때문에 그 분과의 관계는 인간 심리의 범주를 뛰어넘을 수밖에 없다. 이러한 측면에서 볼 때, 그리스도인은 심리학에서 말하는 자기성장을 부인하지 않으면서도 그것을 뛰어 넘어 영적인 의미와 목적에까지 나아가 통합될 때 단순히 육신적인 존재가 아니라 영적 존재로서 진정한 자기성취 내지는 자기실현을 이룰 수 있다.

✝ 예수 그리스도 안에서 완성되는 공동체적 자기실현

따라서 크리스천 상담은 공동체적 맥락에서 심리학적 상담 접근을 도외시하지 않지만, 동시에 성서적 메시지와 전통에 충실할 필요가 있다. 내담자의 당면 문제만 아니라 궁극적으로 그리스도인으로서의 참된 자기성취가 무엇인지를 생각하고 그것을 향해 나아가도록 도울 필요가 있다. 내담자 개인의 입장에서 심리적으로 억눌린 자아나 감정에서 해방시키는 것이 궁극적인 목표가 되어서는 곤란하다. 그 단계에서 나아가 하나님 나라의 공동체적 비전과 가치, 그 나라 백성으로서의 삶으로 초대하는 하나님의 부르심에 응하는 단계로 나아갈 수 있어야 한다(빌 3:8, 12-14).10) 그리스도인에게 있어서 자기실현이란 곧 그리스도와 연합하여 그분의 장성한 분량에 이르도록 성장하는 것이며, 예수 그리스도의 공동체 건설에 참여하는 가운데 발견되는 것이기 때문이다.

하나님의 나라, 곧 성서적 공동체를 일으키고자 하는 하나님의 비전과 노력은 창세 이후로 아담과 노아, 아브라함, 이삭, 야곱과 같은 개인들을 통해 지속적으로 시행되었다. 하나님은 아브라함과 언약을 맺으시고,

그를 통하여 어떻게 이스라엘 공동체를 세우고자 하시는지 보여주셨다(창 12:1-3). 아브라함은 자신의 개인적인 안락한 삶을 위하여 고향으로 돌아갈 수 있었지만, 공동체 건설의 부르심을 따라 믿음으로 낯선 땅에서 장막에 거하는 삶을 살았다. 그리하여 결국은 "죽은 자와 방불"한 상태에서 아내 사라와 더불어 "하늘에 허다한 별과 또 해변의 무수한 모래"와 같은 많은 자손을 두고 '믿음의 조상'이라 일컬음을 받는 자기성취를 이룰 수 있었다(히 11:8-12).

애굽으로 팔려간 요셉 또한 그 나라에서 바로 왕 다음 가는 위치에까지 올라 개인의 영달을 누릴 수 있었다. 그러나 그는 자신의 가족과 이스라엘 공동체를 구원하시려는 하나님의 공동체적 목적과 가치에로의 부르심에 순종하는 과정을 통하여 진정한 삶의 의미와 가치를 찾고 자기실현을 경험할 수 있었다(창 50). 모세 역시 개인적으로는 애굽에서 얼마든지 자기가 원하는 대로 살 수 있었다. 그러나 눈에 보이는 현상적인 것보다 이스라엘 공동체를 향한 하나님의 공동체적 비전에 순종함으로써 자신의 진정한 정체성과 인생의 깊은 영적인 목적을 충족하는 삶을 살 수 있었다(출 3:10-12; 히 11:24-26).

자기중심적인 삶의 의미와 가치실현보다 공동체적 삶에의 부르심에 순종하여 참된 자기실현을 한 완벽한 모델을 우리는 예수 그리스도에게서 찾을 수 있다. 예수님은 자신의 인간적 필요나 욕망보다는 전적으로 하나님께 속한 사명을 따라 살기로 작정하셨다. 그렇다고 해서 이것이 한 개인으로서의 예수 자신의 정체성이나 존재 자체를 부정 혹은 포기하는 것을 의미하는 것은 아니었다. 도리어 하나님과 그 백성들과 함께 하는 공동의 삶과 관계를 통해 자신의 참 모습을 발견하고 궁극적인 자기실현을 이룰 수 있었던 것이다. 자기중심적인 삶에서 얻을 수 없는 더 풍성하고 깊은 삶의 의미와 만족, 자신의 존재 가치와 자기성취를 확인할 수 있었던 것이다(마 4:3-11; 26:39-45; 요 19:30).

사도 바울 역시 유력한 출생 환경이나 화려한 개인 스펙(specification)을 따르면 자신이 원하는 명예와 부, 욕구를 충족하며 평생을 잘 살 수 있었다. 하지만 그는 예수 그리스도를 만난 후 개인적인 욕망과 자기 필요 충족이 아닌 복음전도를 향한 부르심에 순종하여 예수 그리스도의 발자취를 따라가기로 작정하였다. 예수 그리스도의 복음 안에서 통합되는 하나님 나라의 공동체 건축 비전을 따라 순종하는 삶을 통해 진정한 자기실현을 경험할 수 있었다(딤후 4:6-8).

하나님은 이와 같은 믿음의 인물들을 통해 참된 자기실현이 무엇인지, 우리가 어떻게 그것을 성취할 수 있는지에 대한 실제적인 모델을 제시해 주셨다. 성경의 인물들은 그들의 삶을 통해 진정한 자기실현이란 결국 자기중심적 필요와 욕망을 따라 사는 것이 아니라 공동체적 맥락에서 자신에게 부여된 은사와 역할에 따라 하나님의 부르심에 충실한 삶을 살아감으로써 얻게 되는 것임을 분명하게 증거하고 있다. 우리의 자기실현은 곧 하나님 나라의 공동체적 비전의 실현 안에서 발견되는 것이다.

3. 공동체적 자기실현을 위한 크리스천 상담자의 과제

하나님께서는 성서적 공동체 구축을 위해 성경시대는 물론 교회 역사 전반에 걸쳐 리더들을 세우시고 그들을 통하여 활발하게 역사하셨다. 그리고 하나님의 부르심을 받은 자들은 하나님을 대신하여 목자의 심정으로 각종 혼란과 상처가 넘쳐나는 인간 삶의 현장에서 하나님의 내재하심을 증거하며 그분의 돌봄과 치유, 사랑을 전달하였다.

크리스천 상담자는 하나님의 부르심을 받은 자로서의 자기 정체성과 역할을 분명히 인식할 필요가 있다. 단순히 내담자들의 문제를 제거하거나 풀어주는 해결사가 아니라 사람들의 삶 속에서 역사하시는 하나님의 관심과 사랑을 전달하고 그 행하시는 일들을 돌아보게 하는 사명자가 되어야 한다. 궁극적으로 내담자의 초점이 '자기 자신'이 아닌 '하나님과 그 나라'를 향하도록 안내하고 촉진해야 한다.

이러한 맥락에서, 크리스천 상담자를 '인간 삶의 현장에서 활동하는 하나님의 사역자'라고 정의할 때, 우리는 두 가지 차원의 과제를 생각해 볼 수 있다. 첫째는 '하나님의 말씀을 풀어주는 해석자'로서의 과제이고, 둘째는 그 말씀 해석을 '인간 삶의 현장에서 적용하도록 돕는 도덕적 안내자'로서의 과제이다.

그렇다면 크리스천 상담자가 하나님의 말씀에 대한 해석자이면서 동시에 도덕적 혹은 윤리적 실천을 위한 안내자가 된다는 것은 어떤 의미인가? 어떻게 개인주의적이고 자기중심적인 시대에 살면서 이러한 과제를 조화롭게 수행할 수 있을 것인가? 불확실하고 자기편향적인 인간 삶의 현실을 무시하지 않으면서도 하나님의 공동체 구축을 위한 부르심에 충실한 상담사역을 한다는 것은 일견 불가능해 보이기까지 한다. 이것이 어떻게, 혹자가 말한 대로, '불가능하지만 가능한' 사역이 될 수 있을 것인가?

✝ 하나님의 말씀을 삶의 현장에서 풀어내는 해석자로서의 과제

크리스천 상담자의 해석적 과제에 대해 하워드 스톤은 그 핵심 기능을 하나님의 말씀을 바로 이해하고 소통하는 것으로 보았다. 실제로 이 말씀은 육신이 되어 인간의 몸을 입고 인간 삶의 현장에서 생활하셨다. 그리고 십자가에서 죽으시고 부활하심으로써 그를 믿고 따르는 사람들에게 새로운 생명을 주셨고, 그들로 하여금 생명의 공동체를 형성하도록 인도하셨다.

크리스천 상담자는 하나님의 기록된 말씀과 더불어 이 성육신하신 말씀을 상담 현장에서 전달해야 할 과제를 갖고 있다. 이것은 말씀의 맥락과 인간 삶의 현장을 연결하는 해석학적 방식으로 전개될 필요가 있다.[11] 단순히 성경이나 주석, 신학서적들을 탐독하여 성경 구절을 해석해준다고 되는 것이 아니다.

크리스천 상담자는 사람들의 삶의 현장과 그 현장에서 들려오는 소리에 깊이 귀를 기울여야 한다. 그리고 말씀과 연결하여 내담자의 경험과 상황을 해석하고, 적절한 돌봄 및 문제 해결의 과정을 밟도록 촉진하는 역할을 한다. 즉 크리스천 상담자는 사람들의 이야기뿐만 아니라 하나님의 말씀에 귀를 기울이는 경청자인 동시에 해석자인 것이다.[12]

크리스천 상담자에게 부여된 말씀 해석자로서의 기능에 대해 웨인 오우츠(Wayne Oates)는 우리에게 한 가지 요긴한 사례를 제시한 바 있다. 즉, 자기 자신을 잘 돌보고 사랑하는 것은 현대인들이 가장 중요하게 생각하는 핵심적인 관심사의 하나이다. 상담을 통해 내담자들이 회복하기를 원하는 가장 핵심적인 주제이기도 하다. 에릭 프롬(Erich Fromm) 같은 심리학자나 정신의학자들은 이러한 자기 사랑을 강조하며, 예수 그리스도도 이것을 가르쳤다고 주장한다. 그러면서 상담을 통해 어떻게 하면 내담자로 하여금 자기 자신을 사랑하고 수용하도록 도울 수 있을지 해법을 찾기에 골몰한다. 이러한 것이 억눌린 자아나 영혼을 자유롭게 한다고 생각하기 때문이다. 일리가 있다.

하지만 오우츠의 입장에서 볼 때, 예수께서 가르치신 것은 이러한 자기 사랑보다도 더 상위적인 수준의 사랑이었다. 친구를 위하여 필요하면 목숨이라도 내어놓는, 즉 나 자신이 중심되고 나 자신에게 집중되는 그러한 종류의 사랑을 넘어 다른 사람을 위할 줄 알고 그를 위해 나 자신을 희생할 수도 있는 그러한 종류의 사랑이었다. 그것이 궁극적으로 자신은 물론 다른 사람을 치유와 회복으로 이끌어주는 성서적인 사랑임을 주께서 친히 보여주셨다(요 15:13). 그리고 우리도 그렇게 하기를 원하신다.[13]

하나님의 말씀 해석자로서의 크리스천 상담자와 일반 상담 현장에서의 심리치료사는 이외에도 다양한 이슈들에 대해 서로 다르게 인식하고 접근하는 경우들을 볼 수 있다. 기독교에서 '죄'라고 부르는 것에 대해 일반 심리학자들은 역기능적인 혹은 불편한 심리적인 경험이라고 의미를 축소하거나 그것에 대한 도덕적 관념을 제거하려고 노력하는 경향이 있다.

오우츠는 '죄'를 하나님과의 관계적 차원에서 해석한다. 즉 '죄'란 하나님으로부터 분리되는 것이고, 나아가 주변의 이웃들과 관계가 단절되는 것이라고 본다. 우리는 이웃들과 공동체적인 관계 안에 있고, 하나님 앞에서 서로에 대해 책임을 질 수 있는 존재여야 하는데 그러한 관계를 거부하거나 부인, 혹은 도외시 한다면 그것이 바로 '죄'라는 것이다.14)

'죄'에 대한 이러한 인식이나 해석은 일반적으로 행동주의 심리학이나 과학에서는 찾을 수 없는 것이다. 현대 심리학에서는 어느 한 개인이나 소수의 무리들이 그들을 하나로 엮어주는 관계의 끈을 파기한다고 해서 그것에 대해 책임을 져야 한다거나 죄로 규정하지 않는다. 도리어 그러한 관계 때문에 얽매어 있다면 그것을 파기하여 벗어나는 것을 상담 목표로 삼기도 한다.

그러나 성서적 관점에서 볼 때, 하나님은 택하신 백성들과 그리고 사람들은 하나님 및 다른 사람들과 서로를 사랑하고 돌보며 책임을 지는 관계의 언약을 맺은 존재들이다. 이것은 공동체적 약속이요 파기할 수 없는 영적인 비전이다. 크리스천 상담자는 내담자와의 관계에서 심리내적인 측면만이 아니고, 이러한 성서적 실제와 말씀의 해석자적인 기능과 역할을 무시해서는 안 된다.

✝ 하나님의 말씀을 삶의 현장에 적용하도록 돕는 도덕적 안내자로서의 과제

한편 크리스천 상담자는 상담과 돌봄의 과정에서 말씀의 해석자로서의 기능에 더해 내담자들에 대한 도덕적 안내자로서의 기능도 수행해야 한다. 일반 상담자는 대개 어떤 공적인 도덕적 틀을 가지고 상담하기보다는 개인적이고 사적인 도덕률에 근거하여 상담을 전개한다. 그러나 크리스천 상담자는 성서적 공동체 혹은 교회의 맥락에서 돌봄 상담을 전개한다. 따라서 말씀에 대한 해석자적 기능과 교회가 처한 도덕적 맥락을 분리하여 상담을 전개할 수 없다.

그래서 크리스천 상담자들은 자주 '그리스도인들은 무엇을 해야 하는가?' 또는 '무엇을 해서는 안 되는가?'를 생각하곤 했다. '그리스도인의 입장에서 무엇이 옳은가?' '무엇이 틀렸는가?' '당신은 그것을 어떻게 알 수 있는가?' 등에 관심을 기울였다. 그리고 전통적으로 성도들과의 대화에서 대개 다음과 같은 이야기를 하곤 하였다: "당신은 참 좋은 분입니다; 좋은 남편은 아내를 속이지 않습니다; 시험을 치를 때 남의 것을 보면 안 됩니다; 선한 시민은 멈춤 신호가 나오면 자동차를 세워야 합니다. 그렇지 않을 경우, 그 사람이 한 행위는 잘못된 것입니다."

그러나 라인홀드 니버(Reinhold Niebuhr)나 알라스데어 매킨타이어(Alasdair MacIntyre), 제임스 맥클랜던(James McLendon), 스탠리 하우어와스(Stanley Hauerwas)와 같은 크리스천 윤리학자들은 이러한 전통적인 접근과는 다른 입장을 제시한다. 그들은 다른 사람에게 초점을 맞추어 그 사람의 잘잘못을 따지거나 진위를 가리는 등의 질문보다는 자신을 향해 "우리는 어떤 존재들인가?" 또는 "우리는 어떤 사람들이 되어야 하는가?" 등의 질문을 한다. 하우어와스는 기존의 도덕적인 접근이 수많은 규율과 의무로 가득 찬 윤리를 강조하다가 정작 혼란과 갈등으로 점철된 세계에 살아가는데 필요한 중요한 관점은 놓치고 말았다고 주장한다.[15]

하우어와스에 의하면, 우리가 어떤 사람의 결정이나 행위를 어떤 경직된 원리나 기준으로 판단하는 것은 바람직하지 않다. 그렇게 하기 전에 우리는 그 사람이 어떤 공동체에 속해있는가를 먼저 고려해야 한다. 우리가 어떤 행위를 계획하거나 결정 혹은 실천할 때 그 과정에서 우리가 갖고 있는 논리나 확신은 우리 스스로 독자적으로 만들어낸 것이 아니다. 우리의 신념이나 생각은 우리 자신만의 것이 아니고 우리가 속한 공동체의 확신이요 그 공동체의 가치관에서 비롯된 것이기도 하다. 그렇기 때문에 우리의 도덕적 주장이나 판단에서 객관성을 유지하는 것은 그리 단순한 문제가 아니다.

이러한 맥락에서, 하우어와스는 공동체마다 그 나름의 가치관이나 정체성을 형성하는 특성들이 있다고 주장한다. 이러한 것이 그 공동체 내에 있는 사람들의 생각이나 판단, 행동에 영향을 주고, 그들이 어떠한 사람들이 될 것인지에 대한 암시와 방향성을 제공해준다고 믿는다. 따라서 어떤 사람의 행동에 대한 의문이 있을 때 그 행동에 대한 바른 이해나 그에 대한 적절한 답변을 하기 위해서는 그 사람이 속한 공동체가 어떤 공동체인지에 대해 먼저 질문해야 한다. 한 개인이 어떠한가는 그 사람이 속한 공동체가 어떠한가와 상관이 있기 때문이다. 그리고 도덕적인 판단이나 질문 자체도 그 개인이 속한 공동체에 따라 그 성격이 달라질 수 있다고 보는 것이다.16)

그렇다면 도덕적 안내자로서의 크리스천 상담자는 한 개인의 옳고 그름을 따지고 판단하여 그것을 평가하기보다는 개인을 둘러싼 공동체, 즉 상담자 자신을 포함하여 그 개인이 속한 가정이나 의미 타자들, 친구들 혹은 교회가 그동안 그에게 어떠한 공동체였는지를 신중하게 고려해야 한다. 나아가 그동안 교회가 공동체 멤버들로 하여금 어떠한 사람이 되도록 영향을 끼쳤는지, 교회가 어떤 이미지와 경험을 그에게 제공해왔는가 하는 것은 매우 중요한 질문이 아닐 수 없다.

사람은 자기 혼자 만들어지는 것이 아니다. 따라서 크리스천 상담자는 인간관계의 갈등이나 문제로 고민하는 내담자에게 획일적인 도덕률을 일방적으로 선포하며 판단하거나 지적하기에 앞서 교회가 하나님 나라의 속성과 도덕적 측면들을 올바로 보여주고 실천하는 공동체가 되었는가 하는 것들을 먼저 생각해야 한다. 한 개인의 '어떠함'은 그 개인이 속한 공동체의 '어떠함'과 밀접한 관련이 있기 때문이다.

어떤 집단이나 그 집단의 시스템이 역기능적이면 그 하부 시스템, 즉 그 집단에 속한 각 개인들의 관계행동이나 판단 역시 역기능적인 요소를 내포할 가능성이 크다. 실제로, 현대 사회의 역기능적인 측면들은 그 사회 속에 있는 하부 시스템, 곧 교회에 역기능적인 영향을 끼칠 수 있다. 그리고 이러한 영향을 받은 교회는 교회의 하부 시스템에 해당하는 성도 개개인들에게 역시 역기능적인 영향을 줄 수 있다. 이렇게 영향을 받은 한 개인이나 가정은 다시 교회에 역기능적인 영향을 주고, 그 교회는 나아가 사회에 역기능적인 영향을 전달하는 '부정의 순환' 현상이 발생할 수 있다.

✝예수 그리스도에게서 배우는 공동체적 크리스천 상담자의 자세

그렇다면 말씀의 해석자요 도덕적 안내자로서의 과제를 갖고 있는 목회자 혹은 크리스천 상담자들은 이러한 역기능적인 영향의 흐름을 어떻게 순기능적으로 역전시킬 수 있을 것인가? 개인주의적인 심리치료사와는 달리 공동체적 크리스천 상담자는 성서적인 도덕적 성찰의 대상을 내담자 개인에게 한정하지 않는다. 한 개인은 도덕적 성찰의 유일한 대상이나 문제의 유일한 원인도 아니기 때문이다. 성서적인 도덕적 성찰은 교회 공동체가 전체적으로 해야 할 과제이다.

목회자나 크리스천 상담자는 이러한 성찰의 과정을 구성하고 촉진하는 안내자일 뿐만 아니라 그 자신도 그 성찰에 동참하는 참여자이다. 교회 공동체의 성서적 메시지와 전통을 통해 형성되어온 공동체적 가치관과 특성을 명료화하고, 내담자와 함께 성서적이면서도 현실적인 해결책을 모색하는 과정을 밟는다. 이 과정에서 교회 공동체는 단순히 개인의 변화만 아니라 교회적 변화와 성장이 필요한 부분이 있는지 또한 탐색한다. 그리고 교회 공동체의 변화는 공동체에 속한 개인에게 긍정적인 영향을 주고, 나아가 교회를 둘러싸고 있는 사회에도 순기능적인 변화의 도전을 줄 수 있게 된다.

이와 같은 공동체적 접근에 대한 사례를 우리는 간음하다가 현장에서 잡힌 여자에 관한 성서 이야기에서 찾아볼 수 있다(요 8:1-11). 율법사들과 바리새인들은 이 여자를 예수께 끌고 와서 어떻게 해야 할지를 질문하였다. 간음을 한 이 여인은 분명히 하나님의 율법과 더불어 당시 이스라엘 사회의 율법을 어겼다. 그렇다면 법에 따라 돌로 쳐 죽여야 한다.

예수께서는 이러한 사실을 잘 알고 계셨다. 하지만 말씀의 해석자로서 그리고 도덕적 안내자로서 그 여인을 한 사람의 '문제아'로 보기보다는 주변 사람들과의 공동체적 관계 맥락에서 접근하셨다. 이 여인을 고소하면서 그 행위에 대한 율법적 판단을 요구하는 사람들의 내적인 동기와 의도 및 인간의 한계도 고려하셨음이 분명하다. 예수님은 잠시 침묵의 시간을 가지신 후, 여인에 대한 율법적인 진단이나 어떤 도덕적 판단을 내리시기보다는 여인을 둘러싼 공동체의 '어떠함'에 주목하시면서 다음과 같은 말씀으로 공동체를 향해 도덕적 성찰과 행동을 요구하셨다: "너희 중에 죄 없는 자가 먼저 돌로 치라"(요 8:7).

율법적 도덕률로 의기충천했던 사람들은 이 도전 앞에서 결국 하나 둘 그 현장을 떠나가기 시작하였다. 죄에 관한 한 누구도 자유로울 수 없었고, 누구도 그 여인을 정죄할 수 없었기 때문이었다. 사람들이 다 가고 나자 예수께서 도덕적 일탈 행위를 한 여인에게 말씀하셨다: "나도 너를 정죄하지 아니하노니 가서 다시는 죄를 범치 말라"(요 8:11). 예수님은 도덕적 안내자로서 공동체를 향해 정직한 자기성찰을 하도록 도전하시면서 여인을 향해서는 그녀가 한 행위의 잘못을 지적하셨다. 여인을 정죄하지 않으시면서 동시에 변화되어야 한다는 도덕적 책임을 요구하신 것이다. 예수님은 하나님의 말씀과 도덕적 가이드라인을 유지하시면서도 간음한 여인을 공동체의 문제아로 지적하고 분리시키기보다는 자신도 여인을 둘러싼 하나의 공동체로서 여인을 수용하고 감싸 안으신 것이다.

이에 더해 예수님은 선한 사마리아인의 이야기에서 공동체를 향한 한 가지 중요한 요소를 지적하셨다(눅 10:25-37). 주님은 강도를 만나 거의 죽게 된 사람의 이야기를 하신 후 누가 이 사람의 이웃인지에 대해 질문하셨다. 그리고는 위험을 무릅쓰고, 자신의 일정을 변경하면서까지 강도만난 사람을 돌볼 뿐만 아니라, 자기 소유를 털어 그렇게 한 사마리아인처럼 공동체가 먼저 그렇게 할 것을 선포하신 것이다(눅 10:36-37).

공동체는 자신의 안전선 안에 머물면서 고통 가운데 있는 사람들에 대해 이러저러한 도덕적 판단이나 비난을 던지기보다 자신이 먼저 그 고통의 상황에 뛰어들어 자기에게 있는 것으로 위로하고 상처를 싸매어 주며, 회복의 길로 이끌어주어야 할 책임을 안고 있다. 이때 그 공동체는 고난당한 사람의 진정한 이웃이 되고 하나님께서 찾으시는 참된 공동체가 되는 것이다. 이처럼 공동체가 먼저 고통을 함께 아파하고 나눌 때 개인의 힐링 뿐만 아니라 공동체 시스템의 변화와 성장 또한 가능하게 된다.

이러한 성경 이야기는 목회자나 크리스천 상담자들이 말씀의 해석자로서, 그리고 인간 삶의 맥락에서 어떻게 공동체적인 도덕적 성찰과 돌봄사역을 통합할 수 있을지에 대한 탁월한 모델을 제시해준다. 가족치료에서 말하는 시스템 이론에 비추어 볼 때, 하부시스템의 역기능은 그것을 둘러싼 전체 시스템의 역기능과 긴밀한 관련이 있다. 교회 공동체에서도 성도들에게 어떤 문제 행위나 갈등이 있을 때 한 개인을 도덕적 일탈자로 판단하고 정죄하기 전에, 공동체가 율법적 판단자 혹은 비난자의 자세를 취하기보다 먼저 자기 자신을 돌아보고 그 사람을 향해 나아가 돌봄과 지원의 손을 내밀어 함께 변화를 향해 나아갈 필요가 있다.

예수님은 굳어진 마음과 자기중심적인 자세를 가진 세대 가운데에서 사역하는 상담사역자들에게 각 개인의 자기중심적인 욕구를 따르기보다는 하나님의 말씀을 해석하는 해석자로서, 그리고 불확실성의 인간 맥락을 무시하지 않는 성서적 삶의 안내자로서 어떻게 기능할 수 있는지를 보여주셨다. 그리고 자기중심적인 삶을 살기보다는 다른 사람을 돌보고 심지어는 그들의 고통에 동참할 것을 공동체에 요구하셨다. 이러한 주님의 도전은 21세기 포스트모더니즘 시대를 살아가는 크리스천 상담자들이 귀 기울여야 할 중요한 메시지가 아닐 수 없다.

✝21세기 크리스천 상담의 공동체적 패러다임과 구조

우리는 지금까지 지난 세기의 자기중심적인 상담심리학적 모델은 공동체적 성서적 접근과 거리가 있을뿐더러 자기중심적 욕구로 갈등하는 현대인들의 상황 개선에 머물기보다 그것을 뛰어넘는 접근을 할 필요가 있음을 살펴보았다. 교회 역사를 통해 볼 때, 돌봄 사역자나 상담자들은 끊임없이 집단중심 접근과 개인중심 접근을 오가는 모습을 보였다. 집단을 지나치게 중시하고 집착하다가 개인성까지 잃어버리는가 하면 '자기애'(自己愛)적 개인주의가 지배하는 현대 문화 속에서 교회에 대한 공동체적 본질까지 상실하는 현상을 경험하기도 했다.

따라서 필자는 개인을 치유하고 강화하지만 그것을 교회의 공동체적 맥락에서 통합하는 접근을 제시하고자 노력하였다.17) 성서신학적인 큰 틀 안에서 신앙 공동체에 존재하는 자원과 역동적 파워를 회복하는 것이 중요하다고 보았기 때문이다. 그것은 권위주의적인 고전적 패러다임과 자기중심의 임상적 패러다임이 공통적으로 채택해온 개인중심적인 접근과 범주를 뛰어넘는 것이다. 삼위 하나님께서 주도하시는 성서적인 신앙 공동체의 맥락과 현대인들의 삶의 현장 및 그 상호 연관성을 중시하되 우리가 살아온 사회문화적 전통과 정서적 역동을 통합하는 공동체적 접근이다. 21세기에는 이러한 접근이 성서적인 크리스천 상담의 한 대안이요 실제적인 한 가지 상담 패러다임이 될 것이다.

아래의 도식은 필자가 본서를 통해 제시하고자 하는 바, 교회의 성서적 메시지와 전통에 충실하면서도 21세기의 문화적 맥락에 부합될 수 있는 공동체적 크리스천 상담의 구조를 보여주고 있는 것이다. 즉, 21세기에 가능한 한 가지 크리스천 상담 모델로서, 성서 메시지와 교회 공동체적 맥락에 충실한 상담사역의 '기초석'과 '기둥' 그리고 그 위에 크리스천 사역과 돌봄, 그리고 상담으로 구성된 세 가지 차원의 크리스천 상담의 '지붕'으로 구성되어 있다.

필자는 제1부에서 크리스천 상담을 협의적으로는 단기상담 접근과 돌봄, 그리고 광의적으로는 교회 공동체의 전체적 사역의 맥락에서 접근하고 있음을 밝혔다. 이러한 포괄적인 접근은 '단기상담'이라는 현대의 시대적 추세를 반영함과 동시에 교회 공동체적 돌봄과 사역이라는 넓은 맥락을 통해 내담자가 직면한 심리적, 관계적 이슈를 다루고, 궁극적으로 그리스도의 장성한 분량에 도달하는 영적 성장을 향해 나아가게 해준다. '서로 돌아보아 사랑과 선행을 격려'하고 '서로의 짐을 나누어지라'는 성경 메시지에 충실하면서도 21세기 상황에 효과적인 크리스천 돌봄과 치유, 회복의 공동체적 사역을 가능하게 하는 것이다. 아래 도식의 지붕에 해당하는 공동체적 크리스천 상담의 세 범주가 유기적으로 연결되어 진행될 때 치유와 성장의 역동이 효과적으로 나타날 수 있다.

제2부에서는 21세기 크리스천 상담의 새로운 패러다임으로 등장한, 그러나 1세기 신앙 공동체의 성서 메시지에 충실한 '공동체적 크리스천 상담' 접근을 소개하였다. 이 접근은 현대 상담심리학의 개인주의적이고 자기중심적인 성취지향 접근을 넘어, 성경을 관통하는 하나님의 공동체 비전에 근거하여 성도들의 이슈에 대한 성서적 해석과 성찰, 그리고 삶의 '자리'로서의 사회문화적 상황이나 인간관계의 현실을 종합적으로 고려하고 통합하려 한다. 아래 도식에 나타난 바, 내담자의 이슈와 사회문화적 상황을 성서적으로 해석하고 실천 가이드를 구축하는 공동체적 접근의 기초석 부분에 해당한다.

제3부에서는 어떻게 이러한 공동체적 상담 패러다임에 충실한 임상적 접근을 할 수 있을지를 다루게 된다. 필자가 미국 유학 후 한국에 돌아와 기존의 연구 및 임상현장의 경험들을 21세기의 다원화된 사회문화적 상황에 맞게 공동체적 단기상담 모델로 계발한 '해결중심 라이프웨이 코칭상담'(Solution-oriented LifeWay CoachingTherapy, SLCT)의 기독교적 접근(Christian version)을 소개하고 있다.[18] 도식의 중간 기둥들인 인간의 '관계'와 '정서'적 요소가 어떻게 '감정'과 '언행' '생각'을 구성하고 '영성'에까지 영향을 주는지, 어떻게 육신적 관계정서가 아닌 성령의 인도하심을 따라 영성적 사고와 믿음의 행동으로 변화와 성장을 이끌어낼 수 있는지를 다루게 될 것이다(갈 2:30; 5:16-26).

이 접근의 학문적, 임상적 뿌리는 공동체 중심의 돌봄과 상담을 강조한 필자의 지도교수 브리스터(C. W. Brister) 박사와 단기적이면서도 긍정적인 성장지향의 상담을 주장한 하워드 스톤(Howard Stone) 박사, 한국적 정서가 깊이 담긴 해결중심 단기상담 접근을 발전시킨 인수 버그(Insoo Berg), 그리고 직접 가르침을 받지는 못했지만 가족치료사 머레이 보웬(Murray Bowen)을 비롯한 많은 상담 전문가들의 연구와 임상결과에 연결되어 있다.

이제 공동체적 패러다임의 상담 실제로서 '해결중심 라이프웨이 코칭상담'이라는 흥미진진하고도 역동적인 치유와 회복, 성장의 여정을 제3부에서 함께 살펴보도록 하자.

[해결중심 라이프웨이 코칭상담]

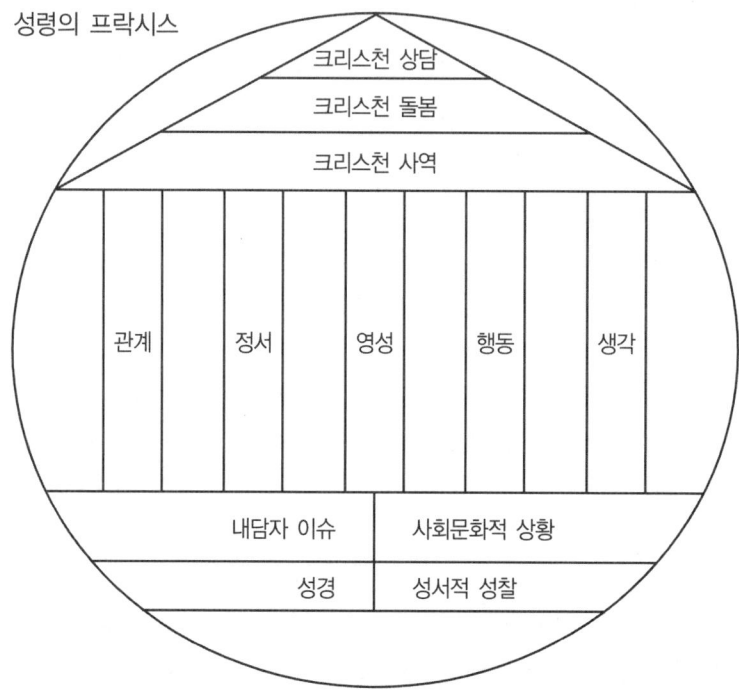

주(註)

1) Wilson, *Counseling and Community*, 29.
2) 프로이드의 이러한 입장에 대해서는 다음의 자료들을 참고하라. Sigmund Freud, *The Ego and the Id* (New York: W. W. Norton, 1960); Ibid., *A General Introduction to Psychoanalysis* (Garden City, Garden City Publishing, 1943).
3) Gordon Allport, *The Pattern and Growth of Personality* (New York: Holt, Rinehard, and Winston, 1961).
4) Erik Erikson, *Childhood and Society* (New York: W. W. Norton, 1963).
5) Abraham Maslow, *Toward a Psychology of Being*, 2d ed. (New York: Van Nostrand Reinhold Company, 1968); Ibid., *Motivation and Personality*, 2d ed. (New York: Harper, 1970).
6) Wilson, *Counseling and Community*, 43.
7) Eugene Kelly, "Social Commitment and Individualism in Counseling," *Journal of Counseling and Development* 67 (February 1989): 341.
8) 유재성, "한국사회의 이혼 급증현상 요인 분석," 「목회와 신학」 (2003년 5월): 106.
9) Joann Wolski Conn, "Spirituality and Personal Maturity," in *Clinical Handbook of Pastoral Counseling*, vol. 1, rev. ed., eds. Robert Wicks, Richard Parsons, and Donald Capps (New York: Paulist Press, 1993), 49.
10) John Carter, "Maturity," in *Wholeness and Holiness*, ed. H. Newton Malony (Grand Rapids: Baker Books, 1983), 190.
11) Stone, *Theological Context for Pastoral Caregiving*, 49.
12) 챨스 걸킨은 목회상담자의 해석학적 접근에 관한 다양한 저술 활동을 하였다. 다음은 그 일부이다. Charles Gerkin, *The Living Human Document: Revisioning Pastoral Counseling in a Hermeneutical Mode* (Nashville: Abingdon Press, 1984); Ibid., *Widening the Horizons: Pastoral Responses to a Fragmented Society* (Philadelphia: Westminster Press, 1986).
13) Wayne Oates, "The Power of Spiritual Language in Self-understanding," in *Spiritual Dimensions of Pastoral Care*, eds. Gerald Borchert and Andrew Lester (Philadelphia: Westminster Press, 1985), 58.
14) Ibid., 62.

15) Stanley Hauerwas, *The Peaceable Kingdom* (Notre Dame: University of Notre Dame, 1983), 22, 72-96.
16) Stanley Hauerwas, *Character and the Christian Life* (San Antonio: Trinity University, 1985), 33-4, 231.
17) 래리 켄트 그래함이 개인의 경험과 성취에의 열망을 승화하여 보다 큰 궁극적인 공동체적 관점에서 접근하는 것의 중요성을 지적하였듯이, 필자도 현대 문화의 핵심 코드라 할 수 있는 '자기실현에의 관심'을 무조건 부정하기보다는 그것에 대한 성서적인 정의와 이해를 시도하고, 그것을 공동체적 컨텍스트에서 재해석하고 재구성하는 것이 중요하다는 점을 강조하였다. Larry Kent Graham, "From Relational Humanness to Relational Justice: Reconceiving Pastoral Care and Counseling," in *Pastoral Care and Social Conflict*, 230.
18) '해결중심 라이프웨이 상담'은 내담자 혹은 코치이의 관계정서적, 심리적, 갈등이나 상처난 삶(life)을 치유, 안내, 회복하는 것을 넘어, 요한복음 14장 6절에 나타난 바, '진리'되신 그리스도의 '길'을 찾아 참된 '생명의 삶'(Life)에 이르는 성장을 목표로 코칭과 상담 접근을 전략적으로 통합하여 실시한다는 의미를 그 이름에 내포하고 있다. 상담 혹은 코칭 목표를 중심으로 일차적으로 5회기 전후의 단기접근을 하지만 과거의 미해결 이슈나 관계정서적 문제를 다루기 위해 회기를 연장할 수 있다.

제3부

21세기 현대 크리스천 상담의 실제
해결중심 라이프웨이 코칭상담

크리스천의 공동체적 상담에 대한 관심과 비전은 오랫동안 교회의 정체성과 기능에 대한 질문과 맞물려 필자의 마음 한 구석에 깊이 자리 잡고 있었다. "하나님이 의도하신 교회의 모습은 무엇인가?" "교회는 그리스도 몸의 공동체로서 어떤 곳이며 어떤 기능을 해야 하는가?" "삶의 문제나 곤경에 처한 사람이 있을 때 교회는 어떻게 돕고 상담할 수 있을까?" "성경적인 돌봄과 상담의 모습은 무엇일까?" 등 많은 질문들을 안고 살았다. 필자의 문제뿐 아니라 다른 사람들의 아픔이나 곤경을 볼 때, 그리고 유학 시절 상담을 공부하는 동안 이와 관련된 질문들이 마음속에서 계속 이어졌다.

성경은 교회를 사람의 몸에 비유한다. 몸의 각 지체들이 서로 연합하여 돌보며 전체적인 몸의 기능을 하듯 교회도 그러해야 함을 지적한다 (고전 12:25-26). 필자의 지도교수였던 브리스터 박사에 따르면, '교회는 그리스도 안에서 한 몸 된 돌봄공동체'(a caring community)로서 '서로 관심과 사랑을 갖고 치유하고 돌보며 세워주는 곳'이어야 한다. 그러나 그동안 많은 사람들에게 비친 교회의 모습은 이러한 성서적 돌봄 공동체로서의 모습과는 다른 경우가 많았다. 어떤 면에서 각자의 관심사에 따라 서로 적당히 알고 지내는 사람들의 모임과 그리 다를 바 없다고 보는 견해들이 많다.

한국 교회와 사회에 상처받은 개인이나 가정들에 대한 관심과 상담의 기회가 증가하고, 전문가는 물론 비전문 리더들을 위한 다양한 상담 관련 프로그램이나 훈련들이 등장하는 것은 매우 고무적인 일이다. 하지만 많은 경우, 정신적 문제 분석과 진단 등 장기적이고도 엄격한 훈련을 요하는 상담이론과 문제 원인 혹은 개인의 비밀을 파헤치는 모델이 주류를 이루어왔다. 그리고 엄정한 훈련과정을 거치지 않은 채 내담자의 문제를 정신과적 분류기준에 따라 진단하고 선뜻 각종 검사나 상담 혹은 병원치료를 받으라고 처방하는 경우들이 증가하면서 과잉진단, 상담과실(malpractice) 등의 이슈들이 종종 제기되었다. 교회에서도 훈련이 충분히 되지 않은 상담사들이 이런 접근을 그대로 실행하거나 교회 및 성서적 맥락과 상관없는 상담을 하다가 혼란과 갈등, 상담의 역기능을 경험하는 일이 발생하곤 한다.

현 시대의 문화와 사회 현상에 민감하면서도 성서적 돌봄 공동체로서의 교회 정체성과 기능 및 부르심(calling)에 충실한 공동체적 상담에 관심이 있었던 필자는 유학 시절 한국적 정서가 짙게 가미된 '해결중심 단기상담'(Solution-focused Brief Therapy) 접근을 접하면서 한 순간에 "바로 이거야!"라는 생각을 갖게 되었다. 그리고 여기에 이야기 상담, 보웬 가족치료를 비롯하여 필자의 임상경험에서 비롯된 다양한 통찰들을 통합하여 21세기 상담의 새로운 패러다임이라고 할 수 있는 공동체적 맥락의 '해결중심 라이프웨이 코칭상담' 모델을 발전시켜왔다.[1] 이 접근은 장기적인 문제탐색이나 심리분석, 진단, 전문용어 및 테크닉 등에 집중하기보다 상담사와 내담자가 이미 자신 안에 있는 장점과 자원들을 활용하여 단기적이면서도 공동체적인, 그리고 성경적인 크리스천 코칭상담을 하도록 도와줄 것이다.

우리는 이미 본서의 제1부와 2부에서 공동체적 크리스천 상담에 대한 이론적인 바탕을 점검하였다. 이제 제3부에서는 그동안 필자가 계발해 온 크리스천 코칭상담 접근에 대한 개괄적인 소개를 하고, 그 구체적인 실천 과정에 대해 다루고자 한다.

제7장 해결중심 라이프웨이 코칭상담 이해와 과정 조감도

1. 새로운 상담 물결로서의 해결중심 단기상담

심리 상담자들은 전통적으로 사람들의 문제가 오랜 기간에 걸쳐 서서히 발전되면서 어떤 고착된 심리정서적 특성과 문제를 형성한다고 보았다. 그리고 문제가 오래된 만큼 해결도 문제의 원인을 찾는 장기적인 상담접근을 해야 한다고 주장하였다. 정신분석학적 입장의 상담자들은 실질적인 치료를 하려면 과거의 경험으로 돌아가 장기간 문제의 근원을 탐색하고 분석하는, 특히 무의식적인 내면심리의 갈등과 그 현상에 대한 전문적 진단과 치료가 필요함을 강조하였다. 그러면서 이처럼 깊은 정신적인 내면의 역동성을 탐색하고 고치는 것에 주목하지 않는 단기상담은 단지 증상만 건드릴 뿐 근본적인 문제의 원인은 다루지 못하므로 효과적인 상담이 아니라는 입장을 피력하기도 했다.

이러한 확신은 오랫동안 많은 사람들에 의해 의심 없이 그대로 받아들여졌다. 전문 상담자들뿐 아니라 많은 일반 대중들도 '상담'을 하려면 당연히 문제의 원인을 파헤치고 분석해야 한다고 믿었다. 상담에 대한 이러한 장기적인 문제탐색과 개인중심 접근은 상당 부분 기독교에도 그대로 적용되어 크리스천 상담자들 또한 개인주의적이고 문제중심적인 장기상담의 일반적인 큰 틀 안에서 상담을 이해하고 전개하였다.

그러나 급변하는 21세기의 새로운 상황은 상담에도 새로운 패러다임의 접근을 요구하고 있다. 빠른 변화와 각박한 경쟁사회 속에서 지치고 소외된 현대인들은 자신을 지키고 필요충족, 나아가 자기실현을 위해 몸부림치지만 상황은 그리 녹록치 않다. 이러한 상황에서 하워드 스톤은 기존 상담접근의 효과를 부인하지 않으면서도 새로운 시대적 변화에 부응하기 위해 긍정초점의 단기 상담이 필요하다고 주장한 바 있다.[2] 현대인들이 단기상담을 요구할 뿐만 아니라 이것이 장기상담과 마찬가지의 효과, 나아가 더 나은 결과를 가져올 수 있다는 연구 자료들이 속속 등장하였기 때문이다.[3]

이에 더해, 스톤은 크리스천 상담이 교회의 특성이나 상담 사역자의 상황에 적합한 형태로 발전되고 전개될 필요가 있음을 역설하였다.[4] 장기적이고도 엄격한 상담 훈련을 받은 전문가가 아닌 비전문상담자도 효과적인 상담활동을 할 수 있음을 강조하면서 목회사역자 및 크리스천 상담자는 서로 상호보완적인 입장에서 최선의 공동체적 돌봄과 상담을 제공할 수 있다고 주장하였다. 크리스천 상담은 전통적인 장기상담의 심리치료 모델보다는 교회의 특성이나 공동체적 상황에 적합한 형태의 단기적인 접근 모델을 따르는 것이 바람직하다고 보았기 때문이다.[5]

✝ 긍정적 해결초점의 단기상담 접근 등장

단기상담은 기본적으로 사회경제적 여건의 변화와 단기적 접근의 효과에 대한 다양한 이론적 연구와 테크닉이 실험되고 발전하면서 그동안 빠른 속도로 확산되었다.[6] 해결중심 상담은 이처럼 단기상담에 대한 관심이 증폭되고 다양한 시도가 행해지는 상황에서 태동하였고 짧은 기간에 많은 상담 전문가들의 주목을 받았다.

여기에는 과거 문제 분석보다는 현재의 문제패턴을 수정 및 변화시키는 것에 관심을 가진 미국 캘리포니아 팔로 알토시(市)에 있는 '정신연구원'(MRI) 상담자들의 영향이 컸다. 그리고 밀톤 에릭슨(Milton Erikson)의 창의적 상담 접근 또한 중요한 일조를 하였다. 그는 기존의 과거분석이나 문제중심보다 내담자의 현재와 미래에 초점을 부여하며, '변화는 항상 일어난다'는 것과 '내담자에게는 이미 문제 해결을 위한 각종 능력과 자원이 있다'는 것에 주목하였다.[7]

해결중심 상담자들은 내담자의 문제와 해결 사이에 꼭 어떤 상관성이 있는 것이 아님을 1980년대 초에 우연히 발견하게 되었다. 수많은 문제들을 가진 가족과 상담하면서 문제 탐색에 지친 상담자가 문제만 아니라 그들에게 있는 좋은 것들도 한 번 찾아보라고 했을 때, 가족들은 자신들에게 27가지나 복잡한 문제들이 있지만 동시에 긍정적인 부분들도 있음을 확인할 수 있었다. 그리고 2주 후, 자신들의 상황이 좋아졌기 때문에 더 이상 상담 받을 필요가 없어졌다고 보고하였다.

전통적인 문제중심 상담의 관점에 의하면, 상담자가 이 가족들의 문제와 원인을 정확하게 파악하여 진단하지 않았기 때문에 상황이 개선된다는 것은 불가능했다. 하지만 그러한 과정이 없었음에도 가족의 상황은 개선되었다. 이러한 유사 경험이 반복되면서 해결중심 상담자들은 문제보다 내담자의 긍정적인 자원과 강점을 활용하여 해결에 초점을 맞추는 것이 효과가 있음을 간파하게 되었다.

이후 스티브 쉐이저(Steve de Shazer)와 인수 버그(Insoo Berg)를 비롯한 동료들은 내담자에게 '없는 것'이나 '부정적인 문제'에 집중하며 '결핍용어'(deficiency language)를 사용하던 습관을 중단하였다. 그 대신 내담자에게 이미 '있는 것'이나 장점, 자원을 활용하여 변화와 성장으로 이끌어 가는 긍정적이고 단기적인 상담 접근을 발전시켰다. 이렇게 하여 1982년에 '해결중심단기상담'(solution-focused brief therapy)이 공식적으로 등장하게 되었다. 그리고 오늘날까지 전 세계적으로 다방면에서 그 효과에 대한 연구가 활발하게 진행되고 임상적으로 증명되어왔다.[8]

해결중심 단기상담의 두드러진 특징은 과거의 문제 상황이나 행동들을 분석하고 파헤치는 것에 집중하기보다 내담자가 원하는 것에 초점을 맞추어 긍정적인 변화와 성장을 이끌어내는 것에 관심을 기울인다는 것이다. 기존의 다른 어떤 상담이론이나 접근보다도 '한국적 가치와 신념'

을 많이 담고 있는 해결중심 단기상담 접근은 빠르게 변화하고 있는 21세기 한국의 사회문화와 상황에 효과적으로 잘 적용될 수 있는 한 가지 상담 모델이라고 할 수 있다.9)

필자는 유학 시절, 문제초점의 장기적인 심리분석과 진단중심의 상담 접근을 공부하고 임상수련을 하면서 목회자로서의 정체성과 교회 컨텍스트에 이러한 상담방식을 적용하는 것에 대해 적지 않은 갈등을 경험하였다. 동시에 한 시간 남짓 상담을 진행할 때 어떻게 문제 이슈들을 크리스천의 관점으로 이해하고 이에 부합된 방식으로 상담을 구조화하고 실시할 지에 대해 많은 혼란과 갈등을 느꼈었다.

이때 하워드 스톤 교수를 통해 크리스천의 단기상담접근과 해결중심상담을 소개받으면서 "그래, 이거야!"라는 확신을 갖게 되었다. 그래서 해결중심 접근에 교회 맥락의 공동체적 초점과 이야기 상담, 머레이 보웬의 가족치료 접근 등을 함께 통합하고, 하나님 나라의 성서신학적 개념들을 더하고 재구성하여 라이프웨이 코칭상담 접근을 구축하기에 이르렀다.

2. 해결중심 라이프웨이 코칭상담의 열 가지 전제

"오늘 어떤 문제로 오셨습니까? 문제에 대해 좀 더 구체적으로 설명해 주시기 바랍니다."
"언제부터 문제가 시작되었습니까? 그때 어떤 느낌을 받으셨습니까?"
"그 문제가 발생했을 때 어떤 생각을 하셨지요? 그리고 어떤 반응을 보이셨습니까?"
"그 문제가 당신에게 준 영향은 무엇입니까?"
"문제로 인해 어떤 다른 문제들이 또 생겼습니까?"
"당신의 문제가 당신 가족이나 주변 사람들에게 미친 영향은 무엇입니까?"

문제 중심의 상담 접근은 대개의 경우 위와 같은 질문들로 상담을 시작한다. 필자 또한 이와 같은 방식의 대화훈련을 받고 이러한 질문들을 중심으로 상담을 전개하였다. 이러한 질문들로 상담을 진행하다보면 내담자들은 대개 주저하거나 망설이면서 조금씩 문제를 털어놓지만 자신의 비밀을 털어놓기 힘들어 갈등하는 경우들도 많다. 자신의 부정적인 문제나 은밀한 비밀을 털어놓는다는 것은 부담스러운 일이기 때문이다.

그런가하면 상담자의 질문이 떨어지기 무섭게 문제의 원인으로 자기 배우자나 갈등관계에 있는 사람을 지목하며 비난과 원망을 늘어놓는 내담자들도 많다. 한 내담자의 경우 하도 불평불만이 많아 "오늘 상담하러 오신 것이 바로 이 이야기를 하기 위해서입니까?"라고 질문하자 "그렇다!"라며 한 시간 내내 가슴에 맺힌 한을 쓸어내듯 토해내는 경우도 있었다. 자신의 문제를 이야기하면서 그동안의 고통과 갈등이 되살아나 하염없이 눈물을 흘리며 대화를 이어가지 못하는 경우도 자주 발생한다.

이와 달리, 해결중심 라이프웨이 코칭상담사는 해결중심접근에서처럼 내담자가 원하는 문제 해결과 변화를 위한 질문들로 대화를 시작한다.10) 상담자는 내담자들이 오랫동안 문제를 해결하려고 노력했지만 안 되어, 어떤 면에서는, 마지막 희망이라고 생각하고 상담을 받으러 오는 경우가 많다는 것을 안다. 경우에 따라, 내담자 자신은 별로 문제가 없다고 생각하는데 상대방이 하도 '문제가 있다'고 하니까 할 수 없이 오기도 한다는 것을 알고 상담에 임한다. 그렇지만 어떤 경우든 상담을 받으러 오는 내담자들은 대부분이 문제에 초점을 두고, 문제 중심의 사고방식을 갖고 있음을 인식하고, 처음부터 문제초점보다는 해결에의 기대와 관심을 불러일으키려고 한다. 그래서 대개 다음과 같은 긍정초점의 질문들로 대화를 시작한다:

"오늘 무엇을 해결하기 위해 오셨습니까?"
"무엇이 당신의 삶에서 달라질 필요가 있나요?"
"무엇이 변화되면 '아, 오늘 상담 받으러 잘 왔구나?'라고 생각하실까요?"
"오늘 당신의 삶에서 바뀌어야 할 것은 무엇입니까?"

이러한 질문들을 하면 내담자들은 다소 의외라는 표정을 짓다가 이내 자신이 기대하는 것이 무엇인지 이야기하기 시작한다. 이러한 질문들은 부정적인 문제에 집중되어 있는, 그래서 해결과 변화의 가능성을 보지 못하는 내담자의 감정과 시선을 자신이 진정으로 원하는 것이 무엇인지, 자신에게 필요한 것이 무엇인지를 찾는 해결초점과 미래의 희망을 품을 수 있도록 도와준다. 내담자 안에 문제가 덜 심하거나 없었던 예외적인 상황들에 대한 과거 성찰을 가능하게 하고, 해결을 위한 심리적 공간을 넓히는데 유용하게 작용한다.

필자가 상담 현장에서 문제 중심의 질문과 해결 중심의 질문을 교차적으로 던지면 내담자들의 얼굴 표정이나 태도, 언어에서 어떤 차이가 두드러지게 나타나는 것을 볼 수 있다. 문제 상황이나 관계에 오랫동안 노출된 사람들은 부정적 감정이나 사고, 문제에 익숙한 성격(problem-focusd personality)에 고착되어 자신이 무엇을 원하는지, 무엇이 바뀔 수 있다고 보는지에 대해 생각하거나 말하는 것을 어려워하는 경향이 있다. 그리고 이내 자신의 문제 상황에 대한 이야기로 돌아가 버린다. 이 때 초보 상담자는 문제 중심의 대화로 끌려가기 쉽다. 그럴 때 내담자의 문제초점에 끌려가기보다는 다음과 같은 질문을 통해 해결을 향한 대화의 실마리를 이끌어내는 것이 좋다:

> "그러한 문제 상황이 조금 개선되었던 때는 언제였습니까?"
> "이러한 상황은 주로 언제 일어났습니까?"
> "어떻게 이런 상황이 일어나도록 했지요?"
> "그 외에 또 어떻게 하셨습니까?"
> "그럴 때 당신의 행동(생각/느낌/관계)은 전과 무엇이 달랐습니까? 어떻게 달랐습니까?"
> "당신의 친구(부모/목사님/형제 등 공동체)는 그 사실을 어떻게 알고 반응했나요?"

해결중심 라이프웨이 코칭상담사가 이러한 질문들을 통해 코칭 혹은 상담 과정을 전개하는 데에는 간과할 수 없는 몇 가지 전제들이 있다. 이 전제들에는 코칭상담의 주체와 인간에 대한 성서적인 이해가 그 바탕에 스며들어 있다. 그리고 문제 해결에 대한 접근에 있어서 개인적이기 보다는 공동체의 틀과 범주 안에서 되어져야 한다고 하는 인식이 기본적으로 담겨있다. 크리스천 단기 공동체 상담으로서의 해결중심 라이프웨이 코칭상담은 다음과 같은 10가지 전제를 갖고 있다. 라이프웨이 코칭상담사는 어떤 내담자 혹은 코치이와 어떤 이슈를 갖고 코칭상담을 하든지 이러한 전제에 근거하여 대화를 전개하는 것이 필요하다.

1) 라이프웨이 코칭상담의 성서적 기초

전제 – 1 코칭상담은 이미 내담자의 삶 속에 역사하고 계시며 성장하기를 원하시는 하나님의 미션이다.

하나님은 우리를 모태에서부터 '신묘막측'(神妙莫測)하게 지으시고, 사랑으로 우리를 지키시고 돌보시며 역사하신다(시 139:14). 우리가 그리스도를 영접할 때 하나님의 자녀로 삼아주시고, 성령님을 보내셔서 우리의 삶 가운데 거하시며 새로운 일들을 일으키신다(요 1:12; 14:16-17).[11] 하나님은 우리에게 "너는 내 것이라"고 말씀하시며, 구원의 날까지 눈동자와 같이 지키신다(사 43:1).

우리는 하나님의 이러한 모습을 다윗의 삶 속에서 잘 볼 수 있다. 다윗이 청년기에 들어섰을 때 이웃 블레셋 나라가 이스라엘을 침략했다(삼상 17장). 적장 골리앗은 신장이 '여섯 규빗 한 뼘'으로 약 2m 90㎝에 달하는 거인이었다. 이로 인해 이스라엘 백성들은 싸워보기도 전에 심리적인 공포에 빠져버렸다. 모든 사람이 '골리앗'이라는 '문제' 앞에서 "심히 두려워하여 그 앞에서 도망"하기에 바빴다(24절).

이때 하나님은 겉보기에 유약하지만 영적으로 깨어있는 다윗을 주목하고 그를 전면에 등장시키셨다. 사람들은 어떤 문제가 발생하면 대개 그 문제에 초점을 맞추고 고민하거나 힘들어 한다. 그러나 다윗은 문제 초점(problem perspective)이 아닌 하나님의 시각으로 이 상황을 보았다. 문제 앞에서 정신적 공황 상태에 빠진 이스라엘 공동체를 '사시는 하나님의 군대'로 선포하는 정체성의 회복과 초점의 전환을 꾀하였다. 그리고 골리앗의 모욕이 단순히 이스라엘 사람들을 모욕하는 것이 아니라 '하나님의 사람들' 나아가 '하나님'을 모욕하는 것으로 인식하였다. 그리고 하나님의 열심이 골리앗을 무너뜨리고 이 싸움을 승리하게 하실 것을 믿었다.

하나님은 우리의 삶에 어떤 문제가 진행될 때 우리를 홀로 내버려두지 않으신다. 문제가 발생하기 전부터, 그리고 그 시간, 그 자리에서 이미 역사하고 계신다. 하나님께서는 다윗의 삶을 주목하시고, 늘 그와 함께 거하시며 그를 준비시키셨다. 그를 택하시고 하나님을 향한 믿음의 사람으로 성장하도록 인도하셨다. 다윗의 변화와 성장은 그의 기대 이전에 하나님께서 원하셨던 것이고, 다윗과 공동체를 위해 그 일을 이루신 이도 하나님이셨다. 크리스천 라이프웨이 코칭상담사는 이처럼 내담자의 삶에 관심을 갖고 함께 거하시며 인도하시는 하나님의 역사와 그 흔적을 찾는 것에 초점을 맞춘다. 상담은 내담자와 상담자의 작업 이전에 하나님의 미션임을 믿기 때문이다.

> **전제-2** 코칭상담은 예수 그리스도와 그 생명의 흔적을 찾아 강화 및 성장하게 하는 공동체적 여정이다.

우리는 중생을 통해 과거의 세상적 삶의 방식에서 벗어나 예수님이 자신의 구원자이심을 믿고 진리 안에서 생명을 주시되 풍성한 생명을 주시는 '길'되신 주님의 장성한 분량에까지 이르는 성화의 과정에 들어서게 된다(요 10:10; 엡 4:13). 따라서 이제 중생한 그리스도인은 육체를 따라 살기보다는 하나님의 아들 예수를 믿는 믿음 안에서 살아간다(갈 2:20). 그리고 예수께서는 우리의 삶에 생명의 흔적을 남기시고 우리를 강하게 하신다.

　이러한 차원에서 성서적 라이프웨이 코칭상담은 그리스도께서 공급하시는 생명의 흔적과 그 길을 따라가도록 돕는 상담자와 내담자의 합동작업이다. 그리고 내담자를 둘러싼 가족과 친지들, 교회 공동체의 강점과 자원을 활용하여 변화와 해결, 성장을 이끌어내는 공동체적 과정을 시도한다.

전제 – 3   코칭상담은 과거를 넘어 미래로 현실을 이끌어가는 성령님의 프락시스이다.

　성경적 코칭상담은 코치 혹은 상담자의 지식이나 경험, 기술에 의존하는 것이 아니다. 코칭상담의 주체는 성령님이시다. 그리스도 안에서의 궁극적인 변화와 성장은 단순히 심리적인 영역이 아닌 영적인 영역에 속한 것이기 때문이다.

　따라서 크리스천 라이프웨이 코칭상담사는 참된 변화와 성장을 가능하게 하는 성령님을 의지하며 대화의 진행과정을 성령님의 인도하심과 그 역동에 맡기는 것에 집중한다. 이러한 면에서 코칭상담사의 말씀과 기도생활의 영성은 특히 중요하다. 내담자 혹은 코치이의 진정한 변화와 성장은 이러한 영성이 뒷받침 될 때 가능하다.

　골리앗 장군이라는 거대한 '문제'가 닥쳤을 때 다윗으로 하여금 이스라엘 공동체와 함께 당면한 문제를 극복할 수 있도록 한 것은 사람의 경험이나 지혜 혹은 기술이 아니었다. 그것은 하나님께서 하신 일이었다. 코칭상담사는 어떤 전문적인 지식이나 사람에 의존하는 것이 아니라 철저히 주의 성령께서 코칭상담의 과정을 이끌어 가시도록 관심을 기울여야 한다.

　이상에서 본 바와 같이, 첫 세 가지 전제는 삼위 하나님께 초점을 둔 크리스천 라이프웨이 코칭상담의 성서적 기초를 구성하고 있다. 필자는 그동안 수많은 개인 상담과 부부 상담, 가족 상담, 나아가 집단 상담 등의 경험을 통해 사람의 궁극적인 변화는 어떤 잘 구성된 심리학적 이론이나 기술로 실현되는 것이 아님을 분명히 알게 되었다.

지역 교회에서 목회를 할 때는 성도들의 각종 문제를 해결하려면 심리학과 상담접근을 잘 공부하고 훈련받아야 할 것으로 생각했었다. 그래서 상담훈련을 받았고, 이것이 성도 돌봄과 변화를 위한 사역에 큰 큰 도움을 준 것이 사실이었다. 하지만 교회 혹은 상담 관련 현장에서 상담활동을 하고, 대학에서 연구와 강의를 하며 발견하는 것은 참된 변화와 성장은 궁극적으로 하나님의 절대적인 사랑과 예수 그리스도의 은총, 그리고 성령님의 역사로 말미암아 가능하게 된다는 것이었다. 삼위 하나님의 임재와 역사하심이야말로 우리의 상담을 일반 상담과 구분 짓는 성서적인 상담이요 강력한 변화와 치유를 가져오는 공동체적 상담이 되게 하는 필수적인 요소라고 할 수 있다.

2) 라이프웨이 코칭상담의 인간 이해

전제 - 4 사람은 문제가 아니다. 문제가 문제이다.

라이프웨이 코칭상담의 네 번째부터 여섯 번째까지의 전제는 코칭 혹은 상담을 위해 찾아오는 '사람에 관한 이해'를 다루고 있다. 코칭이나 상담에 임하는 코칭상담자의 자세와 태도는 '인간'에 대한 이해 즉 사람을 어떻게 인식하고 접근하느냐에 의해 크게 달라진다. 사람을 '문제'로 보면 문제 중심의 접근을 하고 문제가 더 잘 보이게 된다. 그러나 사람을 긍정의 관점으로 보면 비록 해결해야 할 문제를 갖고 있을 지라도 그 사람 자체는 하나님의 형상을 가진 변화와 성장 가능성의 존재로 인식하고 그러한 모습들이 더 눈에 띄게 된다. 따라서 대부분의 상담이 문제 상황에는 반드시 문제 당사자가 있을 것이리 보고 문제 당사자를 고치려 하지만 라이프웨이 코칭상담사는 '문제'가 '문제'이지 내담자 자체가 '문제'인 것은 아니라고 본다.

실제로 '우리의 씨름은 혈과 육에 대한' 것이 아니다(엡 6:10). 하나님께서 우리에게 주신 배우자나 부모, 자녀 혹은 주 안에서 하나 된 형제나 자매는 우리가 싸울 대상이 아니다. 우리가 싸울 대상은 부정적인 문제들이요 그 이면에 있는 영적인 어둠의 권세이다. 따라서 라이프웨이 코칭상담자는 사람보다는 상처와 갈등을 야기하는 부정적인 행위나 감정, 비합리적인 사고, 혹은 절제하지 못하는 역기능적 관계 패턴이 '문제'라고 본다. 사람을 문제로 보는 상담자는 자신의 지식과 경험으로 내담자를 다양한 '문제'로 정의 혹은 분류(labeling)하는 경우가 많다. 하지만 라이프웨이 상담자는 내담자를 자신의 관점으로 판단하고 고치려 하기보다는 그와 연합하여 함께 문제에 대처하는 공동체적 여정으로 접근(communal-journey approach)한다.

전제 – 5 사람은 변화와 성장을 위한 능력과 자원을 갖고 있다.

내담자는 구제불능의 무기력한 문제아가 아니다. 문제 해결을 상담자에게 의존하는 수동적인 존재가 되어서도 안 된다. 기존의 전문가 중심의 상담은 내담자에게 결핍된 것이 무엇이며, 어떤 것이 내담자의 문제인지 탐색하는 과정을 통해 내담자를 피동적인 존재로 강화하는 역기능적인 측면이 없지 않았다. 그래서 더욱 전문가로서의 상담자에게 의존적이 되게 하기도 하였다.

그러나 해결중심 라이프웨이 상담자는 내담자가 자기 문제를 해결할 수 있는 자원과 능력을 이미 갖고 있다고 믿는다. 자기 안에 잠자고 있는 강점들을 탐색하고, 공동체 내의 자원들을 일깨워 변화되고 성장할 책임이 있으며, 이 일을 능동적으로 그리고 주도적으로 할 수 있는 주체로 인식한다. 문제의 해결은 한 개인에게서만 시작되고 완성되는 것이 아니라 그 개인이 속한 공동체 속에서 가능하다는 점에서 코칭상담을 개인초점이 아닌 공동체의 틀과 맥락 안에서 전개하고 진행하고자 한다.

전제 – 6 내담자는 자신의 변화와 성장에 있어서 전문가이다.

이 전제는 내담자를 무기력한 존재가 아닌 변화의 능력과 자원을 가진 존재로 보는 위 전제의 연장선상에 있다. 일반적으로 코칭이나 상담은 도움을 필요로 하는 사람을 전문가가 목표 달성 내지는 문제 해결을 하도록 돕는 전문적인 서비스로 알려져 있다. 이 인식에 의하면, 변화와 성장을 위한 전문가는 코치 혹은 상담사이고 찾아온 사람은 도움을 받는 수동적인 존재이다. 하지만 라이프웨이 코칭상담에서는 내담자가 무기력한 사람이 아니라 자신에게 필요한 변화와 성장에 관한 한 그것이 무엇인지, 자신에게 어떤 강점과 자원들이 있는지 가장 잘 아는 사람이며, 이 과정에서 자신의 변화와 성장을 일구어내야 할 진정한 전문가는 바로 그들 자신이라고 본다.

상담자가 아무리 많은 심리학적 지식과 상담 경험 및 테크닉을 갖고 있다고 해도 내담자가 진정으로 원하는 것이 무엇인지, 자신에게 있는 자원과 강점이 무엇이며 어떻게 그것을 사용할 수 있을지를 아는 것은 바로 내담자 자신이다. 상담자가 단순히 심리학적 지식 전달자나 상담 기술자로 기능하기보다 내담자를 더 잘 알아가고 공동체적 맥락에서 변화와 성장을 돕는 촉진자로 기능해야 할 이유가 여기에 있다. 수많은 심리학적 이론과 접근 방법이 있을 지라도 어떤 것이 '자신'에게 적절하고 잘 맞을지 선택하고 그것을 실제로 적용하여 변화와 성장을 이끌어내는 것은 내담자 자신이다.

따라서 변화와 성장의 주체는 내담자이고, 코칭상담자는 그 과정을 촉진해주는 안내자라고 할 수 있다. 이러한 의미에서 라이프웨이 코칭상담사는 내담자와 전략적으로 협력하며 변화 과정을 함께 탐색하고 실천하려고 한다. 골리앗이라는 문제 앞에서 사울 왕은 자신의 칼과 갑옷, 창이 다윗에게 필요할 것으로 생각하였다. 하지만 자신에게 무엇이 있으며 그것으로 무엇을 어떻게 할 수 있을지는 사울 왕보다 다윗 자신이 훨씬 잘 알고 있었다. 골리앗이라는 문제를 해결하기 위해 자신에게 없는 것이나 익숙하지 않은 것 혹은 자신이 잘 못하는 것보다는 자기에게 있는 것 혹은 잘하는 것이 무엇인지를 알고 그것을 활용하여 싸우는 것이 효과적이다. 이것을 가장 잘 아는 사람은 어떤 장수나 전문가도 아닌 바로 다윗 자신이었던 것이다.

그래서 문제 중심의 상담은 상담자의 경험과 자원을 중시하고 문제 분석과 진단에 초점을 두는 반면, 라이프웨이 상담은 문제보다 내담자의 긍정적인 경험과 자원을 중시하면서 내담자가 원하는 것에 초점을 두고 거기에서부터 상담을 전개한다. 해결은 내담자와의 협동을 통해서 가능하다는 것을 인식하고 자신의 경험이나 지식에 의존하기보다 늘 내담자를 '알려고 하는 자세'를 취한다. 이러한 인간 이해와 열린 접근은 내담자에 대한 긍정적이고도 강화된 인식을 구축하고 효과적인 단기 코칭상담을 전개하는데 큰 도움이 된다.

3) 라이프웨이 코칭상담의 접근 방법

전제 – 7 변화와 성장을 위한 구체적인 목표와 비전 스토리를 구축하라.

일곱 번째부터 나머지 전제들은 라이프 코칭상담의 기본 접근 방법에 관한 것이다. 상담 전문가들은 일반적으로 문제를 해결하려면 문제에 대해 많은 것을 알아내고 원인을 분석하는 것이 필요하다고 주장한다. 그럴 수 있다. 하지만 지나친 문제 집중은 도리어 문제 정서를 강화하고 문제의 영향이 더 커지는 '부정의 강화' 현상을 초래할 수도 있다. 문제 기억이나 정서적 상처 경험들을 많이 이끌어내고는 수습하지 못한 채 상담을 종료하여 상황이 더 악화되는 결과가 발생하는 경우도 있다.

라이프웨이 코칭상담사는 문제를 해결하기 위해 꼭 문제에 대해 많은 것을 알아야 한다고 생각하지 않는다. 변화와 성장을 향한 분명한 목표와 열망, 그리고 목표가 성취된 상황에 대한 구체적인 꿈과 비전이 새로운 의욕과 동기, 힘을 주고 나아가 구체적인 행동을 통한 변화의 실마리를 가져다준다고 보기 때문이다. 라이프웨이 코칭상담사는 과거의 문제와 현실이 오늘을 좌우하고 지배하기보다 미래의 꿈과 비전이 현실을 이끌어갈 수 있다는 사실을 잘 안다. 그리고 현재의 변화가 꿈꾸는 미래를 촉진한다는 것을 믿는다.

다윗에게 있어서 자기 앞에 있는 '골리앗'이라는 문제를 아는 것은 중요한 일이었다. 하지만 그보다 더 본질적인 것은 문제보다 더 크신 능력의 하나님을 알고, 미래비전을 구체화하여, 자신이 잘 할 수 있는 것을 갖고 문제와 대면하는 것이었다. 문제 시각을 가진 사울왕은 "너는 저 블레셋 사람과 싸우기에 능치 못하리니 너는 소년이요 그는 어려서부터 용사임이니라"며 만류하였다(삼상 17:33). 그의 지적과 판단은 현실적으로 틀린 것이 아니었다. 그러나 다윗에게는 하나님께서 자신의 목자이시며 '사망의 음침한 골짜기'와 같은 상황에서도 자신을 지켜주셨고 또 그렇게 하실 것이라는 견고한 '믿음'이 있었다. 그는 골리앗이라는 문제와 싸우기 이전에 이미 자신에게 있는 것으로, 하나님을 힘입어, 골리앗과 어떻게 싸울지, 그 결과는 어떻게 될지 구체적인 목표와 명료한 미래비전이 있었다(시 23; 삼상 17:34-37; 40; 45-47). 그리고 그가 믿음으로 선포하고 실행한 그대로 이루어졌다.

전제-8 내담자의 강점과 자원을 찾아 활용하라.

이스라엘 군대는 블레셋과 골리앗이라는 문제에 압도되어 싸워보기도 전에 마음이 혼비백산하여 싸울 엄두를 내지 못하였다. 문제초점에 사로잡혀 두려움과 불안에 떠느라 그들의 삶 속에 늘 함께 하시며 그들을 지키시고 승리하게 하셨던 하나님에 대한 믿음과 초점을 상실하였다. 그러나 다윗은 문제를 넘어 하나님께 시선을 돌리고, 자신이 할 수 있는 것에 초점을 두었다. 그리고 거기에 집중하였다.

다윗에게는 하나님과 동행하는 가운데 이미 무서운 들짐승들과 겨루어 이긴 경험들이 있었다. 무엇보다도 그의 가장 큰 무기요 자원인 만군의 여호와와 그분을 향한 강력한 믿음이 있었다. 왕을 비롯하여 이스라엘 군대가 문제에 압도당해 한치 앞을 보지 못할 때 그는 문제 너머에 계신 크신 하나님을 보았다. 그 분께 시선을 향할 때 그동안 하나님이 자신의 삶을 통해 행하신 것들이 눈에 보이기 시작했다. 하나님께서 자기 삶에 심어놓으신 '은혜'의 경험과 자원, 능력들이 보이기 시작한 것이다.

해결중심 상담에서는 문제해결의 능력이 이미 모든 내담자에게 있다고 주장한다. 문제해결을 위한 강점과 자원이 있으나, 문제에 압도당하여 해결책을 보지 못한다고 본다. 따라서 문제에 초점을 맞추기보다는 문제가 개선되었거나 약화된 예외적인 상황들을 탐색하고, 내담자가 잘 할 수 있는 것들을 찾아 실행할 때 해결의 물꼬가 터질 수 있다고 강조한다.

물론 내담자가 자기에게 있는 것으로 '지금,' '당장' 모든 것을 해결할 수 있는 것은 아니다. 본질적으로 죄의 본성에 오염되었던 인간이 문제를 넘어 변화되고 성장할 수 있게 되는 것은 인간 자신의 능력이 아니라 하나님께 속한 능력으로 인해 가능한 것이다. 이런 점에서 모든 문제해결 및 변화의 근거와 능력은 사람 안에 있는 것이 아니라 하나님에게서 오는 것이다. 하나님이 계신 것과 그 분을 믿는 믿음이 우리를 강하게 하는 '최종 병기'인 셈이다. 비록 우리가 할 수 있는 것이나 갖고 있는 것이 어린 아이의 보리떡 다섯 개와 물고기 두 마리처럼 적고 보잘 것 없는 것일지라도 그것이 주님의 손에 오르면 그 결과는 우리의 예상을 뛰어넘는 것일 수 있다(요 6:9).

전제 - 9 변화와 성장 전략에 왕도는 없다.

문제중심의 상담은 문제와 해결책 사이에 필연적 관계가 있다고 보지만, 해결중심의 상담은 문제와 해결책은 별개일 수 있다고 본다. 그래서 문제 진단보다 내담자의 장점이나 예외 등을 탐색하여 내담자의 해결 능력을 강화하는 것에 더 관심을 둔다. 전자는 문제관련 정보가 많을수록 유리하다는 생각에 문제와 관련된 개인이나 사회력 조사에 많은 시간을 할애하여 문제가 언제 더 심한가, 왜 발생했나와 같은 것을 찾아내려고 한다. 그러나 후자는 문제와 관련된 조사를 최소화하고, 문제의 예외상황과 문제가 없었던 때에 관심을 두고 그러한 순간을 찾아내려고 한다. 어떤 방법이 문제 상황의 개선이나 해결에 효과가 있으면 그것을 적극적으로 활용한다. 잘 안 되면 창조적으로 다시 시도한다. 효과가 없다면 그 방법을 그냥 고집하기보다는 무언가 다른 방식을 시도한다.

골리앗이라는 문제와 싸우기 위해 다윗에게 꼭 군인의 투구와 창, 칼이 있어야 했던 것은 아니다. 다윗은 갑옷을 입고 칼과 방패에 의지하여 전통적인 전술전략을 쓰며 싸우기보다는 하나님의 이름에 의지하여 전혀 새로운, 뜻밖의 방법으로 문제를 향해 나아갔다. 성령께서는 예수 그리스도를 통해 하나님의 예기치 않은 방법으로 우리를 인도하실 수 있음을 기억해야 한다. 그것은 전혀 뜻밖의 방식으로 전개될 수도 있다. 변화와 성장을 이끌어내는 어떤 계산공식과 같은 것은 없기 때문이다.

전제 - 10 변화는 반드시 일어난다. 소망을 갖고 기대하라.

세상은 변한다. 사람도, 상황도 늘 변한다. 잘 안 변하는 것이 사람이지만 그래도 변하지 않는 사람은 없다. 아무리 힘들고 어려운 상황도 결국 긍정적이든, 부정적이든, 어떤 모양으로든 변한다. 그리고 이 모든 과정을 하나님께서 아시고, 그 택하신 백성과 함께 하기를 원하신다. 따라서 라이프웨이 코칭상담사는 '소망'(HOPES)의 상담코칭을 한 후 '기대'(EXPECT)라는 이니셜로 된 후속 과정을 통해 문제보다는 '능력의 주요 온전케 하시는 이인 예수 그리스도'를 바라보고 변화와 성장의 여정을 지속하게 한다.

세상에 변하지 않는 것은 없다. 아무리 문제가 강력하고 변화될 가능성이 보이지 않을지라도 그것이 영원히 지속되지는 않는다. 변화는 뜻하지 않은 시간과 장소에서 갑작스럽게 일어날 수 있다. 기대보다 시간이 오래 걸릴 수도 있다. 그러나 피곤하여 지치지 않으면 그리고 때가 차면 변화와 성장을 원하시는 하나님의 열심이 이 일을 이루실 것이다. 하나님은 풀리지 않을 것 같았던 문제 상황이 하나님의 때에 하나님의 방법으로 다윗을 통해 해결되도록 역사하셨다. 다윗의 하나님은 오늘 우리의 하나님도 되신다는 사실을 잊어서는 안 된다.

이상에서 살펴본 바와 같이 라이프웨이 코칭상담은 문제나 어떤 잘못된 것, 혹은 내담자의 부족한 부분에 초점을 맞추어 그 원인이나 부정적 측면들을 파헤치기보다 내담자와 공동체의 강점 및 자원에 관심을 두고 그것을 추적하여 함께 문제 상황을 해결하거나 개선하는 데에 역점을 둔다. 이때 문제 해결 및 변화와 성장에 대한 내담자의 비전과 믿음의 행동은 실질적인 변화를 이끌어내는 중요한 전략이요 자원이 될 수 있다 (고후 4:12; 살전 2:13; 히 11:1).

이러한 입장에서, 라이프웨이 코칭상담사는 내담자로 하여금 육신의 본성에 속한 옛사람의 욕구와 삶의 태도를 그리스도 앞에 내려놓고, 예수 그리스도를 믿는 믿음 안에서 그리스도의 장성한 분량에 이르는 '생명의 삶'을 형성하도록, 진리 안에서 '생명의 길'(Life Way)을 찾아가도록 도우려고 한다(요 14:6). 라이프웨이 코칭상담은 내담자로 하여금 믿음으로 바라는 것들의 '실상'을 구체적으로 보게 하여(LifeVision- mapping), 진리와 생명이신 예수님의 길을 따라가도록 돕는(LifeWay- mapping) 공동체적인 돌봄과 치유의 여정(LifeJourney-mapping)이기 때문이다.

3. 해결중심 라이프웨이 코칭상담의 순환적 통합 접근과 조감도

"나 자신이 어쩌면 그렇게까지 유치해질 수 있었는지 도대체 믿을 수가 없다.
　내 나이 마흔이 되던 어느 날, 나는 아내와 아이들이 완전히 겁에 질려 공포에 떨 정도로 버럭 소리를 지르고, 불같이 화를 내고는 가족들을 그냥 내버려 둔 채, 차를 끌고 무작정 뛰쳐나왔다.
　그리고 정신을 차려 보니 어느 모텔 방에 나 혼자 앉아 있었다… 사실 그때 우리 가족은 파드레 섬에서 휴가를 보내고 있던 중이었다. 대체 어쩌다 이런 일이 일어나게 됐는지 차근차근 생각해 보았지만 아무것도 알 수 없었다. 모든 게 혼란스러웠다…
　세상에서 내가 가장 원하던 것이 바로 우리 가족의 사랑과 행복, 친밀감이었는데 …… 하지만 이런 식으로 나 때문에 가족의 휴가를 망친 게 벌써 세 번째다 ……
　아! 하나님, 이런 제가 너무 싫습니다.
　도대체 무엇이 문제입니까?"

　미국의 유명한 상담사역자인 존 브래드쇼(John Bradshaw)가 정말 이해할 수 없는 자신의 행동을 지켜보면서 고통스럽게 내뱉은 고백이다.12) 무엇이 그로 하여금 자신이 가장 사랑하는 가족에게 그처럼 아픈 상처를 남기는 행동을 하게 만들었을까? 그가 자신이 그렇게 행동하면 안 된다는 것을 몰랐을까?

✝하나님 나라의 '이미'와 '아직'의 이중 구조:
육신적 라이프웨이(lifeway) vs 영성적 라이프웨이(LifeWay)

　인간은 '하나님의 형상'대로 창조된 특별한 존재이다. 하나님과 특별한 방법으로 연결되어 인격적이고도 실제적인 관계 안에서 살아가도록 지음 받았다. 하나님의 부르심에 응답하고 삶의 현장에서 다른 사람들과도 하나님의 형상을 따라 관계하고 반응할 수 있는 영적인 존재이다.
　그러나 아담과 하와의 내면에 죄가 들어오면서 하나님과의 관계가 파괴되고, 세상의 다른 피조물과의 관계에서도 갈등과 상처를 피할 수 없는 존재가 되었다(창 3:10-19). 이것은 인간의 원(原) 정체성을 파괴하고 '상처난 자아'(damaged self)를 형성하는 결과를 초래하였다. 인간 내면의 중심 기제를 하나님과의 열린 관계에서 두려움과 불안으로 말미암은 정서적 상처와 갈등의 국면으로 전환시키고 말았다. 즉, 자기 존재감이 위협을 느끼게 되면서 본능적으로 두려움과 불안, 수치라는 원초적인 부정적 정서와 욕구추동의 반응기제(reaction mechanism)가 형성되었던 것이다. 그리고 자신의 충족되지 않은 본능적 필요와 욕구, 육체의 소욕에 따른 삶의 패턴을 형성하게 되었다.

하지만 하나님은 범죄로 인하여 에덴 밖으로 쫓겨난 그리고 하나님과의 관계에서 멀어진 인간을 그냥 버려두지 않으셨다. 여인의 후손을 통해 구원하겠다고 약속하셨다(창 3:15). 그리고 그 언약의 성취로 예수께서 세상에 오셨다. 그리스도는 십자가상의 죽음과 부활을 통해 하나님과 인간을 가로막았던 담뿐만 아니라 사람들 사이의 막혔던 담도 헐어주시는 화해와 회복의 복음을 전하셨다(엡 2:14). 그리고 이 복음을 듣고 그리스도를 영접하면 누구나 새로운 존재가 되고, 그 안에 하나님의 나라가 임하게 되었다. 이러한 차원에서 하나님 나라는 이 땅에 '이미'(already) 임하였다(눅 16:16; 17:20-21; 골 1:13). 그러나 그리스도의 재림과 더불어 이루어질 영원하고 온전한 하나님의 나라는 '아직'(not yet) 임하지 않았다.

따라서 그리스도인들은 장차 그리스도께서 재림하실 때까지 세상에 육신을 입고 살아있는 동안 '이미'와 '아직'의 긴장과 갈등 구도 속에서 그리고 '지금, 여기'에서 결단하며 살아가는 존재가 되었다.13) 하나님 나라 백성으로서의 정체성은 회복하였지만, 육신적 삶의 길(lifeway)에 따라 형성된 인격과 삶의 패턴은 성령님과 함께 예수 그리스도를 향한 영성적 생명의 길(LifeWay)을 따라 변화되고 성화되어가야 하는 불완전한 상태에 있기 때문이다.

인간은 어떤 위기나 불안전한 상황에 처하게 되면 본능적으로 내면의 두려움이나 불안 정서로 인하여 촉발된 내적 혹은 관계적 갈등으로부터 자신을 보호 내지는 방어하기 위해 숨거나 타인에게 책임을 전가하고 비난하는 '회피-공격'(flight-fight)의 방어적 반응을 보이게 된다. 필요하다면 억압이나 투사, 합리화, 전이, 고착, 퇴행 등의 관계정서적 반응을 보임으로써 자기중심적이고 본능적인 욕구와 신앙 양심, 혹은 사회문화적 요구 사이에서 발생하는 불안으로부터 흔들리는 자아를 보호하고 긴장이나 갈등을 해소하려고 한다. 자신의 욕구충족이나 생존을 위해 타인 혹은 주변 세계에 대해 '본능적'이고 '자기중심적'인, '이기적'인 사고와 감정, 행동반응을 하는 '본·자·이' 존재가 된 것이다.

바울은 인간이 예수 그리스도를 통하여 '이미' 하나님 나라의 자녀가 되지만 '아직' 죄로 말미암은 육신의 소욕과 관계정서적 추동 및 자기방어적 본능에 따라 언제라도 상처를 주고받으며 믿음의 삶에서 추락할 수 있는 존재라는 사실을 간파하였다. 죄악과 변화되지 않은 성정(性情)이 인간 안에 거주하면서 그 내면세계를 지배하고 영향력을 행사함으로써 갈등하고 서로 충돌하며 하나님 법을 거역하게 만들기 때문이다(롬 7:17, 20). 이때 육신적 관계정서(Relationship-Emotion)의 추동과 힘은 이성적 판단과 언행(Acts-Perception)보다 강력하고, 영성적 의지와 결단(Spirituality)보다도 더 힘이 커서 수치의 정서에 사로잡히는 결과를 초래할 수 있다.

이러한 맥락에서, 사도 바울은 자기 자신에 대해서도 "내가 원하는 바 선은 행하지 아니하고 도리어 원하지 아니하는바 악을 행하는도다 … 오호라 나는 곤고한 사람이로다 이 사망의 몸에서 누가 나를 건져 내랴" 며 내면인 고뇌를 표출하였다(롬 7:19, 24). 앞에서 언급한 존 브래드쇼 또한 자신이 무엇을 어떻게 해야 할지 몰라서 부정적인 행동을 하고 탄식을 한 것이 아니었다. 인간의 어쩔 수 없는 '이미'와 '아직'의 이중구조 속에서 육신의 관계정서적 추동(drive)에 인해 자신의 의도와 다른 그런 파괴적인 반응을 하게 되었던 것이다.

인간은 이처럼 하나님 나라의 이중구조 안에서 육신과 성령의 추동 사이에서 선택하며 살아야 한다. 성장기에 형성된 육신적 관계정서를 따르는 라이프웨이(lifeway REAPS)가 아닌 성령님의 인도하심을 따라 영성적 라이프웨이(LifeWay SPAER)를 선택하며 살아야 한다. 사도 바울은 이러한 사실을 다음과 같이 명료하게 지적하고 있다: "너희는 성령을 따라 행하라 그리하면 육체의 욕심을 이루지 아니하리라"(갈 5:16). "육신을 따르는 자는 육신의 일을, 영을 따르는 자는 영의 일을 생각"한다. "육신의 생각은 사망이요" "하나님과 원수"가 되지만 "영의 생각은 생명과 평안"으로 인도하기 때문이다(롬 8:5-7).

육신의 관계정서적 욕동(慾動)은 성령을 거스려 "음행과 더러운 것과 호색과 우상 숭배와 주술과 원수 맺는 것과 분쟁과 시기와 분냄과 당 짓는 것과 분열함과 이단과 투기와 술 취함과 방탕함과 또 그와 같은 것들"을 행하게 함으로써 "하나님의 나라를 유업"으로 받지 못하게 한다(갈 5:17-21). 그러나 성령께서는 우리로 하여금 생명으로 인도하는 생각을 하게하고 믿음으로 생명의 길(LifeWay)로 행하게 하여 사랑과 희락과 화평과 오래참음과 자비와 양선과 충성과 온유와 절제와 같은 성령의 열매를 맺게 하신다.

그러므로 그리스도인들은 육체의 정과 욕심을 십자가에 못 박고 성령을 따라 살며 행해야 한다(갈 5:22-24). "육신대로 살면 반드시 죽을 것이로되 영으로써 몸의 행실을 죽이면 살" 것이기 때문이다(롬 8:13). 그 때 우리는 이 땅에서 "무서워하는 종의 영"이 아니라 성령의 인도하심을 받아 하나님의 자녀로서의 자기 정체성을 회복하고, 하나님을 "아빠 아버지"라고 부르며 진정한 치유와 자유, 그리고 주께서 약속하신 '풍성한 생명의 삶'을 살게 될 것이다(롬 8:1-2, 14-15; 요 10:10).

✞ 인간의 이중적 관계추동을 고려한 순환적 코칭상담 접근과 조감도

사람들이 상담자나 코치를 찾는 이유는 기본적으로 자신 혹은 자기가 처한 상황의 해결 및 변화와 성장을 위해서이다. 사람이 처한 인간내면과 관계추동의 이중적 맥락을 고려할 때, 과거 초점의 치료적 접근과 미래 초점의 코칭 접근을 분리하여 따로 시도하기보다는 통합적으로 적용하여 변화와 성장의 시너지 효과를 내는 것이 바람직하다는 결론에 도달하게 된다. 미래적 소망은 현실을 지탱하는 힘뿐만 아니라 과거의 이슈에 대해 열린 마음을 갖게 하고, 과거의 이슈 치유는 보다 강력한 미래변화와 성장을 향해 현재를 추동해가는 순환적 역동을 가능하게 하기 때문이다.

따라서 라이프웨이 코칭상담자는 내담자가 오면 먼저 현 상황에서 필요한 혹은 원하는 변화와 성장의 목표를 명료하게 설정하고 그것을 성취하도록 돕는 코칭접근을 시도한다. 그러나 내담자의 과거 미해결 이슈나 정서적 경험들이 부정적으로 작용하고 있다면 이러한 부분들을 다룸으로써 보다 효과적으로 변화와 성장을 향해 나아가도록 돕는 '코칭적 상담' 혹은 '상담적 코칭'을 실시한다. 필자는 이러한 '순환적 통합 접근' (circular-integrative approach)의 코칭상담에 대해 다음과 같이 기술한 바 있다.

> 사람의 행동이나 사고 혹은 감정은 많은 경우, 과거의 경험이나 이슈, 미해결과제와 연관되어 오랜 기간을 통해 어떤 고착된 경향 혹은 습관으로 나타나게 된다. 이러한 요소들은 주로 인간의 본능적이고 자기중심적이며 이기적인 '본자아' 욕구와 연결되어 있다. 그리고 성인이 되면 자신도 모르게 의식 혹은 무의식적인 어떤 사고나 행동 패턴, 집착, 나아가 중독적인 이슈로 나타날 수 있다.
> 이것은 고객으로 하여금 자신의 진정한 필요와 변화, 성숙을 위한 상담 · 코칭 목표보다는 자신의 육신적 정서와 욕구에 기초한 비성경적이고 건강하지 못한 목표를 추구하게 만들 수 있다. 따라서 라이프웨이 전문상담사·코치는 고객의 일차적인 변화목표를 존중하되 그 이면에 과거 성장경험이나 환경과 관련된 이슈가 있는지 고려하며 성경적 성찰을 통해 건강한 상담·코칭목표 구축 및 성취를 촉진하는 순환적 통합 접근을 시도한다.14)

전문상담사이자 코치인 게리 콜린스(Gary Collins)는 상담소를 찾는 사람들의 이슈는 대부분 장기적인 문제중심의 심리치료보다는 변화와 성장을 위한 코칭이 적합하다고 말한다. 하지만 개인 내면의 이슈와 역동을 고려하지 않고 코칭접근만 고집하는 것 또한 바람직하지 않음을 기업 임원을 고객으로 맞은 한 전문 코치의 사례를 언급하며 강조하고 있다.

이 코치의 고객은 자신이 직원들에게 업무를 적절히 분담하고 맡기는데 그 결과가 좋지 않음을 고민하며 코칭에 임하였다. 코치는 이에 대해 다양한 격려와 칭찬, 지지를 보냈다. 하지만 그는 자신의 고객이 "통제적이고, 권력에 굶주려 있으며, 실패하는 것이 두려워 아무 일도 끝내지 못한다는 것을 알지 못했다. 그 임원은 사실 모든 책임을 다른 사람들에게 떠넘기고, 그들이 실패할 때 불평하고 가차 없이 비난하는 방어기제를 사용"하고 있었던 것이다.[15]

이와 같이 내담자 혹은 코치이에게 어떤 심리적 이슈나 방어기제가 작용하고 있다면 이 문제를 다룰 때 보다 효과적인 코칭이 가능해진다. 또한 긍정의 코칭을 통해 자신의 상황이 개선되기 시작하면 사람들은 자기 내면의 이슈들에 더 열린 자세를 취하고 능동적으로 이슈들을 다룰 수 있는 심리적 여유를 갖게 된다. 그럴 때, 내담자 혹은 코치이는 더 실제적으로 코칭목표를 향해 나아가는 순환적이고 통합적인 코칭상담이 가능하게 된다.

이러한 라이프 코칭상담의 순환적 통합 접근은 아래에 제시된 코칭상담 '조감도'처럼 첫 회기의 경우, 기본적으로, '소망'(HOPES)의 첫 글자를 딴 5단계 과정을 따라 진행된다. 그 후에는 '기대'(EXPECT)의 6단계 과정을 따라 대략 3회기에서 5회기까지 진행된다.[16] 이 기간에 전략적으로 문제의 해결 혹은 변화와 성장의 물꼬를 트기 위한 집중적인 노력을 하며, 필요에 따라, 내담자와의 합의를 통해 추가적인 코칭상담 혹은 과거의 라이프웨이(lifeway) 분석을 실시할 수 있다.

라이프웨이 코칭상담사는, 일반적으로, 첫 회기에 '다양한 희망들'(MANY HOPES)을 일으키는 것에 초점을 두고 60분에서 90분 정도 변화와 성장을 위한 코칭 접근을 시도한다.[17] 내담자를 만나 목표를 설정하고 변화된 미래의 모습을 구체적으로 보게 한다. 아울러 그동안의 삶 속에서 함께 하신 하나님의 은혜의 흔적과 내담자의 강점과 자원들을 탐색한다. 그리고 과거자원과 미래비전을 중심으로 실천과제를 작성한다.

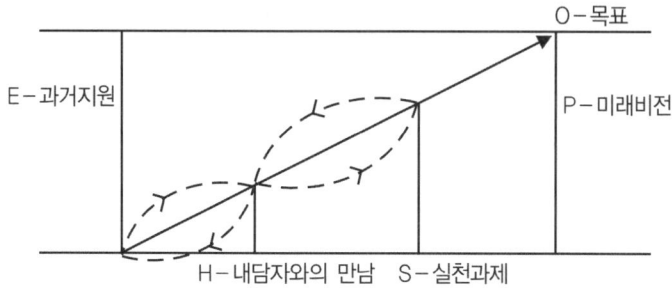

[순환적 라이프웨이 코칭상담 조감도]

두 번째 및 그 이후의 회기에는 '희망' 안에서 변화전략을 세우고 실천한 것에 대한 열매에의 '기대'(EXPECT)를 갖고 약 60분에 걸쳐 하나님의 역사와 은혜, 임재하심의 흔적을 찾으려고 한다. 처음에는 주로 내담자의 변화와 성장에 초점을 두고 회기를 진행하되, 원가족(family of origin)이나 성장과정에서의 미해결 이슈 혹은 부정적인 영향을 끼치는 강렬한 관계정서가 작용하고 있다면 내담자와 함께 이 부분에 대한 치료적 접근을 시도한다. 이전에 형성된 이슈들을 다루면서 변화와 성장을 위해 나아가는 상담과 코칭의 순환-통합적인 접근을 시도하는 것이다. 초보 코칭상담사는 조감도에 나타난 상담과정의 순서를 따라 진행하다가 어느 정도 익숙해지면 자유롭게 성령께서 인도하시는 대로 내담자 및 상황에 따라 민감하게 통합직인 코칭상담을 진행할 수 있다.

✝부끄러운 고백을 넘어 긍정의 '희망'과 '기대'의 21세기 공동체적 코칭상담으로!

필자는 지난 이십여 년 동안 상담학계에 몸담고 활동하면서 너무나 많은 상담자들이 뚜렷한 목표나 방향 없이 그냥 상담하는 것을 보아왔다. 대학교나 학회, 상담 관련 기관에서 상담사례에 대한 감독지도(supervision)를 하다보면 내담자의 비밀스러운 문제들이나 부정적 감정에 초점을 맞춰 파고 들어가다가 '문제'의 바다에 파묻혀 길을 잃고 허우적대는 상담사들을 자주 볼 수 있었다. 아픈 상처나 비밀들을 파헤쳐 놓고 수습을 하지 못함으로써 문제 해결은 고사하고 도리어 내면의 고통과 상처를 더 깊게 만드는 경우들도 있었다.

이러한 경험은 사실 남의 이야기가 아니라 필자의 부끄러운 고백이기도 하다. 필자는, 유학 시절, 대학원에서의 상담 교육과정을 마치고 상담센터와 병원들에서 진행된 3,000시간 이상의 상담실습 및 임상목회수련(Clinical Pastoral Education) 과정을 거쳤다. 당시 상담교육은 받았지만 실제로 상담을 어떻게 구조화하고 진행해야 할지 몰라 많이 당황하고 혼란스러웠다. 그때 초보 상담자로서 고생했던 것을 떠올리며 오늘의 '라이프웨이 코칭상담' 조감도와 '소망(HOPES)-기대(EXPECT)'의 코칭상담 과정을 구축하게 되었다.

이 조감도는 코칭·상담 전문가는 물론 초보 실습자나 교회 현장에서 활동하는 목회 사역자 및 리더들에게 코칭 혹은 상담의 기본 요소들과 절차를 잃지 않게 할 뿐만 아니라 방향 감각을 유지하게 하는 시각적 효과도 제공한다. 한 시간 정도 진행되는 코칭상담 회기를 어떻게 구조화하여 진행해야 할지 모르거나 어려워하는 초보자들에게 유익한 도구가 될 수 있다. 라이프웨이 코칭상담 임상수련 모임에서 조감도를 사용하는 수련생들과 조감도 없이 자기 나름대로 실습하는 수련생들을 비교했을 때 코칭상담의 진행과 방향 감각에 있어서 두드러진 차이가 난다는 것을 확인하였다.

현재 우리나라에서 실시되는 많은 상담들은 장기적으로 비밀한 문제들을 탐색하고 진단하는 문제중심 접근을 사용한다. 장기적이고도 엄격한 교육과 수련을 받은 상담 전문가는 이러한 접근을 통해 유익한 결과를 가져올 수 있을 것이다. 하지만 그런 훈련을 받지 못하고 상담에 임하면 의도치 않은 역기능적인 결과를 초래할 수도 있다. 교회 현장에서 상담을 하는 목회자나 상담사들 중에 충분한 훈련을 받지 않고 이런 접근을 하는 경우들이 있는데 주의할 필요가 있다. 사역자들은 한두 사람을 위해 장기적인 상담활동을 할 수도 없다. 문제의 원인을 찾기 위해 수많은 비밀을 파헤치고, 나중에 그 비밀이 지켜지지 않음으로 말미암아 교회에 부작용이 발생하는 경우들이 있기 때문이다.

이러한 현실을 보며 필자는 장기적인 문제중심의 진단 접근이 아닌 한국적이면서도 성서적인 그리고 21세기 공동체 패러다임에 부합되는 단기적인 코칭상담 모델을 구축하기 위해 노력했다. 개인의 문제나 역기능적인 부분을 탐색하고 진단하는 '부정'의 접근이 아닌 개인뿐 아니라 그를 둘러싼 공동체가 이미 가진 강점과 자원들을 활용하여 변화와 성장의 '물꼬'를 트는 '긍정'과 '희망'의 공동체적 단기 접근을 추구하였다.

이 모델은 '빨리 빨리'에 익숙해있는 한국인들로 하여금 변화와 성장을 향한 긍정의 코칭경험을 시작하면서 과거의 문제이슈에 대해서도 보다 열린 마음으로 임하여 통합적인 치유와 회복을 경험하도록 돕는다. 크리스천 코칭상담사들은 단기적인 코칭상담 및 관련 사역들을 통해 돌봄 공동체로서의 성서적인 교회 정체성과 기능 또한 회복하고 강화할 수 있다.

21세기 한국 교회는 "성령 안에서 하나님의 거하실 처소가 되기 위하여 예수 안에서 함께 지어져"가는 돌봄 공동체가 될 필요가 있다(엡 2:22). 교회는 여러 개인들이 모인 단순한 집합체(togetherness)가 아니다. 공동체적 연합이 없는 교회와 그런 맥락에서 전개되는 개인주의적인 코칭이나 상담은 진정한 돌봄 공동체의 사역이라고 보기 어렵다. 참된 돌봄 공동체는 예수 그리스도 안에서 연합이 이루어지고 서로 돌보며(communal caregiving) 함께 그분의 길을 따라가는 사람들이다. 여기에서 진정한 구원뿐 아니라 깊은 상처의 회복과 해결, 전문 상담지식과 테크닉을 뛰어넘는 치유와 회복 및 성장이 일어날 수 있다.[18] 이것이 바로 라이프웨이 코칭상담이 추구하는 것이다.

우리는 본 장을 통하여 라이프웨이 코칭상담에 대한 기본적 이해와 10가지 전제, 하나님 나라의 이중구조로 인한 인간 삶의 이중적 맥락,

이에 따른 코칭상담의 '순환-통합'적 접근과 진행 조감도를 살펴보았다. 다음 장에서는 라이프웨이 코칭상담을 실제로 어떻게 시작하고, 내담자의 문제를 코칭상담 목표로 전환시키는 가에 대해 구체적으로 살펴보도록 한다.

주(註)

1) 해결중심 라이프웨이 코칭상담(Solution-Oriented LifeWay Coaching Therapy)은 공동체적 맥락에서 그동안 문제를 야기한 역기능적 삶(life)의 요소들(관계, 정서, 감정, 언행, 사고 등)과 그 초점을 전략적으로 변환하고 치유와 회복, 변화와 성장으로 나아가는 상담과 코칭접근을 통합적으로 전개한다.
2) Howard Stone, "Pastoral Counseling and the Changing Times," *The Journal of Pastoral Care* 53 (Spring 1999): 32, 44.
3) 이러한 입장에 대해서는 다음의 자료들을 참고하라. Howard Stone, ed., *Strategies for Brief Pastoral Counseling* (Minneapolis: Fortress Press, 2001); Brian Childs, *Short-Term Pastoral Counseling* (Nashville: Abingdon, 1990). 이러한 연구들은 장기상담의 우월성이 사실은 현장 연구를 통해 검증되지 않은 어떤 확신에 의해 오랫동안 지탱되어 왔음을 보여주고 있다. Stone, "The Changing Times," in *Strategies for Brief Pastoral Counseling*, 6.
4) Stone, "Pastoral Counseling and the Changing Times," 32, 44.
5) 이 입장에 대해서는 다음의 자료들을 참고하라. Howard Stone, *The Caring Church* (Minneapolis: Fortress Press, 1991); Stone, "Pastoral Counseling and the Changing Times," 44.
6) Insoo Berg and Scott Miller, *Working with the Problem Drinker: A Solution-Focused Approach* (New York: W. W. Norton & Company, 1992), xv. 단기상담은 대개 5회에서 10회 정도 진행된다. 미국처럼 상담이 일상화된 나라에서도 바쁜 현대인들은 한 두 번의 상담으로 끝나는 경우가 많다. 시간적, 경제적으로 비싼 상담료를 내면서 장기상담을 받을 여유가 없기 때문이다.
7) Steve de Shazer, *Keys to Solution in Brief Therapy* (New York: W. W. Norton & Company, 1985), 78; Michele Weiner-Davis, *Divorce Busting* (New York: Simon & Schuster, 1992), 74.
8) 해결중심 상담에 대한 임상실험 결과들에 대한 정보는 다음의 인터넷 홈페이지에서 얻을 수 있다. www.brief-therapy.org.
9) 송성자, "해결중심 가족치료의 전략과 기법," 「무엇이 좋아졌습니까?」, 김인수 외 4인 공서 (서울: 동인, 1998), 14. 한국의 문화적 가치와 해결중심 상담에 대한 추가적 정보는 다음의 자료를 참고하라. 송성자, 「한국문화와

가족치료: 해결중심 접근」(서울: 법문사, 2001).
10) 상담 현장에서 상담을 이끌어가는 사람은 '상담자' 그리고 문제를 해결하기 위해 찾아온 사람은 '내담자'라고 한다. 코칭에서는 코칭을 해주는 사람을 '코치' 그리고 코칭을 받기 위해 찾아온 사람을 '고객' 혹은 '코치이'(coachee)라고 부른다. 본서에서는 특별한 언급이 없는 한 '코칭상담'과 '코칭' 혹은 '상담,' '상담자'와 '코치', '내담자'와 '코치이'를 상호 교호적으로 사용하고 있다.
11) 이에 대한 개념을 잘 설명해주는 것으로 다음의 자료를 참고하라. Henry Blackaby and Claude King, 「하나님을 경험하는 삶」, 문정민 역 (서울: 요단출판사, 1993).
12) John Bradshaw, 「상처받은 내면아이 치유」, 오제은 역 (서울: 학지사, 2004), 29-30.
13) 하나님 나라의 이러한 '이미'와 '아직'의 구도에 대해서는 다음의 자료들을 참고하라. C. H. Dodd, *The Parables of the Kingdom* (New York: Charles Scribner's Sons, 1961); Herman Ridderbos, *The Coming of the Kingdom* (Philadelphia: The Presbyterian and Reformed Publishing Company, 1962); George E. Ladd, *The Gospel of the Kingdom* (Grand Rapids: Wm B. Eerdmans Publishing Company, 1986).
14) 유재성, "상담과 코칭의 분리-통합 접근," 「한국기독교상담학회지」 (2009): 113-4.
15) Gary Collins, 「뉴크리스천 카운셀링」, 한국기독교상담심리치료학회 역 (서울: 두란노, 2008), 78.
16) 각 단계의 구체적인 내용에 대해서는 다음 장에서 다루도록 한다.
17) '다양한 희망들'(MANY HOPES)이란 하나님 나라의 맥락에서는 이미 이루어졌지만 현재 상황에서는 아직 그렇지 않은 다양한 희망 혹은 기대들(Multiplied 'Already' but 'Not Yet' HOPES)을 의미한다. 라이프웨이 코칭상담사는 '희망'(HOPES)과 '기대'(EXPECT)의 기본적인 코칭상담 과정을 통해 '진리'되신 그리스도께서 약속하신 풍성한 생명을 위해 내담자와 함께 그리스도의 장성한 분량에 이르는 '생명의 삶'(Life)을 찾기 위해 노력한다(요 14:6).
18) Hauerwas and Willimon, *Resident Aliens*, 78; Kevin Miller, "Putting an End to Christian Psychology: Larry Crabb Thinks Therapy Belongs Back in the Churches," *Christianity Today* (14 August 1995): 17; 유재성, "장기상담에서 단기상담으로," 394.

제8장 코칭상담을 위한 만남 및 목표설정

1. 코칭상담 전(前) 만남과 과제(Pre-Session Assignment)

　코칭상담에 있어서 '신뢰'는 기대하는 목표와 결과를 좌우하는 핵심적인 요소의 하나이다. 상담자가 아무리 많은 학식과 뛰어난 기술이 있다 할지라도 내면의 갈등을 갖고 힘들어하는 사람들이 자신의 문제나 아픔을 털어놓을 수 있을 만큼 신뢰감을 주지 못한다면 효과적인 상담을 기대하기 어렵다. 대화를 하면서도 상담자에게 신뢰가 가지 않거나 마음속의 응어리를 털어놓기가 주저된다면 코칭 혹은 상담이란 '그리 쉽지 않은 여정'을 떠나기란 어려운 일이다.
　이러한 측면에서, 교회와 같은 공동체적 맥락에서 코칭상담을 하는 크리스천 상담사 혹은 목회 사역자는 여타의 일반 코칭상담사에게 없는 독특한 특권을 갖고 있다. 그것은 그들이 성도들 혹은 내담자들과, 대개의 경우, 이미 긍정적인 신뢰 관계를 구축하고 있다는 점이다. 일반 상담자는 내담자가 상담실을 찾아와 자기 문제를 내어놓기까지는 상호 아무런 연결점을 갖고 있지 않다. 그러나 교회 상담사나 사역자는 대개 성도에게 어떤 문제가 발생하기 전부터 이미 그리스도 안에서 상호 신뢰가 있는 열린 관계를 구축하고 있을 가능성이 크다. 그리고 성도 개개인이나 가정에 어떤 문제나 갈등 증상이 발생할 때 누구보다도 그 사실을 먼저 알고 문제가 더 심화되기 전에 예방적인 사역을 할 수 있는 특별한 위치에 있다.

이러한 맥락에서 라이프웨이 코칭상담자는 어려움에 처한 성도를 먼저 찾아가 위로와 돌봄을 제공하며 대화를 시작할 수 있다. 때로는 지인들로부터 상담 요청을 받거나 도움이 필요한 당사자가 직접 찾아오기도 한다. 그때 코칭상담을 바로 시작할 수도 있지만 내담자에 대한 사전 '자기 탐색지'를 작성해 오도록 하면 사전에 정보를 확인하고 시간을 절약하며 보다 효과적인 만남을 가질 수 있다(부록 참고). 물론 예약 없이 불쑥 상담실 문을 열고 들어오는 내담자들이 있어 코칭상담 전 과제를 작성하는 것이 어려울 때가 있다. 그렇더라도 필자는 즉석에서 이 과제를 작성하게 한 후 그것을 참고하면서 대화하는 것을 선호한다.

코칭상담 이전의 만남은 대개 전화나 이메일, 혹은 방문을 통한 예약을 하는 것으로 이루어진다. 내담자는 자신의 문제 상황에 시선이 집중되어 생각이나 감정이 정리되지 않은 상태에서 혼란스러운 마음으로 코칭 혹은 상담에 임하는 경우가 많다. 이때 자기탐색 과제를 하면서 자신의 상황을 돌아보고 효과적인 단기 코칭상담을 위해 도움이 될 수 있는 정보들을 스스로 탐색하고 정리할 수 있다면 단기에 변화와 성장 혹은 문제해결의 물꼬를 트는 데 도움이 된다. 코칭상담 전 자기탐색 과제는 기본적으로 다음과 같은 내용으로 구성되어 있다(Pre-'START').

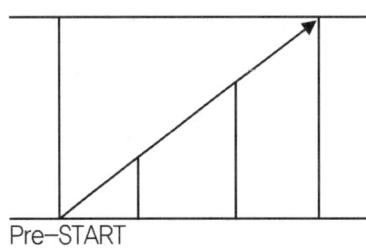
Pre-START

1) 코칭 혹은 상담을 필요로 하는 상황(Situation)을 탐색하기

자기탐색의 첫 부분은 코칭상담을 시도하게 된 현재의 상황을 차분하게 돌아보고 그 이유를 정리하는 것이나. 사신에게 그동안 어떤 일이 있었는지, 코칭상담자를 찾아오게 된 동기나 배경이 무엇인지를 간략하게 기록하도록 한다. 자신이 달라지거나 해결해야 할 문제가 있다면 무엇인지, 그동안 현재의 관계상황을 초래한 주된 대상(relationship)이 있다면 누구인지, 이와 관련된 자신의 느낌과 언행, 생각들은 무엇인지를 작성하면 된다. 그리고 그로 인한 결과들은 무엇이었는지도 정리한다. 코칭상담자는 이 자료를 통해 내담자가 어떤 사람인지, 어떤 문제 시각을 갖고 있으며, 현재의 상황에 대해 어떻게 생각하고, 또 원하는 것이 무엇인지를 알 수 있다.

상담자와 내담자가 처음 만날 때 상호간에 충분한 신뢰 관계가 형성되지 않으면 내담자는 많은 경우, 문제 상황이나 자신이 원하는 것에 대한 생각이나 느낌 등을 솔직하게 전달하는 것을 어려워 할 수 있다. 그러나 곰곰이 자신의 문제 상황을 돌아보고 기록하다보면 차분하게 생각이 정리되고 현재 상황이 새롭게 인식되거나 재구성되는 것을 경험할 수 있다. 이러한 정보는 코칭상담 시간을 단축하고 효율적으로 대화를 진행하는데 도움이 된다.

2) 문제해결을 위해 그동안 시도한 반응들을 점검하기(Tried Response)

사람은 어떤 위기적인 상황이나 문제가 발생하면 저마다 자기 나름의 인생 경험과 지혜를 동원하여 그 상황을 해결하거나 자신이 원하는 것을 얻기 위해 노력한다. 사람은 누구나 무기력한 존재만은 아니기에 개인의 생존본능에 따라 자기 욕구나 필요를 충족하기 위해 다양한 시도를 하는 것이다. 이 과정에서 많은 경우, 자연스럽게 문제를 해결하거나 목적하는 바를 성취한다.

하지만 기존의 방법이나 접근으로 상황이 개선되지 않을 경우 다른 다양한 방법들을 사용하여 문제 상황을 개선하거나 해결하고자 한다. 그렇게 되지 않을 경우 그 상황에 고착되기도 한다. 그동안 어떤 반응들을 하였고, 효과적인 것은 무엇이었는지, 도움이 되지 않거나 상황을 더 악화시킨 생각이나 언어, 행동 반응들이 있었는지, 그동안의 반응들로 인한 결과는 무엇이었는지 등을 탐색하도록 한다.

이런 요소들을 주의 깊게 관찰하면 부정적이거나 비효율적인 것도 있지만 내담자의 상황에 긍정적으로 작용된 효과적인 방법과 지혜들이 담겨있는 것을 볼 수 있다. 내담자에게 있는 긍정적인 자원과 강점들이 무엇인지를 알아낼 수 있다. 이러한 정보들은 상황 개선이나 해결을 위한 전략적 자원으로 다양하게 활용될 수 있다. 긍정적인 요소들은 창의적으로 더 활용하고, 부정적인 결과를 초래한 것들은 중단하거나 방법을 바꾸도록 한다.

3) 코칭상담의 목표와 기대를 정리하기(Appealing Expectation)

셋째는 내담자가 코칭상담을 통해 원하는 것과 그것이 이루어졌을 때 자신이 어떻게 달라져 있을지에 대한 목표와 기대를 미리 작성하도록 하는 것이다. 자신에게 필요한 혹은 자신이 원하는 것이 무엇인지를 분명하게 알고 표현하는 것은 문제 해결에 매우 중요한 요인이다. 이것은 매우 당연한 일 같지만, 놀랍게도 코칭상담을 찾는 많은 사람들이 자신이 진정으로 원하는 것이 무엇인지를 생각하지 않거나 잘 찾아내지 못한다. 그래서 코칭상담을 할 때 명료한 목표와 그것이 이루어진 모습을 미리 마음에 그리는 것은 매우 중요하다. 내가 원하는 것을 분명하게 말하거나 볼 수 없으면 그것을 얻기란 어려운 일이다.

예수께서 수많은 병자들이 모여 있는 베데스다 연못을 방문하셨을 때의 일이다. 거기에 삼십 팔년 된 병자가 있었는데 그에게 가셔서 아주 뜻밖의 질문을 하셨다. "네가 낫고자 하느냐?"(요 5:6). 그처럼 오랜 세월을 병으로 시달렸다면 당연히 낫기를 바랄 터인데 왜 그런 질문을 하신 것일까? 그런데 예수님의 이 이상한 질문에 대한 병자의 답변 또한 매우 이해하기 어렵다. "주여 물이 움직일 때에 나를 못에 넣어 주는 사람이 없어 내가 가는 동안에 다른 사람이 먼저 내려가나이다"(요 5:7). 왜 이런 대답이 나왔을까?

첨예한 갈등 속에 고통스러워하는 개인이나 부부, 혹은 가족들을 상담하다보면 상담하러 와서 다른 사람들에 대한 원망이나 비난을 늘어놓기 바쁜 경우가 많다. 상대방을 질책하며 잘못한 것을 지적하거나 싸우기 바쁘다. 마음의 초점과 감정 에너지를 타인이나 문제 상황에 집중함으로써 불편한 문제 상황을 직면하거나 자신에게도 어떤 도의적 책임이 있을 수 있다는 부담을 지지 않으려고 하는 것이다. 이런 사람들은 대개 문제 시각이나 감정에 사로잡혀 자신이 무엇을 원하는지 생각하지 못하거나 알지 못하게 된다. 이 병자 또한 자신에게 궁극적으로 필요한 것이 무엇인지, 무엇을 원하는지, 분명한 인식이나 목표를 갖고 있기보다는 다른 사람들 때문에 자신이 낫지 못하고 있다며 자기 상황의 원인과 책임을 다른 사람들에게 돌리고 있었다.

우리가 바라는 것에 대한 구체적인 비전 혹은 목표가 달성된 상황에 대한 생생한 그림(mental picture)을 갖고 묵상하는 것은 우리 안에 잠재된 내적 능력과 가능성을 최대한 끌어올려주는 효과가 있다. 그럴 때 목표를 더 잘 성취하게 된다. 따라서 라이프웨이 코칭상담사는 회기 중에 내담자로 하여금 분명하고 구체적인 목표 한두 가지를 설정하도록 돕고, 그 목표가 달성되었을 때 내담자의 다섯 가지 영역, 즉 관계(relationship), 정서(emotion) 혹은 감정(feeling),1) 언행(action), 인지(perception), 그리고 영성(spirituality)적 영역에서 어떤 변화가 있을지 구체적인 그림을 마음에 그리도록 한다. 이처럼 마음에 새긴 선명한 미래비전이 내담자의 현재를 이끌어 결국 자아를 강화시키고 목표 달성을 향해 나아가게 한다고 믿기 때문이다.

이를 위해 필자는, 내담자의 상황에 따라, 목표비전 성취를 위한 간략한 기도문을 작성하고 수시로 그것을 묵상하거나 기도하면서 매 순간 기쁨과 감사함을 실천하는 과제를 함께 작성하도록 한다(살전 5:16-18). 인생을 살아가면서 오랜 시간에 걸쳐 형성된 문제들이 한 순간에 쉽게 변하는 경우도 있지만 대개는 그렇지 않다. 과거 이스라엘 백성들이 고통스러웠던 애굽의 노예 생활에서 벗어났지만 광야에서 순간순간 옛 시절을 그리워하며 회고했던 것처럼 변화란 쉽게 일어나는 것이 아니다. 그러므로 분명한 목표와 비전을 갖게 하고 지속적으로 그것을 위해 묵상하며 기도하도록 인도할 때 보다 효과적인 결과를 보게 될 것이다.

4) 내담자의 강점과 자원들을 탐색하기(Resources)

사람은 어떤 상황에 처하든지 나름대로 자기 성장을 위해 혹은 문제해결을 위해 노력한다. 그런 과정에서 상황을 대처하는 능력을 키우고 나름대로의 자원들을 형성하게 된다. 하나님께서는 택하신 자녀들을 눈여겨보시며 필요한 지혜와 힘을 주신다. 이러한 내담자의 강점과 자원들은 문제해결이나 변화와 성장을 위해 유용하게 활용될 수 있다. 내담자는 그동안 힘들 때 자신에게 힘이 되거나 용기를 주었던 어떤 인물이나 방법, 생활에 활력을 주며 도움이 되었던 요소들을 여기에 제시한다.

필자는 미국 유학 시절, 경제적으로 어려웠을 때 틈틈이 체육관에 가서 수영이나 운동을 하면서 스트레스를 풀 수 있었다. 인간관계에 어려움이 있어 어떻게 할 수 없을 때는 홀로 조용한 장소를 찾아가 기타를 치면서 찬송을 부르거나 기도실에 가서 기도하는 시간을 통해 하나님의 인도를 구하며 마음의 안정을 얻곤 했었다(빌 4:6-7). 사람들은 저마다 인생의 도전과 어려움들을 이겨내는 나름의 방식들을 찾아내거나 개발하게 된다. 위의 방법들은 필자에게 매우 큰 도움이 되었다. 삶의 어려운 순간순간을 이겨나가는 효과적인 방법이자 미래의 자원이 될 수 있는 것들이다.

하나님께서는 우리가 예수 그리스도를 영접할 때 성령님을 보내주신다. 그리고 성령께서는 "말할 수 없는 탄식"으로 우리를 위하여 간구하시며 연약함을 도우신다(롬 8:26). 따라서 라이프웨이 코칭상담자는 내담자의 삶 속에 내주하시며 변화와 성장을 위해 도우시는 성령님의 흔적을 찾기 위해 노력한다. 그리고 성령님의 역사와 인도하심에 내담자가 시선을 돌리고 순종할 수 있도록 촉진자의 역할을 한다. 필자는 그동안의 코칭상담 경험을 통해 사람을 변화시키는 것은 심리학적인 어떤 정교한 이론이나 테크닉을 넘어 궁극적으로 성령님의 역사로 말미암는다는 것을 확인하고 있다.

5) 변화와 성장에 대한 확신과 결단 다지기(Trust & Willing Scale)

마지막으로, 라이프웨이 상담자는 하나님께서 문제 상황에 개입하시고 상담자와 함께 문제를 해결하도록 인도하실 것에 대한 내담자의 신뢰 정도와 스스로 자기 상황에 대한 책임의식을 갖고 기꺼이 해결을 향한 변화의 과정을 밟아갈지에 대한 척도를 알고자 한다. 내담자가 아직 신앙이 없는 상태라면 기독교적인 용어를 빼고 내담자의 눈높이에 맞추어 대화를 전개한다.

초보 상담자 시절, 필자는 내담자를 돕고자 하는 과도한 열정에 쌓여 내담자보다 더 많이 말하며 어떻게 하든지 변화를 이끌어내려고 했다. 그러다가 기대한 반응이 나타나지 않으면 금방 실망하곤 했다. 이것은 결코 좋은 방법도, 적절한 코칭상담의 자세도 아니었다. 내담자가 가져온 문제이슈는 '나'의 문제가 아니라 '그'의 문제이며, 내담자가 코칭상담자를 신뢰하는 가운데 스스로 문제를 해결하려는 의지를 갖게 하는 것이 중요하다는 사실을 경험으로 체험하게 되었다.

이러한 사전 과제를 통해 확보된 정보들은 본격적인 코칭상담이 진행될 때 참고하거나 이를 근거로 더 확장된 탐색을 할 수 있는 유용한 기초자료가 된다. 어떤 심리검사나 진단지 못지않게, 때로는 그보다 더 내담자에 대한 긍정적인 자원들과 문제해결에 중요한 결정적인 단서들을 제공하기도 한다. 그리고 내담자 스스로 이러한 정보들을 탐색하고 제시하였다는 점에서 코칭상담에 능동적으로 참여하게 하는 동기와 자극을 준다. 피동적인 입장이 아니라 스스로 자기 상황에 책임지려는 자세로 상담에 임하게 하는 효과도 있다. 자기 상황을 차분하게 돌아보고 기록하면서 본격적인 대화가 시작되기도 전에 문제해결에 대한 희망과 변화의 흔적을 경험하는 내담자들도 있다.

2. 코칭상담 시작: 내담자와의 만남(Heartful LifeWay Encounter)

라이프웨이 코칭상담은 대개 내담자가 전화로 코칭 혹은 상담을 요청하거나 상담실을 방문함으로써 시작된다. 교회에서는 사역자가 심방이나 사역의 과정에서 상담이 필요하다고 생각되는 경우 먼저 코칭상담을 제안함으로써 실시되기도 한다. 가족이나 친지, 주변 동료나 이웃들의 추천에 의해 이루어지는 경우도 있다.

하지만 문제 속에서 갈등하며 관계의 고통을 그냥 참고 견디며 살아가는 사람들이 더 많다. 자기 문제는 자기가 알아서 해야 한다거나 상담은 무언가 부족한 사람들이 하는 것이라는 선입견 때문에 외면하는 사람들도 많은 것이 현실이다. 자, 이제부터 필자와 함께 한 걸음씩(step by step) '희망'을 찾아가는 라이프웨이 코칭상담의 일차 과정(HOPES)을 시작하도록 하지.

1) 코칭상담 오리엔테이션

내담자가 찾아오면 코칭상담사는 자신에 대한 간략한 소개와 함께 라이프웨이 코칭상담에 대한 기본적인 안내를 하게 된다. 바쁜 현대인들에게 있어서 코칭 혹은 상담에 소요되는 시간과 기간을 사전에 인식하고, 어떠한 방식으로 어떤 과정을 통해 만남이 진행되고, 이를 통해 궁극적으로 무엇을 얻게 될지 아는 것은 매우 중요하다. 이 과정에 소요되는 경비와 비밀보장 등에 관한 정보는 코칭상담 실시여부를 결정하는데 매우 중요한 요소이다. 그리고 이러한 정보들을 명료하게 전달하는 것은 코칭상담사의 윤리적 책임이기도 하다.

코칭상담 오리엔테이션을 할 때, 코칭상담사는 수용적인 자세로 그리고 진정성을 갖고 자신을 간략하게 소개하도록 한다. 자신이 어떤 분야의 훈련을 받았고, 어떠한 코칭상담 접근을 하는지, 만남 시간과 전체적인 기간은 어떻게 되는지 등에 대해 점검하도록 한다(부록의 코칭상담 약정서 관련 부분 참고).

이러한 소개는 상담에 대한 주저함이나 불안감, 혹은 혼란된 마음을 갖고 있을지 모를 내담자에게 안정감과 신뢰감을 제공하며, 나아가 열린 마음으로 대화에 임하도록 도와준다. 필자는 첫 회기에 대략 50분 내지 60분 정도 대화를 진행하고, 10분 정도 휴식을 취한 후 약 20분 정도에 걸쳐 대화내용을 정리하고 실천 전략을 구축하는 시간을 갖는다.

코칭상담을 할 때 가장 중요한 전문가의 윤리적 책임의 하나는 상담내용에 대한 비밀을 보장하는 것이다. 상담자는 처음부터 그리고 필요하다면 언제라도 내담자와 관련된 비밀이 보장된다는 것을 확인시켜주어야 한다. 그렇지만 내담자 자신이나 주변 공동체에 해가 될 행동을 하거나 그럴 가능성이 있다면 비밀보장을 할 수 없고 그것을 수퍼바이저나 관계 기관에 알려야 한다는 것 또한 명료하게 알려야 한다. 즉, 자살이나 어린이, 노약자들에 대한 학대, 성폭력, 반사회적 행동 등에 대해서는 비밀을 보장해선 안 되는 것이다.

그동안 학교나 교회 등에서 이러한 과정을 생략하거나 대수롭지 않게 생각하는 경향이 있었는데 보다 안전하고 효과적인 상담을 위해 이러한 절차를 밟는 것이 필요하다. 내담자는 이와 같은 기본적인 소개와 코칭상담 정책, 혹은 윤리적 요소 등에 대한 안내를 받고 코칭상담을 할지에 대한 최종적인 결정을 내리게 된다.[2]

2) 코칭상담 대화의 다섯 가지 요소(PAVES)

(1) 성령님의 개입을 기도하며 내담자 만나기(Prayerful Encounter for Spiritual Intervention)

크리스천 라이프웨이 코칭상담의 첫 단계는 성령님의 영적인 개입을

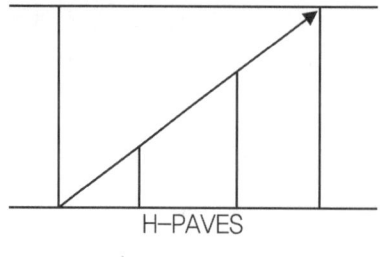
H-PAVES

기대 혹은 기도하면서 마음을 터치하는 만남의 시간을 갖는 것으로 시작된다. 코칭상담자는 삶의 변화와 성장 혹은 상처의 치유와 회복이 궁극적으로 하나님께 속해있다는 사실을 늘 기억해야 한다. 정서적, 인지적, 행동적 상담 접근들이 도움이 될 수 있지만 '육체 좇는 것'을 넘어 온전한 변화를 이루려면 궁극적으로 우리 안에서 육신적 자아와 그 반응기제가 아닌 영성적 자아와 부활의 삶으로 인도하시는 그리스도와 연결되어야 한다(갈 2:20; 골 2:16-23). 심리학적 상담이론이나 기법을 넘어 성령님이 코칭상담 진행과정의 중심에 계시고 끝까지 책임지시는 '성령의 프락시스'가 되도록 기도해야 한다. 참된 문제해결과 변화는 하나님께 속한 것이며, 코칭상담사는 진정한 상담자(the Counselor)이신 성령님(요 14:16)의 도구요 그분이 사용하시는 '촉진자'(facilitator)일 뿐이기 때문이다.

이러한 자기 인식은 코칭상담사로 하여금 자기 역할과 한계를 겸손히 수용하면서도 실패의 두려움을 넘어 당당하게 코칭상담에 임하게 해준다. '나의 능력과 경험으로' 혹은 '내가 잘 해서 문제를 해결해 주어야 한다'는 부담감에서 자유하게 해준다. 크리스천 코칭상담은 궁극적으로 삼위 하나님 차원의 미션이며 공동체적 여정이기 때문이다. 이것이야말로 일반 코칭이나 심리학적 상담과 크리스천 코칭상담을 구별시켜주는 핵심적인 요소라 할 수 있다.

(2) 적극적 경청과 내용반영하기(Active Listening & Content Response)

라이프웨이 코칭상담 대화의 두 번째 요소는 영적초점을 갖고 내담자의 사연에 적극적으로 귀를 기울이며 그 내용에 적절한 반응을 시도하는 것이다. 코칭상담자는 내담자와 첫 만남의 서먹한 분위기를 깰 수 있는 간단한 대화를 나눈 후, "무엇을 도와드릴까요?" 혹은 "오늘 무엇을 해결하기 위해서 오셨습니까?"와 같은 질문을 한다. "문제가 무엇입니까?"와 같은 질문으로 시작하여 문제를 계속 추적하거나 파헤치기보다는 "오늘 오셔서 변화되기를 원하는 것이 무엇입니까?"라는 변화와 성장지향의 질문을 이어간다.

하나님의 영적 개입을 기도하는 것이 하나님과의 연결을 시도하는 것이라면, 경청은 내담자와의 연결을 시도하는 것이라 할 수 있다. 적극적 경청이란 내담자가 하고 싶은 말을 다 하기까지 말을 끊거나 대응할 말을 생각하지 않고 있는 그대로 듣는 것에 집중하는 것을 의미한다. 내담자가 언급하는 내용뿐 아니라 얼굴표정과 대화의 톤, 자세 등 언어 이면에 담긴 표현에도 관심을 갖도록 한다. 외적 표현과 내적 동기 혹은 기대하는 바가 서로 다를 수 있으며, 그런 경우가 많기 때문이다. 상담자는 이와 같은 진지한 자세를 통해 내담자에 대한 관심과 배려, 존중감을 드러내고 신뢰 관계를 구축하게 된다.

- **과거와 현재를 잇는 인간 내면의 준거틀(Frames of reference)**

코칭상담자는 내담자의 말을 경청하면서 그들이 겪은 갈등 혹은 '상처'(SCAR) 경험에 관심을 기울여야 한다. 즉, 내담자의 문제 상황(Situation)과 그 상황에 대한 내담자의 인식, 감정, 불만, 혹은 혼란스러운 마음에 귀를 기울인다(Complain/Confusion). 나아가 그것이 내담자에게 어떻게 상처와 문제가 되었는지 그 내면의 아픔(Aching Hurts)과 그로 인해 현재 어떻게 위축되거나 제한된, 어려운 상태(Restrained 'Now')에 있는지, 그동안 이와 관련하여 어떤 반응을 했으며 그 결과는 어떠했는지를 들을 수 있어야 한다. 이러한 문제 상황이나 아픔이 내담자의 관계, 감정, 행동, 사고 및 영적인 영역(REAPS)에 어떻게 나타나거나 영향을 주고 있는지를 살피도록 한다.

인간의 부정적 감정이나 사고, 언행, 관계의 갈등은 대개 본능적인 필요나 욕구가 충족되지 않을 때 발생한다. 의식이나 자아상이 충분히 형성되지 않은 어릴 때일수록, 그리고 충격과 결과의 정도에 따라 일시적 혹은 평생에 영향을 끼칠 수 있다. 이러한 경험은 유사한 정보나 자극을 받을 때 감정이나 생각, 행동반응에 영향을 주게 된다. 그리고 이것이 반복되면서 뇌와 의식·무의식에 매순간의 감정이나 사고, 혹은 행동반응을 좌우하는 '참조틀' 혹은 '준거틀'을 형성한다. 우리가 평상시 무심코 하는 행동이나 말, 사고방식, 습관 등이, 많은 경우, 여기에서 나온다. 새로운 가치관이나 결단, 동기에 의해 지속적으로 변화를 시도함으로써 준거틀을 변화시킬 수 있지만 그리 쉬운 일은 아니다.

이러한 준거틀은 다양한 요소에 의해 형성되는데, 기본적으로 성장기 의미 타자들과의 '관계'와 그로 인한 '정서'적 경험, 그리고 이로 인한 내면의 '감정' '행동' '사고' 그리고 그 결과로 인한 주변의 인정이나 칭찬, 의미, 자부심, 가치, 목표, 사명 등에 영향을 받은 '영성' 등으로 구성된다(REAPS). 그래서 두렵고 불안한 경험을 많이 할수록 관계정서적 기제(RE), 즉 자기중심적 생존본능에 뿌리를 둔 두려움, 불안, 수치감 등의 정서적 역동이 강하게 작용하고 그럴수록 부정적인 감정과 이에 자극된 행동반응 혹은 비합리적인 사고를 하고(AP), 이것이 영적인 차원(S)까지 압도하는 경험을 반복하게 된다. 이때 인간은 이성적 존재가 아니라 정서적 혹은 감정적 존재에 가깝다. 이것을 성경의 표현대로 말하자면, 인간의 '육신적 소욕'(desire)이 관계와 감정, 생각과 행동을 이끌어 가고, 영적인 차원은 아무 힘이 없이 끌려가는 상황이다(갈 5:16).

스트레스나 위기, 혹은 부정적인 상황에서 작용하는 이러한 인간내면의 역동은 다음에 제시된 도식과 같은 '좌향 인생기차'로 묘사할 수 있다. 즉, 관계정서(relationship-emotion) 기제가 기차의 엔진이 되어 감정적 언행반응(acts)과 사고(perception)의 '객실'을 끌고 간다. 이때 영성(spirituality)은 맨 뒤 승무원들이 무장해제하고 쉬는 공간에 머물러있게 된다. 어떤 갈등이나 문제 상황이 발생하면 관계정서적본능(RE)이 자기초점의 방어적 '욕구추동'(drive)을 발동하여 과거로부터 형성된 다양한 감정과 언행, 생각(AP)들을 이끌어내어 현재 상황에 반응하는

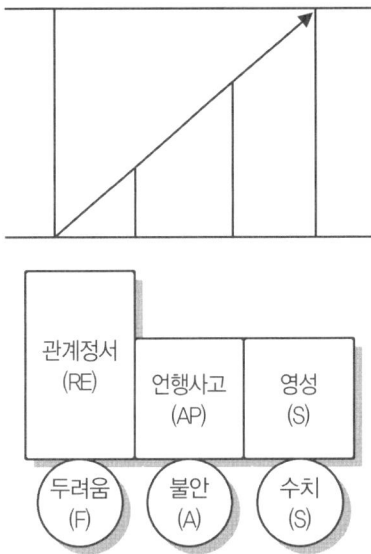

준거기반으로 작용하고, 영성(S)은 힘없이 끌려가는 것이다. 상황이 힘들거나 부정적 자극과 충동이 강할수록 이렇게 될 가능성이 커진다. 부정적인 상황에서 발동하는 인간의 육신적 본성 혹은 육신적 그리스도인들이 경험하는 인간 내면의 현상이라고 할 수 있다.3)

• 육신적 관계정서 발동과 타임아웃

상담실을 찾는 사람들은 많은 경우 관계 상대방을 이해할 수 없고 대화가 안 되는 것에 대한 불만을 토로하곤 한다. 이것은 사람마다 과거의 경험과 현실에 대한 이해, 미래에 대한 기대 등에 영향을 미치는 준거틀이 저마다 다르기 때문이다. 이것 자체는 문제가 아니다. 문제는 그 차이를 적절히 이해하고 긍정의 방향으로 대처하지 못하는 데에 있다.

상담실을 찾아온 여성들 중에는 남편과의 대화가 마치 벽에다 대고 일방적으로 하는 것과 같다고 하소연하는 경우가 많다. 물론 이 반대의 경우들도 적지 않다. "우리는 도대체 대화가 안 됩니다"라고 불만을 털어놓은 부부가 있었다. 상황을 탐색해보니, 남편은 아내가 전혀 자신의 생각을 이해하지 못하여 대화를 할 수 없다고 불만이고, 아내는 남편이 텔레비전이나 신문만 보고 집 안의 물건을 치워달라거나 쓰레기를 버려달라는 요청은 안중에도 없어 불만이다. 그래서 끊임없이 속에서 올라오는 부정적인 감정과 생각으로 상대방의 말과 행동을 비난하며 자기주장을 늘어놓는다.

이러한 상황에서는 대화가 될 수 없다. 따라서 자기 내면의 부정적 관계정서(RE)의 발동과 그로 인한 감정적 '언행심사'(AP) 반응에 '타임아웃'을 선포하고 잠시 그 충동적 대화를 진정시키는 것이 좋다. 그리고 부정적인 감정이나 생각이 어느 정도 진정된 후 상대방이 한 말을 그대로 혹은 자신의 말로 요약하여 되받아 말하는 내용반응(Content Response) 혹은 '거울반응'(mirroring response)을 하도록 한다. 상대방이 말한 내용이나 메시지를 반복하면서 "~했다는 말이야?" "그랬구나"와 같은 반응을 하는 것이다. 상담자는 이런 대화훈련을 통해 내담자로 하여금 정서적 충동이 아닌 서로의 마음을 연결하는 효과적인 대화를 하도록 도울 수 있다.

상담자는 내담자의 말을 들을 때 섣불리 상대방을 판단하거나 무슨 말로 대답할지 혹은 어떤 해결책을 찾아줄지 등에 관한 내적 작업을 하지 않아야 한다. 내담자의 생각이나 행동에 대해 어떤 판단이나 해결책을 제시할 때, 이는 상대를 위한 것보다 자신의 관점에서 나오는 것일 가능성이 크다. 자신이 상대방의 말을 들을 준비가 안 되었을 때 대화를 차단하기 위한 무의식적 반응으로 그럴 수도 있다. 그러한 대화를 하는 것이 자신에게 불편하거나 부담감을 줄 때 그것을 막기 위한 자기 방어 기제로 그러한 반응이 나타날 수도 있다. 이때 상대방은 자신이 거부된다는 혹은 무시당한다는 느낌을 받거나 이 사람과는 대화할 수 없다는 생각을 가질 수 있다.

이런 현상은 부부 대화에서도 흔히 발생한다. 예를 들어, 아내가 남편에게 "여보, 오늘 교회에서 오다가 가방을 잃어버렸어요. 돈도 꽤 들어있었는데…"라고 말했다고 하자. 이에 대해 남편이 "당신, 정신을 어디에 두고 다니는거야!" "당신 하는 짓이 늘 그렇지!" "다시는 현금 갖고 다니지 마!"라거나 "잊어버려!" 등의 판단이나 지시적 반응을 보이면 더 이상 대화하기 어렵다. 이는 대화를 막아버리는 반응이다. 그보다는 "저런, 가방을 잃어버렸어?" "그 안에 돈도 꽤 들어있었고?"와 같은 거울반응을 보일 때 상대방은 자신의 말이 전달되었다는 느낌과 더불어 자신이 수용되고 있다는 느낌을 받게 된다. 대화 당사자 간의 연결점(connection)이 구축되고, 거리감도 좁혀진다.

(3) 인정반응과 탐색질문하기(Validating Response & Searching Question)

사람은 본능적으로 타인으로부터 긍정적인 관심과 인정 혹은 존중을 받고 싶어 한다. 상대방이 나를 인정할 때 내면의 감정이 안정되고 보다 객관적인 사고를 할 수 있는 열린 마음을 갖게 된다. 인정반응은 대화 당사자 간에 연결감을 넘어 동등감 및 존중받는 느낌을 갖게 하는 기능이 있다. 인정 혹은 수용반응은 "네, 당신의 생각이 일리가 있습니다" "당신은 그렇게 느낄 수 있습니다"와같이 말하는 것이다. 나아가 "(내 입장에서는 이해나 동의가 안 되더라도 당신의 입장에서는) 그럴 수 있겠습니다"라고 말하는 것과 같다. 자신을 말하는 사람의 입장에 놓고 그의 관점이나 생각을 일단 수용 혹은 받아들이는 것이다.

인정반응을 할 때 말하는 사람과 듣는 사람의 생각과 느낌이 꼭 같을 필요는 없다. 서로의 관점이나 견해가 꼭 일치해야 하는 것도 아니다. 다만 상대방의 입장에 대해 그것을 있는 그대로 받아주고 존중해주는 것이 핵심이다. 이러한 반응은 대화 쌍방이 건강한 자아 분화나 개별화가 되어 있을 때 원활하게 진행될 수 있다. 서로의 차이나 독특성을 인정하고 존중할 때 가능하게 된다. 그리고 서로 다름에도 불구하고 안전감을 갖고 열린 관계를 구축할 수 있도록 도와준다.

탐색질문은 주로 내담자가 한 말이나 메시지에 대해 상담자가 추가적으로 알아볼 필요가 있다고 생각되는 것들에 대해 또는 내담자의 자기성찰을 돕기 위해 질문하는 것이다. 이러한 질문들은 내담자로 하여금 상담자가 자신의 문제에 관심을 갖고 진지하게 대화하고 있다는 인상을 주고 상담자에 대한 신뢰감을 갖게 하는 효과가 있다.

탐색질문을 할 때, 상담자는 내담자의 말에 앞서가기보다 그가 한 말에 대해 '육하원칙'에 근거하여 추가적인 탐색질문을 하도록 한다. 예를 들어, "남편과 더 이상 못 살겠어요"라고 말한 내담자가 있다면, "언제부터 그런 생각을 하게 되었나요?" "무엇이 남편과 함께 사는 것을 어렵게 하나요?" "그동안 남편에게 어떻게 대하셨어요?" 등과 같은 질문을 할 수 있다. 이때 "왜?"라고 하는 질문은 가급적 피하는 것이 좋다. 추궁당하는 느낌, 혹은 책망을 받고 있거나 판단을 당하고 있다는 느낌을 주기 쉽다.

따라서 탐색질문을 할 때는 중요한 두 가지 원리를 지키는 것이 좋다. 첫째, 내담자의 입장에서 '역지사지'(易地思之), 즉 입장을 바꾸어 생각하며 질문하는 것이다. 전문가의 입장에서 상대방을 분석, 판단, 해결책을 주려하기보다는 일단 상대방을 이해하고 알아가려는 마음으로 거울처럼 반영하며 질문할 때 내담자의 마음이 열리고 자기 자신을 돌아보게 한다.

둘째 원리는, 내담자로부터 한 발자국 뒤에서 따라간다는 마음으로 해결을 위한 상황 탐색을 이끌어가는 것이다(Leading One-step Behind). 내담자가 말할 때 질문할 것을 생각하기보다 듣는 것에 집중하고, 말이 끝나면 그 내용에 근거하여 추가적인 탐색질문을 하면서 해결상황으로 대화를 발전시켜가는 것이다. 코칭상담자는 이때 성령께서 대화를 주도하시며 치유와 회복, 변화와 성장의 길로 인도해달라고 의뢰하는 것을 잊지 않도록 한다.

(4) 공감 및 받아주기(Empathic Response & Acceptance)

'공감'(共感)이란 타인의 경험이나 생각, 감정 등을 상대방의 관점과 입장에서 함께 이해하고 느끼는 '역지감지'(易地感之), 즉 감정적 공유를 일컫는 말이다. '공감'을 의미하는 영어의 '엠퍼시'(empathy)는 '엔 파토스'(en-pathos)라는 그리스 어원에서 왔는데 이는 사람의 감정이나 고통 '안에' 머무는 것을 가리킨다. 다른 사람 안에서 그 내면의 감정을 함께 느끼는 것이다. 이것은 신경과학자들이 발견한 바 있는 '거울 신경세포'로 인해 가능하게 된다. 즉, 사람 안에는 '공감 뉴런'이라고 불리는 신경조직이 있어 다른 사람의 느낌을 자신의 것처럼 인식하게 해주는 것이다.

따라서 코칭상담의 장면에서 공감반응을 한다는 것은 상담자가 내담자와의 '감정이입'을 시도하는 것이다. "(당신의 입장에서) ~했겠어요; ~하게 느끼셨겠어요" 혹은 "저도 ~ 느낌이 드네요"와 같은 반응을 하며 상대방의 입장에서 그가 느꼈을 내면의 감정과 자기 자신을 연결하는 것이다. 함께 심정을 느끼고 나누며 수용하는 것이다.

갈등 상황에 있는 사람들은 자신이 이해받거나 수용되지 못한다고 느끼면서 섭섭함이나 억울함, 분노의 감정이나 외로움, 혼란을 느끼는 경우가 많다. 이때 공감반응은 흔들리는 내적 감정의 자리에 들어가 그것을 함께 느끼고 나누는 효과를 가져다준다. 미충족된 정서적 필요나 욕구, 상처를 치유하는 실마리를 제공하기도 한다. 갈등하는 부부의 경우, 상담자는 자신의 공감반응을 통해 그리고 그러한 대화 모델링을 통해 부부가 서로의 심정을 어루만지고 사랑과 감정의 교류가 있는 성숙한 관계로 나아가도록 도울 수 있다.

사람은 저마다 마음을 연결해줄 수 있는 공감세포를 갖고 있지만 상대방의 필요나 기대, 심정을 배려하며 관심을 기울이지 않으면 공감대화를 하기 어렵다. 인생이란 누구에게나 그리 만만한 것이 아니기에 일상에 치여 살면서 다른 사람의 상태에 공감한다는 것은 그리 쉬운 일이 아니다. 남성의 경우 기질적으로 혹은 가정이나 사회문화적 전통과 분위기의 영향으로 공감반응을 어려워하는 경우도 많다.

이것은 상담 훈련을 받은 필자에게도 그랬다. 어느 날, 피곤한 몸으로 퇴근한 필자에게 초등학교에서 어린 아이들을 가르치는 아내가 바짝 다가와 그 날 있었던 일과를 쏟아내기 시작하였다. 너무 피곤하여 잠시 혼자 있고 싶었지만 아내의 태도에 압도되어 속수무책으로 듣고 있었다. 아이들이 얼마나 말을 안 들었으며, 그래서 자신이 얼마나 힘들었는지, 그런데 집에 오니 청소가 안 되어 지저분하고, 그런데도 딸아이들은 자기 방으로 들어가서 나오지도 않고, 막내는 엄마에게 '이거 해달라, 저거 해달라' 매달리고 등등 이야기가 끝날 것 같지가 않았다.

그래서 순간적으로 "그렇게 힘들면 학교 그만둬!"라는 말이 튀어나왔다. 이내 아내의 날카로운 반응이 날아왔다: "뭐? 그만 두라고? 당신 내가 하는 일이 하찮게 보여? 마음대로 이래라 저래라 하게?" 속으로 '아차!' 싶었지만 이미 쏟아낸 말을 다시 담을 수는 없었다. 정말 내 마음에 그런 의도는 추호도 없었다. 다만 피곤해서 아내의 마음을 공감하지 못한 것뿐이었다. 아내의 말이 이어진다: "당신, 상담 교수 맞아? 이런 때는 '그런 일이 있었어? 저런, 많이 힘들었겠네. 이리와, 내가 안마해 줄게!' 이래야 하는 것 아냐? 여자가 원하는 건 해법제시가 아니라 공감과 수용이라는 사실을 잊지 말아주세요~!" 아내에게 한 소리, 아니 여러 소리 들으면서 공감과 받아주기의 중요성을 다시 한 번 깨달은 순간이었다.

이처럼 공감은 누구나 할 수 있는 것이지만 저절로 되는 것이 아니다. 상대방에 대한 관심을 갖고 마음을 나누는 진실한 소통의 반복을 통해 배우고 학습되는 것이다. 「공감의 시대」를 쓴 제레미 리프킨(Jeremy Rifkin)은 인간의 공감능력이 인류 문명의 수레바퀴를 돌리는 원동력이 되었다고 주장한 바 있다. 위로와 치유, 변화와 성장은 진실한 공감과 수용, 받아주기를 통해 시작된다. 그것이 한 사람과 가정, 조직과 사회, 나아가 인류를 움직일 수 있다. 사람은 '감동'(感動), 즉 마음으로 깊이 느낄 때 움직이기 때문이다.

(5) 척도질문을 통해 그리스도 중심의 해결초점으로 전환하기 (Scaling in Christ).

코칭상담자는 척도질문을 사용하여 현재의 상황에 대한 혹은 문제에 대한 내담자의 인식이나 느낌 수준을 알아보고, 문제초점의 대화에서 변화와 성장초점의 대화로 전환할 수 있다. 내담자의 관계정서적 맥락에 근거한 문제상황을 탐색하고 공감하는 것을 넘어 그리스도 안에서 앞으로 필요한 변화와 성장을 향한 생명의 길(LifeWay)을 찾기 위해 방향전환을 하는 것이다. 문제초점의 시각에서 영성초점의 시각으로 이동하는 것이다.

척도질문은 "최악의 문제 상황을 0이라고 하고, 문제가 해결된 상태 혹은 내담자가 기대하는 미래의 상태를 10이라고 한다면 현재 몇 점의 상태에 있습니까?"라는 방식으로 진행된다. 점수가 0점 혹은 1점에 있다면 내담자는 현재 정서적으로 상황을 매우 심각하게 보고 있는 것을 의미한다. 상담자는 3점이나 4점을 예상했는데 7점 혹은 8점이라고 말하는 내담자도 있다. 척도점수는 내담자의 주관적인 평가이기 때문에 점수의 높낮이에 좌우되기보다는 "그 점수는 무엇을 근거로 준 것입니까?"라는 질문을 통해 내담자가 갖고 있는 현재의 상황인식 정도를 알아보는 것이 좋다.

코칭상담자는 이와 같은 방식으로 척도질문을 통해 내담자의 변화와 성장을 위한 다양하고도 실제적인 강점과 자원, 실천계획을 이끌어낼 수 있다. 예를 들어, 현재 상태가 3점이라면, 어떻게 3점까지 올라올 수 있었는지, 무엇이 도움이 되었는지 등을 탐색할 수 있다. 나아가 앞으로 그리스도 안에서 점수가 현재보다 더 올라간다면, 좀 더 구체적으로, 1점이 상승하면 현재와 어떻게 달라질지, 내담자는 지금과 무엇을 다르게 하고 있을지 등에 대해 탐색하도록 한다.

이 외에도 크리스천 내담자의 경우 척도질문을 통해 그리스도로 말미암은 변화에의 확신이나 희망의 척도는 얼마인지 알아볼 수 있다. 이를 통해 내담자의 문제 인식 정도와 변화에의 희망, 코칭상담을 통해 역사하실 하나님에 대한 신뢰 정도 등을 파악할 수도 있다. 이러한 초점전환은 자연스럽게 관계의 갈등이나 문제 상황에 생명을 불어넣는 코칭상담 대화와 목표설정으로 이어질 수 있다.

3) 코칭상담에 임하는 세 가지 유형의 내담자

코칭상담자와 내담자의 관계는 효과적인 대화와 목표달성 여부를 가름하는 핵심 열쇠의 하나이다. 어떠한 마음가짐과 자세, 태도를 갖고 코칭상담에 임하느냐에 따라 진행과정은 물론 결과에 큰 영향을 미칠 수 있다. 코칭상담에 임하는 내담자들은 크게 적극적 참여형, 참여적 불만형, 소극적 방관형 등으로 구분할 수 있다. 코칭상담자는 이들의 특성에 따라 대화의 방향과 접근을 달리하며 전략적으로 임할 필요가 있다.

(1) 적극적 참여형

이들은 해결중심상담에서 말하는 고객형 내담자의 유형에 해당한다. 가게에 들어가 자신이 필요한 것을 사기 위해 여기저기 찾아다니며 물어보기도 하는 사람들처럼 문제를 인식하고 변화를 위해 도움을 요청하고, 그 과정에 적극적으로 참여하는 사람들이다. 분명한 문제의식을 갖고 자신이 원하는 것을 위해 의욕적으로 대화에 임한다. 그동안 나름대로 문제를 해결하기 위해 노력했지만 그것이 안 되어 코칭상담자와 함께 갈등상황을 해결하려고 혹은 변화와 성장을 위해 찾아온 사람들이다. 적절한 경청과 공감을 통해 신뢰관계 구축은 물론 상호적인 협력체계가 잘 이루어진다.

이러한 내담자들에 대한 코칭상담자의 과제는 그들의 능동적인 자세와 의욕을 치하하고 격려하며, 적극적인 경청을 통해 해결의 실마리를 탐색하는 것이다. 내담자는 자신이 문제 해결의 한 주체가 되어 의욕적으로 자기 상황을 점검하고 변화를 위한 다양한 시도를 할 준비가 되어있다. 타인에 대한 원망이나 분노가 있다 할지라도 그것에만 집중하기보다는 자신이 해야 할 것이 있으면 기꺼이 시행하려고 한다. 이들은 문제초점의 사고와 감정을 넘어 변화초점의 탐색과 국면 전환을 비교적 용이하게 해낸다. 자신의 강점과 자원들도 잘 찾아낸다. 코칭상담자는 내담자의 문제 이야기에서 그 이면에 있는 기대나 소망을 이끌어내고, 그것에 대한 확대 및 강화질문을 하면서 실질적인 변화와 성장으로 안내한다.

(2) 참여적 불만형

이들은 문제상황의 원인이나 책임을 다른 사람이나 상황에 돌리고 불만이나 비난을 토로하는 유형의 사람들이다. 바뀌어야 할 사람은 자신이 아니고 다른 사람이라고 주장한다. 환경이나 상황이 바뀌어야 한다고 생각하는 경우도 있다. 다른 사람의 문제나 그가 잘못한 것에 대해 할 말이 많고, 얼마든지 문제 관련 정보를 제공할 수 있다. 상대방이 변화되면 모든 문제가 해결될 것이라고 믿는다. 이들은 자신을 힘들게 하는 사람을 변화시킬 수 있는 방안을 물어보거나 문제를 해결해달라고 요청한다. 오랫동안 갈등 구조 속에서 살아온 사람들의 경우 문제 상황이 해결될 것을 생각하거나 기대하지 못하고 그저 자신의 한 맺힌 사연을 들어주기를 바라는 모습을 보이기도 한다.

배우자나 자식의 문제로 상담을 요청하는 사람들의 경우 외형적으로는 적극적 참여형의 모습을 띤다. 그러나 내면적으로는 상대방에 대한 문제초점을 강하게 갖고 있는 경우가 많다. 상대방이 문제니까 그 사람만 변화되면 문제가 해결될 것이라고 믿고 상대를 변화시키려고 노력한다. 그러면서 자신이 문제 해결에 긍정적인 역할을 할 수 있다는 생각은 하지 않는 '능동-수동'의 이중 자세를 취하는 경향이 있다. 그래서 무엇이 문제이고 해결되어야 할 것이 무엇인지 분명하게 제시하지만 자기 스스로 이 상황을 해결하기 위해 무엇을 할 수 있을지에 대해서는 별로 생각하지 않거나 원하지도 않는 경우가 많다.

이럴 때 코칭상담자는 먼저 내담자의 입장, 감정이나 생각을 존중해주는 것이 좋다. 그리고 대화의 초점을 문제로 규정된 타인보다 본인에게 집중하도록 안내하는 것이 바람직하다. '지금-여기'에 없는 타인에 대한 문제 원인을 규명하고 그를 변화시키기 위한 어떤 접근을 한다는 것은 어려운 일이기 때문이다. 아니 그것은 불가능에 가까운 일이다. 그래서 타인의 변화와 관련된 '문제 대화'가 아닌 내담자가 주인공이 되어 해결의 드라마를 전개하도록 내담자중심의 치료적 대화를 실시하는 것이 좋다.

일과 후 잦은 술자리로 늦게 집에 들어와 소리를 지르고 언어폭력을 가하는 남편 때문에 불만이 많은 아내가 있었다. 코칭상담자가 '어떻게 하면 남편과 사는 것이 조금 더 나아지겠는가'라고 질문하자 내담자는 '남편이 술을 안 마시고 일찍 들어오면 술취할 일도 없고 소리를 지르거나 폭언을 할 일도 없어질 것이니 그렇게 되면 좋겠다'고 토로하였다. 상담자는 내담자 초점의 질문을 했는데 내담자는 여전히 '여기'에 없는 남편의 변화에 초점이 머물러 있다. 이에 상담자는 '남편이 술도 안 마시고 소리도 안 지르고 폭언도 하지 않는다면 내담자에게 어떤 변화가 있겠느냐'고 좀 더 직접적으로 질문하였다. 그리고 '남편의 입장에서 아내가 어떻게 달라졌다고 말하겠는지 생각해보라'며 내담자 초점의 답변을 요청하였다.

이에 아내는 한참 생각하다가 '그렇게 되면 남편의 입장에서는 아내가 잔소리하는 것이 없어졌다고 말할 것'이라고 대답하였다. 그러면서 "예, 맞아요. 그렇게만 되면 나는 잔소리하지 않을 거예요. 사실 저는 잔소리를 많이 하기 때문에 우리 관계가 더 이렇게 된 것 같아요"라고 확인하였다. 바로 이것이 불만 대상자 중심의 문제대화에서 '지금, 여기'에 있는 내담자 중심의 해결대화로 나아가는 것이다. 이렇게 되면 상담자는 내담자와 함께 긍정적인 변화와 성장을 위한 상담목표를 구축할 수 있게 된다.

(3) 소극적 방관형

이 유형은, 문자 그대로, 상담실에 왔지만 소극적이거나 방관자적인 태도를 취하는 사람늘이 해당된다. 이들은 상담의 필요를 별로 느끼지 못하거나 관심이 없는 관망적인 자세를 취한다. 이런 내담자들은 많은 경우 상담에 임하기는 하지만 자신이 원해서 온 것이 아니다. 그러다보니 상담 대화에 적극적으로 참여하지 않고 잘 협조하지도 않는다. 아내가 상담을 받도록 종용해서 마지못해 상담실을 찾은 남편, 부모나 선생님의 지시에 따라 할 수 없이 상담을 받는 학생들, 법적인 상황에 연루

되어 상담실로 보내진 사람들이 주로 이러한 유형에 속한다. 이런 내담자와 신뢰적 관계를 구축하고 함께 노력할 상담목표를 세운다는 것은 그리 용이한 일이 아니다. 상담자-내담자 관계에서 가장 어려운 경우이기도 하다.

내담자가 어떤 유형에 해당하든지 효과적인 상담이 되려면 결국은 내담자의 마음과 연결된 공감적 경청을 하며 신뢰관계를 쌓고, 본인이 나아가야 할 변화와 성장에 초점을 맞추어 대화를 진행할 수 있어야 한다. 때로는 내담자의 문제 상황에 함께 머물며 그의 아픔과 상실, 어려운 마음을 위로하고 치유하면서 그 상황을 지탱(sustain)하거나 어떻게 나아가야 할지 안내(guide)하는 돌봄의 과정이 필요할 수도 있다. 문제는 어떻게 내담자와 함께 이러한 과정을 수행하는가이다.

전통적으로 문제중심 상담에서는 불만을 늘어놓으며 상담에 비협조적인 태도로 임하거나 방관자적인 태도를 취하는 내담자에게 문제 인식을 거부한다든가 저항 혹은 상담에 참여하지 않는다고 직면(confrontation)하는 경향이 있었다. 이것이 필요한 경우들이 있지만, 자기초점이 강한 현대인들에게는 부정적인 태도나 행동을 지적하고 맞닥뜨려 인위적으로 어떤 변화를 이끌어 내려고 하기보다는 긍정적이고 수용적인 방향으로 대화를 이끌어 협조적으로 참여하게 하는 것이 바람직하다. 그럴 때, 변화와 성장을 위한 협력적인 관계를 구축하고 긍정적인 결과를 이끌어낼 수 있다.

소극적 방관형 내담자들이 아무 생각 없이 코칭상담의 과정에 수수방관하는 것은 아니다. 대개의 경우 나름 기대하는 것들이 있다. 따라서 그것을 찾아 성취할 목표로 삼을 때 뜻밖의 결과를 가져올 수도 있다. 자주 술에 취해 집에 가서 소리 지르며 언어폭력을 가하는 것 때문에 아내에게서 '상담을 받든지 아니면 이혼하자'는 압박을 받다가 마지못해 상담실에 찾아온 남편의 경우 자신이 왜 상담을 받아야 하는지 도무지 이해되지 않고 수긍도 되지 않았다. 자신이 술을 마시는 것은 업무상 어쩔 수 없는 것인데 아내가 그런 것도 이해해주지 못한다며 못마땅해 했다.

전형적인 소극적 방관형이다.

이런 경우 상담자가 술 마시는 것의 부적절성을 지적하며 술을 끊을 것을 종용하다보면 부지불식간에 아내와 함께 남편을 변화시키기 위해 공동전선을 펴는 형국이 된다. 남편은 이러한 상담 접근에 정서적으로 불편함을 느끼거나 저항을 느껴 더 상담에 협조하지 않게 될 가능성이 있다. 남편에 대한 지적 내용 자체는 틀린 것이 아니지만 내담자와 치료적 관계를 구축하고 실질적인 변화를 이끌어내는 데에는 도움이 되지 않는다.

그보다는 "아내가 말하는 당신의 문제는 무엇입니까?" "당신에게 필요한 것은 무엇입니까?" "당신이 원하는 것은 무엇입니까?" "어떻게 하면 당신이 옳다는 것을 증명할 수 있을까요?" "당신이 어떻게 달라지면 아내가 상담을 받으라고 압박하지 않게 될까요?" "제가 이 일을 위해 어떻게 도울 수 있을까요?" 등과 같은 질문들을 통해 일단 내담자를 수용하고, 그가 진정으로 원하는 것 혹은 필요한 것이 무엇인지 탐색하는 것이 좋다. 그리고 그것을 명료화하고 확대하여 긍정적인 해결의 물꼬를 틀 수 있는 상담목표를 구축하도록 한다.

3. 코칭상담 목표구축(Organizing LifeWay Goal)

사람들은 대개 첫 만남을 통해 무언가 효과가 있었다는 느낌이 들지 않으면 이후로 다시 찾아오지 않는 경향이 있다. 따라서 라이프웨이 코칭상담사는 매 회기를 마치 마지막 시간인 것처럼 최신을 다하여 실질적인 변화의 실마리를 이끌어내려고 한다. 그리고 이를 위해 구체적이고 명료한 코칭상담 목표를 세우려고 한다. 초보자의 경우, 목표를 세우지 않고 이것저것 대화하며 내담자에 대한 문제정보를 많이 끌어내고는 나중에 그것들을 어떻게 처리해야 할지 몰라 허둥대다가 시간이 되면 그냥 회기를 끝내버리는 경우가 많다. 이런 상황을 예방하려면 구체적인 목표를 세우는 것이 좋다. 라이프웨이 코칭상담자는 다음과 같은 단계를 통해 코칭 혹은 상담의 목표를 세우도록 한다.

상담실을 찾는 내담자들은 대부분 자신의 과거문제를 장기적으로 탐색하고 분석하는 것보다는 단기간에 문제를 해결하거나 자신이 바라는 혹은 목표하는 것을 이루고 싶어 한다. 그들 대부분은 어떤 정신적 질환이나 심리적 이상(abnormality)과는 거리가 먼 보통 사람들이다. 이상심리를 갖고 있거나 장기적인 심리분석이 필요한 경우는 상대적으로 소수이다. 자신이 원하는 것을 어떻게 성취할지 모르거나 감정적 충동, 생각의 차이, 관계소통의 어려움 등으로 심리적, 행동적, 관계적 혹은 영적인 갈등을 겪는 경우들이 대부분이다. 그래서 라이프웨이 코칭상담자는 처음 내담자와의 만남을 시작하면서 신중하게 상황을 탐색하는 가운데 내담자가 원하는 것에 초점을 맞춰 문제해결 혹은 변화와 성장의 물꼬를 트기 위해 노력한다. 과거이슈보다는 미래의 목표와 성취에 집중하기를 원하는 코치이들에게는 목표비전을 중심으로 '스타'(STARS) 코칭을 실시한다.

1) 코칭상담 이슈 선택: 라이프웨이 '스타' 코칭의 첫 단계(Selecting Issues)

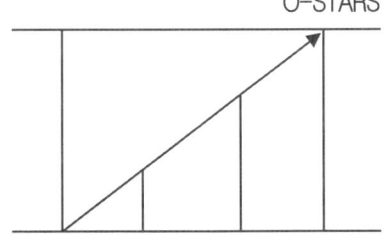

스타코칭의 첫 단계는, 코치이가 원하는 것 혹은 내담자의 문제 중에서 해결하기 원하는 한두 가지 이슈를 '선택'하는 것이다. 코칭을 위해 찾아오는 코치이들 중에는 자신이 정말 원하는 것이 무엇인지, 어떤 변화와 성장이 필요한지 모르거나 혼란스러워하는 경우들이 많다. 관계의 아픔이나 상처를 갖고 찾아온 내담자들은 두서없이 넋두리하듯 자신의 아픔과 상처, 불만을 늘어놓기도 한다. 끝도 없이 온갖 문제들을 쏟아놓는 내담자들도 있다. 이때 마냥 그들의 말을 듣다보면 치유와 회복, 변화와 성장이 있는 코칭상담이 되기보다는 그냥 신세한탄을 하는 것과 크게 다를 바 없이 될 가능성이 크다.

따라서 코칭상담자는 "효과적인 코칭상담을 위해 대화의 범위를 좁히면 좋겠습니다. 오늘 당신에게 무엇이 달라질 필요가 있습니까?" 혹은 "코칭상담을 통해 변화되기를 원하는 것은 무엇입니까?"와 같은 질문으로 당일에 다룰 이슈들을 한두 가지로 좁혀 그것에 집중하는 것이 좋다. 내담자의 아픈 상처를 탐색하고 감정에 공감하며 그 마음을 헤아리는 것은 매우 중요한 일이다. 하지만 단기상담 혹은 코칭에선 막연한 변화에의 기대나 상처 이야기들을 오래 다루기보다는 한두 이슈들을 선택하여 그것에 초점을 맞춰 대화를 진행한다.

대화 초기에 위와 같은 질문을 하면 내담자들은, 대개의 경우, 자기가 원하는 것이 있는데 이루어지지 않는다거나 부정적인 문제들을 거론하며 그것들이 바뀌기를 원한다는 반응을 보인다. 무엇이 바뀌어야 할지, 무엇을 어떻게 해야 할지 모르겠다고 한탄하는 경우들도 있다. 그리고 자신이 어떻게 하면 좋겠는지 물어본다. 자신은 할 수 있는 것이 없으니 문제를 해결해달라고 요청하는 이들도 많다.

필자에게 해결중심접근을 소개해준 하워드 스톤 교수는 사냥하는 것을 좋아하였다. 그는 교육과 상담, 저술, 강연을 위한 국내외 여행 등으로 바쁜 일정을 소화하면서도 틈틈이 사냥하러 가는 것을 잊지 않았다. 목표설정 및 사냥과 관련하여 그가 들려준 흥미 있는 이야기가 있다. 사냥터에 도착하면 사냥개들은 킁킁 대며 목표물을 찾다가 한 사냥개가 멀리 산토끼가 있는 것을 발견하면 힘차게 짖으며 쫓아간다. 그러면 다른 개들도 일단 따라 짖으며 앞서 가는 동료 개를 따라간다. 그런데 토끼가 가파른 산 정상을 향해 빠르게 도망가는 동안 그 토끼를 직접 보지 못하고 따라가기만 하던 개들은 힘이 들거나 어떤 장애물이 나타나면 이내 포기하고 만다. 하지만 토끼를 자기 눈으로 직접 보고 냄새 맡고 확인한 사냥개는 포기하지 않고 끝까지 달려간다.

이 이야기가 우리에게 주는 교훈은 무엇인가? 막연하게 남의 이야기를 듣고 따라가거나, 자신이 바라는 것이 무엇인지 모르고 코칭상담에 임하면 어떤 힘든 일이 생기거나 자신이 기대하는 변화가 금방 일어나지 않으면 이내 지치고 포기하기 쉽다는 것이다. 자신이 원하는 어떤 이슈나 주제를 직접 찾아내어 다루기로 작정하고 선택할 때 그것을 향한 강한 실천 동기가 부여되어 힘이 들어도 그것을 향해 끝까지 달려갈 가능성이 커진다는 것이다. '작심삼일'(作心三日)이라는 말도 있듯이 내 몸과 마음에 밴 어떤 사고의 습관이나 관계의 패턴, 요동치는 감정, 굳어진 일상의 언행 등을 바꾼다는 것은 결코 쉬운 일이 아니라는 점을 감안한다면 코치나 상담사가 유념해야 할 사항이 아닐 수 없다.

따라서 내담자 혹은 코치이가 무엇을 다루어야 할지 어떤 이슈를 해결해야 할지 전문가가 미리 진단하여 지시하거나 제시하는 것이 필요할 경우도 있지만 일반적으로는 그들 스스로 전문가의 도움을 받으며 함께 찾아내고 목표성취를 위해 나아가도록 안내하는 협동작업을 하는 것이 좋다. 변화에의 의욕이 있다 해도 습관화된 행동패턴이나 사고방식을 바꾸기란 쉬운 일이 아니다. 자신의 삶에 필요한 것이 무엇인지, 무엇을 변화시키는 것이 필요한지 공동체적 맥락에서 함께 찾아 그것을 향해 일관성 있게 나아갈 때 사람은 보다 의욕적으로 그리고 효과적으로 자신의 선택에 책임을 지고 건강한 자기성장에 이를 수 있다. 이것이 바로 라이프웨이 코칭상담이 추구하는 것이다. 21세기 포스트모던 시대에 자기주도적인 건강한 삶을 살고자 하는 현대인들에게 적절한 접근이라고 할 수 있다.

2) 코칭상담의 목표구축: 라이프웨이 '스타' 코칭의 둘째 단계 (Targeting Real Wants/Needs)

앞에서 언급한 것과 같은 이유로 라이프웨이 코칭상담자는 내담자가 혹은 코칭 고객이 진정으로 원하는 것, 필요로 하는 긍정적인 것을 찾아

목표로 설정하고 명료화하려고 한다. 사람들이 어떤 상황에 대해 부정적으로 이야기할 때, 그 배경에는 대개 충족되지 않은 긍정적인 필요나 바램, 혹은 동기가 숨어있다. 매일 술에 취해 들어와 소리 지르며 가족들을 때리거나 폭언을 하는 남편 때문에 상담실을 찾은 아내는 "남편이 술을 그만 마셨으면 좋겠어요. 폭언이나 폭행으로 가족을 힘들게 하지 않았으면 좋겠어요"라고 하소연했다.

이때 아내가 원한 것은 단순히 남편이 술을 안 먹고 가족들을 불행하게 하지 않는 것만이 아니었다. 자신을 힘들게 하는 것에 마음의 시선이 가 있기 때문에 그런 것이다. 아내의 하소연 이면에 있는 진짜 소망(wants)은 남편이 일찍 퇴근하여 가족과 함께 식사도 하고 즐거운 저녁시간을 갖는 행복한 가족 관계였다. 코칭상담자는 내담자의 표면적인 기대를 넘어 마음 깊은 곳에 자리 잡고 있는 이와 같은 긍정적인 소망 혹은 필요를 찾아 목표로 삼고 그것을 추구하도록 도와주어야 한다.

효과적인 코칭상담을 하려면 목표가 명료해야 한다. 이것의 중요성은 아무리 강조해도 지나침이 없다. 내담자는 대개 자신의 고통이나 원망, 문제라고 생각하는 것들을 늘어놓는다. 그리고 그것이 고쳐지기를 원한다. 여러 문제들이 한꺼번에 해결되기를 바라는 경우가 많다. 그러나 현실적으로 단기간에 그렇게 한다는 것은 그리 용이한 일이 아니다. 따라서 자신이 원하는 것이 무엇인지를 분명하게 확인하고, 상황이 나아지고 있다면 그 첫 번째 증거가 무엇인지, 그와 관련된 모습들이나 상황은 무엇인지 등에 대한 탐색을 통해 목표의 범위와 경계를 명료하게 설정하는 것이 좋다.

예를 들어, 늘 지각하는 버릇 때문에 각종 문제가 생긴다는 내담자가 있다면, 모든 약속이나 모임에 다시는 지각하지 않는 목표를 세우기보다는, 현재 상황에서 가장 지각하기를 원하지 않는 상황 한두 가지가 무엇인지를 탐색하고 그 대책 마련을 목표로 삼는 것이 바람직하다. 직장에 지각하지 않는 것이 급선무라면 먼저 그 것에 초점을 맞추고 친구나 가족을 만나는 상황과 관련된 지각에 대해서는 융통성을 부여하도록 한다.

(1) 스마트한 코칭상담 목표의 특성

이러한 차원에서, 라이프웨이 코칭상담자는 내담자와 함께 '스마트'한 목표(SMART Goal)를 세우려고 노력한다. 내담자의 목표달성을 보다 가능하게 하는 잘 구축된 목표는 다음과 같은 몇 가지 특징들을 갖고 있다.

첫째, 작고 구체적(specific)이다. 작고 구체적인 목표를 세울수록 대화의 초점이 막연하거나 추상적이지 않고 분명하게 그리고 일관성 있게 전개될 수 있다. "행복해지고 싶어요"와 같은 목표는 긍정적이지만 너무 막연하다. "언제 행복을 느끼세요?" 등과 같은 질문을 통해 자신이 소망하는 행복한 모습을 작고 구체적으로 그려 목표를 잡게 하는 것이 좋다. 그럴 때 무엇을 어떻게 할지 알기 쉽고 코칭대화도 일관성 있게 진행될 수 있다. '할 수 있다'는 생각과 함께 변화와 소망에의 동기를 강화해줄 수 있다.

둘째, 평가가능(measurable)하다. "우리 가족이 행복해지면 좋겠어요!"라는 목표는 너무 광범위해서 대화 초점이 흐트러지기 쉽고, 그 성취 여부에 대한 객관적인 평가 또한 어렵다. 따라서 "가족이 행복하면 지금과 무엇이 다를까요?"와 같은 추가질문을 통해 "행복해지면 한 주에 두세 번은 가족들이 함께 저녁식사를 하고, 주일에는 손잡고 교회를 갈 거예요. 한 달에 한 번은 부부만 오붓하게 데이트도 하고요"와 같은 평가가능한 목표를 세우도록 한다.

셋째, 행동지향적(action-oriented)이다. "어떻게?"라는 질문들을 통해 무엇을 구체적으로 성취하기 원하는지 행동지향적인 내용의 목표를 세우는 것이 효과적이다. "행복해지면" 어떻게 행동하며 살아갈지를 묻는 질문들을 통해 더 구체적인 성취목표를 이끌어낼 수 있다. 가족들이 함께 식사하고 주일에는 손잡고 교회에 가고, 한 달에 한 번 부부 데이트를 하는 것과 같은 모습은 평가가능하면서 동시에 행동지향적인 목표라고 할 수 있다.

넷째, 현실적이고 성취가능(realistic)하다. 이런 목표를 세울 때 내담자의 성취동기와 의욕 또한 배가된다. 변화 가능성에 대한 부정적인 태도나 생각도 좋지 않지만, "이번 주 안에 남편의 알코올 중독 문제가 다 해결되기를 바랍니다"와 같은 비현실적이고 과장된 목표나 막연한 기대 또한 바람직하지 않다. 오래 지속되어온 문제습관이나 패턴을 변화 혹은 제거하는 것은 그리 만만한 작업이 아니기 때문이다.

어떤 행동이나 사고방식, 태도가 지속되고 몸에 배는 것은 나름대로 이유가 있었기 때문이다. 따라서 이런 것을 뜯어고치기보다는 내담자가 바라는 어떤 바람직하고 긍정적인 새로운 행동들에 관심을 두고 그것을 시작하기 위한 조그만 목표를 세우는 것이 현실적으로 실천가능성이 더 높다. 문제를 한꺼번에 해결하려하기보다는 잘게 잘라서 쉬운 것부터 단계적으로 추구하는 것이 성공 가능성을 높인다.

다섯 째, 시간제한을 두고 목표달성을 향한 과정과 결과를 점검한다 (time-limited). 변화는 한 순간에 이루어지지 않는다. 지속적인 변화 시도가 따라야 한다. 따라서 라이프웨이 코칭상담자들은 내담자들로 하여금 한 주 동안 실천 가능한 목표를 세우고 그것을 전략적으로 시도하도록 안내한다. 그리고 그 결과를 점검하고 또 다시 한 주 동안 실천 가능한 변화 전략을 세워 궁극적인 상담 목표를 달성하도록 접근한다.

소아신경외과 의사로 세계적인 권위와 명성을 얻은 프레드 엡스타인 박사가 쓴 글에 다음과 같은 이야기가 있다.

> 환자들에게 받은 카드와 편지 덕분에 나는 하루하루 살아갈 힘을 얻었습니다. 내가 치료했던 꼬마 아가씨가 이런 말을 보내주었습니다: "뒷걸음질 치는 건 가재뿐이다." 나에게 이만큼 딱 들어맞는 말도 없습니다. 나는 앞으로 나아가야 합니다. 미래가 아무리 불확실하다 해도 말입니다. 우리가 해야 할 일은 앞으로 나아가는 것, 결국은 그게 전부입니다. … 내일 어떤 고통 혹은 어떤 기쁨이 닥칠지 아무도 모릅니다. 불확실성에 맞서 전진하기로 결심하는 데에는 의지와 낙관적인 태도가 필요합니다. … 세상은 너무나 불확실하기 때문에 모든 이야기가 해피엔딩으로 끝난다고 장담할 수는 없지만, 그렇

다고 해피엔딩을 기대할 수 없는 것은 아닙니다.[4]

사람은 내일이 비록 불확실하다 할지라도 분명한 목표를 갖고 오늘 최선을 다하며 한 걸음 한 걸음 앞으로 나아갈 필요가 있다. 때로는 그것이 할 수 있는 것의 전부일 수 있다. 우리가 어떤 것에 주목하여 그것을 전심으로 찾을 때 결국 그것을 보게 될 가능성이 크다. 우리의 시각이 어떤 부정적인 것에 초점이 맞추어지면 부정적인 결과를 보게 될 가능성이 크다. 반면에 긍정적이고도 명료한 목표를 세워 그것에 초점을 맞추고 찾으면 결국 찾아지게 될 것이다. 다음과 같은 예수 그리스도의 말씀을 깊이 묵상하자. "구하라 그리하면 너희에게 주실 것이요. 찾으라 그리하면 찾아낼 것이요. 문을 두드리라 그리하면 너희에게 열릴 것이니 구하는 이마다 받을 것이요 찾는 이는 찾아낼 것이요 두드리는 이에게는 열릴 것이니라"(마 7:7-8).

4. 코칭상담 사례:
"문제, 무디어진 사랑을 일깨우는 사랑의 신호등 – 1"

본 사례는 필자가 모 교회에서 실시한 코칭상담 내용을 본서의 틀에 맞춰 재구성한 것이다. 코칭상담이 한 회기 동안 어떻게 진행될 수 있는지 그 한 예를 보여주고 있다. 내담 부부는 교회에서 잉꼬부부로 소문났지만 사실은 오랫동안 갈등과 다툼으로 관계가 구겨져 있었다. 당시 초등학교 교사였던 아내(31세)가 먼저 이혼을 고려하면서 실제로 '이혼 도장을 찍기 전에 한 번 상담을 받아보고 결정하겠다'는 생각으로 도움을 요청한 상황이었다. 남편(33)은 사업을 하고 있었고, 교회에서는 집사로 다양한 부서에서 활동하는 중이었다. 부부 문제를 다른 사람에게 이야기한다는 것이 내키지는 않았지만 성실한 신앙생활을 하는 사람으로서 이혼을 불사하는 아내의 행동에 위기감을 갖고 코칭상담에 응하였다.[5]

♰ 코칭상담 전 만남과 과제

=〔목요일 늦은 오후, 퇴근준비를 하는데 평소에 알고 지내던 A 집사 (여)에게서 전화가 온다.〕

아 내 〔울면서〕 목사님, 좀 뵐 수 있을까요? 남편 때문에 너무 힘들어요. 더 이상은 못 참겠어요.
도저히 함께 살 수 없어요.

상담자 남편 때문에 힘드시다고요? 같이 못 사시겠다고요? 그게 무슨 말씀이세요?
……
지금 몹시 흥분된 상태이신 것 같아요. 〔침묵〕
〔흐느낌이 가라앉기 시작〕 집사님, 어떻게 된 일인지 자초지종을 말씀해주시겠어요?

아 내 지난 3년 동안 참고 참아왔는데요… 이를 악물고 참았어요… 아이를 생각해서 참았는데… 〔다시 흐느낌〕
〔울음소리가 가라앉기 시작함〕
목사님을 마지막으로 한 번 만나보고, 그래도 해결되지 않으면 더 이상 고민하지 않고 이혼서류에 도장 찍으려고 해요.

상담자 지난 3년여 동안이나 남편과 그렇게 어려우셨어요? 저는 몰랐네요.
이혼까지 생각하신다니 상황이 매우 심각한 것 같군요.

아 내 네…

상담자 아니, 어쩌다가…
남편께서는 지금 이 상황을 어떻게 보고 계십니까?

아 내 그 사람은 나를 이해하지 못해요. 내가 얼마나 힘들어하는지, 내가 왜 이러는지 이해할 수가 없다는 거예요. 그 사람은 항상 그래요. 자기는 잘못이 없는데 다 내가 괜히 그런다고 해요.

	하지만 이번에는 제가 하도 강하게 나오니까 자기도 목사님을 함께 만나겠다고는 해요.
상담자	남편께서도 상담에 응하시겠다니 잘 되었습니다. 상황이 급박한 것 같으니 혹시 내일 시간을 내서 두 분이 함께 오실 수 있을까요? 가능하시겠어요?
아 내	네, 내일 6시 이후에는 가능할거예요.
상담자	좋아요. 그런데 내일 오시기 전에 한 가지 준비해 오시면 좋을 것이 있습니다. 우리교회 인터넷 홈페이지에 들어오셔서 가정사역/상담사역부를 클릭하시면 코칭상담 신청칸이 있는데 그것을 다운로드 하셔서 두 분이 각각 사연을 작성하신 후 내일 오실 때 가져오시면 좋겠습니다. 저는 단기 코칭상담을 하기 때문에 전략적으로 할 필요를 느껴 이렇게 합니다. 이것이 집사님의 상황을 조기에 해결하는데 도움이 될 것입니다.
아 내	정말 우리 부부 문제가 해결될 수 있을까요?
상담자	우리가 내일 일을 장담할 수는 없습니다. 그러나 주님은 늘 우리 안에 계셔서 우리를 돕고 계십니다. 주님께 소망이 있습니다.
아 내	네, 알겠습니다. 〔전화를 끊는다. 목소리가 한결 안정되고 차분하게 되었다.〕

✝ 내담 부부와의 만남

상담자	어서 오세요. 두 분 잘 오셨습니다. 어려운 걸음을 하셨습니다.
아 내	아니에요, 목사님.
남 편	시간 내 주셔서 감사합니다.
상담자	제가 어떻게 도움을 드릴 수 있을까요?
아 내	어제 전화로 말씀드린 대로, 저는 더 이상 이 사람과 함께 살고 싶지가 않아요. 그동안 참고 살아온 것만도 너무 힘들고 정말

　　　　지긋지긋해요.
남　편　당신은 왜 그리 늘 불만인지 모르겠어. 내가 뭘 어쨌다고? 내가 잘못한 게 도대체 뭐야?
아　내　〔남편을 향해 빈정대며〕 또 그 소리… 그렇지. 당신은 잘못한 게 없지…
상담자　함께 살 수도, 그리고 싶은 마음도 없으시다는 말씀이신데… 흠!
　　　　어제 말씀드린 저와의 만남 양식을 가져오셨나요?
아　내　네. 여기 있어요.
　　　　〔아내가 깨알같이 적은 종이를 내주고, 상담자는 그것을 훑어본다.〕
　　　　〔남편은 간단히 써왔다.〕
상담자　〔여집사를 보며〕 어려움이 꽤 많으셨군요.
　　　　〔코칭상담 조감도와 척도를 보여주며〕 척도 0점을 집사님의 상황이 가장 심각했을 때, 10점을 그것이 해결된 상태라고 할 때, 오늘 집사님의 상태는 어디쯤에 있다고 보십니까?
아　내　음…, 3점 정도에 있는 것 같아요.
상담자　〔남편을 향해〕 집사님은요?
남　편　글쎄요… 한 6정도요!
상담자　두 분 사이에 지금의 상황에 대한 인식의 차이가 많이 있네요?
아　내　네, 맞아요.
남　편　그렇네요.
상담자　두 분께서는 현재 상황에 대해 각각 3과 6이라는 점수를 주었는데 무엇을 근거로 그렇게 하셨나요?
아　내　결혼하고 1년 정도 되면서부터 이 사람하고 사는 것이 힘들어지기 시작했어요. 성격도 다르고, 사는 방식도 달라서 … 절망스럽고 답답하고… 정말 힘들었어요. 그러다가 급기야는 밤마다 남몰래 우는 날이 많아졌어요…

그런데 생각해보면 지금은 많이 무디어진 것 같기도 해요. 그때는 친정에서 멀리 떨어진 도시에서 살았는데, 지금은 친정 가까이에서 사는 것이 힘이 될 때가 많아요.

남 편 맞아요. 아내가 전보다는 바가지를 좀 덜 긁는 것 같긴 해요. 이 사람은 한 번 바가지를 긁기 시작하면 끝이 없어요. 그러면 저는 아무 말 안하고 침묵하든지, 피해 밖으로 나갔지요.
저는 아내가 좋으면 저도…

아 내 〔대화를 끊으며〕이 사람이 이래요. 도대체 대화가 안 돼요. 이야기 좀 하려면 말을 안 하든지 심각하게 듣지를 않아요. 아니면 나가버리든지. 그러니 저는 더 화가 나는 거예요.

남 편 그러면 어쩌란 말이야. 당신과 싸워야 속이 시원하겠…

아 내 〔대화를 끊으며〕누가 싸우재? 문제가 있으면 해결해야지. 그냥 피하면…
〔서로 대화를 끊으며 말다툼을 한다.〕

상담자 자, 잠깐만요. 두 분은 지금 여기에 싸우러 오신 것이 아니라 문제를 해결하기 위해 오셨습니다. 맞지요?

부 부: 〔쑥스러운 듯〕그야 그렇지요.

남 편 이 사람이 늘 이래요. 도대체 한 번 시작했다하면…
〔아내가 다시 끼어들며 언쟁한다.〕

✝ 라이프웨이 목표구축

상담자 〔아내를 향해〕오늘 해결하기를 원하는 것은 무엇이지요?

아 내 이 사람은 나를 늘 무시해요. 나도 결혼하기 전까지는 꽤 잘났다고 생각했었…

남 편 〔아내가 말을 끝내기도 전에〕내가 언제 무시했다고 그래. 그것은 당신이 잘못 생각한 거야. 나는…

아 내 〔아내가 끼어들며 빈정댄다〕또 그 소리. 그래. 당신은 한 번도

	날 무시한 적이 없지.
	당신이 언제 잘못한 적 있어? 항상 내가 문제지…
남 편	나 참, 기가 막혀서… 아니 도대체…
상담자	잠깐만요…
	〔아내에게〕 오늘 먼저 꼭 해결하기를 원하는 것이 한 가지 있다면 무엇이지요?
아 내	저는 더 이상 무시 받으며 살기 싫어요.
상담자	무시 받으며 산다는 것이 무슨 말씀이세요?
아 내	저도 성인이에요. 그런데 이 사람은 사사건건 내가 하는 일에 간섭해요. 백화점에 가서 쇼핑하고 오면 돈 씀씀이가 헤프다, 입술색깔이 너무 진하다, 치마가 너무 짧다, 교회에서 말이 너무 많다, 다소곳하지 못하다, 목소리가 너무 크다 등등 이루 다 말할 수가 없어요…
	그리고요 이 사람은 교회에 가도 자기만 혼자 바쁘고, 저는 아이와 함께 혼자 예배드리다 오곤 해요. 그리고 다른 사람들에게는 그렇게 친절하면서 왜 제게는 눈길 한 번 안 주는지 모르겠어요.
	저도 여자라구요.
상담자	아, 그러시군요. 그래서 힘드시군요.
	자신이 하는 것에 대해 남편이 존중하고 인정해주시기를 원하신다는 말씀이신가요?
아 내	네, 맞아요.
상담자	남편이 존중해주시면 집사님은 어떻게 되시겠습니까?
아 내	위축되지 않고 좀 더 당당하고 자신 있게 생활할 수 있겠지요.
상담자	예, 좋습니다.
	〔남편이 존중해주는 것에 좀 더 대화를 나눈 후, 조감도를 보여주며 간단히 설명한다. 그리고 목표 부분에 '남편의 존중'이라고 쓴다.〕

상담자	〔남편에게〕 집사님, 두 분 사이에 무엇이 변화될 필요가 있습니까?
남 편	〔한숨을 깊이 쉬며 무거운 목소리로〕 제 아내는 이혼을 생각하고 있습니다. 내가 자기를 무시하고 사사건건 간섭해서 더 이상 견딜 수가 없다는 겁니다. 요즈음에는 저와 말도 안하고 저녁에 집에 와도 쳐다보지도 않아요.
아 내	〔조감도에 쓰다말고〕 기가 막혀! 얼굴을 볼 수 있어야 쳐다보기라도 하지. 당신이 언제 그렇게 일찍 집에 들어와 본 적 있어? 대화를 안 한 것은 당신이지 내가 아니잖아!
상담자	〔아내에게〕 잠깐만요, 남편의 말이 끝날 때까지 한 번 들어보십시다.
남 편	……〔침묵〕 이런 날이 올 줄은 상상도 못했습니다. 기가 막혀서…!
상담자	마음이 많이 상하신 것 같군요.
남 편	〔한숨〕 예! 서로 비난하고 안 싸우는 날이 거의 없어요. 그러다 보면 며칠 동안 말도 없이 그냥 지내기도 하구요… 어쩌다 이렇게 되었는지…!
상담자	음, 이렇게 말씀드리면 어떻게 생각하실지 모르겠는데… 제가 볼 때 아내를 여전히 사랑하시는 것 같네요?
남 편	예? … 아, 예. 전에는 우리도 참 행복하고 좋았습니다. 교회 사람들이 저희들에게 잉꼬부부라고 할 정도였으니까요.
상담자	아, 잉꼬부부라고… 무엇이 어떻게 변화되면 오늘 이곳에 오기를 잘했다고 생각하실까요?
남 편	옛날로 돌아가면 좋겠어요.
상담자	옛날로 돌아가면 좋겠다… 이것이 의미하는 바는 무엇인가요?
남 편	전처럼 아내와 사랑하는 관계를 회복하고 싶어요.

상담자   전처럼 아내와 사랑하는 관계를 회복하고 싶다…
그렇게 된다면 두 분의 모습은 어떻게 달라질까요?
남 편   전에는 대화를 참 많이 했어요. 둘이서 외식하고 영화 보는 것도 즐겼고요. 그런데, 생각해보니, 아이가 태어난 뒤로 아내는 아이 뒤치다꺼리 하느라 정신이 없고, 저는 저대로 피곤한 상태로 늦게 귀가하고… 퇴근하면 집은 엉망이고… 아내는 제게 힘들다고 불평하곤 했지요…
상담자   문제가 해결되면 두 분이 외식도 하고 영화도 보고, 아내와 둘이서 대화도 많이 하고…
오늘 코칭상담을 통해 얻고 싶은 것이 그것인가요?
남 편   〔한숨을 다시 쉬며〕 예, 그런 셈입니다!
〔남편에게 조감도를 보여주며 '목표' 부분에 자신이 원하는 것을 간략히 요약, 기록하도록 한다.〕

주(註)

1) 정서(emotion)는 외부에서 들어오는 정보나 자극을 받아 몸과 마음의 반응을 일으키는 중간 매개체와 같은 역할을 하는 것이다. 머레이 보웬은 이것을 인간의 생존에 꼭 필요한 '에너지'로 보았다. 평상시에는 대체로 과거에 형성된 주된 '언행심사'의 패턴에 근거하여 반응하다가 어떤 위기나 스트레스, 부정적인 상황에서는 본능적으로 자기 생존을 위한 방어적 심신(心身) 반응을 취하게 된다. 이처럼 정서가 외부 자극과 심신 반응을 연결하는 '추동 에너지'(driving energy)라면, 감정은 그 상황에서 내적으로 발생한 혹은 인식된 느낌(feeling)이라고 할 수 있다. 사람은 위기나 스트레스가 큰 상황일수록 감정적 사고와 행동을 하기 쉽다.
2) 그동안 학교나 교회 등에서는 공식적인 상담 오리엔테이션을 생략하고 바로 상담에 들어가는 경우가 많았다. 하지만 효과적인 코칭상담을 위해 이러한 과정을 거치고 코칭상담 동의서를 작성한 후 대화를 시작하는 것이 좋다. 그럴 때 코칭상담사는 물론 내담자도 더 책임감 있고 성실하게 코칭상담에 임하게 된다. 책 부록에 제시된 코칭상담 약정서 샘플을 참고하라.
3) 유재성, "인간내면의 이해와 관계성장," 「한국 기독교상담 학회지」, 제9권 (2005): 92-95.
4) Fred Epstein and Joshua Horowitz, 「내가 다섯 살이 되면」, 이경남 역 (서울: 한언출판사, 2003).
5) 이 사례는 라이프웨이 코칭상담의 전개 과정을 보여주기 위한 것이다. 내담 부부의 비밀보장을 위해 개인정보, 만남 및 대화내용에 다양한 변화가 주어졌음을 밝힌다. 라이프웨이 코칭상담의 각 단계에 해당되는 부분을 나누어 각 장의 끝 부분에 제시하도록 한다.

제9장 미래비전과 과거자원 탐색

　1983년 3월, 필자가 논산훈련소에서 경험한 마지막 과정의 하나는 충청남도 논산에서 전라북도 고산까지 기본 군장을 하고 총을 멘 채 하루 종일 고된 행군을 하는 것이었다. 그때 훈련병들이 지치거나 대열에서 흐트러지면 교관이나 조교들은 계속해서 "이제, 조금만 더 가면 된다. 거의 다 왔다" 등의 말을 외쳤다. 그들은 "너희의 힘든 상황을 곰곰이 살펴봐라. 어디가 아프냐? 무엇이 문제냐? 어떤 느낌이 드냐?" 등에 대해 묻거나 시선을 거기에 집중시키지 않았다. 그 대신 "10분만 더 가면 휴식이다; 이제 곧 시원한 물을 마실 수 있다" 등의 말로 우리 마음을 시각적으로 그리고 청각적으로 자극하였다. 힘찬 군가를 부르면서 힘을 내게 했고, 낙오자가 생기면 옆 사람이 대신 총과 군장을 메고 부축하며 함께 가게 했다. 날이 어두워져 지치고 탈진 상태에 이르렀을 때는 재미있는 이야기를 해주고, 별이 총총한 산길을 지날 때는 이제 곧 성대한 환영식과 함께 먹을 것과 씻을 수 있는 즐거움이 기다리고 있다는 것을 상기시켜 주었다.

　끝없이 이어질 것 같던 행군 길, 어디선가 조금씩 어떤 소리가 들리기 시작했다. 음악 소리였다. 그 소리가 점점 커졌다. 아, 자세히 듣고 보니 군악대가 승리의 팡파르를 울리는 것이었다. 순간 가슴이 뛰었다. 벅차올랐다. 훈련병들이 너나 할 것 없이 "야, 다 왔다"며 승리의 함성을 질렀다. 조금 전만 해도 온 몸을 축 늘어뜨리고 힘없이 군화를 끌듯 비틀

거리며 가던 훈련병들이 언제 그랬냐는 듯이 날아갈 듯 목표지점을 향해 진군하였다. 드디어 목적지가 눈앞에 그 모습을 드러낸 것이다!

승리의 기쁨을 만끽하며, 내무반에 들어가 군화를 벗었다. 발바닥에 허연 물집이 여기저기 나있는 것이 보였다. 어떤 훈련병은 발톱이 빠지기도 하였다. 그것을 보는 순간, 얼마나 고통이 심하게 밀려오는지 견딜 수가 없었다. 만약에 중간 중간 군화를 벗고 그 모습을 보았다면, "어이구, 물집이 하나 더 생겼네, 왼쪽에 물집이 3개가 있으니까 오른쪽에 힘주어 걸어야지… 어이구, 오른쪽에 물집이 또 생겼네. 그러니까 더 아프네. 어떡하지? 아이구 이래서 아프고, 저래서 아프고…" 이러면서 행군했다면 어떠했을까?

1. 라이프웨이 미래비전 구축(Piecing LifeWay Vision Together)

누구든지 그리스도 안에 있으면 새로운 피조물이라. 이전 것은 지나갔으니 보라 새 것이 되었도다(고후 5:17).

하나님이 미리 아신 자들을 또한 그 아들의 형상을 본받게 하기 위하여 미리 정하셨으니 … 미리 정하신 그들을 또한 부르시고 부르신 그들을 또한 의롭다 하시고 의롭다 하신 그들을 또한 영화롭게 하셨느니라(롬 8:28-30).

고린도에 있는 하나님의 교회 곧 그리스도 예수 안에서 거룩하여지고 성도라 부르심을 받은 자들과(고전 1:2).

주 예수 그리스도의 이름과 우리 하나님의 성령 안에서 씻음과 거룩함과 의롭다 하심을 받았느니라(고전 6:11).

성경은 미래의 일을 이미 이루어졌거나 지금 진행되는 현재적 사건으로 인식하는 혹은 그런 의미로 표현하는 곳들이 많다. 위의 구절들은 그 일부이다. 사도 바울은 "시기와 분쟁" 등 각종 문제행동을 자행하는 고린도 교회 교인들을 향해 예수 그리스도 안에서 "거룩하여지고 성도(聖徒)라 부르심을 받은 자들"이라고 선포하였다(고전 1:2). "육신에 속하여 사람을 따라" 행동하는데, 전혀 의롭지 않은데 그런 그들을 향해 주 안에서 "의롭다 하심"을 받았다고 말한다(고전 3:3; 6:11). 눈에 보이는 현실은 아직 아닌데 그리스도 안에서 '성도'라고 부르며 그렇게 대하는 것이다. 이것이 하나님 나라의 '이미'와 '아직'의 이중구조이며, 하나님 나라의 '미래현재' 시각이다. 이 땅에 살며 육신의 한계에 의해 영향을 받지만, 하나님 나라는 이미 우리 안에 임하였으며 미래가 이미 현재에 와 있음을 믿는 것이다.

1) 미래비전 질문: 라이프웨이 '스타' 코칭 세 번째 단계(Adding LifeWay Vision)

코칭상담사는 코치이 혹은 내담자와 함께 설정한 상담 목표가 달성되면 그들의 삶에서 구체적으로 무엇이 달라질지 그 다양한 변화의 모습을 마음으로 보고(視) 듣고(聽) 느끼고(覺) 말하게 한다. 자신의 마음에 임한 하나님 나라의 변화된 미래 실재를 지금 경험하게 하는 것이다. 하나님의 미래 역사를 말씀에 비추어 성령님의 깨닫게 하심을 통해 마음의 눈으로 보고 마음을 그 모습으로 가득 채우는 것이다(visualization). 이처럼 마음(heart)을 하나님 나라의 미래비전으로 채우는 것이 중요함은 생명의 근원이 여기에서 나기 때문이다(잠 4:23). 사람은 자신이 무엇을 보고 느끼고 생각하는 가에 따라 어떤 사람이 될 것인지, 어떤 결과를 가져올지 등에 있어서 지대한 영향을 받기 때문이다(잠 23:7).

이러한 미래비전을 가슴에 새기는 것은 라이프웨이 '스타'코칭의 세 번째 단계로서 목표가 달성되면 앞으로 무엇이 달라질지를 명료하게 볼 수 있도록 작업하는 것이다. 그 때가 되면 자신의 생각이나 말과 태도, 행동이 어떻게 달라질지 구체적으로 꿈꾸고 마음에 그려 넣는 것이다. 현실의 고통이 심하고 오랫동안 부정적 상황에 있어서 그러한 모습이나 느낌이 잘 생기지 않으면 아담에게 '생기'(breath of life)를 불어넣으시고 생명을 주신 하나님을 묵상하며 천천히 심호흡을 하면 도움이 될 수 있다. 시편 23편과 같은 말씀을 마음으로 보고 듣고 느끼며 말하면서 심호흡을 하면 부정적인 감정이나 사고를 차단하고 긍정적인 미래 초점으로 전환하는데 효과적이다.

이때 문제 이슈를 가진 내담자에게 문제가 '없어지는 것'보다 '그 대신' 무엇을 어떻게 새롭게 하고 있을 것인지를 탐색하게 한다. 사람들이 어떤 불만이나 원망감을 갖는 것은 내면에 충족되지 않은 기대나 필요에 대한 방어적 행동 때문이다. 미충족된 정서적 욕구가 부정적 감정을 자극하고, 이것에 대한 방어적 본능이 각종 부정적 사고를 야기하고 행동하게 하는 것이다. 이때 오랫동안 굳어진 습관이나 어떤 행동 패턴을 중단하거나 고치는 것은 그리 용이한 일이 아니다. 그 대신 내담자가 바라는 어떤 긍정적인 새로운 것을 시도하는 것이 더 전략적이고 효과적이다. 그럴 때 부정적 정서나 욕구의 영향이 줄어들기 때문이다. 조지 레이코프(George Lakoff)가 저서 『코끼리는 생각하지 마』에서 제시한 것처럼 기존에 형성된 내 마음의 습관이나 프레임(frame)을 부정하거나 억압 혹은 제거하려고 할수록 그렇게 되는 것이 아니라 더 그 프레임의 덫에 걸리기 때문이다.[1]

한국 사람은 '관계정서' 기제에 민감한 경향이 있다. 합리적 사고와 분명한 태도 혹은 행동 표현보다는 '정에 살고 정에 죽는' 전통적인 정서구조가 강하여 그럴 수 있다. 나아가 포스트모던 사회의 특성이라고 할 수 있는 자기중심적 이기성과 연관지어 생각할 때 관계 상대방이 자신의 필요나 기대에 부응하지 않거나 힘들게 하면 감정기제가 작동하여 관계갈등을 경험하는 일들이 과거에 비해 더욱 많이 발생하고 있다. 물론 이런 모습은 한국 사람만 아니라 정도의 차이가 있을 뿐 기본적으로 인종과 문화를 초월하여 모든 사람들에게서 나타나는 현상이라고 할 수 있다.

그래서 우리처럼 내면의 갈등을 경험한 사도 바울은 "육신에게 져서 육

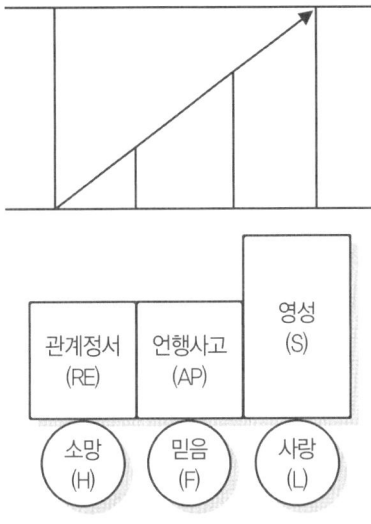

신대로 살 것"이 아니라 성령님을 힘입어 "영으로써 몸의 행실"을 '죽임으로 살라'고 권면한다(롬 8: 12-13). 이 말은 우리가 속한 하나님 나라의 '이미'와 '아직'의 불완전한 긴장구도를 뛰어넘기 위해서는 인간의 한계와 상황에 의해 요동하지 않는 '영적인 중심'이 있어야 한다는 의미이다.

다시 말하면, 좌측의 그림처럼, 영적인 초점(영성, Spirituality)이 인생 기차의 엔진 부분에 위치하여 개인의 사고(Perception)와 행동(Action)을 사로잡아 주께 복종시킬 때(SPAER) 그리스도 안에서 하나님의 형상을 가진 자로서의 합당한 생활을 영위할 수 있게 된다.2) 이러한 차원에서 라이프웨이 미래비전은 설정된 변화목표가 성취되면 내담자의 영성을 중심으로 사고와 행동에 어떤 변화가 일어날 것이며, 그것이 관계정서적으로 어떤 결과를 가져올 지에 대해 구체적으로 심리적 지도(mind map)을 그리는 것이다. 지난 삶의 경험들을 통해 형성된 '육신적 준거틀'(REAPS)의 영향이 쉽게 바뀌는 것은 아니지만 '이미' 우리 안에 임한 하나님 나라의 초점으로 자신의 삶을 지속적으로 꿈꾸고 실천할 때 '주 안에서 영성적 준거틀'(SPAER)이 새롭게 형성되고 작동하게 된다.

따라서 라이프웨이 코칭상담의 미래비전 구축은 기본적으로 "(당신의 목표가 달성된다면) 당신의 삶은 지금과 무엇이 어떻게 달라질까요?"와 같은 질문으로 시작된다. 즉, 문제가 해결된다면 내담자의 영적인 삶

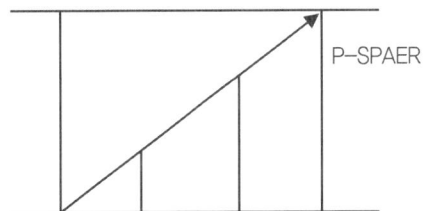

(Spirituality)에 어떤 변화가 발생하여 내담자의 삶의 중심이 될 수 있겠는지를 마음에 그려보도록 인도하는 것이다. 그리고 그러한 영적인 질서가 잡힐 때 내담자의 사고(Perception)와 행동(Action), 정서(Emotion)와 관계(Relationship)의 차원에 지금까지와는 다른 어떤 모습이 나타날지 믿음의 눈으로 그려보고, 말로, 표정으로, 동작으로 다양하게 표현해보는 것이다. 이러한 기초적인 질문에 이어 코칭상담자는 다음과 같은 질문들을 유연하게 사용하여 미래비전의 그림을 구체적으로 그려가도록 안내한다:

"이때 당신은 무엇을 하고 있을까요?"
"하나님에 대한 당신의 태도(생각/자세/언행 등)는 어떻게 달라질까요?"
"당신 자신이나 상황에 대한 당신의 생각은 어떻게 달라질까요?"
"당신의 말이나 행동은 어떻게 달라질까요?"
"당신은 지금과 달라진 어떤 모습을 보게 될까요?"
"당신의 귀에 무엇이 들려올까요?"
"당신의 감정이나 관계의 모습은 어떻게 달라질까요?"

다음은 학교에 잘 적응하지 못하고 문제를 일으키곤 하는 아들이 달라지기를 바라는 어머니와의 대화 내용이다. 목표설정에 이어 미래비전이 어떻게 구축될 수 있는지를 보여준다.

내담자   "아들이 학교에 빠지지 않고 친구들과도 싸우지 않으면 좋겠어요."〔부정적 목표〕

상담자   "그러시군요."
〔간략한 수용 및 공감 반응 후〕"아들에 대한 관심과 사랑이 많으시네요."

내담자   "네?… 아, 예. 그렇다고 볼 수 있지요."〔내담자에게 긍정적 이미지 부여〕

상담자   "만약 어머니께서 원하시는 일들이 일어난다면, 아들은 어떻게

	달라진 모습을 보일까요?"
내담자	"착한 아들이 되겠지요. 학교에서는 모범생이 될 거구요. 전처럼 잘 웃고 매사에 긍정적인 생각과 언행으로 친구들과도 가깝게 잘 지낼 것입니다."〔긍정적 시각으로 전환〕
상담자	"네, 아들이 이렇게 바뀐다면 어머니(가족/친구 등)는 아들에게 어떤 모습으로 대하실까요?"
	"아들의 입장에서 어머니가 바뀐다면 어떤 모습으로 변하실 것이라고 말할까요?"
내담자	"제 아들이 그렇게 변화된다면, 저는…"〔긍정적 변화의 모습 구축〕

상담자는 이 대화를 통해 내담자의 부정적 목표에서 '관심과 사랑'이라는 긍정적 의미를 이끌어낸 후 그가 원하는 미래비전을 탐색하게 하였다. 내담자 안에 숨어 있는 아들에 대한 긍정적인 열망, 즉 미래의 모습을 찾아내려고 한 것이다. 이 미래변화 혹은 문제가 해결된 상황의 모습을 꼭 내담자에게서만 찾으려고 할 필요는 없다. 내담자는 주변의 '의미 있는 타자들'에 의해 영향을 받고, 그들 또한 내담자에 의해 영향을 받는 상호 공동체적인 관계에 있기 때문이다. 내담자의 문제가 개선 혹은 해결된다면 주변 사람들은 내담자가 어떻게 다른 행동을 할 것이라고 생각하는지, 그들은 그런 상황에서 내담자에게 어떻게 대할지 등에 대해 탐색할 수 있다.

이러한 접근은 문제에 집중하느라 변화 가능성을 보지 못하는 사람들에게 큰 도움이 된다. 주변 공동체의 시각으로 자신에게 어떤 변화가 있을지 생각하게 하면 변화목표의 힌트를 얻을 수도 있기 때문이다. 내담자의 자기 인식이나 기대, 가능성 등에 대한 인식은 주변 사람들이 자신을 어떻게 볼 것인가에 대한 내담자 자신의 이해에 의해 크게 영향을 받기 때문이다. 주변에서 자신을 부정적으로 보고, 부정적인 행동을 할 것으로 예상 혹은 기대하고 있다고 생각하면 그것이 자기 예언(self-prophecy)

이 되어 그러한 행동을 강화할 수 있다. 반대로 긍정적인 기대를 갖고 있을 것이라고 판단하면 그런 방향으로 변해가려는 내적인 역동이 작용할 수 있게 된다. 아래는 위의 사례를 공동체적인 상호 역동의 시각에서 추가적으로 재구성한 것이다:

상담자 "아들이 학교에 빠지지도 않고, 친구들과도 싸우지 않으면 무엇이 달라지겠습니까?"
혹은 "아들의 상황이 좀 나아지면, 아들은 그 대신 무엇을 하겠습니까?"

내담자 "음… 그러면 선생님과의 관계가 좋아지고, 친구들과도 사이좋게 지내겠지요?"

상담자 "그러면, 아들과 부모님(내담자)과의 관계에서는 어떤 변화가 일어날까요?"

내담자 "음… 오후에 집에 오면 전처럼 식구들과 대화도 잘 하고, 저녁 식사도 함께 하며…"

상담자 "어머니께서 원하시는 것이 그것인가요?"

내담자 "예, 그렇게 된다면 좋겠어요."

상담자 "그렇게 되면, 아들을 대하는 어머니의 태도에는 어떤 변화가 있을까요?"
(또는) "지금, 아들이 여기에 있다고 가정하고, 어머니가 어떻게 하시면 아들이 '어, 어머니가 전과 달라지셨네!'라고 말할 수 있을까요?"

내담자 "…음, 아마도 아들에게 더 부드럽게 대하고, 말도 친절하게 하겠지요. 전보다 아들을 비판하는 말도 줄어들 거예요…"

상담자 "아드님을 잘 아는 선생님이나, 친구들은 어머니의 그런 변화에 어떻게 반응할까요?"
(또는) "아, 그러시군요. 그러면 이러한 것들이 아들에게 어떤 영향을 줄 수 있을까요?"

기적비전 질문

코칭상담을 하다보면 자기 앞에 놓인 변화의 요구나 과제에 압도된, 혹은 감정의 골이 깊거나 사고가 경직되어 변화의 가능성을 생각하거나 상상하지 못하는 코치이나 내담자들을 만나게 될 때가 있다. 이런 사람들은 '나'는 '할 수 없다'라는 부정적 자기 확신이나 신념의 벽에 가로막혀 자신이 어떻게 달라질 수 있을지, 상황이 어떻게 변할 수 있을지 보지 못한다. 이럴 때는 '자기 초점'에서 눈을 돌려 하나님의 '기적 초점'으로 실마리를 풀어낼 수 있다.

해결중심상담에서 말하는 '기적질문'은 하나님 나라의 이중구조 안에 있는 그리스도인들에게는 아주 자연스러운 것이며 누구보다도 확신을 갖고 실천할 수 효과적인 질문 기법이다. 역사적으로 기독교인들이나 교회는 현실의 벽에 부닥쳤을 때 기적을 통한 하나님의 개입으로 돌파구를 마련해왔으며, 이것은 지금도 유용한 영적인 실제라는 사실을 믿기 때문이다. 기적은 하나님의 것이며, 꿈과 환상은 하나님 나라의 현실이기 때문이다.

코칭상담자는 기적이 일어나면 내담자에게 어떤 일이 발생할지, 가족이나 주변 공동체는 그것에 대해 어떤 반응을 보일지 등에 대해 탐색하는 질문을 한다. 기적비전 질문은 다음과 같이 실시할 수 있다:

"오늘 밤 주무실 때 하나님께서 기적을 일으키셔서 당신의 문제가 해결된다면, 내일 아침 당신에게 어떤 변화가 있겠습니까?"
"당신의 하루는 어떻게 다르게 시작되겠습니까?"
"그것이 당신의 하루에 어떻게 도움이 되겠습니까?"
"당신의 생각과 행동이 어떻게 달라지겠습니까?"
"당신의 배우자(자녀, 친구, 목회자 등의 공동체 멤버)는 당신의 무엇을 보고 변화가 일어났다는 것을 알 수 있겠습니까?"
"기적이 일어나면 당신 주변의 누가 어떻게 이 사실을 제일 먼저 알아볼까요?"
"그가 당신에게서 어떤 변화를 보게 될까요?"

"당신의 배우자(자녀, 친구, 강아지, 아기 등)는 당신의 무엇을 보고 그런 변화가 일어났다는 것을 알 수 있겠습니까?"
"그들은 당신의 변화에 어떻게 반응하겠습니까?"
"그러면 당신은 그 상황에 대해 어떻게 다른 행동을 하겠습니까?"
"이 외에 당신 자신과 당신의 관계에 어떠한 변화가 있겠습니까?"

〔기적상황을 이해하기 어려운 아동에게는 상상질문〕
"네 문제가 오늘 밤, 잠자는 동안에 없어졌다고 상상해 보자. 내일 아침 제일 먼저 달라진 것은 어떤 것일까?"

코칭상담자는 이러한 탐색질문을 지속하다가, 초점을 바꾸어 이와 유사한 상황이 언제 있었는지 질문할 수 있다. 조금이라도 상황이 개선되었던 때, 예외적인 상황이 있었던 때를 탐색함으로써 내담자의 자원이나 강점을 찾아낼 수 있다. 블레셋 나라가 골리앗 장군을 내세워 이스라엘을 공격해 왔을 때 하나님께서는 이미 그러한 상황이 있기 이전부터 다윗을 준비해 오셨다. 그리고 다윗에게 심어놓았던 자원을 사용하셔서 골리앗을 넘어뜨리는 기적을 이루셨다.

코칭상담자는 이처럼 하나님께서 내담자의 삶 속에서 행해 오신 역사의 흔적들을 찾기 위해 다음과 같은 질문을 할 수 있다. 이러한 질문들은 미래비전을 과거자원과 연결하여 현재의 문제해결을 위한 전략으로 활용할 수 있는 긍정적인 정보들을 제공해주는 효과가 있다:

"이러한 행동들은 전과 다른 변화입니까? 어떻게 다릅니까?"
"이러한 모습이 약간이라도 나타났던 때는 언제였습니까?"
"이중에서 실천에 옮길 수 있는 것들은 무엇입니까?"

기적이 일어나면 모든 것이 한 순간에 달라질 것이라는 막연한 기대에 머물러 있는 내담자들이 있다. 이들에게는 기적을 좀 더 세부적이고 현실적인 것이 되도록 도와주는 것이 좋다. '남편이 술 먹지 않고 일찍 들어오고, 소리 안 지르고 언어폭력을 안 하면 기적'이라고 말하는 내담자에게 코칭상담자는 "와, 아주 큰 기적이네요. 그렇다면 이때 남편에게 무언가 달라졌다는 것을 가장 먼저 알게 해주는 아주 작은 변화는 무엇이겠습니까?"라는 질문으로 작고 구체적이며 행동적인 변화의 비전을 이끌어내도록 한다. 그리고 "남편이 한 주에 하루 저녁이라도 일찍 들어온다면, 당신은 싸우는 대신 어떤 변화의 모습을 보이시겠습니까?"와 같은 질문으로 무언가 다른 바람직한 반응을 시작하도록 안내하는 것이 좋다. 그런 후, 이어서 다음과 같은 전략질문들을 사용할 수 있다. 이러한 질문들은 내담자의 실천 전략을 세울 때 사용할 수 있는 직접적인 자원이 된다:

"이러한 변화나 기적의 일부가 일어나려면 어떤 것이 필요하겠습니까?"
"어떻게 그렇게 할 수 있을까요?"
"그것은 현실적으로 일어날 가능성이 있는 것입니까? 그렇게 생각할 수 있는 근거나 이유는 무엇입니까?"
"이것을 위해 당신의 배우자(자녀, 상담자, 목회자, 친구 등)가 어떻게 도울 수 있을까요?"

▍미래편지 질문

필자는 이외에 '미래에서 온 편지비전' 질문을 사용하는 것 또한 효과적이라는 사실을 발견하였다. 이것은 내담자로 하여금 '지금 세상을 떠나기 직전이라 가정하고 자신의 지난 인생을 점검'하게 하는 것이다. 간단히 말하면, 미래에 보다 성숙해진 상황에서 '오늘의 나'에게 주고 싶은 지혜의 메시지를 작성하고 나누는 것이다. 현재 내가 처해 있는 '문제의 숲'에서 빠져 나와 먼 훗날 자신의 인생을 전체적으로 돌아보며 거시적 시각에서 현재의 자신에게 하고 싶은 혹은 필요하다고 생각되는 것을 말하게 하는 것이다.

이런 질문을 하면 내담자들은 상당히 진지하고도 솔직하게 지금의 상황대로 살아가다가 임종의 자리에 도달하게 되면 자신이 어떤 모습이 될지, 그때 현재의 자신에게 편지를 보낸다면 무슨 말을 할지 상상한다. 이를 통해 현실의 숲에 파묻혀서 지금 보지 못하는 것을 멀리서 산 전체를 조망하듯 자기 인생에서 무엇이 중요하며 어떻게 살고 싶은지를 인생 전체의 관점에서 보고 생각하고 말할 수 있게 된다. 그 질문은 다음과 같이 실행할 수 있다:

"지금 당신이 만약, 임종을 눈앞에 두고 있다면, 이 순간을 어떻게 생각하고 맞이하려고 하실까요?"
"그동안 살아오면서 영적인 면, 사고적인 면, 행동적인 면, 정서적인 면, 관계적인 면에서 자신에게 가장 마음에 드는 모습은 어떤 것이었습니까?"
"어떻게 그것이 가능하게 되었습니까?"
"이제 세상을 떠나려는 시점에서 주변 공동체가 나에 대해 기억해 주기를 바라는 것은 무엇입니까?"
"이제 성숙해진 지혜자의 입장에서 오늘의 내게 편지(유서)를 쓴다면 어떤 메시지를 남기겠습니까?"
"지금 겪고 있는 이슈에 대해 어떻게 대처하라고 말씀하시겠습니까?"
"지금의 내가 구체적으로 어떻게 하면 좋겠습니까?"

이처럼 미래비전 작업은 코치이 혹은 내담자로 하여금 앞으로 자신의 필요나 기대(wants or needs) 혹은 목표가 달성되면 이슈와 관련된 자신의 삶이 어떻게 달라질지를 구체적으로 마음의 눈으로 보고 듣고 느끼고 묵상하고 말하게 하는 것이다. 아직 내 삶의 현실은 바뀌지 않았지만 미래에 대한 꿈을 꾸며 내면에 하나님의 나라가 확장되도록, 그 모습이 마음에 가득해지도록 작업하는 것이다. 변화된 미래의 실재를 현재의 상황에서 보고 공동체 안에서 믿음으로 그러한 변화를 향해 함께 나아가도록 촉진하는 것이다. 이러한 면에서 라이프웨이 코칭상담은 '미래비전이 이끌어가는 공동체적 작업'이다.

2) 시간선 질문: 라이프웨이 '스타' 코칭의 네 번째 단계(Realized 'Now' in Christ)

변화는 대부분 하루아침에 이루어지지 않는다. 내일을 향한 꿈 비전은 목표를 향해 나아가게 하는 강력한 동인(動因)이 되지만 그것이 성취되기까지는 '오늘이라는 현실'을 치열하게 살아야 한다. 그렇지 않으면 그 꿈은 허상이요 망상이 된다. 그리고 그 오늘은 어제라는 과거 삶의 경험과 반응에 의해 영향을 받는다.

구약성경의 요셉은 형들에게 버림받고 죽음의 위기에서 외국에 팔려가는 기막힌 아픔을 경험했다. 열심히 살았지만 모함을 당하고 옥살이를 하면서 내일을 기약할 수 없는 절망적인 상황에 처하기도 했다. 하지만 그에게는 하나님이 주신 꿈이 있었다. 그 꿈과 비전은 그가 '하루하루' 걸어갈 길이 되었고, 자신만 아니라 가정과 민족을 새롭게 변화시키는 길을 열어주었다.

하나님 나라 성령님이 주신 미래의 꿈과 비전은 과거 삶의 경험과 오늘의 현실을 소홀히 하지 않는다. 작은 것을 하찮게 여기지 않는다. 과거의 성공뿐 아니라 실패까지도 오늘과 내일을 향한 자원과 강점으로 전환하여 한 걸음씩 목표를 향해 전진하게 한다. 라이프웨이 '스타' 코칭의 네 번째 단계가 바로 이것이다. 이 과정은 과거와 현재, 미래의 삶을 연결하는 양방향의 '시간선' 척도질문(two-way Lifeline scale question)을 사용하여 '과거현재'와 '미래현재'의 두 가지 초점으로 진행할 수 있다. 오늘은 어제의 결과이며, 내일은 오늘의 결과라는 면에서 이미 하나님 나라가 현재에 와 있음을 믿기 때문이다.

따라서 코칭상담자는 과거로부터 현재에 이르기까지 코치이 혹은 내담자에게 형성된 다양한 자원과 강점들을 찾아 활용하려고 한다. 그동안 상황이 지금보다 더 나쁠 수도 있었을 텐데 어떻게 현재의 상황까지 올 수 있었는지, 그 과정에 무엇이 어떻게 도움이 되었는지를 구체적으로 알아내려고 한다. 이 대화는 다음과 같이 진행될 수 있다:

상담자 "당신의 상황을 최악이 0점, 최고의 상태가 10점이라고 한다면 지금 몇 점의 상태에 있다고 할 수 있겠습니까?"
내담자 "저는 지금 3점의 상태에 있습니다."
상담자 "아, 그렇군요. 그동안 어떻게 3점의 상황까지 올 수 있었습니까? 여기까지 오는데 도움이 된 것은 무엇입니까?"
내담자 "글쎄요… 제 생각에는 ＿＿＿＿ 이 도움이 된 것 같아요.
상담자 "네. 그것이 당신에게 어떻게 도움이 되었죠?"
"당신은 어떻게 그렇게 할 수 있었어요?"
(도움이 되었던 다양한 관계, 정서, 언행, 생각, 영적 요소들을 탐색한다. 이것은 내담자가 갖고 있는 자원이자 강점들이다. 코칭에서는 과거의 경험을 진단하거나 분석하는 것에 집중하지 않는다. 하지만 코치이에게 있는 강점이나 자원들을 찾아 변화와 성장을 위해 활용하는 것에 관심이 있다.)

위와 같은 대화를 통하여 긍정적인 자원과 강점들이 탐색되면 코칭상담자는 이것을 강화시키기 위해 다음과 같은 추가적인 질문들을 할 수 있다:

"최근에 이러한 유사한 경험을 한 때는 언제였습니까?"
(하나님은 지속적으로 우리의 삶 속에서 함께 하시며 역사하고 계시다는 사실에 근거하여 그 흔적을 찾으려고 하는 질문이다.)
"그것이 어떻게 도움이 되었나요?"
"이중에서 실천에 옮길 수 있는 한 가지는 무엇입니까?"
"이러한 변화들이 지속적으로 나타나게 하려면 무엇을 해야 한다고 보십니까?"

"그러면 당신의 배우자(식구, 친구, 중요 타자들)는 어떤 반응을 보일까요?"
"이러한 행동들은 전과 다른 변화입니까? 어떻게 다르겠습니까?"

이러한 '과거현재' 초점이 코치이 혹은 내담자의 강점이나 자원들을 찾아 활용하기 위한 것이라면 '미래현재' 초점은 하나님 나라의 미래비전을 지금 한 단계, 한 단계 무엇을 어떻게 실천하며 살아갈지를 탐색하기 위한 것이다. 현재의 상황이 지금보다 한 단계 나아진다면 지금과 무엇이 어떤 면에서 달라져 있을 것인지를 찾아내려고 한다. 코칭상담자는 척도질문을 활용하여 다음과 같이 대화를 진행할 수 있다.

상담자 "당신의 상황이 현재 척도 3점에 있다고 하셨는데요…. 일주일 후에 척도 4의 상태로 올라가 있다면 당신의 삶(영성, 생각, 언행, 감정, 관계)은 지금과 무엇이 어떻게 달라져 있을까요?"

내담자 "음, 아들과 일주일에 한 번이라도 진지하게 학교생활, 친구관계, 미래 계획 등에 대해 대화를 나누면 4점이라고 할 수 있을 거예요."

상담자 "아들과 그런 대화를 나누면 당신의 기분은 어떻게 달라질까요?"
"이 외에 또 무엇이 달라지면 4점의 상태로 올라갔다고 말할 수 있을까요?"
"아들이 그렇게 달라지면 당신은 어떻게 반응하시겠습니까?"

이상에 제시된 라이프웨이 코칭상담의 목표비전 과정을 따라 내담자가 구체적인 목표를 세우고 미래비전 구축 및 시간선 질문들을 마치면 코칭상담자는 그 내용과 과정에 대해 적절한 치하와 반응을 해주도록 한다. 미래비전 탐색을 하면서 상황에 따라 과거자원 탐색을 교차적으로 진행할 수 있다. 이 두 가지 초점의 작업들은 상호 순환적으로 영향을 줄 수 있기 때문이다. 코칭상담자는 이후 실질적인 실천전략을 수립(Setting Up LifeWay Strategies)하고 회기를 마무리하도록 한다.

라이프웨이 코칭상담은 이 모든 과정에서 성령님의 인도하심을 따라 우리 연약함을 체휼하시고 우리를 우리보다 더 잘 아시는 주께서 우리의 입장에 계시다면 어떻게 하실지 생각하는 것을 중요시한다. 주께서 내 상황에 계시다면 '주님은 내 삶의 각 영역에서 어떻게 하실까' 또 '무어라고 말씀하실까'(What Would Jesus Do and Say to me?)를 생각하며, 말씀 안에서 주님의 모습을 그려보는 것이다. 우리가 말씀대로 그리스도와 함께 육신의 "정과 욕심"을 십자가에 못박음으로써 "이제는 내가 사는 것"이 아니라 "내 안에 그리스도께서" 사시고, "하나님의 아들을 믿는 믿음 안에서" 산다면, 우리는 이러한 코칭상담의 과정을 통해 놀라운 치유와 회복, 변화와 성장의 결과를 보게 될 것이다(갈 2:20; 5:24).

그러나 모든 코치이 혹은 내담자들이 이러한 과정에 잘 적응할 수 있는 것은 아니다. 사람에 따라 내면의 정서적 방어기제가 너무 강렬하여 이러한 미래 지향적 접근이나 질문에 대한 답변을 생각할 수 없을 정도로 혼란스러운 상태에 있거나 장기적이고도 깊은 상처로 말미암아 명료한 생각을 못할 수도 있다. 그럴 때에도 코칭상담자는 상담실까지 찾아와 상황을 해결하려는 내담자의 결단력과 행동에 대해 치하하고 다음과 같은 제안을 함으로써 해결에 대한 희망을 고취할 수 있다: "당신의 삶에서 이 문제가 해결될 수 있음을 암시하는 어떤 힌트나 사건이 생기는지 일주일 동안 눈여겨 보시고 생각해 보시기 바랍니다. 저도 그것에 대해 기도하며 생각하겠습니다. 그리고 다음 주에 이에 대해 함께 대화를 나누며 해결을 찾아보십시다."

2. 라이프웨이 과거자원 탐색(Exploring LifeWay Resources)

라이프웨이 코칭상담의 미래비전이 변화된 '생명의 삶'을 향한 우측 날

개라면 내담자의 과거 자원 탐색은 '생명의 삶'을 향한 좌측 날개이다. 라이프웨이 코칭상담은 내담자로 하여금 미래비전과 믿음 그리고 과거 자원과 은혜의 양 날개를 통해 성령께서 그리스도의 장성한 분량에 이르도록 이끌어 가시는 거룩한 역사에 동참하도록 안내하고 촉진하는 과정이다. 라이프웨이 상담자는 내담자로 하여금 예수께서 약속하셨던 풍성한 '생명의 삶'(요 10:10)을 향해 강력한 날갯짓을 하며 날아오를 수 있도록 돕는 과제를 안고 있다.

과거 자원 탐색은 내담자의 삶 속에 항상 문제만 있었던 것이 아니고, 하나님께서 우리를 홀로 버려두지 않으시며 함께 하신다는 전제에서 출발한다. 하나님은 택하신 자녀들과 언약관계 안에서 늘 함께 하시며 은혜로 인도하신다. 각 개인과 공동체 안에 변화와 성장을 위한 자원과 경험, 능력들을 공급하신다. 우리에게 없는 것으로 직접 역사하시기도 하지만 우리에게 있는 것으로, 우리에게 주시는 것으로 크신 일을 이루신다. 하나님은 모세의 양 똥냄새나는 보잘 것 없는 지팡이를 사용하셨다(출 4:2). 목동 다윗의 돌팔매질을 쓰셨다(삼상 17:50). 한 때 예수님을 배반하였던 베드로였지만 그럼에도 불구하고 "은과 금은 내게 없거니와 내게 있는 것으로 네게 주노니…"라고 믿음의 선포를 하며 기적을 일으키는 일에 쓰임받았다(행 3:6).

이런 맥락에서, 라이프웨이 자원탐색은 과거에서부터 내담자 안에 임재하시며 역사하셨던 하나님의 흔적을 찾아 내담자로 하여금 그 역사의 흐름에 동참하도록 안내하기 위한 과정이다. 과거부터 현재에 이르기까지 미래비전의 실행을 위한 자원을 구축하거나, 과거의 문제에 대한 예외적 상황 및 내담자의 강점 등을 탐색하는 것이다. 그것은 다윗의 물맷돌이나 어린아이의 오병이어처럼 보잘 것 없는 혹은 의미 있어 보이지 않는 아주 작은 것일 수 있다. 그러나 하나님은 그런 자원들을 통해 큰 해결을 가져오실 수 있다. 때로는 상처 경험이 너무 버거워 그동안 무의식의 세계로 억압하거나 삶에서 지워버리려고 하는 과정에서 잊힌 것일 수도 있다. 그러므로 상담자는 형사 콜롬보와 같은 예민함으로(mind eyes) 이러한 자원들을 탐색하고 이끌어내어 변화와 성장을 위한 전략으로 활용하는 것이 필요하다. 이런 과거자원 탐색은 크게 네 가지로 구성된다(GAPS). 상담자는 내담자의 유형에 따라 적절한 접근을 취하도록 한다.

1) 은혜사건(Grace Events) 탐색

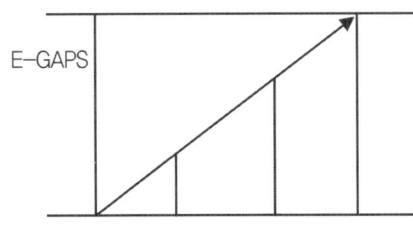

은혜사건이란 어떤 특별한 노력을 하지 않았음에도 불구하고 문제가 일어나지 않았거나, 일어났다 해도 적게 일어났던, 혹은 자연스럽게 문제가 해결된 순간이나 상황들을 의미한다. 이러한 것들은 외견상 우연히 혹은 사람의 어떤 노력에 의해 발생한 것처럼 보일 수 있다. 그러나 영적인 차원에서 이런 좋은 것들은 하나님의 은혜가 아닐 수 없다. 이러한 상황은 하나님께서 내담자에게 주신 어떤 은사나 달란트의 모습으로 나타날 수도 있다. 라이프웨이 상담자는 지난 삶의 어려움과 위기에 하나님께서 역사하시고 심어놓으신 내담자의 경험이나 자원, 혹은 강점을 탐색하고 어떻게 그러한 상황이 발생하게 되었는지를 살펴 그 자원들을 해결구축에 활용한다.

은혜사건의 탐색은 해결중심 상담의 경우 '예외질문'(exception question)이라고 부른다. 주로 상담에 적극적으로 임하고, 긍정적인 방향으로 내적 탐색에 잘 협조하는 내담자에게 잘 적용된다. 또한 변화에 대한 의지가 분명한 내담자에게 유리한 접근이기도 하다. 내담자의 유형 중에 '적극적 참여형'이 여기에 해당된다고 할 수 있다. 라이프웨이 상담자는 다음과 같은 질문들을 통해 하나님께서 역사하신 은혜의 사건들을 탐색한다:

"하나님은 우리가 감당할 수 없는 시험을 주시지 않습니다. 정 어려운 시험을 당할 때는 피할 길을 주십니다. 그동안 당신에게 어떻게 피할 길 또는 극복할 길을 주셨습니까?"(고전 10:13)
"지금까지 문제가 문제되지 않았던 때는 언제였습니까?"
"두 분 사이가 가장 좋았던 때는 언제였습니까?"
"그때 어떤 일이 일어났습니까?"
"어떻게 그렇게 할 수 있었습니까?"
"그것은 지금의 상황과 어떻게 다릅니까?"
"다른 사람들(공동체)은 그때 당신에게서 무엇을 보았습니까?"
"그들은 당신에게 어떤 기여를 했습니까?"

내담자는 상담자와 이러한 질문들을 중심으로 대화를 하면서, 그동안 자신이 결코 혼자가 아니었음을 확인하게 된다. 동시에 자신의 과거가 결코 무의미하거나, 자신이 무기력하기만한 존재가 아니었음을 새로운 시각에서 볼 수 있게 된다(롬 8:28). 하나님은 이미 우리의 과거를 통해 동행하시고 역사하시며, 현재와 미래의 어려움과 도전을 극복하고 해결할 수 있는 흔적과 자원을 남겨놓으시는 것이다.

라이프웨이 상담자는 하나님의 은혜 사건을 탐색하기 위해 척도질문(Scaling question)을 적절히 사용할 수 있다. 내담자가 현재 자신의 문제 정도를 4점이라고 하면 "무엇을 보고 4점으로 평가하십니까?"라는 질문을 통해 현재 자신의 상황을 나누게 한다. 그리고 "그렇다면 그동안 가장 좋았던 상황은 언제였으며, 그때를 점수로 표시한다면 어느 정도이겠습니까?"라고 질문한다. 그리고 이어서 "어떻게 그러한 일들이 일어날 수 있었습니까?" "그때 내담자께서는 무엇을 행하였습니까?"라고 질문하여 어떤 것이 도움이 되었는지, 해결을 위해 활용할 수 있는 자원들은 무엇인지를 탐색하도록 한다.

이러한 질문들은 내담자로 하여금 지난 과거에 대한 부정적인 문제나 결핍의 초점에서 긍정적인 변화의 강점과 자원 초점으로 전환하게 한다. 비록 문제가 있다할지라도, 항상 문제나 어려운 순간들만 있는 것은 아니다. 거기에는 좋았던 순간들도 있고, 문제가 덜 심각하거나 다른 때보다 개선된 때도 꼭 있게 마련이다. 그러나 문제 초점에 고정되어 있으면 그것으로만 모든 상황을 보는 '터널시각'(Tunnel vision)을 가질 수 있기 때문에 다른 가능성을 보지 못하거나 비합리적인, 혹은 왜곡된 사고와 함께 문제시각에 얽매어 있는 경우가 많다.

따라서 상담자는 내담자로 하여금 은혜사건 탐색을 통해 문제의 중심에 서서 힘들어하기보다 주님을 향해 나아가도록 안내한다. 그리고 성령께서 말할 수 없는 탄식으로 우리를 위해 기도하시며(롬 8:26) 우리를 위해 역사해 오셨음을 보게 함으로써 문제 해결에 대한 자의식과 변화에의 동기를 강화한다. 척도질문은 이런 시각에 고정되어 있는 사람으로 하여금 예외적인 상황 혹은 하나님의 은혜사건을 탐지하는데 유용한 도구가 된다. 상담자는 위와 같은 질문에 이어 다음과 같은 질문들을 이어갈 수 있다:

"이러한 행동들은 전과 다른 변화입니까?"
"이러한 변화들이 나타나도록 무엇을 했습니까?"
"와, 어떻게 그러한 행동을 할 수 있었습니까?"
"이러한 변화들이 현재에도 나타나게 하려면 무엇을 할 수 있을까요?"

문제에 젖은 내담자들은 대개 반복해서 문제 초점으로 돌아가려고 한다. 그들은 과거 삶 속에서 사소해 보이는 예외적 사건들을 의미 있는 것으로 보지 않는다. 많은 경우, 문제 예외상황이 있음에도 못 보거나 그런 상황을 인식한다고 해도 그것이 어떤 의미가 있는지, 그것이 자신에게 어떻게 도움이 될 수 있는지 생각하지 않는다. 따라서 상담자는 이러한 예외상황들을 발견하고, 그것에 중요한 의미나 해석을 부여하고, 그것을 활용하도록 돕는 것이 좋다. 다음은 수많은 사람들이 구조조정되어 직장에서 쫓겨나는 것을 보면서 '항상' 불안한 마음이 사라지지 않는다는 내담자와의 대화 내용 중 일부이다:

상담자 "최근 며칠 동안에 불안하지 않고 기분이 좀 나았던 때는 언제였습니까?"
"불안하지 않고 마음이 안정되도록 도움이 된 것은 무엇이었습니까?"
('항상' 불안한 사람은 없고, 사람은 지속적으로 변화를 경험한다는 전제에 근거)

내담자 (잠시 생각) "예, 불안해 하지만 말고 '내가 할 수 있는 것이 무엇인가를 차근차근 찾아보자. 분명히 있을거야'라는 생각을 갖고 하나씩 적어보고 각각에 대해 알아보는 것이 도움이 된 것 같아요."

상담자 "어떻게 그렇게 할 수 있었습니까?"

내담자 "전에는 미래에 대한 염려 때문에 사람들과 잘 이야기도 안하고 틈만 나면 집에 틀어박혀 지냈어요. 마음이 편하지 않으니까 어디 나갈 생각도 안 나고, 사람들 만나기도 싫어지더라고요. 그런데 최근에 '내일 일은 내일 염려하라'는 목사님의 설교 말씀을 듣고 '오늘 할 수 있는 일은 오늘 하자' 순간순간 '열심히 직장 생활하자'고 다짐하고 그렇게 했어요. 아마 그렇게 한 것이 도움이 되었던 것 같아요."

상담자 "그러셨군요. 이런 것이 이전의 삶과 어떻게 다른 변화인가요?"
[내담자의 과거 삶에 있었던 긍정적인 자원과 강점, 즉 은혜의 흔적을 지속 탐색]

2) 대처질문(Active-coping)

내담자는 많은 경우 자신은 '문제해결을 위해 할 수 있는 것은 다 해보았다'고 생각하거나, '상대방이 변해야 한다'고 강하게 주장할 수 있다. 자신은 나름대로 할 것 다했는데 변화가 없다고 항변하는 내담자에게 상담자는 과거자원 탐색의 두 번째 방법인 대처질문을 사용할 수 있다. 주로 '참여적 불만형' 내담자가 여기에 해당된다. 이 경우에는 어떤 은혜사건이나 예외상황을 찾도록 설득하기보다 내담자의 심정을 공감하면서 그의 입장에서 상황을 이해하고 볼 수 있도록 노력하는 것이 좋다. 내담자의 심정에 공감하고 우는 자들과 함께 울며 문제 해결을 위해 동행할 수 있는 연대감을 구축하는 것이 바람직하다.

그러면서 상담자는 어떻게 문제가 더 악화되지 않고 현재상태를 유지할 수 있었는지를 탐색하는 노력을 한다. 내담자가 상황유지를 위해 노력한 것이 무엇인지에 대해 관심을 갖고 내담자의 무언의 행동이나 단어 선택, 태도 등에 주목하고 경청한다. 내담자의 문제상황 인식과 정의, 해결에 대한 의견 등을 청취하는 것도 필요하다. 이러한 과정에서 내담자의 긍정적이고 적극적인 태도, 강점과 자원 등이 발견될 수 있다. 상담자는 다음과 같은 다양한 질문들을 응용하며 유연하게 전개할 수 있다:

"당신은 정말 (당신의 상황 혹은 문제해결을 위해) 많은 노력을 하셨군요."〔심정 공감〕
"문제상황이 무척 심각하고 어렵게 느껴지는데, 어떻게 상황이 이보다 더 악화되지 않게 하실 수 있었습니까? 무엇이 도움이 되었어요?"
"어떻게 지금까지 포기하지 않고 버틸 수 있었는지 놀랍군요. 어떻게 문제가 더 악화되지 않고 현재상태를 유지할 수 있었습니까?"
"그것을 위해 무엇을 하셨습니까?"〔해결초점 혹은 예외가능성 추적〕
"이만큼 온 것만도 놀라운 일이군요. 하나님께서 역사하신 것이라 봅니다. 그 증거는 무엇일까요? 어떤 것들이 있겠습니까?"〔척도 질문 참고〕
"현재 척도상태까지 오는데 어떤 것이 혹은 무엇이 도움이 되었는지 말씀해주시겠어요?"
"(당신의 공동체는) 당신이 어떻게 여기까지 올 수 있었다고 말하겠습니까?"

상담자와 내담자는 이와 같은 과정을 거쳐 추적해낸 내담자의 자원이나 강점들을 지지하고 격려하며 강화시켜 실천전략으로 활용할 수 있다. 예를 들면, "당신의 남편과 거의 3년씩이나 이혼을 생각했다고 하셨는데, 그래도 어떻게 상황이 더 악화되지 않고 현재의 상태를 유지할 수 있었는지 놀랍군요. 어떻게 그렇게 할 수 있었습니까?" 또는 "당신 부부관계가 최악의 상황에 있을 때는 언제였습니까? 그때 어떻게 대처했습니까?" "그때와 지금과 어떤 차이가 있습니까?" "상황이 더 악화되지 않도록 당신의 배우자(자녀 등 공동체)는 어떤 일을 하셨습니까?"와 같은 질문들을 할 수 있다.

3) 임재질문(Presence)

상담을 하다 보면 어떤 내담자는 너무 절망적이어서 자신이 무엇을 했는지 혹은 무엇을 어떻게 했는지 생각하지 못하는 경우들이 있다. 이들은 변화가 없다고, 힘들다고 불평할 뿐, 다른 어떤 예외나 상황유지 방법도 생각해내지 못한다. 이때 라이프웨이 상담자는 과거탐색 세 번째 방식인 임재질문 기법을 사용할 수 있다.

이것은 두 가지 방식으로 시도할 수 있다. 첫째는 '문제 외재화' 대화 기법을 활용하는 것이다. 상담을 위해 찾아오는 내담자들은 문제의 원인을 주로 자신을 힘들게 하는 관계 대상이나 자신에게서 찾는 경우가 많다. 그러나 문제상황을 꼼꼼히 살펴보면 사람 자체가 문제이기보다는 사람이 갖고 있는 혹은 관계 속에서 사람들에게 영향을 미치는 어떤 '문제가 문제'임을 알 수 있다. 따라서 우리가 씨름할 대상은 '사람'이기보다 문제 자체요 문제 이면에서 작용하는 '악의 영들'이라고 할 수 있다(엡 6:12). 내면적 혹은 관계갈등을 일으키는 문제를 사람에 대한 부정적 정서나 사고와 분화시키면 감정적 자극이나 반동 없이 차분하게 문제 자체에 직면할 수 있는 심리적, 관계적 공간을 확보할 수 있게 된다. 상담자는 다음과 같은 방식으로 치유적인 대화를 이끌어갈 수 있다:

"두 분은 대화할 때 한 분이 어떤 말씀을 하시면 이내 그 사실을 부정하면서 다른 이야기를 하신다는 사실을 알고 계십니까?"
"두 분 사이에 이처럼 상대방의 대화를 끝까지 듣지도 않고 차단하거나 무시하는 이 '무례함'이라는 녀석과 '불신'이라는 녀석이 문제가 되고 있다는 사실을 아시나요?"
"이런 것들이 두 분 사이에 있는 진짜 문제라는 생각이 듭니다. 제 생각에 두 분은 수시로 이 두 녀석에게 우선권을 넘겨주시는 것 같아요. 언제까지 이 녀석들에게 끌려다니실 생각이신가요?"
"이 녀석들이 두 분 사이에 항상 이렇게 힘을 발휘했었나요? 안 그런 때는 언제였어요? 그때 두 분의 대화는 지금과 어떻게 달랐나요?"
"두 분이 이 녀석들에게 두 분 사이에 끼어들지 못하도록 한다면, 두 분의 대화나 관계는 지금과 어떻게 달라질 수 있을까요?"

임재질문의 두 번째 접근은 '항상 함께 하겠다'고 하신 주님의 임재약속(ministry of presence)을 근거로 진행될 수도 있다(마 28:18-20). 성경은 하나님께서 항상 우리와 함께 하실 것을 약속한다. 그리스도는 우리를 사랑하시되 끝까지 지켜주시며 책임지신다. 필자는 이러한 임재질문이 크리스천 내담자들에게 강력한 영향을 주는 효과적인 방법임을 자주 경험한다. 상담자는 주님의 임재약속을 확인하며 다음과 같은 질문들을 할 수 있다:

"당신이 그동안 포기하고 싶을 때, 절망되어 주저앉고 싶을 때 하나님께서 당신의 문제 한 가운데 계셨음을 믿으십니까? 그런 사실을 어떻게 알 수 있을까요?"
"당신이 사망의 음침한 골짜기와도 같은 어려운 순간들을 지날 때 주님이 당신과 함께 계셨음을 믿으시나요? 그때 주님은 어떻게 당신과 함께 하셨을까요? 어떻게 당신이 그 상황을 넘어 여기까지 올 수 있도록 도우셨나요?"
"당시에 주님이 당신에게 행하셨던 일, 주셨던 말씀은 무엇이었을까요?"

"그런 것들이 당신에게 어떻게 도움이 되었나요?"
"앞으로도 주께서 성령님과 함께 당신의 문제 현장에 임재하실 것을 믿는다면, 이것이 당신에게 의미하는 것은 무엇일까요? 이런 사실이 당신에게 주는 메시지는 무엇입니까?"
"그렇다면 당신은 앞으로 어떻게 이전과 다르게 이 상황에 반응할 수 있을까요?
(내담자가 크리스천이 아닐 경우에는 그에게 큰 의미가 있는 가족이나 멘토, 위인들을 대입하여 유연하게 임재질문을 실시할 수 있다. 즉 "당신이 그토록 사랑하는 돌아가신 어머니가 힘들어하는 당신에게 하시고 싶은 말씀이 있다면 무엇일까요?"와 같은 질문들을 할 수 있다.)

내담자가 문제상황에 압도되어 이러한 질문기법이 잘 통하지 않을 때 필자는 '발자국'(Footprints)과 같은 유명한 시(poem)를 활용하여 도움을 받곤 한다. 이 시의 내용은 이렇다. 하나님 앞에서 지나온 인생의 여정을 돌아볼 때 늘 주님이 함께 하셨는데 정말 자신이 힘들어 죽을 것 같았을 때는 발자국이 두 개 밖에 없는 것이었다. 그래서 "왜 그때 나를 홀로 버려두셨나요?"라고 할 때 주님이 이렇게 대답하신다. "그 발자국은 네 것이 아니라 내 것이다. 내가 너를 업고 그 길을 지났단다."

이 시를 진실하게 마음을 다해 나눌 때 내담자들은 큰 영혼의 울림을 경험한다. 약속의 말씀에 비추어 이런 대화를 하다보면 자기 삶이 지옥과도 같은 인생의 바닥이라고 생각했는데 사실은 그 자리가 주님을 만나는 십자가의 자리였음을 깨닫고 눈물과 기쁨이 오가는, 하나님의 역사의 흔적을 찾는 놀라운 경험이 될 수 있기 때문이다.

4) 개인관심질문(Self-interest)

라이프웨이 과거자원 탐색의 네 번째 접근은 개인적인 관심이나 필요를 탐색하는 질문이다. 과거에 정말 원했지만 문제상황에서 충족되지 않앞던 어떤 미해결 이슈나 정서적 경험을 탐색하고 그것을 재경험 혹은 지금이라도 충족을 시도하여 바로잡는 것이다. 사람은 하나님께서 주신 생명을 향한 본능이 있기 때문에 저마다 잘 되고 안정된 상황을 원하는 성향이 있다. 이러한 긍정적인 관심 혹은 필요들을 찾아 미충족 정서나 꼬인 관계의 실마리를 찾아 해결상황으로 나아갈 수 있도록 하는 것이 좋다. 과거의 미해결 이슈나 정서를 다루기 위해서 성서드라마나 심리드라마 기법을 통합적으로 활용하는 것도 유익하다.

이 질문기법은 상담의 필요성에 동의하지 않거나, 협조하지 않는 '소극적 방관형' 내담자에게 유용하게 적용할 수 있다. 인터넷 게임에 몰두하다 부모에 의해 이끌려 온 청소년이나 학교, 법원 혹은 직장에서 위탁되어 온 사람, 아내의 위협이나 강청에 의해 온 남편의 경우 상담에 소극적이거나 협조적인 자세를 취하지 않을 때가 많다. 이들에게는 관계의 갈등이 있다 할지라도 자신의 상황이나 이슈가 제공하는 어떤 즐거움이나 이익이 크다면 그것을 포기하고 변화를 시도하는 것이 어려울 수 있다. 또는 자신의 상황에 대해 상담을 강요하는 갈등 상대자와 다른 이해나, 자신에게 무엇이 도움이 될 것인지에 대해서도 다른 생각을 갖고 있을 때가 많다.

예를 들어, 남편의 흡연에 불만이 많은 아내의 입장에서는 남편이 담배를 끊어야 한다는 것이 당연하다. 그러나 남편은 자신이 꼭 담배를 끊어야 한다고는 생각하지 않을 수 있다. 힘든 업무를 마치고 잠시 담배를 필 때 받는 느낌이 너무 좋아 도저히 끊을 수 없다고 하는 내담자들도 있다. 이런 경우, 그들의 생각이나 느낌을 설득하여 바꾸게 하려고 하면 성공할 확률이 매우 낮아진다. 그보다는 내담자와 같은 시각에서 공감대를 형성하고 연대 의식을 고취하는 것이 좋다. 사람은 저마다 자신의 행위나 판단에 이유가 있기 때문에 그것이 인정되지 않거나 공격을 받을 때 자기방어 기제에 의해 도리어 부정적으로 반응하는 경향이 있기 때문이다. 이런 내담자들의 경우 상담자는 다음과 같은 질문을 할 수 있다:

"오늘 상담을 받으러 온 것은 누구의 생각이었습니까? 오늘 어떻게 오실 생각을 했나요?"
"당신의 (가족이나 공동체)는 당신의 흡연이 당신에게 어떻게 문제라고 말합니까?"
"그것이 당신에게도 문제가 됩니까? 그 의견에 동의하십니까?"

(**동의한다면**) "이러한 문제가 항상 지금처럼 문제가 되었습니까?"
"이러한 문제가 문제로 나타나지 않았던 때는 언제입니까?"
"그때 어떤 일이 일어났습니까?"
"그때 아내에게 어떻게 대하셨습니까?"
"전과 다르게 생각하거나 행동하신 것이 있습니까?"
"어떻게 그럴 생각을 하실 수 있었습니까? 그때 아내는 어떻게 다르게 행동했습니까?"
"지금 아내가 이 자리에 있어서, 두 분이 잘 지낼 수 있도록 도움이 되는 어떤 것, 당신이 지속적으로 행해주시기를 원하는 어떤 것이 있다면 무엇이겠습니까?"
"두 분에게 그런 예외적 행동이나 상황이 더 많이 일어나기 위해 하실 수 있는 또는 해야 할 일이 있다면 무엇이겠습니까?"
"언제, 어떻게 문제가 해결되었음을 알 수 있겠습니까?"

(**동의하지 않는다면**) "당신이 볼 때, 문제는 무엇입니까?"
"어떻게 당신에 대한 아내의 생각이 틀렸다는 것을 증명할 수 있을까요?"
"이것을 위해 우리가 할 수 있는 것은 무엇일까요?"

상담자는 이와 같은 질문들과 함께 "이것이 어떻게 도움이 되었습니까?" "어떻게 이것을 지속할 수 있도록 상황을 조절할 수 있을까요?"와 같은 질문들로 변화의 상황을 강화하고 확대하도록 한다. 그리고 "이런 상황이 더 자주 있게 하려면 무엇을 어떻게 할 수 있습니까?" "이런 상황이 더 자주 일어나고, 문제상황이 개선되기 시작한다면 그때 당신은 어떤 변화된 행동을 할 수 있겠습니까?" "하나님께서 지금 당신에게 어떤 변화된 행동을 하도록 인도하신다고 보십니까?"와 같은 전략질문을 한다.

이와 같은 질문들은 내담자로 하여금 자신에게 문제해결 능력이나 자원이 있다는 사실을 인식하고, 수동적으로 상황에 대처하는 상태에서 능동적으로 상황 개선을 위해 참여하는 자세의 전환을 경험하도록 도움을 줄 수 있다. 그리고 긍정적인 변화를 위해 자신이 할 수 있는 것이 있다는 확신과 더불어 상담에의 참여 동기를 고취하는 효과도 있다.

철수(가명)는 이제 겨우 14세이다. 하지만 학교에 자주 가지 않는다. 게다가 수시로 술을 마시고 주말에는 친구들과 어울려 다니며 외박도 한다. 철수 때문에 걱정이 된 어머니가 아들을 데리고 상담실을 찾았다.

상담자   어머니와 철수 모두에게 좋은 결과를 위해 오늘 우리가 할 수 있는 일이 무엇일까요?

철 수   내게 학교에 가라거나 친구들과 돌아다니는 것을 중단하라는 말은 꺼내지 마세요.
무슨 말씀을 해도 소용없어요.

어머니   (울면서) 철수는 정말 그렇게 하지 않을 거예요.

상담자   그래, 안 그러마. 그렇게 하는 것이 네게 뭔가 도움이 되는 모양이구나. 걱정되기는 하지만 그 문제는 네게 맡기고, 나는 네가 진정으로 원하는 것이 무엇인지 듣고 싶구나.

철 수   음… 나는 엄마가 그렇게 세상이 끝난 것처럼 처량한 모습을 하고 살지 않으면 좋겠어요.
그리고 아빠한테 자주 맞고 사는데 차라리 이혼을 하든지… 나도 이제 맞고 살기 싫고요.

상담자   (긍정적인 측면에 관심을 기울이며) 철수가 엄마를 무척 걱정하는 것 같구나.

철 수   음… 그런 면이 없는 것은 아니지요.

상담자   그러면, 철수 어머니, 어머니가 덜 처량한 모습을 하도록, 혹은 덜 슬퍼할 수 있도록 철수가 도울 수 있는 일은 무엇이 있을까요?

어머니 음… 철수가 일주일에 한두 번이라도 저녁을 함께 하면 마음이 훨씬 편할 것 같아요.

상담자 좋아요. 그렇게 하면, 그것이 어머니에게 어떻게 도움이 될까요?

어머니 철수와 좀 더 함께 시간을 보낼 수 있겠지요. 그러면서 대화도 더 하구요.

상담자 아드님과 함께 있는 시간을 그리워하는 것 같군요.

어머니 예, 그래요.

상담자 철수, 엄마가 어떻게 하시면 매주 한두 번은 함께 저녁 식사를 하며 함께 있을 수 있을까?

철 수 … 아무 때나 소리 지르고, 항상 나를 꾸중하는 것을 중단하시면요…

상담자 좋은 생각이구나. 한 주 동안 이것을 위해 노력할 수 있을까? …

(어떻게 실천할지 계속 대화를 이어간다.)3)

▌과거 삶의 준거틀(frames of reference) 점검

상담자가 이러한 모든 다양한 질문들을 통해 내담자의 강점이나 자원들을 탐색하여 해결을 향해 나아가도록 애써도, 경우에 따라 끝까지 문제의 책임을 다른 사람이나 상황에 전가하며 변화되지 않거나 협조적이지 않은 내담자들이 있다. 코칭상담자에 대한 불신이나 저항, 변화 동기나 의욕 부족 등 여러 이유가 있을 수 있지만, 과거의 미해결 이슈나 미충족 관계정서, 그리고 이를 통해 형성된 감정, 언행, 사고방식의 항상성, 즉 과거 삶의 경험 속에서 형성된 부정적인 핵심 '준거틀'이 강력하게 작용하여 그렇게 될 수도 있다. 성장기에 형성된 관계정서 및 감정, 언행, 사고 패턴 혹은 준거틀(REAPS frames of reference matrix)이 반복적으로 혹은 유사하게 현재에 영향을 줄 수 있기 때문이다.

이러한 라이프웨이 패턴 혹은 준거틀은 부정적인 것도 있지만 긍정적인 경험을 통해 형성되는 것들도 있다. 그래서 상호 영향을 주고받으며 상쇄해주는 효과가 있다. 하지만 어느 한 쪽이 더 강할 때 그 영향을 받아 관련된 증상이나 문제를 드러내게 된다.

라이프웨이 코칭상담은 과거의 부정적 문제패턴이나 감정적 혹은 정서적 이슈를 장기적으로 분석하는 것에 우선적인 관심을 두지는 않는다. 기질적 문제가 있거나 특정한 정신분석을 원하는 소수의 예외적 내담자들을 제외하고는 대부분 단기에 긍정적인 변화와 문제해결의 기대를 갖고 오기 때문이다. 하지만 과거 성장기 환경이나 발달 단계 혹은 그 맥락 속에서의 관계 경험이 한 사람의 내면 자아와 심리기제 혹은 관계와 삶의 방식(lifeway)에 중대한 영향을 미칠 수 있다는 것은 분명한 사실이다. 따라서 변화와 성장 초점의 코칭접근과 아울러 과거 이슈나 삶의 준거틀을 점검하고 다룰 때 더 빠른 치유적 효과가 있을 수 있음을 부인하지 않는다.

이러한 이유로 라이프웨이 코칭상담자는 내담자의 미래비전과 강점자원을 통해 변화와 성장의 물꼬를 트는 코칭접근을 하되, 그런 변화를 가로막는 내면의 미해결 이슈나 관계정서적 문제들이 있을 때 그 준거틀을 탐색하고 새롭게 하는 상담접근(therapeutic approach)을 유연하게 통합적으로 시도한다. 그동안 살아온 관계정서적 육신적 삶의 방식(lifeway)을 탐색하고 문제상황에서 그것들을 반복하기보다는 차단(time-out)하고, 영성적 삶의 초점과 방식(LifeWay)을 새롭게 재구성하는 접근을 시도하는 것이다.

이러한 유연한 코칭 및 상담적 접근을 시도할 때, 많은 경우 내담자들은 단기에 문제해결의 발판을 마련하고, 궁극적으로 자신의 삶을 좀 더 깊이 이해하게 되면서 폭넓은 변화와 성장의 길에 들어서게 된다. 문제해결의 길이 부정적이고 힘든 것만이 아니라 과거의 삶 속에 함께 하신 하나님의 은혜 흔적을 찾을 뿐 아니라 미래의 변화와 성장을 향한 소망을 갖고 믿음으로 나아가는 즐거운 과정이 될 수 있음을 경험한다.

하지만 이와 같은 실질적인 변화와 성장 접근에도 불구하고, 문제 상황에 고착되어 자신의 변화 필요성을 도무지 인정하지 않거나 실천하지 못하는 내담자들 또한 있다. 자존감의 하락이나 무기력감에 젖어 헤어나오지 못하는 경우도 있다. 갈등 상황이나 상대방이 변해야 한다고 일관되게 주장하는 사람들도 있다. 그럴 때에는 다음과 같은 '돌봄적 직면'(care-frontation)을 시도하는 것이 도움이 될 수 있다. 예를 들면, "당신을 돕고 싶습니다만 당신을 힘들게 하는 사람은 지금 여기에 없습니다. 그리고 우리는 그를 변화시킬 수 없습니다. 내가 당신을 도울 수 있는 다른 방법이 있을까요?" 혹은 "(그 사람 혹은 문제상황)이 변화되지 않으면, 당신은 어떻게 하시겠습니까? 그것이 당신에게 어떤 결과를 가져다줄까요? 당신이 정말 원하는 것은 무엇입니까" 등의 질문을 시도할 수 있다.

이러한 질문들은 내담자로 하여금 상황이 당장 바람직하게 바뀌지 않아도 자기가 할 수 있는 한도 내에서 무엇을 할지 생각하는데 도움이 된다. 그러나 모든 방법을 다 동원했는데도 내담자가 계속해서 비난적이거나 방관자적인 입장에 머물러 있다면 다른 상담 접근방법들을 사용한다 해도 그 효율성이 증가되기 어려울 수 있다. 그럴 때에는 신뢰할 수 있는 다른 상담자에게 위탁하는 것이 한 가지 적절한 선택방안이 될 수 있다. 상담 위탁은 초보 상담자만 하는 것이 아니다. 아무리 상담 전문가일지라도 모든 내담자의 문제를 다 해결하거나 치유로 인도할 수 있는 것은 아니다. 건강하게 분화된 상담자는 자신이 할 수 있는 것과 없는 것의 경계선을 인식 및 수용하고, 내담자의 유익을 위해 적절한 조치를 취할 줄 아는 사람이다.

3. 코칭상담 사례: "문제, 무디어진 사랑을 일깨우는 사랑의 신호등-2"

✝ 라이프에이 미래비전 구축

상담자　저는 상담목사로서 하나님은 우리 각자의 삶 속에 이미 역사하고 계시며 성장하고 변화되기를 원하신다는 확신을 갖고 있습니다. 또 이것이 그리스도인들을 향한 성경적 관점이라고 믿습니다.

그리고 이러한 성장을 위해 성령님을 우리 안에 보내시고, 우리로 하여금 길이요 진리이신 예수님을 따라 생명에 이르도록 하심을 믿습니다.

이 조감도는 바로 이러한 성장의 과정을 보여주고 있습니다. 〔조감도를 보이며〕 두 분이 예수님의 생명의 길(LifeWay)을 따라 성장하여 오늘 원하시는 목표에 도달한다면 두 분에게 어떤 변화가 일어날까요?

아 내   글쎄요, 저는 지난 3년 동안 계속해서 이혼을 해야 할 것인가 말아야 할 것인가 고민하면서 지내왔어요. 그러다 이제는 더 이상 참을 수 없어서 마지막으로 목사님과 한 번 상담이라도 해보고 이혼하자고 결심했는데…

사실 우리 문제가 해결되거나 우리가 변화될 것이라고는 생각해본 적이 없어요. 상상이 되지를 않아요.

남 편   이게 문제예요. 이 사람은 항상 부정적이고 비판적이라니까요?

상담자   오랫동안 문제를 안고 지내다보니 문제가 해결될 것 상상이 되지 않으시는 것 같습니다.

그럴 수 있습니다. 집사님은 남편에게 무시 받고 사는 것이 해결되면 좋겠다고 하셨지요? 그렇다면 오늘밤에 집사님께서 주무실 때 하나님께서 기적을 일으키셔서 남편이 집사님을 존중하고 집사님은 더 이상 무시 받는다는 느낌을 갖지 않게 되었다고 가정해봅시다.

내일 아침에 집사님의 행동은 어떻게 달라질까요?

아 내   만약에 그런 일이 일어난다면 아침에 기분 좋게 일어날 거예요. 저는 그동안 이 사람과의 문제 때문에 신경을 많이 써서인지 아침에 일어나도 잔 것 같지 않고 기분이 개운하지가 않았어요.

남 편   〔아내를 향해〕 그건 나도 마찬가지야.
상담자   〔아내에게〕 그렇겠군요. 또 어떤 변화가 있을까요?
아 내   기분이 좋으면 자연히 남편에게 대하는 말투나 태도도 좋아지겠지요.
상담자   어떻게 좋아지실까요?
아 내   사실 남편이 말한 대로 저는 좀 부정적이고 비판적인 데가 있어요.
남 편   좀이 아니라 항상 그렇습니다. 그러니까 내가…
아 내   〔화를 내며 남편에게〕 내가 언제 항상 그랬어요. 당신이 나를 화나게 하니까 그러지…
         목사님, 남편은 항상 저래요. 무슨 말을 하려면 늘 저렇게 빈정대거나 나를 깎아내리는 말을 해서 기분을 상하게 해요. 그러니 내가 비판적이 되지 않겠어요?
상담자   예! 그렇군요…
         〔남편에게〕 집사님은 잠깐 기다려주시겠습니까? 저와 〔아내를 향해〕 집사님과의 대화를 먼저 끝내도록 기다려주시면 좋겠습니다.
남 편   아, 예. 알겠습니다.
상담자   기분이 좋으면 남편에게 대하는 말투나 태도가 좋아질거라고 했는데, 어떻게 좋아질까요?
아 내   제가 성격이 좀 급해서 말이 많고, 화가 나면 목소리가 커지는데 기분이 좋으면 말을 많이 하기보다는 남편의 말에도 잘 귀담아듣고, 목소리가 커지는 일은 없겠지요. 말도 좀 부드럽게 하고요.
상담자   아, 그러시군요. 그 외에 또 어떤 변화가 있을까요?
아 내   글쎄요. 잘 모르겠어요.

✝ 라이프웨이 과거자원 탐색

상담자 그러면, 그동안 이러한 변화가 조금이라도 있었던 때는 언제였습니까?

아 내 네? 글쎄요…
그런 때가 있었는지 기억이 안나요. 우리는 항상 싸우지 않으면 각자 따로 살았으니까 그런 적이 없었던 것 같아요. 저이는 저녁도 아예 먹고 늦게 들어올 때가 많고, 들어와서는 자기 방에 가서 자기 전까지 텔레비전을 보다가 자요. 저는 저대로 아이와 함께 거실에서 따로 텔레비전을 보든지 다른 일을 하다가 자고요. 우리는 늘 그랬어요.

상담자 그래요? … 〔침묵〕
〔남편에게〕 그럼 집사님께서는 문제가 해결되면 아내의 무엇을 보고 아내의 문제가 해결되었다는 것을 알 수 있을까요?

남 편 적어도 한 가지는 분명합니다. 잔소리를 하지 않을 거예요. 그리고 내 말을 잘 들을 거예요.

아 내 〔이 말에 발끈하여〕 내가 무슨 잔소리를 해요. 당신이 말 같지도 않은 말로 늘 나를 기분 나쁘게 하니까 그렇지. 당신이 가만히 있는데 내가 그래요?

남 편 이거보세요. 목사님 앞에서도 이러니 둘만 있을 때는 오죽…

아 내 당신이 입술색깔이 너무 빨갛다는 둥 천박하게 보인다는 둥 그런 소리를 하는데 그럼 내가 가만히 있겠어?

남 편 내가 언제 천박하다고 했어? 교회에 갈 때는 좀 섬찮게 바르라고 했지. 말이 나왔으니 하는 말인데, 당신 교회 갈 때도 짧은 미니스커트를 입고가고, 옷도 앞이 많이 파인 옷을 입고 교회에 가는데 그것을 보고도 가만있으란 말이야? 그리고 교회 가서 웬 말이 그리 많아.
여자가 좀 다소곳이 있어야 하는 거 아냐?

아 내   그게 어때서? 뭐가 짧아? 다른 여자들도 다 그런 치마를 입어. 당신만 괜히 유별나게 그러는 거지.
… 〔흐느낀다〕〔침묵〕
〔남편은 말없이 다른 곳을 쳐다본다.〕

상담자   〔울음을 그치는 아내에게〕 그동안 마음이 많이 아프셨던 것 같습니다.
이런 상황에서 어떻게 3년이나 버틸 수 있으셨어요?
어떻게 문제가 더 악화되지 않고 이만큼이나마 오늘까지 유지해 올 수 있었어요?

아 내   〔울먹거리며〕 정말 힘들었어요. 누구에게 말도 못하고 … 엄마가 전화하셔서 "잘 지내냐?"고 물어보실 때마다 "잘 지내요" 하고는 전화 끊고 나서 혼자 운적이 한두 번이 아니에요.

상담자   지금까지 포기하지 않고 대처해 올 수 있었던 것은 하나님께서 도우셨기 때문이라고 믿습니다.
여기까지 오시는데 하나님께서 어떻게, 무엇을 통해 도우셨습니까?

아 내   음… 아침에 경건의 시간을 갖는 것이 힘이 되었어요. 매일 하지는 못했지만, 정말 괴롭고 힘들어서 견딜 수 없을 때 아침에 말씀을 읽고 기도하면 좀 위로가 되고 용기를 얻곤 했어요.

상담자   아, 경건의 시간이 집사님께 도움이 되었군요. 그 외에 또 무엇이 도움이 되었습니까?

아 내   결혼하고 나서 남편은 자기 일에 바빠 매일 늦게 들어오고, 아이를 키우는 데에도 도움이 되지 않았어요. 그러다보니 자연히 불만은 쌓여가고 몸은 힘들고 하니까 몸은 약해지고 불기 시작했어요. 그래서 몸이 많이 뚱뚱해졌어요. 그러니까 매사에 자신감이 없어지고….
아주 최악이었어요. 그래서 한 6개월 전부터 아파트 근처에 있는 헬스장에 가서 운동을 시작했어요. 그리고 다이어트도 하고요.

상담자 와, 어떻게 그럴 생각을 하셨어요? 이것이 어떻게 도움이 되었습니까?

아 내 예, 그동안 살이 많이 빠졌어요. 몸이 결혼 전 같지는 않지만 그래도 상당히 좋아진 편이에요.

상담자 그러고 보니 전보다 좀 살이 빠지신 것 같습니다. 나도 살을 빼려고 여러 번 시도했다가 그만 두곤 했는데… 많은 사람들이 시작했다가 작심삼일로 끝나는 경우가 많잖아요?
어떻게 이것을 지속할 수 있도록 생활을 조절할 수 있었습니까?

아 내 … 뭐, 특별한 것이 있어서라기보다 그냥 어느 날 '이렇게 살아서는 안 되겠다'는 생각이 들었어요. 〔살짝 미소〕 그리고 남편과의 관계가 힘들 때마다 살아남기 위해서라도 더 열심히 해야겠다 생각하고 이를 악물었죠.

상담자 그렇게 웃으시니 참 보기 좋습니다.
이 외에 또 도움이 된 것은 무엇입니까?

아 내 음, … 모르겠어요.
아, 오늘 목사님과 상담을 하니 마음이 좀 가벼워지는 것을 느껴요.

상담자 아, 그러세요? 다행입니다.〔웃음〕
〔조감도를 가리키며〕 지금 말씀하신 것들을 이곳에 간략하게 기록해 주시겠어요?

상담자 〔남편에게〕 집사님께서는 아까 옛날로 돌아가 전처럼 아내와 사랑하는 관계를 회복하고 싶다고 하셨지요? 그것에 대해 좀 더 자세히 말씀해 주시겠어요?
문제가 해결되어 그러한 관계가 된다면 지금과 어떻게 다른 모습을 볼 수 있을까요?

남 편 아내의 말을 듣고 보니 아내가 저 때문에 많이 힘들었던 것 같습니다. 우리의 문제가 해결된다면 더 이상 아내의 옷차림이나 화장에 대해 잔소리를 하지 않고 아내의 말에 귀를 존중할 것입니다.
그리고 함께 있는 시간을 늘리고 아내의 말에 귀를 기울일 것입니다.
그리고 아내가 외식하는 것을 좋아하는데 일주일에 한 번은 외식도 할 겁니다.
〔아내에게〕 그러고 보니 우리가 외식한지도 꽤 오래됐네…
〔미소〕

아　내　〔조감도를 작성하다말고〕 알기는 아네! 〔피식 웃는다.〕

남　편　전에는 아내와 자주 외출을 했었어요. 이 사람은 밖에서 저녁식사를 하고 영화 보러 가는 것을 좋아했어요. 저도 그렇고요. 그러다가 점점 자주 싸우고, 또 아기가 생기고 나서는 아예 그러지 못했지요.

아　내　맞아요. 우리에게도 좋은 시절이 없었던 것은 아니에요.
〔두 사람 다 추억에 잠긴 듯 잠시 침묵한다.〕

상담자　집사님은 문제가 해결된다면 아내를 더 많이 존중하는 말을 하고, 대화할 때 아내의 말을 잘 들어주고 외식도 매주 할 것이라고 말했습니다. 두 분 사이가 가장 좋았던 때는 언제였지요?

남　편　결혼하기 전과 결혼 후 한 1년 가량은 굉장히 잘 지냈었습니다. 그 이후로는 자주 싸우고…
그게 벌써 3년 가까이 되었군요.

상담자　그때 두 분의 관계는 어땠습니까?

남　편　아주 좋았어요. 대화도 많이 하고, 근사한 음식점에 가서 식사도 하고…

상담자　어떻게 그렇게 하실 수 있었어요? 그때와 지금 차이가 있다면 무엇입니까?

남　편　연애할 때나 신혼 초에는 이 사람에게 전화도 자주 하고, 꽃도 가끔 예고 없이 한 다발 사들고 가서 놀라게 해주곤 했지요. 이

	사람도 그때는 전화도 자주 하고, 편지도 많이 보냈어요. 좋았어요.
상담자	야, 어떻게 그렇게 할 수 있으셨어요?
남 편	사랑하니까요!
상담자	그래요. 이외에 또 어떤 일을 하셨어요?
	〔대화 더 지속〕
	………………………………
	………………………………
상담자	〔시계를 보며〕 벌써 시간이 많이 지났네요. 저는 5분간 휴식을 취하고 한 10분 정도 더 대화를 나누고 싶은데 어떠세요? 혹시 무슨 하실 말씀이 더 있으신가요?
아 내	아니요.
남 편	그렇게 하시지요.
상담자	그럼 휴식하는 동안 남편께서는 아내가 하신 것처럼 조감도에 대화 내용을 간략하게 기록하시고, 오늘 우리가 나눈 대화의 내용을 점검해 보시기 바랍니다. 저도 생각을 정리해 오도록 하겠습니다.
남 편	알겠습니다.

주(註)

1) George LaKoff, 「코끼리는 생각하지 마」, 유나영 역 (서울: 삼인, 2006).
2) 유재성, "인간 내면의 이해와 관계성장," 96.
3) Linda Metcalf, 「해결중심 집단치료」, 김성천, 이소영, 장혜림 역 (서울: 청목출판사, 2002), 37-40.

제 10 장 변화와 성장을 위한 실천과제 수립
(Setting Up LifeWay Strategies)

목 사 (주일 오후, 교회의 각 부서를 돌아보던 중 한 초등학생을 보고는 성경교육이 잘 되고 있는지 확인하고 싶은 마음이 생겨 질문을 한다.)
"애야, 여리고성을 누가 무너뜨렸니?"

소 년 (깜짝 놀라 손사래를 치며 한 발 뒤로 물러나면서)
"네? 제가 그런 것 아닌데요. 저는 안 그랬어요. 저는 모르는 일이에요"

목 사 (기가 막혀서 학생의 주일학교 선생님을 찾아 이 일에 대해 묻는다)
"철수에게 '여리고 성을 누가 무너뜨렸느냐'고 물으니 자기는 안 그랬다고 그러는데 이게 대체 어떻게 된 일입니까?"

교 사 (고개를 갸우뚱하며)
"철수가 그런 짓을 할 리가 없는데요. 철수는 그렇게 나쁜 아이가 아니에요!"

목 사 (더 기가 막혀서 이번에는 주일학교 부장 집사님을 찾아 묻는다)
"'여리고 성을 누가 무너뜨렸느냐'고 물으니 철수는 자기가 안 그랬다고 대답하고, 교사 선생님은 철수가 그런 일을 할 아이가 아니라고 하니 이게 대체 어떻게 된 일입니까?"

부 장 (심각하게 한참을 고민하더니…)
"목사님, 그것을 다시 세워주려면 예산이 얼마나 필요할까요?"

목 사 …

1. 실천과제를 위한 내용분석
(Accountable Reflection and Assessment)

상담을 공부하는 학생들이나 상담 초보자들의 경우 상담실습을 시켜보면 대개 "어떤 문제로 오셨습니까?"라는 질문으로 시작하여 한 시간 내내 문제를 파헤치며 그때의 기분 상태를 점검하다가, 나중에는 '시간이 다 되었다'며 그냥 끝내는 경향이 있다. 내담자의 상황에 대한 어떤 적절한 정리나 평가, 변화를 위한 실천 전략 수립도 없이 서둘러 끝내고 마는 것이다.

필자도 과거에 임상수련을 할 때 이와 크게 다르지 않았다. 상담이란 문제 정보를 많이 찾아내고 감정을 확인한다고 해서 저절로 긍정적인 결과가 나타나는 것이 아니다. 그저 기도하고 하늘을 향해 화살을 쏜 다음 알아서 과녁을 향해 날아가 꽂혀지기를 바라는 것과 같은 자세로 임해서도 안 된다.

위의 '여리고 성' 이야기는 잠시 한 번 웃고 넘어갈 때 회자되는 것이기는 하지만 그 이면에는 교육하는 사람들이 이런 식으로 해서는 안 된다는 강렬한 메시지가 담겨 있다. 마찬가지로 상담도 막연하게 "그까이꺼 대충"하면 될 것이라고 착각해서는 안 된다. 자신이 지금 하고 있는 것이 무엇인지를 알고 전략적으로 임해야 한다. 한 사람의 내면과 관계, 삶과 영혼을 돌보고 치유하는 막중한 사명을 맡은 크리스천 상담사들은 최선을 다해 지속적으로 자신을 점검하고 발전시키기에 게을러서는 안 될 것이다. 그리고 돌봄과 상담 과정 중에도 하나님의 지혜와 기름부으심을 구하며, 성령께서 중심되시고 이끌어가시는 상담이 되도록 매순간 기도하며 의뢰해야 할 것이다.

✝상담 초점의 전환을 위한 휴식 시간 갖기

이러한 차원에서 코칭상담 회기를 마치기 전에 잠시 휴식을 취하며 대

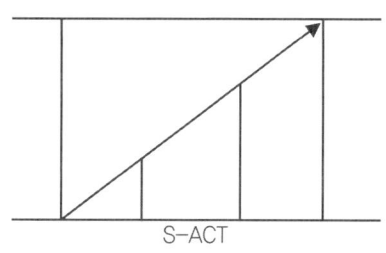

화내용을 정리하는 것은 코치 혹은 상담자로 하여금 잠시 '쉼'을 통해 긴장을 풀고, 회기의 마지막 단계를 창의적으로 시작하도록 인도하시는 성령님께 초점을 맞추고 준비하는 효과를 줄 수 있다.

이를 위해, 라이프웨이 상담자는 50분내지 60분 정도 코칭 혹은 상담을 진행하고 약 5분에서 10분간의 휴식을 취한다. 내담자 또한 이때 잠시 심적인 긴장을 이완하는 시간을 가질 수 있다. 힘들었던 경험을 되돌아보고 그것을 나눈다는 것은 상당한 심리적 부담과 정신적인 긴장을 야기하고, 신체적으로도 매우 피곤하게 될 수 있다. 필자는 임상수련을 할 때 상담하고 귀가한 날 밤에는 심신이 너무 지쳐 아무 것도 못하고 그냥 잠에 곯아떨어졌던 기억이 지금도 생생하다. 심신이 피곤하면 대화에의 집중도가 떨어지고, 긍정적인 마음 자세를 갖고 실천전략을 구축하는 데에도 지장을 줄 수 있다.

따라서 상담자와 내담자는 잠시 대화를 중단하고 휴식을 취하며, 지금까지 나눈 대화내용을 되돌아보고 정리하는 시간을 갖는 것이 좋다. 라이프웨이 코칭상담사는 자신이 다른 곳으로 가거나, 내담자에게 잠시 바깥 대기실에서 휴식을 취하며 앞서 대화한 내용들을 되새겨보는 시간을 갖도록 요청할 수 있다. 그리고 휴식 후, 코칭상담 내용에 대한 피드백을 나누고 내담자와 함께 실천전략을 세운 후 회기를 마무리하는 3단계의 과정(ACT)을 밟게 된다.

라이프웨이 코칭상담의 휴식 시간은 단순히 쉬는 것을 넘어 코칭상담의 방향 전환을 의미하는 것이기도 하다. 변화를 위한 만남과 목표의 단계에서 내담자를 중심으로 상황을 파악하고 이해하는 대화가 진행되었다면, 코칭상담 목표달성을 위한 미래비전과 과거자원 탐색의 과정은 코칭상담자와 내담자가 함께 삼위 하나님께서 내담자의 삶 속에서 어떻게 역사해 오셨으며, 앞으로 어떻게 인도하기를 원하시는지 그 흔적과 생명의 길을 찾아가는 과정이었다.

여건이 된다면 휴식 기간 중에 모니터실에 들어가 수퍼바이저와 상담 내용에 대한 피드백을 미리 나눌 수 있다. 해결중심상담 훈련을 받는 인턴들은 이때 상담실을 벗어나 옆에 마련된 관찰실로 가서 상담 과정을 지켜본 수퍼바이저나 임상수련 중에 있는 동료들과 함께 상담내용을 분석하는 시간을 갖는다.

필자도 인턴시절 수퍼바이저와 동료들이 지켜보는 가운데 실시간 지도를 받으며 상담을 전개한 것이 큰 도움이 되었다. 이러한 실시간 수퍼비전(live supervision)을 위한 설비나 일방경이 마련되지 않았을 경우에는 상담과정을 녹음 혹은 녹화하고 회기 종료 후 축어록으로 정리하여 체계적인 감독을 받을 수 있다.[1] 이러한 수퍼비전은 코칭상담사 자신의 성장은 물론 효과적인 돌봄과 코칭상담을 위해, 그리고 내담자를 위해 정기적으로 실시하는 것이 좋다.[2]

✞ 대화내용 정리 및 분석

이제는 지금까지 진행된 모든 코칭상담 작업을 정리·분석한 내용을 나누고, 코칭상담의 목표 달성을 위한 구체적인 실천전략을 준비하는 단계이다. 내담자 개인 혹은 주변 사람들과의 관계에 생명을 불어넣을 수 있는 길을 찾아 이전 단계에서 탐색된 내담자 및 그가 속한 공동체의 강점과 자원을 변화와 성장을 위한 실천 전략으로 통합시키는 것이다.

코칭상담 과정에 대한 성찰과 분석은 앞서 진행된 대화 내용을 종합적으로 정리하고 변화와 성장을 위한 실천전략을 세우는데 도움이 될 정보들을 평가하는 것으로 시작된다.[3] 짧은 시간에 실시하는 것이니만큼 개략적으로 정리하고 보다 자세한 분석과 평가는 회기가 종료된 이후에 할 수 있다. 코칭상담을 훈련 중인 실습생들이나 초보 상담사들은 지속적으로 사례개념화를 포함한 축어록 보고서 작성 및 발표, 실시간 수퍼비전 등을 통해 이 과정을 숙련하는 것이 필요하다.

코칭상담 회기의 분석과 평가에서 다룰 첫 번째 요소는 내담자의 관계정서와 관련된 정보를 점검(Relationship-Emotion Context)하는 것이다. 내담자 개인의 관계상황과 정서적 상태, 신체적 혹은 내적 안녕감 등의 정보를 점검한다. 내담자의 나이와 상황에 대한 기본적인 정보 외에 현재의 심리상태가 초조한 정도인지 아니면 절망적이어서 아무런 해결이나 회복의 가능성을 보지 못하는 상태인지 등에 대해 판단한다. 내담자의 신체적 상태나 심리상태가 심각할 경우 상담자는 병원이나 관련 전문가와의 만남을 권면하고 건강과 관련된 계획이나 대책을 세우도록 할 필요가 있다.

이외에 내담자 및 갈등 상황에 있는 사람들에 대한 인생발달 주기나 과업수행 등에 대한 고려도 해야 한다. 부부 갈등의 문제로 상담을 하는 경우, 내담자 부부가 중년기의 나이에 해당된다면 중년기 '생산성-침체성'의 발달 과업 이슈나 다음 세대에 대한 관심, 또 청소년 자녀들과의 관계나 노년기에 접어든 부모님과의 관계가 중요한 관건이 될 수 있다. 이러한 것이 부부 각자의 내적 안녕감이나 욕구 혹은 기대, 그리고 관계에 어떤 연관성 내지는 영향을 주는지 등에 대해 다루는 것이 필요할 수 있다.

내담자의 관계정서를 보다 잘 파악하기 위해서는 때로 원가족과의 관계 경험을 점검하는 것이 좋다. 내담자 부모의 의사소통 패턴이나 갈등의 정도, 갈등에 대한 대처방식 등이 현재 내담자의 가족 관계나 대인관계에 영향을 미칠 수 있기 때문이다. 과거의 '중요 대상'에게서 적절한 돌봄과 관심, 인정, 수용감을 경험하지 못하면 그러한 미충족된 과거의 정서적 이슈와 욕구가 현재의 관계에서 상실된 대상을 추구하는 경향으로 나타날 수도 있다.[4] 그리고 내담자와 주변 가족들과의 관계 및 그가 속한 사회의 문화적 영향이나 사회적 분위기 등이 내담자에 대한 이해와 평가에 중요한 고려 사항이 된다.

두 번째는 내담자의 행동이나 인지적 반응, 그리고 이러한 반응 이면에 내재된 감정적 요소들에 대한 평가(Feeling-based Act-Perception Reaction)이다. 상담자는 대화를 통해 지금까지 문제 상황에서 내담자가 경험한 감정들은 어떤 것들이었으며, 어떠한 행동으로 반응하였는지, 그 과정에 어떤 상관관계나 패턴이 있는지 등을 탐색해야 한다. 사람들은 위기나 갈등 상황이 발생하면 주로 회피(flight) 혹은 공격(fight)에 가까운 반응을 보이는데 내담자는 어떤 반응을 보였으며 그것이 초래한 결과는 무엇이었는지를 평가하도록 한다. 그리고 이러한 상황과 관련하여 내담자에게 어떤 비합리적 사고는 없는지, 그러한 것들이 어떤 영향을 주고 있는지 등에 대해 점검하도록 한다.

내담자 이해와 평가에 대한 점검 세 번째는 내담자의 영성적 차원을 탐색(Spiritual Dynamics)하는 것이다. 위기나 갈등상황에서 내담자의 영적 차원은 어떤 영향력을 갖고 있는가? 내담자의 삶에 핵심적인 영향을 미치는 영적 중심은 누구인가? 무엇인가? 내담자의 생각이나 행동을 좌우하는 영적인 권위와 지도(Authority and Guidance)는 어디에서 오는가? 내담자 자신의 생각이나 경험인가, 아니면 하나님이신가? 내담자와 하나님과의 관계는 어떠한가? 내담자의 영적 상태나 말씀생활, 혹은 교회를 통해 얻을 수 있는 공동체저 지지 등 내담자가 갖고 있는 영적인 자원들은 무엇인가를 찾아낸다.

영적 차원에는 이 외에도 하나님을 향한 내담자의 믿음과 영적인 가치 및 확신, 자신의 삶에 의미를 부여하는 요소들에 대한 명료한 인식이 있는지, 이러한 요소들과 관련된 소명 의식과 그러한 삶의 결과에 대한 판단은 어떤지를 점검하는 것이 포함된다. 그리고 그러한 인식 하에서 위기나 고난의 상황에서도 버티고 나갈 용기와 자원, 지지 집단이 있는지, 기도나 찬송 등 어떤 영적인 의례를 통해 힘을 부여받고 있는지 등에 관한 정보도 중요하다. 이것은 내담자와 하나님과의 관계, 그리고 자신 및 공동체적 관계와 밀접한 관련성을 갖고 있다. 이러한 영적 차원은 하나님 안에서의 자기 정체성과 자기 성장을 위한 중요한 영적 자원이 되며 변화와 성장을 위한 실천전략을 구축하는데 핵심적인 역할을 할 수 있다.

라이프웨이 코칭상담사는 잠시 휴식을 취하면서 위와 같은 내용들 중 해당되는 것들을 개략적으로 정리 및 평가한 후 내담자와 다시 만나 나눌 피드백 내용을 준비하도록 한다. 이때 코칭상담 목표와 관련하여 내담자의 미래비전과 과거자원 탐색에서 발견된 개인적, 공동체적 강점과 자원들을 중심으로 정리하는 것이 중요하다. 특별히 내담자의 강점과 장점을 탐색함에 있어서 하나님께서 그동안 내담자의 삶에서 어떻게 역사하셨는지, 성령님의 역사의 흔적이 어디에 어떻게 나타났는지를 발견하는 것이 관건이다.

코칭상담자는 회기 중에 있었던 작업내용을 정리할 때 가능하면 내담자의 용어나 생각 등을 활용하여 내담자의 미래비전과 과거자원에서 나타난 미래전망과 은혜사건, 효과적이었던 대처반응 등을 종합하도록 한다. 이러한 요소들을 어떻게 발견하고 정리하는 가에 따라 실천전략 수립은 큰 영향을 받게 된다. 코칭상담자는 이러한 정보들을 적절한 전환문장으로 제시하면서 실천방안을 세우도록 돕는다. 이런 접근은 내담자로 하여금 자기 정체성과 인식을 새롭게 하고 자아를 강화시킬 뿐만 아니라 의식의 전환을 통해 자기 안에 있는 성령님의 역사의 흔적을 지속적으로 탐색하고, 부정적인 문제초점을 넘어 해결초점을 강화하도록 도와준다. 나아가 긍정적인 변화와 성장을 위한 믿음의 발걸음(faith-act)을 내딛을 수 있는 용기와 희망을 갖게 한다.

2. 공동체적 라이프웨이 실천전략 구축
(Communal LifeWay Strategy Building)

실천전략을 구축할 때의 관건은 내담자의 삶 속에서 탐색된 개인적, 공동체적 강점과 자원 및 하나님 나라의 과거현재의 은혜자원과 미래현재 비전을 믿음으로 통합한 실질적인 실천계획을 전략적으로 수립하는 것이다. 시간이 되어 회기 중에 다룬 내용과 관련이 없는 몇 마디 지시적인 메시지나 조언을 서둘러 제시하고 그냥 대화를 마무리 하지 않도록 한다. 이렇게 할 경우, 내담자들은 일단 "알았다"고 대답을 하지만 일상의 문제 상황으로 돌아가 변화를 위한 어떤 시도를 하기란 매우 어려운 일이다. 코칭을 받거나 상담을 통해 무언가 변화를 시도할 마음이 들었다 해도 그의 삶의 관계상황이나 맥락은 여전히 바뀌지 않은 상태이고 이와 관련성이 별로 없는 조언이나 지시를 실천하기란 쉽지 않기 때문이다. 그러다 보니 코칭상담의 효과나 필요성을 느끼지 못하고 변화의 노력을 중단하는 경우가 발생한다.

따라서 코칭상담자는 내담자의 의식이나 삶에 밴 문제 상황에서의 관계 패턴이나 생각 및 행동방식을 변화시킨다는 것의 어려움을 인식하고, 구체적이고도 현실적인, 그리고 성취가능한 실천전략을 내담자와 함께 세우는 것에 관심을 기울여야 한다. 내담자로 하여금 변화의 가능성을 맛보고 경험하게 하는 것이 중요하다. 이것이 바로 코칭상담사에게 요구되는 전문성이기도 하다.

1) 코칭상담 과정에 대한 피드백 나눔

라이프웨이 실천전략구축의 과정은 대개 회기 내용에 대한 분석 나눔과 내담자에 대한 긍정적인 치하, 격려, 소망의 메시지를 제공하는 것으로 시작된다(렘 29:11). 코칭상담자는 내담자가 사소하게 여기고 중요성을 부여하지 않는 아주 적은 것이라 할지라도 예리하게 발견하여 그것에 의미를 부여하고 강화 및 확대하여 내담자의 자원과 강점으로 인식하게 하고 격려하는 것이 필요하다. 그리고 내담자의 노력에 대해 치하하면서 어떻게 그럴 수 있었는지, 무엇이 그것을 가능하게 하였는지 등에 대한 질문들을 통해 내담자의 긍정적 '자기' 인식과 드러나지 않았던 '힘'을 찾아내고 강화시켜주도록 한다.

내담자의 강점과 자원을 찾아 칭찬할 때는 직접적인 치하보다 간접적인 치하를 하는 것이 더 효과적이다. 지난 2006년 미국 풋볼의 영웅으로 떠오른 한국계 미국인 하인스 워드와 그의 모친의 한국 방문이 연일 텔레비전과 신문 등에 대대적으로 보도된 적이 있었다. 워드는 남편을 잃고도 미국에서 온갖 고생을 하며 자신을 키워준 어머니에 대한 깊은 애정과 감사하는 마음으로 많은 사람들의 심금을 울리며 가슴에 파고들었다. 온갖 역경을 넘어 아들을 장하게 키운 그의 어머니는 많은 사람들의 칭송을 받아 마땅하다.

우리는 워드의 어머니에게 "남편을 잃고도 아들을 참 잘 키우셨군요"라는 말로 칭찬의 말을 전할 수 있다. 하지만 아들을 잘 키운 어머니의 강점과 자원을 이끌어내려고 한다면 "남편을 잃고 낯선 미국 땅에서 어떻게 그렇게 아들을 잘 키울 수 있었어요?"라는 열린 질문으로 간접적 치하를 하는 것이 더 효과적이다. "남편 없이 홀로 미국에서 아들을 그렇게 잘 키울 수 있는 방법을 어떻게 알았어요?" "당신의 아들에게 어떻게 당신이 그를 잘 양육했는지 묻는다면 아들은 뭐라고 대답할까요?"라고 질문하는 것도 좋은 간접적 치하가 된다.

코칭상담자는 내담자의 유형에 따라 적절한 치하를 할 때 더 효과적인 결과를 이끌어낼 수 있다. '적극적 참여형'에게는 해결을 향한 의지와 노력, 상담 과정에 적극적으로 참여하고 내적 탐색에 협조하는 자세를 보인 것 등에 대해 칭찬을 할 수 있다. '참여적 불만형'에게는 그동안 문제 상황 가운데서도 인내하고 문제 해결을 위해 스스로 노력해 온 것을 긍정적으로 평가하고 치하하도록 한다. '소극적 방관형'은 대개 상담의 필요성을 못 느끼거나 관심이 없는 경우가 많은데 그러한 사람들로서는 사실 상담실까지 온 것만 해도 큰 수고를 한 셈이다. 따라서 이들에게 따뜻한 관심과 격려, 지지적인 메시지를 주는 것이 도움이 될 수 있다. 이러한 접근을 통해 내담자와 치유적 개입과 성장을 위한 연대감을 형성하고, 신뢰관계를 더 강화하는 효과를 얻을 수 있다.

한때 '칭찬은 고래도 춤추게 한다'는 책이 한국 사회를 강타한 적이 있다. 건강하고 적절한 칭찬과 격려는 움츠러든 사람들에게 어깨를 펴고 다시 일어날 수 있는 힘을 준다. 문제 초점의 내담자가 갖고 있는 얼어붙은 마음을 녹이고 자신이 절망적인 상황에 있는 것만은 아니라는 사실을 보게 한다. 그리고 변화를 향한 기대감과 자신감, 긍정적인 동기를 부여하고, 자존감을 높여주며, 자신의 삶에 대해 보다 책임 있는 자세를 취하도록 도와준다.

2) 공동체적 실천전략의 구성 요소

라이프웨이 코칭상담의 공동체적 실천전략은 주로 미래비전과 과거자원의 탐색 결과에서 온다. 회기의 목표가 구체적으로 작성되고 목표를 중심으로 코칭상담이 진행되면 그 과정에서 내담자의 삶 속에 역사해 오신 하나님의 흔적이 각종 자원과 강점으로 나타나게 된다. 그리고 성령께서 내담자의 마음에 주신 변화에의 열망과 비전의 구체적인 모습이 영적인 측면과 사고, 행동, 그리고 감정과 관계의 영역에서 나타나게 된다.

라이프웨이 코칭상담사는 회기 진행 과정에서 내담자 안에 있는 이러한 요소들을 탐색하고 명료화하며 강화하는 작업을 전개한다. 문제를 넘어 역사하시는 하나님에 대한 소망을 갖고 믿음으로 해결을 향한 미래의 실재를 내담자의 마음 안에 확장하게 된다. 아직 눈앞에 있는 문제가 해결된 것은 아니지만(not yet), 이미 하나님 나라가 내담자의 마음과 삶 속에 임하였고(already) 문제의 영역에 하나님 나라가 확장되어가고 있음을 경험하게 하려고 노력한다. 이러한 과정이 바로 라이프웨이 코칭상담의 현장이고, 그 자체가 치유와 회복 및 변화와 성장의 여정인 것이다.

라이프웨이 코칭상담사는 이러한 과정에서 탐색되어지는 하나님의 역사와 방법을 통해 문제의 해결은 물론 그리스도의 장성한 분량에까지 이르는 '생명의 길'(LifeWay)로 나아가도록 돕는 구체적인 실천전략을 세우려고 한다. 내담자의 상황을 진단하고 상담자의 지식이나 경험, 기술에 근거한 어떤 방법이나 해결책을 제시하는 것도 도움이 될 수 있다. 그러나 내담자에게 무언가를 하도록 교육하고 지시하기보다는 자연스럽게 그의 삶 속에서 역사해 오신 하나님의 은혜와 성령께서 보내시는 변화와 성장의 파도에 올라타도록 안내하고 촉진하는 것이 인간의 상담 지식과 테크닉을 뛰어넘는 강력한 결과를 가져올 수 있다고 믿는다.

라이프웨이 코칭상담은 변화란 어떤 면으로든 일어나게 마련이고, 변화를 위한 고정된 어떤 공식이나 왕도는 없다는 전제를 갖고 있다. 따라서 코칭상담사는 눈앞에 당장 보이는 내담자의 현실이나 상담 결과에 일희일비(一喜一悲) 혹은 좌우되지 않고 지속적으로 내담자를 향하신 하나님의 뜻 및 성령님의 인도하심에 민감할 필요가 있다. 자기 나름의 경험이나 지식에 의존하기보다 기도하는 자세로 내담자와 함께 회기 중에 말씀하시는 성령님의 인도에 귀를 기울이며 지혜로운 실천전략을 구축하는 것에 관심을 갖도록 한다.

3) 공동체적 실천전략의 방향과 원리

코칭상담을 찾는 내담자 중에는 자신이 변화되어야 함을 인정하고 그 방법을 모색하려고 하는 경우도 있지만, 더 많은 경우는 갈등 상대자에 대한 원망감을 갖고 있거나 문제 해결을 위해 상대방이 변화되어야 한다는 생각을 갖고 있다. 그래서 어떻게 하면 상대방을 변화시킬 수 있는지 질문을 하거나, 그 사람을 변화시켜 달라고 요청하는 내담자들을 흔히 보게 된다. 그러나 변화의 필요성을 느끼지 못하여 상담을 받으러 오지 않거나 어느 정도는 그런 필요성을 느낀다고 해도 자신이 무언가를 하여 문제 상황을 해결해야겠다는 생각을 하지 않는 사람, 또는 상담의 자리에 없는 사람을 코칭상담자와 내담자 두 사람이 변화시키려고 하는 접근은 거의 효과를 보지 못한다.

따라서 라이프웨이 코칭상담자는 '지금,' '여기' 코칭상담의 현장에 없는 사람을 변화시키려고 하기보다는 문제해결이나 변화를 기대하고 찾아온 내담자를 중심으로 변화와 성장의 물꼬를 트는 것에 초점을 둔다. 예수께서는 산상수훈을 통해 하나님 나라 백성들의 삶과 관계의 원리 혹은 태도를 여러 가지로 말씀하셨다. 이 땅에 하나님 나라가 그리스도를 영접한 사람들 안에 이미 임했지만 아직도 완전히 임한 것은 아니기 때문에 인간관계의 한계와 아픔, 갈등과 고통이 수반된다. 이러한 차원에서 하나님 나라의 관계 원리는 코칭상담에서도 중요한 실천 원리가 된다고 하겠다.

이와 관련하여 필자가 인식하는 첫 번째 원리는, 세상에 속한 것들 보다 먼저 하나님의 나라와 그 의를 구하는 태도를 취하라는 것이다. 예수 그리스도는 이러한 자세로 임할 때 우리에게 필요한 것들을 더하여 주시겠다고 말씀하셨다(마 6:33). 오늘날 사람들은 혹은 심리학에서는 '너의 감정에 충실해'라는 현 시대의 사회문화적 분위기에 따라 '자기 감정'이 이끄는 대로 행동하는 것이 '쿨'(cool)하거나 '좋다'고 말하는 경향이 있다. 부부간 감정이 악화되고 사랑의 감정이 식으면 이혼하고 새로운 삶을 사는 것이 관계를 회복하기 위해 애쓰는 것보다 더 현실적이고 멋진 현대인의 모습인 것처럼 보는 것이 오늘의 현실이다.

하지만 관계감정의 기제에 얽힌 사람들의 경우, 상대방에게서 받은 상처나 원망감 때문에 상황을 객관적으로 보거나 문제 해결을 위한 실질적인 접근 방안을 찾는 것에 어려움을 겪고 실패하는 경우가 많다. 관계정서에 융합되어 감정적 사고나 언행에서 분리되기가 어렵기 때문이다. 따라서 이때 자기 마음이 내키는 대로 행동할 경우 당장 그 순간에는 좋을지 모르나 궁극적으로 바람직한 결과를 가져오기는 어렵다. 문제를 회피하거나 더 꼬이게 만들 수도 있다. 그리고 포스트모던 시대의 현대인들은 그 어느 때보다도 자기초점이 강하여 나름의 논리와 주장이 있기 때문에 갈등상황에서 상대방에게 문제의 원인을 귀속시키거나 상대방을 변화시키려고 하는데, 많은 경우 이런 접근은 효과를 보기 어렵다.

그러므로 관계 갈등 자체를 회피하거나 반대로 다른 사람의 문제를 지적하고 바뀌게 하려는 부정적 문제초점보다는 영적인 초점을 확장하면서 문제 감정이나 사고, 관계에 대처하는 것이 더 효과적일 수 있다. 하나님과의 관계를 회복하고 영적인 삶의 변화를 시도할 때 문제대상이나 상황에서 분화되어 문제를 새롭게 접근할 수 있는 심리적 여유가 생길 수 있기 때문이다. 두세 사람이 모인 곳에 주님도 함께 하신다. 갈등 당사자들이 하나님과의 삼각관계에서 하나님께 가까이 나아갈수록 두 사람의 관계 또한 더욱 가까워질 수 있는 것이다.

하나님 나라 백성의 관계 원리 두 번째는 자기 성찰을 먼저 하는 것이다(마 7:3-5). 상대방의 문제나 잘못을 비난하고 책임을 묻기 전에 자신을 돌아보고, 상대방과 상관없이, 자신이 변화되고 성장할 부분이 무엇인지 점검할 필요가 있는 것이다. 인간은 관계적 존재이다. 갈등도 대부분 관계적 맥락에서 발생한다. 따라서 문제 발생의 과정에는 누가 먼저 원인 제공을 했든지 관계 당사자들이 함께 개입되어 있다. 이런 상황에서 한 쪽이 문제의 책임을 지적하고 비난하면 다른 한 쪽은 방어적인 자기 보호 본능이 발동하여 자신을 변호하거나 합리화하는 방어기제를 사용하게 된다. 그런 과정이 반복되면서 관계갈등은 더 고착되고, 이러한 부정의 상호작용이 관계적 항상성을 형성하게 된다. 그럴 때 관계상황의 변화는 더 어려워지게 된다.

따라서 라이프웨이 상담자는 문제 원인의 제공자가 누구이든 일단 상담 현장에 나온 내담자를 중심으로 먼저 자기성찰을 하고 합리적이고도 건강한 사고와 언행으로 개인적 회복과 강화를 꾀하도록 안내한다. 이렇게 할 때, 부정적인 관계 시스템은 긍정적인 방향으로 전환되고 문제의 해결이나 관계 회복을 위한 시도를 할 수 있는 심리적 공간이 형성될 수 있기 때문이다.

때로 그리스도인들은 자신의 상황을 직면하는 것이 불편하여 구체적인 실천전략을 세우려고 하면, "기도하겠습니다." "하나님께서 인도해 주실 것을 믿습니다." "하나님의 뜻이라면…"과 같은 추상적이고 모호한 태도를 취한다. 이러한 자세는 아주 영적인 사람처럼 보이게 하지만 사실은 영적인 가면 뒤에 자신을 숨기고(spiritualization) 변화를 위한 필요한 아픔과 수고는 외면하는 태도일 수 있다. 하나님 나라 백성은 모호한 영성이 아니라 해결을 위한 구체적인 '생명의 길'을 찾고 믿음으로 실천하는 것이 심지어는 '예배'보다 더 시급한 사안이라는 것을 알아야 한다(마 5:23-24).

따라서 코칭상담자는 내담자와 함께 목표를 세울 때처럼 구체적이고도 실천가능한 전략(SMART strategy)을 수립해야 한다. 전략은 작고 구체적인(specific) 것이 좋다. 교제 중인 남녀 대학생이 자신들의 관계 문제로 필자를 찾아온 적이 있었다. 문제는 주로 여학생이 제기하였다. 자신은 남자 친구를 많이 사랑해서 늘 보고 싶고, 함께 있고 싶은데 남자 친구는 그렇지 않아서 속상하고 불안하다는 것이었다. 남학생은 자신도 여자 친구를 사랑하는데 자기에게 너무나 많은 것을 요구하여 힘들고 때로는 부담스럽다고 했다.

그래서 필자는 그들의 관계 패턴을 탐색하며 언제가 가장 관계가 좋았고 만족스러웠는지, 어떻게 그런 상황을 만들 수 있었는지, 그런 관계가 형성되도록 어떻게 무엇을 했는지 등에 대한 정보를 수집하였다. 그리고 그들이 원하는 관계의 모습을 척도질문과 미래비전 질문을 사용하여 그려보게 하였다. 그 다음에 이런 정보들을 바탕으로 두 사람과 함께 변화전략을 만들었다. 그것은 '서로 노력하자'는 것을 넘어, 매일 만나고 싶어 하는 여학생과 시간에 대한 압박을 느끼며 여친의 요구를 부담스러워 하는 남학생이 상호 합의 하에 앞으로 한 달간은 한 주에 요일을 정해 세 번 만나고, 그 대신 문자 메시지를 보내도 바로 답신을 보내지 않는 남자 친구가 강의 시간이 아닌 경우에는 한 시간 이내에 간단하게라도 답변을 보내는 것이었다. 그리고 그 결과를 일주일 후에 점검하도록 하였다. 이들의 모든 문제가 단번에 해결된 것은 아니지만, 이러한 구체적인 실천 접근을 통해 성공적으로 서로의 필요와 욕구를 조절하고 만족스러운 관계를 구축해 갈 수 있었다.

변화를 위한 실천전략은 이 외에도 측정가능하고(measurable), 행동지향적인 것이 좋다(action-oriented). 아울러 현실적이고(realistic) 일정한 시간을 두고 실천하고 그 결과를 점검하도록 할 때(time-limited) 보다 효과적인 변화를 이끌어낼 수 있다. 위의 사례에서 보듯, 한 주에 세 번 만나고 문자 메시지를 보냈을 때 강의 시간이 아닌 경우 한 시간 이내에 답변을 보내는 것은 그 실천 여부를 분명하게 확인할 수 있고 또한 행동지향적인 것이라는 점에서 유용하였다. 그리고 두 사람은 이것이 충분히 실천할 수 있는 현실적인 방안이라는 것에 동의를 하였고, 한 주

후에 이것의 실천 여부를 평가할 수 있었다.

4) 내담자를 중심으로 한 실천전략의 세 가지 차원

성경은 하나님 나라 백성의 삶의 원리를 '이 세상을 본받기보다는 마음을 새롭게 함으로 변화를 받아 하나님의 뜻을 분별하고 자신의 몸을 거룩한 산제사로 드리는 영적 예배'라고 규정한다(롬 12:1-2). 자신의 감정이나 생각, 다른 사람들의 일반적인 행태를 따르기보다는 먼저 하나님 나라와 그 의를 추구하고 성령의 인도하심을 따라 그리스도의 장성한 분량에 이르기를 힘쓰라고 한다. 그럴 때, 우리는 자신의 감정이나 욕구에 굴복하는 육신적 그리스도인이 아니라, 영에 속한 사람으로 사고하고 행동함으로써 문제의 해결을 넘어 성령의 열매를 맺는 삶으로의 회복과 성장을 경험할 수 있게 된다(갈 5:16-26).

필자는 이러한 인식에 근거하여 예수님의 십자가 사건 후 제자들이 위기상황에서 어찌할 바를 모르고 있을 때 예수께서 보여주신 세 가지 차원의 접근을 통해 적절한 실천전략을 구축하려고 노력한다(요 20:19-23).

첫째, 내적 평안과 안녕감을 통한 개인적인 회복을 추구하라!
　　(개인적 지평의 회복)

제자들은 예수께서 세상을 떠나시자 삶의 중심과 방향을 잃고 어찌해야 좋을지 몰라 혼란에 빠졌다. 합리적인 판단이나 행동을 할 수 없었고, 제자들 간의 관계도 흐트러지고 있었다. 자신들의 장래는 물론 당장 신체적으로 위해를 당할지도 모른다는 정서적인 두려움과 압박이 그들을 지배하는 위기상황에 처했다. 그때 제자들에게 나타나신 예수님은 두 번이나 반복하여 "평강이 있을지어라"라고 그들에게 말씀하셨다(19절, 21절). 그들에게 가장 필요한 것은 그들이 처한 상황이나 문제의 원인 분석 이전에 그들 자신의 내적인 안녕감과 개인적인 지평의 회복이라고 생각하신 것이다.

  따라서 필자는 실천전략을 구축할 때, 먼저 내담자의 개인적인 자기성찰과 분화를 위해 그리스도께서 주시는 평강을 찾아 심적인 안정과 회복, 자기 강화를 할 수 있는 방법을 찾으려고 한다. 그것은 때로 심호흡을 하며 몸과 마음의 스트레스를 이완시키고 안정시키는 것일 수 있다. 신뢰할 수 있는 사람의 어깨에 기대어 참고 참았던 울음을 터뜨리는 것일 수 있다. 가정폭력을 일삼는 남편이 또 그럴 때를 대비하여 자신과 아이들을 지킬 수 있는 실질적인 대비책을 마련하고 조금이나마 안정감을 갖게 되는 것일 수 있다.

  이것은 척도질문을 활용하여 다음과 같은 질문들을 통해 실시할 수도 있다: "다음 주에 현재의 단계에서 한 포인트 올라가 있다면 지금과 무엇이 다를까요?" "그때 당신은 어떤 생각을 하고 있을까요? 어떤 행동을 하고 있을까요? 지금 갈등 관계에 있는 상대방과의 관계가 어떻게 달라져 있을까요?" "이것이 실제로 이루어지기 위해 이번 주에 당신이 할 수 있는 가장 쉬운 혹은 가능한 것은 무엇입니까?" "이전에 당신에게 도움이 되었던 방법은 무엇입니까?"

  이러한 질문들과 그로 인한 정보들은 이미 미래비전과 과거자원탐색 과정에서 시도되었거나 확보된 것들일 수 있다. 그렇다면, 해결중심상담에서 강조하는 것처럼, 그 중에서 그동안 효과적이었던 방법들은 계속 사용하고(Do more of it), 그렇지 않은 것들은 창조적으로 재시도를 할 수 있다(Do it again creatively). 그러나 그동안 효과를 보지 못했던 것들에 대해서는 똑같은 방식을 계속 시도하기보다는 새로운 다른 것을 시도하는 것이 좋다(Do something different creatively). 불안하고 힘든 것이 많을 지라도 염려하며 시간을 보내고 전전긍긍하기보다는 우리의 사연에 귀를 기울이시고 그 들린 대로 행하겠다고 하신 하나님의 약속을 믿고(민 14:28) 미래비전의 그림들이 실재화될 것을 믿음의 눈으로 보면서 감사함으로 구할 것을 하나님께 아뢰고 또 실천하도록 한다. 그럴 때 "모든 지각에 뛰어난 하나님의 평강이 그리스도 예수 안에서" 내담자의 "마음과 생각"을 지키실 것을 믿기 때문이다(빌 4:7).

　미국 에모리 대학교의 목회신학자 찰스 걸킨(Charles Gerkin)은 은퇴 후 신체적·심리적 문제로 큰 곤경에 처한 적이 있었다. 그때 그에게 가장 큰 도움이 되었던 것은 상담 전문가를 통한 문제의 분석과 대책이 아니었다. 그의 친밀한 이웃들과 함께 대화를 나누며 얻었던 내면의 안정과 평안이 힘이 되었다.

　필자가 미국 유학 시절, 인간관계의 아픔과 경제적 곤경으로 힘들어 할 때 가장 도움이 되었던 것도 다른 사람이 나를 분석하고 제시한 어떤 심오한 상담 이론이나 테크닉이 아니었다. 이러한 것들이 도움이 될 수 있지만 그때 필자에게 필요한 것은 하나님께서 이미 삶 속에 심어놓으신 것들이었다. 그것은 텍사스의 유난히도 맑고 밝은 별 밤 아래 조용한 곳을 찾아 기타를 치며 내적인 평안과 안정을 주는 찬양을 하는 것이었다. 조용히 필자를 만지시는 주님의 손길을 느끼며, 그 분의 음성에 귀 기울이는 것이었다. 또한 사랑하는 자녀들과 손잡고 아름답게 단장된 캠퍼스를 거닐거나 체육관에 가서 운동을 하는 것 등이었다.

　이처럼 문제 안에서 흔들리며 힘들어하는 내담자들에게 하나님 나라의 평강과 심적인 안녕감을 회복하게 하는 요소들은 내담자를 문제 안에서도 요동하지 않고 건강한 생각과 마음으로 적절한 판단을 하며, 상황을 견고하게 대처해갈 수 있는 새로운 힘과 에너지를 공급해준다. 내담자에게 효과가 있었던 다양한 정보나 자원들은 회기 내 대화를 통해 확인할 수 있지만 코칭상담 전 과제를 통해 내담자 스스로 찾아내게 할 수도 있다. 내담자가 그동안 주 안에서 마음의 평안을 얻고 힘을 얻게 되었던 요소들이나 방법, 혹은 취미 등에 대해 적어오도록 하여 적절한 실천전략으로 응용하여 활용할 수 있다.

둘째, 내담자의 공동체적 차원의 삶을 회복하라!
(공동체적 지평의 회복)

문제 상황에 처한 제자들에게 먼저 '평강'을 격려하신 예수님은 이어 "아버지께서 나를 보내신 것 같이 나도 너희를 보내노라"고 말씀하셨다(21절). 제자들의 위기상황이나 문제가 아직 해결되지 않았지만, 아직 혼란과 불안, 실망과 좌절, 두려움에 떨고 있지만 예수님은 그들과 공감적 경청의 관계수준에만 머물지 않고 문제초점, 자기초점을 넘어 다른 사람과의 관계에서 마땅히 살아가야 할 사명의 삶을 향해 나아가도록 격려하셨다. 사람은 본질적으로 관계적이며 공동체적인 삶으로 부르심을 입었기 때문이다.

인간의 보편적인 욕구를 다섯 가지로 정리한 아브라함 매슬로우(Abraham Maslow)에 따르면, 사람들은 저마다 자신의 안전이나 사랑, 관심, 돌봄, 자기성취 등의 필요를 갖고 그것을 경험하기를 원한다. 그러한 욕구가 거절되거나 공급되지 않을 때 내적인 평강을 잃고 갈등상황에 처하게 된다. 하지만 이런 욕구들은 폐쇄된 자기초점에만 머물러 있어서는 회복하기 힘들다. 이런 필요들은 대부분 관계적 맥락에서 경험되며 그럴 때 사람들은 자신의 삶이 의미가 있고 행복하다고 느낀다.

따라서 문제해결과 치유, 회복, 성장은 자신의 문제에만 집중하기보다 공동체적 차원에서 주께서 보내신 사명의 삶을 살 때 더 가능하게 된다. 이러한 접근은 사람의 마음뿐 아니라 신체 내 저항력을 강화하고, 건강한 삶에의 자극과 의욕 및 동기와 에너지를 제공한다. 그리고 이러한 새로운 힘은 문제와 갈등 상황에 보다 더 긍정적인 마음과 건강한 정신으로 대처할 수 있도록 도와준다.

다음의 이야기는 우리에게 이러한 사실을 잘 일깨워준다. 주님이 두 개의 십자가를 각각 하나씩 두 사람에게 주셨다. 그런데 한 사람은 넉넉하게 십자가를 메고 가는데, 다른 사람은 매우 힘들어하며 뒤처졌다. 마침내 두 사람이 다 십자가를 메고 천국에 도착했다. 힘들게 메고 뒤처져

온 사람이 '왜 자기에게만 더 무거운 십자가를 주셨나'며 불평하였다. 그러자 주님은 이렇게 말씀하셨다: "십자가는 둘 다 똑같은 무게였다. 너는 십자가를 지고 오면서 계속 불평하였다. 불평할 때마다 십자가는 더 무겁게 느껴졌다. 그러나 너보다 앞서 온 제자는 십자가를 지고 오면서도 다른 사람들과 사랑을 나누며 실천했기 때문에 그 사랑이 십자가의 무게를 덜어주었다. 그래서 그는 힘든지 모르고 올 수 있었다." 삶의 의미와 목적이 없는 사람은 힘든 일이 생기거나 만족이 없으면 쉽게 흔들리고 불만을 털어놓는다. 그러나 왜 사는지에 대한 뚜렷한 이유와 방향 감각이 분명하고 하나님의 소명을 이루며 살아가는 사람은 역경 중에도 쉽게 지치지 않는다.

따라서 필자는 내담자의 삶에 어려움과 위기가 있다고 하여 자기 문제에만 초점을 둔 일상보다는 주님이 주신 '목적이 이끌어가는 삶'을 살도록 구체적인 방안을 함께 찾으려고 한다. 일례로 남편과의 관계 갈등으로 힘들어 하는 여자 성도의 경우, 한 주간의 삶에서 가장 보람된 것이 주일에 남보다 먼저 교회에 가서 성전을 정리하거나 주보를 접는 등의 봉사를 하는 것이었다. 그래서 더 기쁨과 감사함을 느끼며 이 공동체적 사명을 잘 감당하도록 지원하였다. 이것으로 남편과의 갈등이 다 해결된 것은 아니지만, 아내는 이러한 봉사를 통해 삶의 의미와 보람, 생활의 활력을 얻었고 얼굴에도 한결 생기가 돌게 되었다. 남편은 아내의 이러한 변화를 통해 마음이 풀어지기 시작하였다. 결국 이 부부는 자신들이 속한 주님의 몸된 교회를 잘 섬기며 사랑의 관계를 다져가고 있다.

셋째, 내담자의 영적 세계의 질서를 바로 잡으라!(영적 지평의 회복)

라이프웨이 코칭상담의 실천전략 세 번째 접근은 문제초점에서 영적 초점으로 내담자의 삶의 질서를 재구성하도록 하는 것이다. 지속적인 문제초점은 문제의식과 부정의 감정을 자극하고 강화한다. 그리고 관계 갈등의 감정기제에 따라 행동하도록 영향을 준다. 그러나 영적초점은 우리 마음에 하나님 나라의 소망과 기쁨을 확장시켜 현실의 문제를 보다 유연하고 담대하게 인식하고 접근하는 심적인 여유와 유연한 사고 및 행동하는 믿음을 제공한다.

예수께서는 제자들에게 평강을 주시고, 사명의 삶을 강조하시면서 그것이 성령의 능력에 힘입지 않고는 어렵다는 것을 잘 아셨다. 그래서 그들을 향하여 숨을 내쉬며 "성령을 받으라"고 하셨다. 그리고는 "너희가 누구의 죄든지 사하면 사하여질 것이요 누구의 죄든지 그대로 두면 그대로 있으리라"고 말씀하셨다(요 20:22, 23).

베드로는 본래 다혈질적이고 성격이 급했던 만큼 낙심하고 두려워하며 포기하는 것도 빨랐다. 그렇지만 성령충만하게 되자 기적을 행하고, 수많은 사람들 앞에서 담대하게 새로워진 자신의 생각과 확신을 말하고 행동할 수 있었다. 사람의 경고와 협박을 두려워하지 않고 "우리는 보고 들은 것을 말하지 아니할 수 없다"고 말할 수 있는 용기가 생겼다(행 4:20). 심지어는 채찍질을 당해도 흔들리지 않고 자신에게 주어진 '생명의 길'(LifeWay)을 일관되게 갈 수 있었다. 그만큼 영적인 인도하심을 받는 삶은 강력하다.

어느 날 재혼한 부모님과의 관계, 이성 관계, 미래에 대한 두려움 등으로 고민하는 내담자와 상담을 하였다. 가족에 대한 사랑과 장녀로서의 책임감이 강한 착한 딸이요 어떻게 하든지 잘 살아보기 위해 애쓰는 사려 깊은 신앙인이었지만 동시에 자신의 환경 속에서 충족되지 않은 기대와 자기가 할 수 있는 일이 별로 없다는 현실 인식으로 말미암아 내면의 분노와 절망, 우울충동으로 고생하고 있었다. 이 내담자와 상담하면서 복잡한 심리기제와 역기능적 관계 시스템을 다루었지만 별 변화의 흔적은 나타나지 않았다.

그러나 변화의 물꼬는 의외로 간단한 방법으로 터졌다. 내담자가 만족스러운 삶을 살고 있을 때는 성경 읽는 것이 좋았고 경건의 시간도 잘 가졌다는 사실을 알게 된 후 그것에 대해 진지한 대화를 나누면서 이 내담자의 마음 속에 그 때의 감격을 회복하고 싶다는 열망이 일어나게 되었다. 그래서 우리는 중단된 말씀 묵상 시간을 다시 갖도록 구체적인 실천 계획을 세우고 그러한 시간이 주는 영향을 탐색하고 강화하며 삶의 다른 영역에 확대하는 대화를 이어갔다. 그 결과, 내담자의 영적차원이 회복되고 안정되면서 다른 사람들과의 관계에서도 보다 긍정적이고 유연한 자세를 취할 수 있게 되었다.

이처럼 성령충만은 우리로 하여금 육신의 차원이 아니라 하나님 나라의 차원에서 그 능력을 힘입어 육신에 속한 일들에 대처하게 한다. 예수께서 제자들의 상황에 개입하여 보여 주신 세 가지 차원의 접근은 라이프웨이 코칭상담의 '인생 기차' 도식에 나타난 문제 해결 접근 방식을 잘 보여준다. 우리들의 삶이 육신적인 정(情)과 욕심에 근거한 관계정서적 기제에 지배받기보다는 영적인 차원에 중심을 두고 먼저 하나님 나라와 그 의를 구하는 영성적 사고와 행동을 할 때, 복잡한 관계의 갈등이나 문제의 해결이 따르게 되는 것이다. 예수께서 공생애를 통하여 극심한 배반의 스트레스와 임박한 죽음의 압박에서도 견딜 수 있었던 힘은 바로 이러한 접근에 기인하였다고 본다.

5) 공동체의 실천전략 구축

사람의 몸은 수없이 많은 부분들로 구성되어 있다. 각 부분을 하나씩 떼어놓으면 고기 덩어리에 불과한데, 그것들이 함께 하나로 연결되면 하나의 전체로 기능하면서 상호간에 영향을 순환적으로 교환하는 생명의 존재가 된다. 이처럼 한 개인의 문제는 그 개인만의 문제가 아니다. 그것은 개인이 속한 공동체 전체에게 영향을 미치는 전체의 문제이다. 동시에 공동체 전체의 문제는 각 개인의 문제이다. 그것이 각 개인의 삶에 영향을 끼치고 때로는 문제의 원인을 제공하기 때문이다. 공동체적 관계정서 시스템이 정상적인 기능을 하지 못하면, 그 시스템 내의 각 개인들은 그것에 의해 영향을 받는다.

간음하다가 현장에서 붙잡힌 여자의 경우, 이 이야기에서 놓쳐서는 안

될 중요한 한 가지 초점이 있다. 그것은 한 개인의 문제에 대한 공동체의 책임 혹은 자세에 관한 것이다. 예수님은 사람들이 이 여성을 가운데에 놓고 그녀의 죄를 지적할 때 개인의 문제를 지적하기 이전에 그녀를 둘러싼 공동체의 '어떠함'에 초점을 맞추셨다. 여인이 간음한 것은 잘못이나, 그 상황은 여인이 속한 전체 공동체 시스템에서 발생한 것이었기 때문이다.

이것은 교회가 개인의 문제에 대해 어떤 자세로 임해야 하는지를 잘 보여주는 사례이다. 교회는 수많은 개인들이 모인 그리스도 몸의 공동체로서(Holism), 서로 연결되고 상호작용을 하면서 영향을 주고받는다(Open Synergy). 나아가 주변의 변화나 위협, 공격, 문제에 함께 대처하면서 안정과 균형을 회복하고 치유되는 살아 있는 집단(Isomorphism)이어야 한다. 이러한 맥락에서 코칭과 상담이 전개될 때 크리스천 코칭상담은 일반 심리학적 접근과 개념, 테크닉을 뛰어넘는 영적인 차원에까지 이를 수 있게 된다. 이것이 바로 '하나님 나라'의 모습이자, 성서적 모델인 공동체적 크리스천 코칭상담에 내재된 파워이다.

이러한 입장에서 라이프웨이 코칭상담자는 내담자의 개인적 회복과 강화로 문제 해결의 충분조건이 된다고 보지 않는다. 내담자의 영성이나 사고, 행동이 바뀐다고 해도 문제가 시작되고 유지된 관계 시스템의 맥락이 점검되지 않으면 상담 후 다시 그 환경으로 돌아갈 때 문제의 항상성으로 말미암아 원래의 상태로 돌아가기가 쉽기 때문이다. 내담자의 개인적인 변화는 그가 속한 가족과 교회, 사회적 시스템의 변화와 연결될 때 실질적이고도 지속적인 변화가 될 수 있기 때문이다. 그리고 변화를 위한 협력적인 관계 시스템이 구축될 때 개인은 자신의 변화에 필요한 심리적, 관계적 지원을 받을 수 있게 된다.

기러기들은 먼 거리를 이동할 때 한 줄 혹은 V자 형태로 날아간다. 한 마리가 날아갈 때보다 훨씬 힘이 덜 들기 때문이다. 앞의 기러기가 날갯짓을 하며 내는 소리와 바람이 뒤의 기러기를 올려주는 방식으로 작용하여 혼자 날아가는 것보다 훨씬 에너지가 덜 소모된다.

그래서 라이프웨이 코칭상담자는 목표 달성을 위해 내담자 개인만 아니라 그의 배우자나 자녀, 친구, 사역자, 나아가 교회가 어떻게 변화되고 무엇을 할 수 있을지를 탐색한다. 내담자가 개인적 실천전략을 실시할 때 누가 먼저 그 변화를 알아볼지, 누가 그것의 지속적 실천에 도움 혹은 방해가 될지 확인하여 대책을 마련하려고 한다. 필요하다면 내담자의 가족이나 친척, 친구, 교사, 사역자 등과 함께 다음 만남에서 확대 공동체 모임을 갖도록 계획을 세울 수도 있다. 동시에 내담자로 하여금 공동체가 어떻게 도울 수 있을지 의견을 나누고 그들의 참여를 초청하도록 할 수 있다. 교회 공동체가 자기 지체를 위해 무엇을 할 수 있을지 탐색하고 변화를 시도할 때 한 개인을 넘어선 온전한 교회 차원의 변화와 성장을 도모할 수 있다. 이런 면에서 개인만 변화되기보다는 그 개인을 둘러싼 공동체적 관계 시스템의 변화와 성장이 필요하며 그럴 때 개인의 지속적인 성장이 더 가능해진다. 그리고 개인의 변화는 다시 공동체의 변화와 성장으로 이어질 수 있다.

현대 사회는 개인의 권리와 비밀을 매우 중요하게 여긴다. 이러한 상황에서 자신의 문제나 드러내기 싫은 아픔을 다른 사람들에게 알리고 그들의 도움을 요청한다는 것은 매우 비현실적인 접근처럼 보인다. 그러나 성경은 하나님 나라 백성들에게 모이기를 힘쓰고 서로 돌아보며 짐을 함께 나누어져야 한다고 말한다(갈 5:2; 히 10:24; 약 5:13-16). 필자가 인도하는 내면세계의 자아 탐색을 위한 소그룹 모임은 첫 시간에는 자기 이야기를 하는 것을 굉장히 부담스러워 하다가도 일정한 기간 동안 '한시적 돌봄 공동체'로 모일 것과 주 안에서 비밀보장을 전제로 한 나눔을 하면서 누구에게도 털어놓을 수 없었던 내면의 심정을 고백하고 자유함을 느낀다. 그리스도가 함께 하는 공동체에는 그 자체 내에 치유의 역동(communal therapeutic dynamics)이 있기 때문이다.

코칭상담을 하면서 가족이나 교회 공동체와 자신의 문제를 적절한 선에서 알리고 함께 대처하는 방법을 타진하면 거부감을 느끼거나 쉽게 동의하지 않는 내담자들을 종종 보게 된다. 본서에서 사례로 제시한 위기

부부와 실천전략을 세우면서 이러한 접근을 언급했을 때 그들도 처음에는 부정적인 태도를 보였다. 그러나 그들의 문제상황을 전부 말하기보다 신뢰할 수 있는 구역 식구들에게 자기 부부를 위해 기도해 달라는 정도만 이야기하고 매주 구역모임 때 간략한 점검을 요청하는 전략을 세울 수 있었다. 그 결과, 이 부부는 자신들의 문제가 자신들만의 것이 아니고 교회 공동체와 연결된 것이며, 하나님께서 이 상황에 개입하고 계시다는 것을 실감하게 되었다.

그러자 이 부부는 문제해결을 위한 실천에 더 책임 있는 자세로 임하게 되었다. 그리고 조금씩 상황이 개선되면서 자신들의 갈등문제에 대해 교회 공동체 앞에서 솔직하게 고백할 용기를 얻게 되었다. 이러한 그들의 용기 있는 행동은 겉으로 드러내지 않는 가운데 갈등을 겪고 있는 교회 내 다른 성도들에게 큰 자극이 되었다. 그래서 그들 또한 자신들의 부부관계 개선을 위한 방안을 찾기 시작하였다. 그리고 목회자는 이들의 필요를 인식하고 다양한 가정사역 프로그램을 도입하였다. 이 부부는 부부 관계 코칭상담이 종료된 후에 때로 관계의 부침(浮沈)이 없었던 것은 아니지만 교회에서 새롭게 제시된 가정사역 프로그램들을 통해 지속적으로 성장할 수 있었다. 그리고 지금은 교회의 리더로서 다른 부부들을 효과적으로 섬기며 살아가고 있다.

3. 코칭상담 첫 회기 종료(Try in Faith with Expect)

해결중심 상담자들은 상담을 시작할 때 얼마나 문제 상황이 심각한지, 그래서 어느 정도의 상담 기간이 필요할지 미리 결정하지 않고, 첫 상담부터 종료를 염두에 두고 상담에 임한다. 사람들은 대개의 경우 문제가 오래 지속되었고, 관련된 이슈가 복잡하면, 혹은 내담자가 얼마나 상담에 협조적으로 임하느냐에 따라 단기 혹은 장기적인 상담이 될 것이라고 말한다.

하지만 라이프웨이 코칭상담사는 이런 것을 자신의 경험이나 지식으로 미리 예상하거나 단정하지 않는다. 그것이 또 하나의 자기 예언(self-prophecy)이 되어 코칭상담의 과정에 영향을 줄 수 있기 때문이다. 하나님께서 역사하시면 아무리 상황이 복잡하고 어려운 문제라 할지라도 의외로 신속한 해결이 가능하기 때문이다. 따라서 라이프웨이 코칭상담에서는 회기를 종료할 때 성령께서 내담자와 공동체 안에서 문제의 해결과 회복 혹은 변화와 성장이 일어나도록 역사하실 것을 기대하며 실천전략을 믿음으로 실시할 것을 다짐하도록 한다.

내담자 중에는 상담자와 함께 세운 실천전략에 확신을 갖고 희망 가운데 변화를 시도할 것을 다짐하는 사람들이 있다. 그렇지만 여전히 변화에 대한 소망이나 확신을 갖지 못하고 주저하며 의심하는 사람들도 있다. 그럴 경우에는 '길이 안 보이거든 보이는 데까지 가라'는 교훈을 따르는 것이 좋다. 즉 실천전략을 좀 더 구체적으로 세분화하여 내담자로 하여금 아주 작은 것부터 하나하나 믿음으로 변화를 실천하도록 안내하는 것이다.

때로는 믿음으로 과제를 실천하는데 도움이 되는 것과 장애가 되는 것을 확인하고 다음과 같은 질문들을 통하여 구체적인 대안을 탐색하는 것이 필요하다: "위의 과제(들)을 믿음으로 실천하는데 장애가 될 것은 무엇입니까? 그것을 어떻게 극복할 수 있겠습니까?" "저나 공동체가 어떻게 하면 당신으로 하여금 실천 과제를 수행할 수 있도록 도움이 되겠습니까?"

필자의 경험으로 볼 때, 내담자들은 구체적인 실천전략을 세우고 행동 과제를 만든다 해도 일단 일상의 생활로 돌아가면 예전의 생활 습관이나 태도로 돌아가기 쉽다. 그리고는 '코칭상담을 받아야 별 소용이 없다'고 생각하는 경향이 있다. 원래의 관계 시스템이나 맥락은 변한 것이 없고, 바쁜 일상의 과정에 쫓기다 보면 자신이 해야 할 것을 잊고 그냥 지내다 다시 상담실로 오는 경우들이 많다.

따라서 코칭상담 조감도에 상담자가 대화 내용을 일지로 남겨놓는 것이 필요하지만 내담자에게도 실천과제를 기록하여 그것을 집에서 날마다 잘 볼 수 있는 곳에 붙여놓고 실천하도록 격려하는 것이 좋다. 이것은 내담자로 하여금 자신이 세운 실천과제를 잊지 않게 해준다는 면에서 유익한 방법이다. 어떤 내담자는 자신이 바쁘게 살면서 잘 잊어버리기 때문에 길거리에 있는 '정지'(Stop) 신호판과 같은 큰 빨강색 표시판을 만들어 방에 붙여 놓고 자신이 해야 할 것을 잊지 않으려고 하였다. 이러한 시각적인 자극을 통해 내담자는 실천과제를 잊지 않고 실천하도록 도움을 받을 수 있다.

조감도는 시각적 자극만 아니라 내담자로 하여금 회기 중에 느꼈던 미래에의 소망과 확신을 재확인하고 그것을 자기 삶의 현장에 적용하도록 도전한다. 그리고 자신의 눈에 보이는 현상과 세계 속에서 문제의 본질이 아직 온전하지는 않지만(not yet) 자기 삶에 이미 임한(already) 하나님 나라의 구도 안에 있음을 상기하게 한다. 나아가 자신이 이 문제 해결의 여정에 혼자 있는 것이 아니라 성령 안에서 공동체가 함께 있음을 의식하며 회기 중에 경험한 마음의 변화와 확신을 계속 이어가게 하는 효과가 있다.

필자는 이러한 사실을 내담자의 마음속에 부각시키기 위해 회기를 종료하기 전에 조감도를 다시 설명해주는 것이 좋다고 본다. 그리고 내담자가 회기 중에 느낀 확신이나 깨달음에 대해, 조감도에 대해 자신이 이해한 것을 나누도록 함으로써 내담자의 소망과 실천의지를 다지기도 한다. 그런 다음, 말씀을 인용하여 내담자와 가족, 그가 속한 공동체를 축복하는 기도를 하면서 대화를 마무리한다. 때로는 성령께서 마음을 움직이시면, 내담자와 함께 조용히 찬양을 부르면서 내담자의 마음을 주께서 붙드시도록 의뢰하기도 한다. 부부상담이나 가족치료를 할 경우에는 서로 손을 잡고 기도하거나 찬양하면서 회기를 마치는 것도 좋다.

마지막으로, 코칭상담자는 내담자가 뚜렷하게 다시 올 의사가 없음을 밝히지 않는 한 대개의 경우 일주일 후에 다시 만날 것을 전제하고, 그때 기대되는 실천의 결과 혹은 무엇이 좋아졌는지 혹은 무엇이 개선되었는지에 대해 이야기를 나누도록 초청하는 것이 필요하다. 추가 코칭상담에 대한 확인이 없을 경우, 내담자는 자신의 문제가 심해 상담자가 자신을 포기하거나 문제를 해결할 능력이 없어서 그런 것이라고 생각할 수도 있다.

그러므로 코칭상담자는 내담자와 언제 다시 만날지 구체적인 시간과 장소를 확인하고, 그때 실천과제에 대한 결과 보고를 할 것을 당부하도록 한다. 이런 확인을 통해 상담자는 내담자로 하여금 신뢰감과 자신감을 갖게 하고, 긍정적 변화에 기대감을 갖고 더욱 적극적으로 과제를 수행하도록 동기 부여를 할 수 있다.

필자는 대개 코칭상담을 시작하기 전에 문제 해결의 물꼬를 트고, 그것이 몸에 배어 다른 요소들에까지 확산되기 위해서는 최소한 세 번에서 다섯 번의 만남을 갖는 것의 필요성을 제시하고 그렇게 할 것을 제안한다. 그리고 다섯 번째 회기를 가진 후에, 그동안의 코칭상담 과정에 대해 종합적인 평가를 하고, 상담관계를 종결하든지 추가적인 이슈에 대해 계속 작업할 것인지에 대해 의견을 나눈다. 때로 필자가 도움이 안 되거나 다른 이유로 상담관계를 지속하는 것이 바람직하지 않다고 판단될 때에는 신뢰할 수 있는 다른 전문가를 추천하거나 위탁하도록 한다.

4. 코칭상담 사례: "문제, 무디어진 사랑을 일깨우는 사랑의 신호등 - 3"

✝ 라이프웨이 실천전략 구축(Setting Up LifeWay Strategies)

상담자   우리는 오늘 두 분이 코칭상담을 통해 바라는 것이 무엇인지를 살펴보았습니다. 그리고 문제가 해결되었을 때에 두 분은 어떤 변화된 행동을 할지, 또 어떻게 지금까지 문제상황에 대처해 오셨는지에 대해 대화를 나누었습니다.

저는 대화를 통해 두 분의 관계에 문제 외에 상당히 긍정적인 요소들이 많이 있다는 것을 발견했습니다. 첫째는, 두 분이 오랫동안 문제를 갖고 있었고, 또 아내 집사님께서는 이제 이혼 결심을 거의 굳히신 상황이었지만 두 분에게는 믿음 안에서 이혼하는 상황을 막으려고 하는 선한 마음이 있습니다. 이혼을 수없이 결심했고, 더 이상 참기 어려운 상황까지 왔지만 그럼에도 전화를 하신 것이나, 남편 집사님께서도 이렇게 기꺼이 상담에 참여하신 것이 그 증거입니다.

둘째로, 두 분은 오래 인내하시면서 상황을 개선하기 위해 노력해 오셨다는 점입니다. 제가 볼 때, 두 분은 서로 여전히 사랑하고 계십니다. 그런데 결혼하여 살다보니 그 사랑의 불꽃이 많이 무디어진 것 같습니다. 따라서 두 분에게 있는 문제는 사실상 문제라기보다는 그 무디어진 사랑을 일깨우는 신호등과 같다고 할 수 있습니다. 그러므로 어떻게 이 사랑을 다시 일깨우느냐가 오늘의 관건이라고 생각됩니다.

셋째로, 두 분에게는 문제를 해결할 수 있는 능력이 이미 있습니다. 하나님께서는 두 분에게 지난 날의 삶 속에서 두 분이 서로를 사랑하고 돌보고 인정하며 살 수 있도록 인도하셨습니다. 그리고 지금도 그렇게 살 수 있는 능력을 심어놓으셨다고 믿습니다.

마지막으로, 하나님께서 두 분의 삶 속에서 역사하시며 성장의 길로 인도하고 계신다는 확신이 제 안에 들었습니다. 이제 우리가 해야 할 것은 예수님께서 성령님을 통해 우리로 하여금 생명의 길로 나아가도록 인도하시는 구체적인 방법을 찾는 것입니다.

〔아내에게〕 집사님은 좀 더 당당하고 자신 있게 살아가기를 원하고,

〔남편에게〕 집사님은 아내와의 사랑의 관계를 회복하기를 원하

고 계십니다.

두 분은 처음에 코칭상담을 시작하면서 현재의 문제정도가 각각 3과 6이라고 했는데, 다음 주에 현재의 단계에서 각각 한 점씩 올라가 있다면 지금과 무엇이 다를까요?

두 분의 행동이나 생각, 감정이나 관계에 어떤 변화가 있을까요?

아 내 제가 4정도에 있다면 좀 더 내 자신에 대해 자신감을 갖고 남편이 전처럼 옷차림이나 화장에 대해 뭐라고 할 때 덜 예민하게 대할 거예요.

상담자 덜 예민하게 대한다는 것은 무슨 뜻이지요?

아 내 음… 전에는 남편이 뭐라고 하면 순간적으로 '나를 무시한다,' '잔소리한다'는 생각이 들어, 기분이 나빠지고, 그것을 큰 소리로 표현했는데 그렇게 안할 것 같아요. 오늘 대화를 하면서 그렇게 할 필요가 없다는 생각이 들었어요. 혹시 그런 생각이 든다면 '타임아웃'을 통해 잠시 마음의 안정을 취한 후 차분하게 대화할 수 있을 것 같아요.

상담자 그러면 무엇이 어떻게 달라지겠습니까?

아 내 '남편이 나를 무시해서 그렇게 하는 것이 아니다'라고 생각할 것 같아요. 그러면 기분이 전처럼 나빠지지는 않을 거예요. 그리고 제 생각과 감정에 대해 제 의견을 조용히 나누는 시간을 가질 수 있을 것 같아요.

상담자 좋아요. 한 가지 제안을 하고 싶은데, 이것을 일주일에 한 번 하는 것을 목표로 삼는다면 어떨까요? 다음 주에 만날 때까지 전처럼 다투게 될 상황에서 한 번만 이렇게 하면 집사님은 성공하는 거예요.

아 내 좋아요. 한 번은 할 수 있을 거예요.

상담자 이 외에 또 무엇이 있을까요?

아 내 음… 하던 헬스운동과 다이어트를 계속 할 거예요. 제 몸과 마음에 많은 도움을 주거든요.

상담자 그렇군요. 좋습니다. 또 무엇이 있을까요?
아 내 글쎄요…
상담자 금방 생각이 안 나시면 좀 더 생각하면서 〔조감도를 가리키며〕 여기에 그것을 요약하시기 바랍니다.
  〔남편에게〕 집사님은 오늘 오실 때 6점에 있었는데, 다음 주 7점 상태에 있다면 어떻게 변화된 행동을 하시겠습니까?
남 편 나는 아까 이야기한대로 아내와 좀 더 함께 있는 시간을 가질 것입니다. 사실 그동안 바쁘다는 핑계로, 또 '집에 일찍 가야 싸움이나 하겠지'라는 생각에 일부러 늦게 들어가기도 했는데 좀 더 일찍 귀가하도록 하겠습니다. 그리고 아내와 외식하는 것도 다시 시작하면 좋을 것 같아요.
상담자 좋아요. 그런데 그렇게 안 하다가 갑자기 하려면 쉽지 않을 수도 있으니까 일주일에 최소한 두 번 일찍 집에 가서 식구들과 저녁식사를 같이하고, 일 주 혹은 두 주에 한 번 외식하고 함께 영화구경을 하면 어떨까요? 그러면 집사님은 이 과제에 성공하는 것입니다.
남 편 좋습니다. 그 정도는 할 수 있을 것 같습니다.
상담자 이 외에 또 어떤 것이 있을까요?
남 편 글쎄요. 지금 특별히 생각나는 것은 없네요.
상담자 음 … 좋아요. 그러면 제가 한 가지 관찰한 것을 말씀드리고 싶습니다.
  〔남편에게〕 집사님은 대학에서 영어를 공부하셨고, 현재 교회에서 교사로 봉사하고 있습니다.
  〔아내에게〕 그리고 집사님은 현재 초등학교에서 선생님으로 일하고 계십니다.
  아이들에게 어떤 메시지를 전하려고 하는데 아이들이 막 떠들고 있다면…
  〔아내에게〕 집사님은 어떻게 하시지요?

아 내 그야 아이들을 조용히 시키고 말하지요.
상담자 〔남편에게〕집사님도 이렇게 하는 것이 타당하다고 보시나요?
남 편 그야 물론이지요.
상담자 그런데 제가 지금까지 보니까 두 분께서 대화하실 때 한 분의 이야기가 끝나기도 전에 다른 분이 끼어들어서 대화가 중단되거나 서로 하시려는 말씀을 하지 못하는 경우들이 많이 있었습니다. 두 분은 이것에 대해 어떻게 생각하십니까?
남 편 우리가 그랬습니까?
〔아내도 멋쩍게 웃는다〕
상담자 예, 제가 볼 때는 그러셨어요. 상대방이 무슨 말을 하기 시작하면 '비난'이라는 녀석이 벌떡 일어나서 상대의 말이 끝나기도 전에 자기주장을 내세웁니다. 거기에 부정적인 감정이 실리기 때문에 두 분은 서로 상대의 의중을 듣지 않게 되고, 또 자신의 말이 차단당하기 때문에 더 화가 나서 이 '비난'이라는 녀석이 수시로 두 분의 감정을 악화시키고 관계를 힘들게 하는 것 같습니다. 언제까지 이 '비난' 녀석에 의해 두 분의 관계가 흔들리도록 허용하실 생각이세요?
남 편 네? 저희가 그랬나요?
〔아내도 놀라는 표정을 짓는다〕
상담자 네, 제가 볼 때는 그랬어요.
…
두 분은 이미 차례를 지켜 이야기하는 것의 중요성을 아시고, 또 그것을 아이들과의 관계에서는 잘 실천하고 계십니다. 이제 그것을 두 분의 관계에서도 사용해보시면 좋을 것 같습니다. 한 분이 이야기하시면, 다른 분은 끝날 때까지 기다렸다가, 상대방이 할 말을 다하면 그것을 확인한 뒤에 자신이 하려고 하는 이야기를 하시는 겁니다. 가능할까요?
아 내 아… 네, 할 수 있을 거예요. 저는 그런 쪽으로는 전혀 생각을 못해봤네요.
남 편 저도 그 생각은 못했습니다. 그렇게 하겠습니다.
상담자 좋습니다. 거기에다 한 가지 덧붙이고 싶은 것이 있는데, 아무리 쉬운 것이라 해도 안하던 것을 하려고 하면 쉽게 되지 않을 수 있습니다. 순간적으로 감정이 앞서면 금방 예전의 습관이 나올 수 있으니까요.
〔남편에게〕집사님께서 야구나 축구를 좋아하시고, 다른 운동들도 좋아하시는 것으로 알고 있는데 선수들이 게임 중에 반칙을 하면 어떻게 합니까? 대개 호루라기를 불든지 손으로 신호를 보내지 않나요?
남 편 그렇죠.
상담자 그러니까 두 분께서도 이제 일주일동안 지내시면서 다시 예전의 행동으로 돌아가려고 하면, 반칙의 싸인으로 손을 들어〔동그랗게 만드는 모션을 보이며〕이렇게 하시면 어떨까 생각합니다.
〔둘 다 웃는다〕
상담자 두 분이 그렇게 웃으시니까 보기 좋습니다. 때로는 이렇게 우스꽝스러운 행동이 부부사이의 관계회복을 하는데 많은 도움이 된다는 것을 저는 경험을 통해, 그리고 다른 자료들을 통해 알고 있습니다.
〔남편에게〕집사님께서는 운동을 좋아하니까 이것을 집사님이 책임지고 한 번 해보시면 어떨까요?
남 편 〔웃으며〕알겠습니다. 해보겠습니다.
상담자 이 외에 어떤 것을 하면 다음 주에 두 분의 상태가 최소한 한 단계씩 올라가는데 도움이 될까요? 무엇을 하면〔조감도를 보이며〕이 목표지점에 더 가까이 갈 수 있을까요?
〔둘 다 생각에 잠긴다.〕
상담자 〔부부가 한 동안 대답을 하지 못하자 상담자가 제안을 한다.〕
〔아내에게〕집사님은 경건의 시간(QT)을 갖는 것과 저와 대화

	하는 것이 도움이 되었다고 하셨지요? 그런데 그동안은 잘 못하셨구요. 그렇다면 이번 주에 경건의 시간을 다시 시도하는 것이 어떨까요? 최소한 2번 정도 하실 수 있을까요?
아 내	좋아요. 그리고 목사님과 상담할 수 있어서 마음이 훨씬 든든해요.
상담자	고맙습니다. 〔남편에게〕집사님은 무엇을 하실 수 있을까요? 무엇을 하면 아내와의 관계에 도움이 될까요?
남 편	저는 목사님의 설교와 찬양 테이프 듣는 것을 좋아합니다. 그것을 해보면 어떨까 싶습니다.
상담자	언제 테이프를 들을 수 있을까요?
남 편	운전할 때나 집에 와서 쉴 때 틈틈이 듣겠습니다.
상담자	좋아요. 그러나 운전 중에 너무 깊이 들으시면 사고 날 수 있으니 조심하십시오. 〔함께 웃는다.〕 이 외에 혹시 두 분의 주변에서 두 분의 상황이 개선되도록 어떤 도움을 줄 수 있을까요?
남 편	저희가 나가는 목장 모임에 기도요청을 하면 어떻겠습니까?
아 내	〔남편을 향해〕나는 우리 문제를 그분들이 아는 것을 원치 않아요.
상담자	예, 꼭 구체적으로 문제를 다 알릴 필요는 없습니다. 자세한 내용은 말하지 않고 두 분을 위해 기도해 달라고 하면 어떨까요? 그리고 1주일 후에 두 분의 관계에 대해 점검해 달라고 요청하는 것도 좋은 방안이라고 생각합니다. 이 내용들을 조감도에 기록해 놓으시면 좋겠습니다. 그리고 다음에 만날 때까지 이 조감도를 매일 잘 볼 수 있는 곳에 붙여놓으시기 바랍니다. 오늘 대화한 내용들을 잊지 않게 해주고 실천해야 할 것들을 생각나게 해 줄 것입니다. 성장에 대한 시각

	적 자극도 계속 심어줄 것입니다.
부 부	네.
아 내	좋아요. 그렇게 하겠습니다.
상담자	이 외에 주위의 교회공동체에서 두 분을 도울 수 있는 방안이 있을까요?
남 편	일단 아직은 괜찮다고 봅니다.
아 내	…
상담자	좋습니다. 그럼 오늘의 만남은 이만 마치기로 하지요. 다음 주 만남은 언제가 좋으시겠습니까?
남 편	저는 이 시간에 하는 것이 좋습니다.
아 내	저도 괜찮아요.
상담자	좋습니다. 그럼 다음 주 오늘과 같은 시간에 만나겠습니다. 가시기 전에 함께 기도하면 좋겠습니다. 두 분께서 앞으로의 변화와 성장을 위해 기도하신 후 제가 기도하겠습니다.

주(註)

1) 이러한 접근에 대해서는 다음의 자료를 참고하라. 김인수, 송성자, 정문자, 이영분, 김유숙, 「무엇이 좋아졌습니까?: 해결중심 치료의 적용」 (서울: 동인출판사, 1998).
2) 교회에서 크리스천 코칭상담을 실시할 경우, 수퍼비전을 제공할 수 있는 공인된 수련감독이 있으면 좋지만 그렇지 않을 경우에는 지역 내에 있는 공인된 크리스천 혹은 목회 상담 수퍼바이저와 계약을 맺어 정기적으로 코칭상담에 대한 수퍼비전을 제공하고, 나아가 소속 코칭상담사들의 지속적인 성장을 도모하는 것이 좋다. 경우에 따라 법적인 문제가 발생할 수 있는 예민한 상황들이 생기는데 이럴 때 더욱 수퍼비전을 받고, 법적인 자문을 받는 것이 필요하다.
3) 필자는 George Fitchett의 영적 진단 지침을 라이프웨이 코칭상담 접근과 통합 및 재구성한 사례보고서 양식을 사용하고 있다. 다음의 자료를 참고하라. George Fitchett, 「영적 진단을 위한 지침」, 유영권 역 (서울: 한국 장로교 출판사, 2001).
4) 해결중심의 단기치료에서는 원가족이나 과거의 일반적인 관계 경험을 탐색하는데 별로 관심을 기울이지 않는다. 그러나 원가족의 경험이 현재의 관계에 다양한 영향을 준다는 점은 부인할 수 없다. 해결중심의 입장에서 원가족 경험을 점검하고 치료하는 접근에 대해서는 다음의 자료를 참고하라. Linda Metcalf, *Solution Focused Group Therapy* (New York: The Free Press, 1998), 135-59 (Chapter 6, Solution Focused Family-of-Origin Therapy in the Group Setting).

제11장 라이프웨이 코칭상담 첫 회기 이후의 진행

실수(MISTAKES)란…
우리 삶에 관하여 의견을 제시해 주는 메시지(Messages)
우리를 되돌아보고 생각하도록 하는 방해(Interruptions)
우리를 바른 길로 인도해 주는 길잡이(Signposts)
우리를 더 큰 성숙으로 나아가게 밀어 주는 테스트(Tests)
우리를 정신적, 지적인 게임 속에 계속 있게 해주는 지각(Awakenings)
우리가 다음 기회의 문을 열기 위해 사용할 수 있는 열쇠(Keys)
우리가 전에 한 번도 가보지 못한 곳으로 여행하게 하는 탐험(Explorations)
우리의 발전과 진보에 관한 진술서(Statements)[1]

필자가 라이프웨이 코칭상담 첫 회 이후의 회기 진행에 관한 글을 쓰면서 '실수'에 대해 가장 먼저 언급하는 데에는 나름의 이유가 있다. 필자는 감사하게도, 성장 과정에서 어떤 강렬한 감정을 동반하거나 기억에 뚜렷하게 남는 실수를 저지른 것이 없다. 최소한 내가 생각할 때는 그렇다. 그러나 장성하여 전문가의 길을 가려고 하면서 경험했던 일 중에서 지금까지도 기억에 남는 두 사건이 있다.

그 첫 번째는, 1992년에 목회자가 되기 위한 신학교육 과정을 마치고 미국 워싱턴 주에 있는 벨링햄(Bellingham)에서 목회할 때의 일이었다. 한창 교회가 성장하며 재미있게 목회를 하고 있었다. 그런데 어느 날, 신앙생활 잘하던 한 부부가 이혼하겠다고 선포하였다. 담임목사로서

부부가 이혼하지 않도록 간절히 기도하며 관계회복을 위해 나름 모든 노력을 다 동원했지만 잘 되지 않았다.

그때 필자는 내면 깊은 곳에서 들려오는 다음과 같은 소리에 괴로웠다: "네가 목사가 된 것은 실수야. 너 아니었으면 저 부부는 이혼하려고 안 했을지도 몰라. 너 같은 목사 만나서…" 얼마 후에 필자는 갈등 관계에 있던 그 부부에 대한 부담을 안고 그 교회를 떠나 가족치료를 공부하러 학교로 돌아갔다. 이 글을 쓰는 지금은 그것이 어린 나이에 행했던 섣부른 결정이었다고 생각하지만 당시에 필자는 꽤 심각하게 기도하고 고민하며 내린 결론이었다.

실수와 관련하여 기억나는 또 한 사건은 대학원에서 실제 상담실습을 시작하던 첫 날에 일어났다. 이미 2년여의 상담 공부와 훈련을 마쳤고, 선배들의 실습과정을 지켜보았기 때문에 많이 긴장되기는 했지만, 어떻게든 상담을 이끌어갈 수 있을 것이라고 자신을 다독거리며 집단 상담실로 들어섰다. 거기에 7명의 내담자가 앉아 있었다. 그들은 다 중독 문제로 고통을 당하고 있는 사람들이었다. 필자는 그들 앞에 앉으면서 순간 무언가 아찔한 느낌이 들었다. "안녕하십니까? 제 이름은 다니엘 유(Daniel Yoo)입니다"[2] 라고 말하고는 그만 몸과 마음이 얼어붙었다. 순간 아무 것도 생각이 나지 않으면서 머리가 하얗게 되는 느낌이 들었다. '내가 지금 여기 있는 것은 실수다'라는 느낌이 몰려왔다. 지금 생각해보면 '아무 것도 할 수 없다'라는 생각에 당황스러움과 함께 어떤 '수치감'이 몰려왔던 것 같다. 그 날부터 한 동안 실습이 있는 화요일만 되면 하루 종일 긴장 속에 스트레스가 쌓이고 몸이 굳어지곤 했었다. 지금도 이 기억이 생생한 것을 보면, 이때의 경험이 꽤 충격적이었던 것 같다.

사람은 누구도 실패하거나 실수하기를 원하지 않는다. 그것이 자기가 오랫동안 준비해왔고, 중요한 의미가 있는 것이라면 더욱 그러하다. 코칭 혹은 상담도 마찬가지이다. 초보자일수록 '실수'나 '실패'에의 두려움 때문에 훈련받은 대로 하지 못하고 긴장하고 경직되어 잘 못하게 될 때가 많다. 우리는 여기에서 자유로워야 한다. 설사 실수를 한다고 해도 우리가 그것을 어떻게 보고 대처하느냐에 따라 실패자가 아닌 승리자가 될 수 있다. 거짓의 아비요 참소자인 사탄은 "너는 실수이다"(You're a mistake)라고 할 때, 하나님은 "너는 승리자이다, 너는 할 수 있다"라고 말씀하신다.

1954년 미국 프로 야구 개막일에 밀워키 브레이브스(Braves)와 신시내티 레즈(Reds)의 경기가 있었다. 그때 양 팀의 신인 선수들이 첫 데뷔를 했는데, 레즈의 신인 선수는 무려 네 개의 2루타을 쳐서 팀의 9대 8 승리에 크게 기여한 반면, 브레이브스의 신인 선수는 다섯 번 등판하여 한 개의 안타도 치지 못하였다. 그 날 레즈의 신인 선수는 짐 그린그래스였는데 지금 그를 기억하는 사람은 거의 없다. 그러나 한 개의 안타도 치지 못한 브레이브스의 선수는 훗날 야구 역사상 최고의 홈런왕이 된 행크 아론(Hank Aaron)이었다. 아론은 이날 매우 실망했겠지만 자신을 실수 혹은 실패자라고 생각하지 않았다. 그리고 포기하지 않는 끈기와 철저한 훈련을 통해 위대한 야구 선수가 되었다.[3]

사실 필자도 첫 목회지에서의 아픈 경험 때문에 더욱 가정의 소중함을 깨달아 가족치료를 공부하였고, 임상실습 첫 날의 고통으로 말미암아 그 날 이후로 효과적인 상담을 위한 열망을 갖고 연구를 지속하면서 본서에 제시된 코칭상담 접근을 발전시켜왔다.

따라서 필자는 코칭이나 상담을 시작하는 훈련생 혹은 초보자들에게 실수나 실패에의 두려움에서 벗어나는 것의 중요성을 강조하곤 한다. 두려움에서 자유로울 때 우리는 내면의 시선을 성령님께 돌리고 그 분의 인도하심에 귀를 기울일 수 있게 된다. 두려움에서 벗어나기 위해서는 코칭상담의 주체가 누구인지를 분명하게 인식해야 한다. 코칭상담의 중심은 코치나 상담자가 아니다. 바로 삼위 하나님이시다. 코칭상담은 궁극적인 코치이자 상담자이신(the Counselor) 성령께서 내담자를 그리스도께로 인도하는 과정이다.

라이프웨이 코칭상담사는 자신을 어떤 문제해결이나 변화와 성장을 이끌어내는 주체로 보지 않는다. 단지 주께로 인도하는 성령님의 사역에 촉진자(facilitator)로 쓰임 받는 것뿐이다. 그러므로 코칭상담자는 자신이 잘 해서 문제를 해결해 주어야 한다는 생각을 하기보다는 이미 내담자의 삶 속에서 역사하고 계신 성령께서 이끌어 가시는 손길을 파악하고 그 과정에 동참하도록 내담자를 안내하는 것임을 기억해야 한다. 그럴 때, 실패에의 두려움에서 벗어난 자유함을 누릴 수 있게 된다.

라이프웨이 코칭상담의 첫 회기 이후의 과정은 기본적으로 첫 회기에 있었던 결과를 점검하며 유사한 과정을 통해 상처의 치유와 회복, 변화와 성장의 물꼬를 트고 확장하는 것이다. 성령께서 내담자의 삶 속에서 어떻게 역사하시는지 지켜보며, 실천과제를 '기대'(EXPECT) 가운데 점검하고 지속적인 변화를 위해 믿음으로 전진하는 것이다. 코칭상담자는 자신의 실수나 실패에 대한 염려에 좌우되지 않고, 하나님께서 내담자의 삶 속에서 지난 한 주간 동안 어떻게 역사하셨을지 그 흔적을 찾는 탐색자의 마음과 자세로 두 번째 및 후속 코칭상담 회기를 진행한다. 이때 기본적으로 변화에의 '기대'를 갖고 여섯 가지 단계(EXPECT)를 실시하도록 한다.

1. 실천과제를 통한 변화의 흔적 탐색
(Exception-finding in Community)

라이프웨이 코칭상담의 두 번째 회기 및 그 이후의 진행은 주로 내담자의 상황이 코칭 혹은 상담목표와 관련하여, 그리고 실천전략을 통하여 어떻게 개선되었는지, 주변의 상황이나 공동체적 관계 대상자들과 관련하여 어떤 변화와 성장이 있었는지를 점검하고 후속 강화작업을 전개하는 것에 초점이 있다. 코칭상담자는 내담자의 보고 중에서 변화의 흔적을 찾아 그것을 명료화하고 확대하는 작업을 한다.

그 첫 번째 작업은 이전 회기 마지막에 작성한 실천계획과 그로인한 변화를 점검하는 것으로 시작된다. 지난 회기 이후 실제로 어떤 변화가 있었는지, 달라진 것이 무엇인지를 찾는 것이다. 이를 위해 간단한 인사말을 나눈 후 코칭상담자는 바로 다음과 같은 질문들로 회기를 시작한다: "지난 번 우리가 만난 이후로 무엇이 좋아졌습니까?" "전과 달리 조금 나아진 부분은 무엇이었습니까?" "당신의 문제에 도움이 된 변화들은 무엇이었습니까?"

이때 "그동안 좀 나아진 것이 있습니까?" "혹시 문제 개선에 도움이 된 어떤 변화라도 있었습니까?"와 같은 질문을 할 수 있다. 하지만 그 보다 좀 더 나은 질문은 어떤 긍정적인 변화들이 있었을 것이라는 전제를 갖고 무엇이 달라졌는지를 구체적으로 질문하는 것이다. "좀 나아진 것이 있습니까?"라고 질문하는 순간 내담자는 '그런 것이 있었나?' 하고 찾으려고 한다. 이때 즉시 달라진 것을 기억해내는 내담자도 있지만 문제초점에 익숙한 사람은 변화된 것이 있어도 문제시각에 익숙하여 그런 것을 보지 못하고 문제만 보는 경향이 있다. 그러나 "무엇이 좋아졌습니까?"라고 질문하면 '좋아진 것이 뭐지?' 하며 자기에게 일어난 변화의 흔적을 찾게 된다. 말에는 사람을 살리기도 하고 죽일 수도 있는 파워가 있기 때문에 코칭상담자는 사람을 살리고 힘을 부여할 수 있는 말과 질문에 대해 많은 연구를 하고 실천할 필요가 있다.

아울러 코칭상담자가 좋아진 것이 무엇인지 질문할 때 내담자는 자신이 변화를 위한 시도를 할 수 있고 실제로 달라지고 성장할 수 있다는 코칭상담자의 확신 및 신뢰를 느끼게 될 가능성이 크다. 그리고 자신이 실제로 그런 사람이 될 수 있다는 내면적 자극과 동기 강화를 경험할 수 있게 된다. 이러한 질문을 지속적으로 전개할 때, 내담자는 문제에 초점을 맞추기보다 긍정적인 변화탐색에 초점을 맞추고 그러한 습관을 키워 갈 수 있게 된다. 이때 코칭상담사는 구체적인 질문을 통해 내담자와 함께 구체적인 변화들을 추가적으로 탐색하고 그것에 긍정적인 의미와 해석을 부여하며 지지 및 강화를 한다.

2. 내담자에 대한 유연한 반응
(FleXible Response in HOPES Context)

변화는 단번에 이루어지지 않는다. 물론 그런 경우가 있다. 한 순간에 오랫동안 끊지 못했던 담배를 끊거나 알코올 중독에서 벗어나는 사람도 있다. 하지만 대개의 경우, 변화는 서서히 찾아오거나 많은 시행착오를 거치면서, 혹은 수많은 좌절과 실망 후에 찾아온다. 한 가지 분명한 사실은 세상의 모든 것은 변한다는 것이다. 때로는 변화가 없는 것처럼 보이기도 한다. 그러나 자세히 살펴보면 세상은 끊임없이 움직이며 변화되어 간다. 따라서 코칭상담자는 내담자에게 어떤 변화가 있었을 것이라는 전제 하에 내담자의 반응을 긍정적으로 인정하고 수용하며, 그에 상응하는 적절한 반응을 보이도록 한다.

코칭상담사가 "지난 번 우리가 만난 이후 무엇이 좋아졌습니까?"라고 물어보면 내담자들은 대개 세 가지 중 하나의 반응을 보인다. 첫째는, 긍정적인 변화를 경험한 경우이다. 문제해결의 물꼬가 트이거나 자신이 원하고 바라던 일들이 생길 때 내담자들은 더욱 코칭상담에 기대감을 갖고 적극적으로 대화에 임한다. 이럴 때는 다음 단계에 제시되는 것처럼 무엇이 효과적이었는지, 도움이 된 것이 무엇인지를 찾아내고 그것을 더 반복하여 창의적으로 실천하도록 한다.

둘째는, 변화가 없다거나 시도한 것들이 별로 도움이 되지 않았다고 반응하는 경우이다. 한 번의 만남으로 놀라운 변화를 경험하고 코칭상담을 종결하는 경우가 없지 않지만, 많은 경우, 한두 번의 상담으로 획기적인 변화를 기대하기란 어려운 일이다. 그러다보니 드물게 세 번째 반응을 보이는 내담자가 있는데, 코칭상담을 한 후 도리어 상황이 더 악화되거나 문제가 심해졌다고 보고하는 경우이다. 실제로 자신의 상황에 순응하거나 문제시각에 익숙해진 상태에서 내면의 억압된 생각이나 감정에 대해 다루고, 어떤 변화나 해결을 기대했다가 자신이 기대하는 일들이 혹은 기대하는 것만큼 발생하지 않으면 '좋아지지 않았다'거나 '더 나빠졌다'고 반응하는 경우가 많다.

　사람은 한 번 문제 시각에 익숙해지면 모든 것을 그 관점으로 보려고 하는 경향이 있다. 긍정적인 것이 있어도 못 보거나 안 보고, 자신이 갖고 있는 감정이나 생각에 부합되는 것에 더 주목하는 '확증편향'의 오류에 빠질 수 있다. 부부상담을 할 때 보면, 부부들은 자신들이 어떻게 무슨 이유로 싸우게 되었고, 그래서 어떤 일들이 일어났는지 등에 대해 잘 기억한다. 물론 상대방이 어떻게 잘못했는지는 더 구체적으로 잘 알고 따진다. 하지만 언제 자신들이 싸움을 멈추고 잠시나마 좋은 시간을 가졌는지에 대해서는 생각하지 않는다. 그런 예외적 순간들이 있었음에도 기억하지 못하거나 그런 일이 있었다는 것을 잊어버린다.

　이것은 문제 사고와 감정 에너지가 그만큼 강렬하게 내담자의 마음을 사로잡았다는 것을 의미한다. 필자가 만난 알코올 중독자의 경우도 술을 입에 대지 않겠다는 약속을 깨고 지난 주에 술을 마셨다는 실패의 경험은 분명하게 기억했다. 그동안 수없이 약속을 깨는 것이 '부정의 항상성'으로 내면에 기록되어 있기 때문이다. 그렇지만 지난 주중에 하루는 술을 입에 대지 않고 일찍 귀가했다는 사실은 우연의 일치이거나 별로 중요한 것으로 여기지 않았다. 그리고 그러한 것을 언급하지 않았다. 자신이 경우에 따라서는 술의 지배를 받지 않고, 술을 통제할 수 있었던 사람이라는 사실은 보지 못한 것이다. 그리고 자기 비난이나 자책감을 갖고 상황이 더 나빠졌다고 주장한 것이다. 물론 자기변명을 위해 자신이 행한 약간의 긍정행위를 "사정없이" 늘어놓는 사람도 있지만 문제 상황에 오래 처해 있다 보면 문제 시각이나 그런 관점에 의해 영향을 받는 것은 부인할 수 없는 사실이다.

　그럴 때, 코칭상담자는 일단 내담자의 실망감이나 낙심을 수용하고 '그럴 수 있다'는 유연하고도 수용적인 반응을 보이는 것이 좋다. 그리고 지난 한 주의 삶을 좀 더 작게 나누어, 부부싸움을 한 부부의 경우, "지난 한 주간 동안 매일 싸웠습니까?" "어제 싸웠나요? 그저께도요? 주 7일 24시간 내내 싸우셨어요?"와 같은 질문들을 할 때 내담 부부는 자기들이 싸우지 않은 순간들도 있었다는 사실에 처음으로 눈을 돌리게 된다. 알코올 중독자의 경우, 날마다 술을 마신 것 같지만 술을 덜 마신 날도 있었고, 아예 마시지 않은 날도 있었다는 사실을 인식하게 된다. 자녀가 말을 안 들어 때려주고 싶은 충동을 느낀 어머니의 경우, 순간적으로 참고 잠시 그 자리를 피함으로써 문제 상황을 예방한 때도 있었다는 것을 발견하게 된다.

이러한 공감적 수용과 예외적 상황을 찾아내는 대화를 유연하게 진행할 때 내담자는 상담자가 자신의 심정에 귀를 기울이며 인정해주고 있다는, 그리고 자신이 아주 절망적인 상황에 있는 것만은 아니라는 사실에 안도감과 위로를 받을 수 있게 된다. 자신이 습관적인 감정이나 생각의 패턴을 따르기보다 스스로 감정적 충동을 절제하고 조절한 경우들이 있고 또 그럴 능력이 있다는 것을 발견하고 자각하면서 내담자들은 더욱 긍정적인 순간들을 찾아내는 눈을 발전시킬 수 있게 된다.

그럼에도 불구하고, 일관되게 좋아진 것이 없거나, 상황이 더 나빠졌다고 주장하는 내담자들도 있다. 이런 반응에 부딪치면 초보 상담자들은 이내 실망하고 당황할 수 있다. 그리고 어떻게 대화를 진행해야 좋을지 몰라 허둥댈 수 있다. 이때 상담자는 당황하지 말고 내담자의 아픔이나 고통이 상대적으로 크고 장기적이기 때문에 그러한 흔적이 하루아침에 소멸되지 않아서 그럴 수 있다는 사실을 인정하며 추가적인 질문을 통해 아주 조그마한 변화의 흔적이라도 찾아내는 노력을 하는 것이 중요하다. 동시에 내담자의 결과 보고가 어떤 종류의 것이든 내담자가 한 행동이나 변화를 위한 노력을 구체적으로 지적하며 칭찬하고 지워하는 반응을 하는 것이 좋다.

3. 효과적인 실천과제 강화 및 추가이슈 작업
(Promoting What Works and/or New issue)

　내담자가 코칭상담 목표와 관련하여 긍정적인 변화를 가져온 경험을 이야기하면 상담자는 그러한 변화에 초점을 맞추어 구체적인 사항들에 대한 추가적인 질문을 하도록 한다. 내담자가 변화의 흔적을 찾지 못할 때에도 상담자는 땅 속에 파묻힌 보물을 캐내는 심정으로 내담자의 일상에 대한 보고에서 달라진 흔적을 찾아내어 그것을 구체화하고 의미를 부여하며 확대 및 강화하는 작업을 할 수 있다. 이때 다음과 같은 질문들을 적절하게 활용할 수 있다.

"어떻게 그렇게 달라진 행동(말, 태도, 생각, 반응 등)을 하실 수 있었어요?"
"언제 그러한 변화를 경험했습니까?"
"그렇게 하도록 도움이 된 것은 무엇이었어요?"
"그렇게 변화가 생겼을 때 당신의 기분은 어땠어요?"
"당신이 그렇게 할 수 있는 사람이라는 사실을 알고 계셨나요?"
"이런 행동이 전에는 보지 못했던 새로운 변화였습니까?"
"당신의 친구들과 가족은 무엇이 전보다 나아졌다고 말하겠습니까?"
"그것에 대해 좀 더 구체적으로 말씀해 주시겠습니까?"

　이러한 대화를 하면서 코칭상담자는 내담자의 관점을 존중하고 격려하는 태도를 보여주는 것이 중요하다. 때로는 목소리의 톤을 높여가며, "와, 그러세요? 참 대단합니다!" "정말이세요?" "놀라워요" 등과 같은 감탄 섞인 표현들을 함으로써 내담자에게 계속 자기 탐색을 하도록 지지와 격려를 보낼 수 있다. 놀라는 얼굴 표정을 짓거나, 몸을 앞으로 당기며 적극적인 관심을 표명할 수도 있다. 진실하게 내담자의 삶 속에서 발생한 조그만 변화와 성장의 흔적들에 감탄하며 반응할 때 상담자의 비언어적 소통을 통해 그 마음이 더욱 깊이 내담자에게 전달될 수 있다. 상담

자는 이 외에도 다음과 같은 다양한 질문들로 내담자의 긍정적인 변화 탐색을 돕고 강화할 수 있다.4)

"지금 방금 뭐라고 말씀하셨어요?"
"자, 잠깐만요. 무엇을 하셨다고요?"
"당신이 이러한 것을 할 수 있다는 것을 지금까지 알고 계셨습니까?"
"대체 무엇이 당신으로 하여금 이러한 것을 할 수 있도록 하였습니까?"
"이러한 변화가 좀 더 자주 일어나게 하려면 무엇을 지속해야 한다고 보십니까?"
"옛날로 돌아가는 것을 방지하려면 무엇을 해야 할까요?"
"두 달 후의 미래를 볼 수 있다면 어떤 다른 변화들도 볼 수 있을까요?"
"당신이 이러한 변화의 트랙에서 벗어난다면 무엇을 하고 있을까요?"
"당신은 이러한 변화의 트랙에 계속 머물러 있기 위해 무엇을 하시겠습니까?"

내담자의 변화에 대한 탐색은 다양하고 구체적일 수록 좋다. 이를 통해 내담자의 마음에 낙심과 갈등의 공간은 축소되고 현실에 대한 희망과 긍정의 공간이 확장되어진다. 그러므로 상담자는 내담자가 보고한 하나님의 은혜로 인한 변화나 예외적인 상황들에 대해 어느 정도 구체적인 지지와 탐색, 강화와 확대가 이루어졌다고 판단되면, "이 외에 또 다른 변화나 차이가 있었습니까?"라는 질문을 통하여 위와 같은 변화 명료화와 지지, 강화와 확대의 과정을 반복하도록 한다.

이처럼 실천과제를 통해 어느 정도 목표한 것을 달성했다면, 코칭상담자는 내담자와 함께 추가적인 혹은 새로운 이슈를 선택하여 다룰 수 있다. 예를 들면, 척도질문을 통하여 "지난 주에 기대한대로 당신은 오늘 척도 4에 도달하였습니다. 수고하였습니다. 그러면 다음 주에 척도가 5에 있다면 어떤 것이 달라지겠습니까?"라고 질문할 수 있다. 또는 "이 목표에 대해 계속 작업하기를 원하십니까? 아니면 새로운 다른 어떤 것에 대한 목표를 세우고 다루기를 원하십니까?" 등의 질문을 할 수 있다. 이때도 역시 상담자와 내담자가 함께 보다 작고 구체적이며 행동지향적인 스마트(smart)한 목표를 세우도록 한다. 그리고 부정적인 어떤 것을 중단하거나 제거하는 것보다는 그 대신 긍정적인 어떤 새로운 것을 시작하는 것이 더 바람직하다는 것을 잊지 말아야 한다.

4. 비효과적인 과제에 대한 대안 수립
(Edit Ineffective Steps Creatively)

라이프웨이 코칭상담사는 하나님께서 항상 자기 백성의 변화와 성장을 위해 일하고 계심과 그로 인한 영향 혹은 변화의 흔적이 있음을 전제하고 그것을 찾으려고 노력한다. 늘 자기 백성을 지키시고 함께 하신다는 하나님의 약속을 믿기 때문이다. 하지만 그러한 노력에도 불구하고 내담자는 아무런 변화가 없었다거나 어깨를 으쓱함으로, 또는 침묵함으로 실천과제가 효과가 없거나 제대로 작동되지 않았다고 말할 때가 있다. 이런 상황에서도 상담자는 하나님께서 지금도 내담자 안에서 역사하고 계심을 믿고 변화의 실마리를 찾아내는 노력을 해야 한다. 무언가 변화가 있었음에도 내담자의 인식 범주에 이것이 들어오지 않았을 가능성이 크기 때문이다.

상담은 어떤 면에서 위험한 측면이 있다. 사람들은 어떤 어려움이나 위기 상황이 닥치면 나름대로 자기 보호를 위한 방어기제를 펼치게 된다. 예를 들어, 부부간 감정 갈등이 커지면 다른 일이나 자녀에게 모든 시선을 집중하고 헌신함으로써 부부간에 부딪칠 일이 없게 만드는 일들이 발생한다. 배우자에게서 받지 못하는 정서적 지지나 지원을 다른 일이나 자녀와의 관계를 통해 얻으려고 하는 것이다. 이러한 것을 가족치료에서는 '정서적 삼각관계'라고 한다. 이것은 좋은 것은 아니지만 일단 현재 진행되고 있는 불편한 관계나 그러한 감정을 직면하지 않아도 되게 해준다. 그래서 사람들은 본능적으로 이와 유사한 다양한 정서적 관계상황을 발전시킨다.

그런데 상담을 하다보면 이러한 현실을 숨기거나 지속할 수 없게 되는 경우들이 발생한다. 본능적으로 혹은 은밀하게 자신의 필요를 위해 발전시켜온 관계방식이나 행동이 드러나고 더 이상 그것을 지속하기 어려울 수 있다. 이것은 생각보다 불편하고 힘든 작업일 수 있다. 실제로 상담 수련생들에게 자신의 미해결 이슈나 정서가 상담 장면에 혹은 내담자에게 투사되거나 전이되는 것을 예방하기 위해 자신의 과거 경험들을 분석하고 작업하게 한다. 그러면 수련생들 중에서 불편함과 고통스러움을 호소하는 경우들이 발생한다. 성장기에 가족과 관련하여 힘든 경험을 하며 자란 사람들은 자신의 원가족 관계분석을 하면서 분노표출과 저항을 하거나 다양한 방법으로 더 이상 그것을 하지 않아도 될 구실이나 상황을 만들기도 한다.

이러한 상황은 내담자와의 상담 장면에서도 일어날 수 있다. 마치 어항 속 밑바닥에 찌꺼기들이 가라앉아 있을 때에는 보이지 않다가 청소를 하려고 하면 그것들이 올라와 어항 전체가 지저분하게 보이는 것과 마찬가지이다. 심지어 청소를 하고 깨끗한 물을 보충해도 한 동안은 청소하기 전보다 더 탁하고 지저분해 보인다. 마찬가지로 자신의 내면 상태나 문제들을 억압하고 외면할 때는 그럭저럭 문제를 가리고 지냈는데, 상담하다보면 수면에 가라앉은 불편한 감정의 찌꺼기들이 의식의 표면으로 올라와 더 상황이 악화된 것처럼 보일 수 있는 것이다. 라이프웨이 상담에서는 일단 단기적 접근을 하기 때문에 이러한 심리적 역동에 집중하지는 않지만 이런 요소들이 드러나고 이것이 변화와 성장을 위한 코칭접근에 장애가 된다면 내담자와의 합의 하에 추가적으로 이 문제를 다루도록 한다.

그러므로 상담자는 내담자가 상황이 오히려 악화되고 힘들어졌다고 해도 유연하게 공감 및 수용적인 반응을 보이면서 비효과적인 접근에 대해 추가적인 작업을 진행하도록 한다. 내담자가 지속적으로 부정적인 반응을 보이게 될 경우, 상담자는 다음과 같은 질문들을 할 수 있다.

> "와, 상황이 그처럼 어려운데 어떻게 지금까지 버텨올 수 있었습니까?"
> "그러한 어려움을 뚫고 오늘까지 오는데 도움이 되었던 것들은 무엇이었습니까?"
> "그러한 것들이 어떻게 당신에게 도움이 되었습니까?"
> "상황이 약간이라도 개선되는 조짐이 있다면 무엇이겠습니까?"
> "이러한 일이 실제로 일어나게 하려면 어떻게 해야 하겠습니까?"

이러한 접근은 내담자로 하여금 그동안 자신의 변화와 성장을 가로막았던 심리적 장벽을 넘어 새로운 가능성과 시도를 할 수 있는 동기와 에너지를 제공해준다. 이때 상담자는 그동안 내담자에게 효과적이지 못했던 해결방안이나 대처방식을 점검하고 문제 속에서도 현재까지 생존 혹은 대처하며 지낼 수 있었던 자원과 강점을 찾아내 재구성하고 새로운 변화전략을 세우는 것이 좋다. 내담자의 미해결 과제나 정서 혹은 상처 이야기가 어떻게 재해석되고 다루어질 수 있을지, 하나님께서 어떻게 그의 삶 속에 역사하셨고 성령님의 말할 수 없는 탄식 가운데 어떤 미래로 이끌어가고 계신지 그 흔적을 찾아 효과적인 대안을 찾도록 노력하는 것이 필요하다.

5. 공동체적 접근(Communal Approach)

오랫동안 문제 상황 속에 있다 보면 주변의 가족이나 교회 혹은 사회로부터 고립되고 그들로부터 받을 수 있는 지지나 지원, 정보 혹은 자원들을 찾아내거나 활용하는 것이 쉽지 않다. 상처로부터 자신을 보호하기 위해 혹은 다시 상처를 받을 것이 두려워 스스로를 관계로부터 차단하거나 그럴 상황을 선제적으로 예방하려하기도 한다. 특히 필자가 만난 가정폭력이나 성폭력 생존자들의 경우, 자신들의 힘든 경험을 누구에게도 털어놓지 못하고, 혹은 털어놓았다가도 도리어 상대방이 그것을 은폐하려고 하거나 '무언가 그럴 만한 이유가 있었기 때문에 그랬겠지'와 같은 반응을 접할 때 더 큰 상처를 받고 자신만의 세계로 움츠러들게 되었다. 이런 상황이 지속될 때 자칫 문제 상황을 더 악화시키고 해결의 과정을 어렵게 할 수 있다.

따라서 상담자는 내담자가 속한 공동체와의 관계나 공동체가 내담자에게 기여할 수 있는 자원들을 탐색하고 그들을 내담자와 연결할 수 있도록 돕는 것이 바람직하다. 변화란 쉬운 것이 아니어서 내담자가 변화되려고 해도 관계 체계가 바뀌지 않으면 효과를 보기 어려운 경우들이 많이 있다. 반대로 내담자의 관계환경이 긍정적으로 바뀌면 보다 수월하게 내담자에게 긍정적인 변화가 발생할 수도 있다. 라이프웨이 코칭상담에서 한 사람의 변화만 아니라 주변의 관계 공동체원들의 변화를 위한 협력을 중요시하는 이유이다.

이를 위해 코칭상담사는, 내담자와의 대화를 통해 확인된 바 있는, 즉 내담자의 자원이라고 할 수 있는 가족이나 학교 관계자, 교회의 목회자나 구역장, 혹은 직장의 동료나 상사 등과 연결을 시도하고, 필요하다면 그리고 가능하다면, 이들과 공동체적인 만남의 시간을 가지려고 한다. 이러한 공동체적 만남을 통해 내담자에 대한 추가적이고도 새로운 이해와 정보를 얻고, 내담자를 돕기 위한 필요한 자원 확보 및 공동체적인 대안을 세우고 접근할 수 있다는 점에서 공동체적인 접근은 효율적인 내담자 돌봄을 위해 꼭 필요한 단계라고 할 수 있다.

이러한 공동체적인 만남 혹은 회기를 가지려고 할 때 상담자는 반드시 내담자와 상의하고 동의를 얻는 과정이 필요하다. 그렇지 않을 경우, 자칫 비밀보장과 관련된 윤리적 상황이 발생할 수 있기 때문이다. 내담자가 주변 공동체원들 중에서 아직 만날 만한 정서적인 준비나 심리적 여유가 없는 사람이 있을 때, 이들과 섣부른 만남 혹은 공동체적인 시간을 갖는 것이 역효과를 가져올 수도 있기 때문이다. 아울러 가족이나 의미타자라고 해서 다 내담자에게 유익을 끼칠 수 있는 관계에 있는 것은 아니므로 신중하게 알아보고 실행할 필요가 있다.

이러한 기본적인 배경 하에서, 사전에 연락이 된 공동체원들이 내담자와 함께 도착하였을 때, 상담자는 내담자와 만나는 동안 공동체원들에게 기다리면서 간단한 설문조사나 준비단계를 거치도록 할 수 있다. 이때 현재 상황에 대한 안내와 공동체적 만남의 이유 및 예상되는 진행과정 등을 소개함으로써 참석한 공동체원들이 효과적으로 회기에 임할 수 있도록 돕는 것이 좋다. 코칭상담자는 내담자와의 대화가 끝나면 필요에 따라 내담자와 함께, 또는 공동체만 따로 만남을 가질 수 있다. 이때 개인의 변화나 성장 이슈를 나누고, 주변 공동체원들이 어떻게 반응할 수 있을지, 개인과 공동체가 어떻게 상호 순환적인 변화와 성장의 결과를 이끌어낼 수 있을지 인식 확대와 협력방안을 논의한다.

어떤 사람에게 문제가 생기면 주변 사람들은 대개 문제 상황에 처한 당사자를 변화대상(identified patient)으로 지목하고, 그가 변화되어야 한다고 주장한다. 그러나 라이프웨이 코칭상담사는 내담자의 변화뿐 아니라 주변의 관계대상들 또한 함께 변하고 성장할 수 있는 방안을 모색하는 것에 관심이 있다. 내담자를 판단하고 평가하기 위한 것이 아니라 내담자에 대한 공동체의 반응에 대해 '자기 점검'을 실시하고 어떻게 내담자를 도울 수 있을지 그 방법을 찾으려고 한다. "우리는 내담자의 공동체로서 그에게 어떤 존재였는가?" "우리는 그에게 어떤 영향을 끼친 공동체인가?" 등에 대한 자기 성찰을 하고, 어떻게 내담자의 문제 상황에 함께 참여하여 그의 아픔과 짐을 나눌 수 있을지를 상의하도록 한다. 공동체는 이런 과정을 통해 단순히 내담자에게 변화를 요구하기보다는 공동체 자체가 먼저 그에게 다가가 어떻게 변할 수 있는지를 탐색하고, 그러한 과정에서 전에 경험하지 못했던 새로운 차원의 변화와 성숙을 경험하게 될 수 있다.

6. 실천과제 구축 혹은 코칭상담 종결

(Tracking ACT or Termination Process)

코칭상담자는 가능한 한 다양한 변화의 실마리들을 탐색하여 그것들을 강화하고 확대한 후 첫 번째 회기처럼 휴식 혹은 대화초점 전환의 시간을 갖게 된다. 내담자의 상황을 수용, 공감하며, 과거의 강점과 자원 탐색 및 변화와 성장을 위한 개입을 했다면 이제 삶의 현장에서 실천할 수 있는 실천계획 혹은 전략수립의 단계로 넘어가는 것이다.

이때도 코칭상담사는 내담자에게 그동안 대화한 내용을 재음미하고 성찰하도록 요청한 후, 잠시 회기 과정을 분석 및 평가하는 시간을 갖는다. 인턴으로 상담 훈련 중인 실습생이나 초보자들은 일방경이나 비디오 촬영 시설이 갖추어진 모니터 룸으로 가서 수퍼바이저나 그 자리에 동참한 동료 수련생 혹은 코칭상담사들과 회기 중에 어떤 일들이 있었는지 내용을 정리하고 피드백을 주고받도록 한다. 이런 과정을 통해 변화와 성장을 위한 말만 하는 것이 아니라 그것을 위해 구체적인 계획을 세우고 실천하는 것의 중요성과 실제로 이를 위한 준비를 할 수 있는 시간 및 심리적인 공간을 갖게 하는 효과를 얻을 수 있다.

1) 코칭상담 과정에서 드러난 내담자의 상황 평가(Accountable Reflection and Assessment)

이 시간에 상담자는 내담자의 호소 이슈 내지는 변화목표와 관련된 회기진행 과정을 점검하고 관계정서적 차원에서 내담자의 정서적 필요와 내적 안정감 및 심리 구조를 평가한다. 대화 중 내담자의 분위기나 감정 상태는 어떠했는지, 어떤 변화가 있었는지 등을 정리하도록 한다. 가족과의 관계 유형이나 갈등시 의사소통의 패턴, 혹은 내담자의 지지적 자원들에 대해서도 점검한다. 아울러, 갈등 상황에 대한 내담자의 인지적 반응이나 변화 여부를 점검하고, 사고 패턴에 어떤 달라진 점이 있었는지, 힘든 상황에 대해 어떻게 대응해 왔는지, 그것이 어떤 효과가 있었는지 등에 대해 종합적으로 검토한다.

필자가 지도 감독을 한 사례 가운데, 아내와의 갈등 때문에 이혼했다가 재결합하기를 원하는 내담자를 만난 상담사가 있었다. 그때 내담자는 다른 남성에게 마음을 빼앗긴 전 부인을 보면서 "나는 이제 어떻게 하면 좋아요? 하나님께서 빨리 아내의 마음을 돌려주었으면 좋겠어요" 등의 말로 자신의 불안감과 낙심, 동시에 하나님에 대한 소망을 드러내었다. 이때 상담자는 내담자를 위해 아내에게 전화하여 남편의 변화노력을 알리겠다는 약속을 하였다. 내담자의 딸과는 어머니가 아버지의 전화를 받지 않으니 아버지의 변화노력을 어머니에게 알려주라는 과제를 주는 등의 방법으로 가족원들을 설득하려고 하는 접근을 하였다.

이 사례에서 안타까운 마음으로 내담자를 도와주려고 한 상담자의 노력은 소중한 것이었다. 하지만 내담자를 대신하여 문제를 해결해 주려고 상담자가 동분서주하는 것은 바람직하지 않았다. 내담자의 변화와 성장보다는 도리어 의존성을 가중시킬 수 있기 때문이다. 상담자가 이렇게 해결을 위한 모든 노력을 다 해준다면 내담자로서는 어떤 변화를 시도할 필요를 느끼지 않고 또 그렇게 되지도 않을 것이다.

아울러 보다 기독교적이고 효과적인 상담결과를 위해서는 궁극적으로 내담자에게 있어서 그의 삶을 지탱하고 좌우하는 내적인 권위와 지침이 어디에서 오는지, 내담자의 삶에 의미를 부여하는 영적인 가치관이나 확신은 무엇인지, 그리고 그처럼 힘들고 어려운 와중에서도 변화를 위한 용기와 성장을 위한 도전을 하도록 지원하는 요소들은 무엇인지 등에 대해 확인하는 것이 바람직하다. 이러한 영적인 인식(spiritual perception)과 행위(spiritual action), 그리고 나아가 그러한 요소들이 내담자로 하여금 어떤 영적인 경험과 관계정서적 필요들을 지지하는지 등에 대해 확인하는 것이 좋다. 라이프웨이 코칭상담사는 이러한 요소들에 근거하여 영적이고도 실천가능한 전략을 내담자와 함께 구축하게 된다.

2) 공동체적 목표 및 전략 수립(Communal LifeWay Strategy Building)

휴식 후에 코칭상담사는 다시 내담자와 만나 정리된 회기분석 자료를 나누고, 내담자에 대한 피드백을 제공한다. 이때 문제 해결을 위한 내담자의 결단과 노력을 긍정적으로 지적하며 치하하고 격려하는 것을 잊지 않아야 한다. 칭찬과 격려는 어려움에 처한 사람으로 하여금 자기방어기제를 내려놓고 자신의 내면세계 성찰 및 변화를 위한 새로운 관점과 이해, 동기, 의지를 갖게 해주는 효과가 있기 때문이다.

내담자의 변화와 성장을 위한 기본적인 실천전략 구축은 첫 번째 회기에서 실시한 과정과 유사하게 진행된다. 다만 이때는 효과적으로 실천되었던 전략은 조그마한 변화라도 몸에 배고 확장되도록 지속적으로 실시하도록 한다. 그러나 잘 실천이 되지 않았던 전략에 대해서는 창의적인 방법으로 다시 시도해 보도록 한다. 때로는 장소와 시간, 접근의 방식을 바꿀 때 그 결과가 달라질 수 있기 때문이다. 그러므로 실천 효과가 금방 나타나지 않는다고 하여 바로 낙심하거나 그 전략에 대한 용도폐기적인 자세를 취하기보다는, 창의적인 방법으로 변화를 실천하게 한다. 아무런 긍정적인 결과를 가져오지 않는 실천 방법에 대해서는 똑같은 방법을 반복하여 사용하기보다는 다른 방법을 시도하도록 한다. 그리고 이전 회기에 구축하였던 실천전략 외에 추가적인 전략이 필요하다면 그것을 이 단계에서 내담자와 함께 구축하도록 한다.

남편이 몰래 성인오락실을 출입하며 그곳에서 노름한 것 때문에 부부갈등을 겪는 내담자가 있었다. 50대가 되도록 부부가 함께 일하면서 한 푼이라도 아끼며 살아왔는데 언제부터인가 은행의 돈이 빠져나가는 것을 발견한 아내는 이 사실을 알고 크게 충격을 받았다. 이전에 직장과 가정에 충실했던 남편이었기에 아내의 배신감과 분노는 컸다. 아내는 이 사실을 따지며 남편을 변화시키려고 노력하였다. 그래도 변화가 없자 이번에는 시아버지에게 이 사실을 알리고 도움을 요청하였지만 남편은 아버지에게 꾸중을 들은 뒤 '그런 것을 일러 바쳤다'며 도리어 내담자를 원망할 뿐 문제는 해결되지 않았다.

이에 내담자는 상담자와 함께 그동안의 방식을 점검하고 새로운 접근을 하기로 했다. 먼저 그동안 효과가 없었던 비난과 원망하는 태도 및 언어로 남편을 바꾸려한 방법을 계속 사용하기보다는 일단 아내 자신을 돌아보고 남편과도 긍정적으로 인정하고 존중하는 의사소통을 시도하였다. 또한 자신이 교회 일로 집을 비울 때에 남편이 오락실을 주로 출입하였다는 사실을 발견하고, 더욱 신경 써서 남편이 혼자 집에 있거나 귀가하였을 때 홀로 있지 않도록 배려하였다.

그러자 남편도 서서히 경직된 태도를 바꾸어 마음을 열고 아내와 대화하기 시작하였다. 남편은 직장에 가지 않는 일요일에 아내는 교회에 가고 자신은 혼자 집에 있을 때 심심하고 외로웠다고 말하였다. 그래서 내담자는 남편의 부정적인 행동을 비판하고 중단시키려고 하기보다는 부부간 친밀감과 신뢰감 형성을 위해 몇 가지 새로운 시도를 하였다. 그 중의 하나가 남편과 함께 탁구를 치는 것이었다. 남편은 탁구를 잘 치지만 내담자는 그러지 못하고 별로 관심도 없었는데, 남편은 아내가 함께 탁구를 치자 자랑스러운 듯 탁구를 가르쳐주려고 했고, 아내는 그 과정에서 남편과 좋은 시간을 갖는 효과를 거둘 수 있었다.

이러한 새로운 실천전략을 시도하면서 내담자는 상담 시간에 "무엇이 좋아지셨습니까?"라는 반복되는 질문을 통해 남편과의 관계에서 늘 부정적인 것만 눈에 띄고 그것에 대해 불평하고 원망하는 태도에서 벗어나기 시작하였다. 평범한 일상의 관계 속에서 아주 작은 것을 찾아내어 그것에 대해 감사할 줄 알고 그것을 관련된 행동으로 확장하는 것을 익히면서 변화가 남편과의 관계뿐 아니라 다른 사람들과의 관계에서도 긍정적으로 발생하게 되었다. 교회 생활에서도 더욱 활기가 있고, 밝고 자신 있는 태도로 신앙 생활에 임하게 되었다. 그리고 무엇보다도 아내와의 관계에 만족감을 찾은 남편이 신앙생활에도 마음을 열고 교회에 다니기 시작하는 놀라운 변화를 보이게 되었다.

라이프웨이 코칭상담사는, 이처럼 내담자의 갈등 관계나 부정적인 심리구조를 분석하고 문제의 원인을 찾기보다는 내담자를 향한 하나님의 뜻을 찾고, 내담자가 하나님과의 관계에서 먼저 중심을 회복하여 생명의 길을 찾아가도록 돕는 촉진자의 역할을 한다. 영성적 삶이 회복될 때 인간의 이기적이고 자기중심적인 관계감정의 기제가 내담자를 사로잡기보다 영성적 원리에 근거한 사고와 행동을 하고 변화된 삶으로 나아갈 수 있기 때문이다. 라이프웨이 상담은 그럴 때, 내담자의 갈등 관계나 부정의 심리 상태가 회복되고 성령님의 인도하심을 따라 변화의 과정을 밟게 된다고 본다. 그리고 갈등 대상과의 관계나 문제에 보다 유연하게 대처하고 바로 잡을 수 있는 기회가 생길 수 있다. 이러한 내담자의 변화는, 앞의 사례에서 나타나듯이, 주변의 가족이나 친지들, 나아가 공동체와의 관계에 영향을 주고, 긍정적인 생명의 변화가 상호적으로 이어지도록 확장될 수 있다.

3) 회기 혹은 코칭상담 관계 종료(Try in faith or Termination process)

두 번째 및 그 이후의 코칭상담에서는 그동안의 회기 작업을 통해 어떤 유익이나 변화가 있었는지, 목표가 얼마나 달성되었는지, 지속적인 대화를 원하는지, 아직 만남을 지속할 필요가 있는지, 또는 이제 코칭상담 관계를 종료해도 좋겠는지 등에 대해 판단하는 것이 중요하다. 만남을 지속할 필요가 있다면, 어느 정도의 간격으로 만나기를 원하는지 내담자의 의견을 반영하여 결정한다. 대개의 경우, 첫 한두 번은 일주일 간격으로 만나고, 그 이후에는 격주, 혹은 한 달씩 만남의 간격을 넓혀, 내담자 스스로 그리고 독립적으로 이슈에 대한 해결 능력을 길러가도록 한다. 이러한 판단은 코칭상담을 받으러 온 내담자가 목표를 얼마나 성취했다고 보는지, 이제는 전문가의 도움 없이도 '홀로 서기'를 할 수 있는 준비가 되었는지 등에 의해 달라질 수 있다.

필자의 경우, 일단 3회에서 5회 정도의 코칭상담 약속을 한 후, 시간이 되면 자연스럽게 코칭상담 관계의 종료 가능성에 대한 탐색을 한다. 그리고 종결 가능성에 대비하여 상담 3회 혹은 4회 부터는 2주, 그리고 한 달 등의 방식으로 만남의 간격을 넓혀 회기를 진행함으로써 내담자로 하여금 관계의 종결을 위한 준비를 하도록 돕는다.

코칭상담사는 이때 다음과 같은 척도 질문을 통해 변화와 성장에 대한 내담자의 반응에 따라 자연스럽게 추가상담 또는 종결 여부를 결정할 수 있다: "몇 점 정도가 되면 더 이상 코칭상담을 받지 않아도 되겠다고 생각합니까? 그때 당신의 모습은 어떻게 달라져 있을까요?" 또는 "우리가 지금까지 상담해온 것 외에 또 다룰 필요가 있는 이슈들이 있습니까?"와 같은 질문을 통해 내담자 자신의 의견을 직접적으로 확인할 수도 있다. 그래서 추가적인 이슈나 기대하는 목표가 있을 경우 코칭상담 관계를 연장할 수 있다. 과거의 미해결 이슈나 미충족 정서와 연결된 부정적인 준거틀을 다루는 것이 필요할 때에도 상호 합의 하에 만남을 연장할 수 있다. 이런 과정에서 상담자는 결정의 우선권을 내담자에게 주어 내담자가 결정(informed decision)하도록 한다.

코칭상담 관계를 종결하기로 할 경우, 상담자는 "지금까지 상담하면서 어떤 것이 도움이 되었는지요?"와 같은 질문을 통해 내담자로 하여금 그 동안의 상담 과정과 결과에 대한 변화와 성장의 내용을 정리하고, 강화 및 확대할 수 있는 기회를 제공한다. 이러한 질문은 코칭상담사가 자신이 실시한 상담에 대한 자신감과 전문성을 갖고 있다는 인상을 갖게 하고, 내담자로 하여금 상담자를 더욱 신뢰하고 자신이 지속적으로 성장하기 위해 무엇을 해야 할지를 성찰하게 하는 계기를 마련해 준다. 코칭상담을 통해 형성된 변화의 물꼬가 계속 이어지고 확장되어야 하기 때문이다.

코칭상담의 관계를 종결할 때, 상담자는 내담자가 이후 추가적인 도움이나 혼자 해결하기 어려운 상황이 닥치면 언제라도 다시 올 수 있음을 명료하게 알릴 필요가 있다. 그래서 내담자로 하여금 아무런 지원 없이 혼자 현실로 내던져지는 느낌을 받지 않도록 배려하는 것이 좋다. 그리고 필요하다면, 종결 후 6개월이나 1년, 혹은 2년까지 상담 후 상황을 점검할 수 있도록 추후 단계(follow up)에 대한 계획을 세울 수 있다. 이런 약속에 따라 정해진 시간이 가까워오면 전화나 이메일, 혹은 편지 등을 통해 코칭상담 이후의 삶의 변화와 성장을 점검하도록 한다.

이처럼 내담자가 관계의 종료 이후에도 변화의 과정을 지속하고 강화하기 위해 상담자는 교회의 돌봄 프로그램이나 사역의 차원에서 내담자에게 도움이 될 수 있는 정보나 자원과 연결시켜줄 수 있다. 즉, 아버지 학교나 어머니 학교, 결혼예비교육, 자기성장 그룹 등 각종 가정사역이나 돌봄사역에 참여하도록 안내할 수 있다. 나아가 교회의 구역 모임이나 남성 혹은 여성 모임, 일대일의 제자양육 모임 등에 참석하도록 한다. 마지막으로 이 모든 과정에서 진행되고 언급된 요소들에 대해 비밀보장이 이루어지도록 만전을 기해야 한다. 한국 교회에 상담에 대한 부정적인 이미지와 주저함이 있다면 바로 이러한 요소가 철저하게 지켜지지 않았던 데에서 유래된 측면이 없지 않다. 21세기 크리스천 상담에서 꼭 유념해야 할 부분이다.

7. 코칭상담 사례: "문제, 무디어진 사랑을 일깨우는 사랑의 신호등 - 3"

✝ 라이프웨이 코칭상담 첫 회기 이후

=〔부부가 한결 부드러운 모습으로 만면에 미소를 머금고 코칭상담실에 들어와 간단한 인사를 나누며 자리에 앉는다.〕

상담자 지난 번 우리가 만난 이후로 무엇이 좋아졌습니까?
아 내 지난 1주일동안 저희들은 한결 잘 지냈어요. 이 사람도 전보다 일찍 집에 들어오고, 저에게도 전처럼 이래라 저래라, 이것은 이렇고 저것은 저렇다 등등 가르치려 하지 않았고, 저 역시 남편에게 좀 더 부드럽게 대하려고 노력했어요.

상담자 〔놀라는 표정으로 미소를 지으며〕 그래요? 어떻게 그렇게 하실 수 있었어요? 좀 구체적으로 말씀해 주시지요.

아　내 '이것이 마지막이다. 이번에도 안 되면 나는 정말 이혼한다' 생각하니까 더 간절히 기도가 되고, 말씀 묵상할 때도 큰 위로와 용기가 생겼어요. 그러니까 남편의 말이나 행동에 좀 더 여유 있게 대하게 되었어요.

상담자 아, 그러셨군요. 참 잘 하셨습니다. 이 외에 또 무엇이 도움이 되었습니까?

아　내 전에는 남편과 다투고 나면 속상해서 집에 틀어박혀 울거나 혼자 우울해 하곤 했는데 동네 헬스클럽에 가서 운동하는 것도 도움이 되었어요.

상담자 도움이 되었던 것이 또 있습니까?

아　내 음… 〔웃으며〕 이것이 도움이 되었는지는 모르지만 지난 주중에도 우리는 몇 번 서로 다투거나 갈등이 생길 뻔한 순간들이 있었어요. 그럴 때 전처럼 또 서로 자기 말을 하느라고 순서를 지키지 않았지요.

　　그런데 한 번은 〔남편을 보며〕 이 사람이 "잠깐" 하더니 〔손을 치켜들며〕 이렇게 하는 것이었어요. 대화의 규칙을 어겼다는 거예요. 순간적으로 이 사람의 표정이 우스워서 그만 피식 웃고 말았어요. 그리고는 서로 쳐다보며 함께 웃고 말았어요. 그래서 그냥 싸우지 않고 지나간 적도 있어요.

상담자 그래요? 아주 좋습니다. 지금 말씀하신 내용을 조감도에 간략하게 기록해 주시겠습니까?
〔남편을 향해 웃으며〕 집사님, 대체 어떻게 그렇게 하실 수 있으셨어요?

남　편 〔피식 웃으며〕 그냥 했지요, 뭐.

상담자 감정이 올라오는 순간에 그것을 기억하고 또 실제로 한다는 것은 결코 쉬운 일이 아닙니다.

	그런데 어떻게 그 순간에 그것을 기억하고 실제로 행하실 수 있으셨습니까?
남 편	별거 아니었어요. 요즈음 축구 붐이 일고 있고, 프로 게임들이 계속 되잖아요? 그런 게임들을 보다보니 심판들이 하는 것을 자주 보게 되었고, 아내와 막 싸우려는 순간에 그 생각이 나서 한 것뿐이에요.
상담자	그래도, 그것은 아주 훌륭한 행동이었습니다. 그 외에 어떤 것이 도움이 되었습니까?
남 편	음…
	지난 번 상담 때 사실은 그처럼 아내의 속 이야기를 깊이 있게 들은 것은 처음이었어요. 그동안 일상적인 이야기만 조금씩 했지, 정말 가슴 속에 있는 이야기는 제대로 못하고 살았거든요. 그런데 아내의 말을 듣고 보니 내가 그리스도인으로서 너무 아내에게 무관심했다는 생각이 들더군요. 그래서 '잘 해야겠다'라는 생각을 했어요. 그리고 제가 좋아하는 목사님의 설교와 찬양을 계속 듣다보니 은혜가 되었고, 그로 인해 제 마음이 훨씬 부드러워졌던 것 같습니다.
상담자	그랬군요. 잘하셨습니다. 집사님이 그렇게 되니까 〔여〕집사님을 대하는 태도에서 변화가 있었던 것 같고, 그러니까 집사님을 대하는 〔여〕집사님의 태도에도 변화가 있었던 것 같습니다. 집사님도 지금 말씀하신 내용을 간단히 조감도에 기록해 주시겠어요?
	〔남편이 기록한다.〕
	오늘 두 분이 들어오실 때 보니까 얼굴에 미소도 있었던 것 같은데 오늘 두 분은 〔조감도를 보이며〕이 척도에서 어느 정도에 와 있습니까?
남 편	저는 지난 주에 아주 좋았습니다. 글쎄요, 8정도에 있다고 할까요!

상담자	야, 그러세요. 굉장히 좋아지셨네요. 〔아내에게〕집사님은 어디에 와 있습니까?
아 내	저는 지난 주만 생각한다면 6이나 7정도에 있다고 보는데… 전체적으로 제 심정은 … 글쎄요. 앞으로 또 어떻게 될지는 모르는 일이기 때문에 … 일단 5정도라고 할 수 있을 것 같아요.
상담자	그래요? 5라고 해도 지난 주의 3에 비하면 상당히 좋아졌습니다. 두 분이 아주 잘하고 계십니다. 우리의 목표를 향해 많이 나아갔습니다. 두 분이 잘하고 계시기 때문에 이제는 두 주 후에 만나면 어떨까 생각하는데 괜찮으시겠어요?
아 내	좀 염려가 되기는 하지만 목사님이 그렇게 말씀하시니 한 번 해볼께요.
상담자	그러시지요. 그러면 두 주 후에 두 분의 상태가 한 단계씩 올라가 있다면, 그래서 그 때의 모습을 제게 비디오로 찍어 지금 보여주신다면, 저는 두 분의 변화된 어떤 모습을 보게 될까요?
남 편	일단 저는 지난주에 했던 것들을 계속 하면서요… 이번에는 꼭 외식을 하고 아내와 함께 영화를 보도록 하겠습니다. 사실 지난주에 외식을 하기로 해놓고서는 제가 일관계로 바빠서 취소했거든요. 그것 때문에 또 싸울 뻔 했고요. 이번에는 미리 스케줄을 조정해서 특히 토요일 오후에는 아무 일정을 잡지 않고 아내와 함께 시간을 보내도록 하겠습니다.
상담자	아주 좋은 생각입니다. 이 외에 또 어떤 것을 하시겠습니까?
남 편	음… 가만히 생각해보니 제가 결혼하고 그냥 살았지 가정에 대해서는 잘 몰랐던 것 같아요. 지난번에 목사님이 가정의 중요성에 대해 강조하시면서 결혼식만 준비할 것이 아니라 가정생활에 대해서도 부부가 함께 공부하며 준비해야 한다고 말씀하셨는데 우리 부부가 함께 공부할만한 책을 추천해 주시면 공부를 해볼까 합니다.
상담자	정말 좋은 생각입니다. 우리 교회 홈페이지에 부부들이 공부할

　　　　　수 있는 책들과 각종 자료들을 올려놓았는데 그것을 참고하시
　　　　　면 될 것입니다. 저는 부부생활의 기초-101 과정을 추천하고
　　　　　싶습니다.
남　편　잘 알겠습니다.
　　　　　〔아내에게〕 집사님은 어떻게 변화된 행동을 하시겠습니까?
아　내　저도 남편의 말에 동의해요. 남편과 함께 가정생활이나 부부관
　　　　　계에 대해 공부를 할 거예요.
　　　　　그러면 저희의 관계가 훨씬 더 좋아질 거라고 생각해요.
　　　　　아, 그리고 이제 생각이 났는데 지난 주중에 저처럼 이혼을 생
　　　　　각하는 친구와 통화를 하면서 우리가 목사님과 상담한 내용을
　　　　　말해주었어요. 그랬더니 어제 저녁에 그 내용이 자기에게도 상
　　　　　당히 도움이 되었다고 전화가 왔어요. 제 어려움을 나누면서
　　　　　그것이 다른 사람의 어려움에 도움이 되었다니까 그것이 제게
　　　　　또 큰 위로가 되고 힘이 되는 것을 느꼈어요.
상담자　아, 정말 감사한 일입니다. 목장모임은 어떠셨습니까? 기도요
　　　　　청은 하셨습니까?
아　내　네, 목원들이 우리 부부에게 무슨 문제가 있느냐고 놀라면서
　　　　　물어보았으나 저희는 그저 웃으면서 기도해달라고 부탁했어요.
　　　　　어쨌거나 기도부탁을 하고나니 이것이 단순히 저희 문제만이
　　　　　아니고 다른 믿음의 공동체원들까지, 나아가 하나님까지 관련
　　　　　된 문제라고 여겨졌어요. 그래서 더욱 해결을 위해 간절히 기
　　　　　도하고, 주님이 도와주실 것이라는 확신을 갖게 되었어요.
남　편　그건 저도 동감입니다. 그분들이 저희를 위해 기도한다고 생각
　　　　　하니 개인적으로만 생각할 수 없었어요. 그것이 제게 도움이
　　　　　되었다고 봅니다.
상담자　예, 그렇습니다. 주께서 우리와, 두 분과 함께 하심을 믿습니
　　　　　다. 집사님 내외분께서 마음의 준비가 되고 언제 기회가 되면
　　　　　교회에서 간증을 통해 이런 경험을 나누시면 어려움을 겪는 다

른 부부들에게도 좋은 도전이 될 거라고 봅니다.
이 내용도 두 분께서 각자 조감도에 기록해 주시겠어요? 그리고 잠시 휴식시간을 갖도록 하겠습니다.
잠시 휴식시간을 갖고 오늘의 상담에 대한 피드백을 나눈 후 마무리 하겠습니다.

=〔휴식 후〕

상담자   오늘 두 분은 지난 주 보다 훨씬 목표에 가까워졌습니다. 두 분은 쉽지는 않았지만 미래비전에 따라 지난주에 계획한 것을 실천에 옮기셨고 그것을 통해 상당히 관계의 개선을 경험하셨습니다.
이것은 하나님께서 두 분의 삶 속에 이미 역사하고 계시고, 두 분의 변화와 성장을 위해 필요한 능력을 이미 두 분에게 베풀어 주셨다는 것을 의미합니다. 그리고 두 분만 아니라 주위 사람들과 연합하여 함께 문제를 해결해가고, 또 도움을 베풀어 주셨습니다. 저는 사도 바울이 고린도전서 12장 이하에 몸의 비유를 말하면서 몸의 각 지체가 서로 연결되어있어 상호 공동체적으로 영향을 주고받는다고 말할 때 바로 이러한 것을 의미하였다고 믿습니다.
그리고 우리는 오늘 앞으로 두 주 동안 어떻게 지금까지의 성장을 지속하여 더 미래비전에 가까워질 수 있을지를 생각해 보면서 전략을 수립했습니다. 다음에 만날 때까지 언제 이러한 변화와 성장의 순간들이 일어나는지 눈여겨 관찰하시기 바랍니다. 그때 두 분이 어떻게 이러한 일들이 일어나게 했는지 관찰하십시오. 그리고 서로에게서 이러한 일들이 언제 어떻게 일어나는지 관찰해주시기 바랍니다. 이런 것들을 발견하실 때마다 간략하게 기록하시면 좋습니다.

그리고 다음에 만나서 자신이 관찰한 상대방의 장점이나 능력들을 서로 이야기해주는 시간을 갖도록 하겠습니다.
그렇게 해서 두 분의 성장이 지속된다면 우리는 만남을 종결짓는 것을 생각해 보도록 하겠습니다. 그러나 만남을 종결한다고 해서 완전히 두 분을 떠나보내는 것이 아니라 두 분이 원하신다면 우리 교회의 가정사역부에서 계속 두 분에게 관심을 갖고 필요한 자원들을 제공할 것이고, 또 정기적으로 마련되는 가정세미나에 참여하여 지속적인 성장을 하시도록 도울 것입니다. 물론 2주가 되기 전이라도 급히 연락하셔야 할 일이 있으면 언제라도 연락하시기 바랍니다. 오늘 나눈 대화를 중심으로 2주일 동안 잘 실천하시고 성장하시기를 바랍니다.
그리고 저는 2주 후 바로 이 시간에 뵙겠습니다.
혹시 실천전략과 관련해서 말씀하시거나 새롭게 시도하실 것이 있으신지요?
〔부부와 함께 이에 대해 대화를 나누며 세부적인 내용을 조율한다.〕
오늘은 찬양을 함께 하고 마무리하면 어떠실까요?
혹시 두 분에게 의미가 있는, 그동안 은혜와 힘이 되었던 찬양은 무엇입니까?

아 내 "너는 시냇가에 심은 나무라" 저는 힘들 때 이 찬양을 종종 부르며 은혜를 받았어요.
남 편 아, 저도 좋아합니다.
상담자 좋습니다.

〔필자가 "두 분은 시냇가에 심은 나무라~"를 먼저 축복하며 부르고, 그 뒤에 부부는 "우리는 시냇가에…" 노래한다. 그리고 그들의 변화와 성공을 위해 기도하고 회기를 종료한다.〕

주(註)

1) John Maxwell, 「실패를 딛고 전진하라」, 이현수 역 (서울: 두란노, 2000), 90.
2) 유학 시절에 사용하였던 필자의 영어 이름
3) Maxwell, 「실패를 딛고 전진하라」, 56-57.
4) Kollar, 「해결중심 목회상담」, 326.

제12장 크리스천 상담, 그 부르심과 성숙에로의 공동체적 여정
(Where Do We Go from Here?)

필자에게 크리스천 상담 사역은 종종 하나님의 현존을 구체적으로 느끼고, 소위 '닭살' 돋는 경험을 하게 만드는 살아 있는 체험의 현장이다. 새로운 생명이 탄생했을 때의 그 경이감과 감격의 현장에서부터 학교 왕따와 폭행으로 고통당하는 어린 학생과 그 자녀를 보며 가슴이 타들어가는 부모들에 대한 치유와 돌봄의 사역, 상처난 부부와 가족관계의 회복을 위한 사역, 생사의 기로에 서있는 환자와 그를 지켜보고 있는 가족들에게 주님의 이름으로 함께 하는 임재사역 등 이런 모든 크리스천 상담 사역은 세상의 어떤 것과 비할 수 없는 고귀하고 숭고한 사역이 아닐 수 없다.

필자는 목사 안수를 받는 날 아침, 주님의 교회와 사람들을 향한 영혼의 돌봄 사역자가 되는 것이야말로 인생에서 가장 존귀한 사명(noble task)의 삶으로 이끄시는 하나님의 부르심이며 그 소명에 대한 순종이라는 사실을 묵상하고 집을 나선 바 있다(딤전 3:1). 그리고 하나님께서는 지금까지 신실하게 이 사명의 삶을 지속할 수 있도록 함께 하시며 부족한 지혜와 능력을 채워주시고 공급해주신다.

필자는 학교에서 목회상담 혹은 크리스천 상담을 가르치면서 학기를 마무리할 때 늘 당부하는 것이 있다. 그것은 이제 막 돌봄과 상담의 세계에 눈뜨기 시작한 학생들에게 주는 당부이자, 이미 현장에서 활동하는 크리스천 사역자들에게 혹은 상담사들에게 주는 메시지이다. 그리고 무엇보다도, 늘 자신을 성찰하며 새로워지기를 바라는 필자 자신에게 먼저 던지는 메시지이기도 하다. 이제 그것을 몇 가지로 정리하고자 한다. 본서를 마무리하면서, 그리고 새로운 시작을 위해 그동안 숨 가쁘게 달려온 걸음을 잠시 멈추고 앞으로 어떻게 해야 할 것인가를 생각해 보고자 한다.

1. 크리스천 상담자의 자기성찰과 성장

하나님께서 함께 하시는 돌봄과 코칭 혹은 상담을 제공하는 사역자, 전문가가 되는 것은 하루아침에 되는 일이 아니다. 그것은 평생의 과정이다. 영혼을 살리는 일인 만큼 우리의 최고의 것을 드려, 최선의 노력을 다해, 날마다 삼위 하나님께 자신을 의뢰하고 새롭게 하며 성장하는 과정을 갖는 것은 가치 있고 보람 있고 의미 있는 일이다. 필자에게는 이것이 자다가도 벌떡 일어나 가슴을 뛰게 하는 '부르심'이요 순종의 과정이기도 하다.

✝자기성찰과 성장을 위한 7가지 영역들

필자는 영혼의 감격과 생명이 있는 사역을 위해 성공적인 크리스천 상담자가 지속적으로 자신을 점검하고 새로워지며 성장해야 할 일곱 가지 요소들이 있다는 사실을 오랜 현장 경험과 연구들을 통해 발견하였다. 우리가 복잡하고 빠른 변화의 시대를 살아가며 건강을 지키기 위해 매년 건강검진을 받듯이 이러한 요소들을 매년 정기적으로 점검하고, 나아가 신뢰할 수 있는 동료 상담자나 수퍼바이저와 함께 자신을 돌아보고 변화와 성장을 실천하는 것이 필요하다.

1) 한 개인으로서의 자기성찰과 성장

　상담자는 다른 사람들을 이해하고 도우려하기 전에 먼저 자신을 잘 알고 있어야 한다. 어떤 사람도 '자기'라는 사고의 틀이나 감정, 경험의 그릇에서 벗어나 객관적으로 다른 사람이나 상황을 관찰하고 이해할 수 없다. 주관성을 배제하는 것은 그렇게 어려운 일이다. 따라서 자신의 삶에 그동안 어떤 이슈들이 있었으며, 인생 발달단계 및 각 단계별로 이루어야 할 과제들과 관련하여 그러한 이슈들을 어떻게 경험 혹은 발전시켜왔는지 이해하는 것은 매우 중요한 일이 아닐 수 없다. 그러한 요소들이 오늘 내담자를 대하는 상담자의 인간이해와 상황인식 및 치유를 위한 개입에 큰 영향을 미치기 때문이다.

　상담자의 자기 이해는 과거로부터 현재에 이르기까지 자신이 경험한 사건이나 이슈들을 기억하고 기록하는 것으로 시작된다. 필자는 수련생들에게 에릭 에릭슨(Erik Erikson)의 '인생발달단계'를 중심으로 자신의 성장경험을 탐색하되 특별히 지속적으로 정서적 추동과 감정, 생각을 불러일으키는 사건이나 이슈가 있다면 그것에 관심을 갖고 자기분석을 하도록 한다. 그리고 신뢰할 수 있는 수퍼바이저와 개인적으로 그리고 동료들이 있는 가운데 함께 나누고 피드백을 주고받는 시간을 갖는다.

　이러한 자기성찰과 이해를 통한 변화와 성장의 시간은 상담사만 아니라 목회사역자, 복지사, 교사, 각 기관의 임원이나 리더 등 사람과 관계하는 활동에 종사하는 모든 이들에게도 꼭 필요한 과정이다. 그럴 때 과거의 미해결 과제나 정서적 욕구추동에서 분화된 관계구축 및 활동이 가능해지기 때문이다. 기본적으로 건강한 자녀양육을 꿈꾸는 부모라면 반드시 거쳐야 할 과정이기도 하다. 이러한 자기성찰과 이해가 없을 때 가정과 교회는 물론 사회도처에서 관계갈등과 문제들이 발생하는 것을 어렵지 않게 볼 수 있다. 우리는 자신을 바로 이해함으로써 건강한 자기성장은 물론 관계 대상에게도 축복의 통로가 되는 자리로 나아갈 수 있다.

　현재 외부의 어떤 자극이나 상황을 어떻게 인식하고 경험하느냐 하는 것은 "어떻게 과거의 경험을 '회상'하느냐에 큰 영향"을 준다.[1] 자신의 현재 상황을 문제가 가득한 것으로 본다면, 또 그런 사고나 감정, 관점이 자주 발생해왔다면 과거의 사건이나 미래도 그런 시각으로 볼 가능성이 크다. 반대로, 과거 사건이나 경험들을 어떻게 회상하는가에 따라 현재의 경험에 대한 인식이 영향을 받을 수도 있다. 따라서 교회 사역자나 상담자는 자기 삶의 경험들을 성찰하고 나누며 자신이 현재 갖고 있는 준거틀(frame of reference), 즉 자신의 사고방식이나 감정, 행동방식 등에 대한 이해를 하고, 그것을 재구성 내지는 재해석하여 새로운 의미를 부여하는 시간을 갖는 것이 필요하다.

이처럼 자기이해를 위한 성찰 대상 혹은 삶의 경험들을 선택할 때는 대개 자신의 삶에 중요한 영향을 주었거나 강렬한 감정적인 반응을 일으켰던 이슈를 선택하는 것이 좋다. 이러한 것들은 자신이 신뢰하고 의지하였던 관계의 파괴나 희망을 절망으로 바꾼 고통스러운 것일 수 있고, 결코 회복될 수 없을 것 같은 상처를 남긴 사건일 수도 있다. 이러한 경험들은 성장과정에서 미해결된 감정상태와 과제를 남겨 매일의 삶에 순간순간 예기치 못한 형태로 다양한 영향을 주게 된다.

인턴 수련생들에게 자기 성찰을 하게 하면 대개 힘들었던 과거 경험들을 떠올리며 자기도 몰랐던 자신을 알아가는 시간을 갖는다. 그런가 하면 자신은 특별히 기억나는 힘들었던 경험이 없다고 하는 수련생들도 종종 만나게 된다. 트라우마와 같은 아주 힘든 경험을 했을 때 기억을 왜곡하거나 억압하는 경우가 있을 수 있지만, 그렇지 않고 정말 어려웠던 경험이 없이 잘 성장했다면 감사할 일이다. 그렇더라도 에릭슨의 인생발달주기 단계들을 따라 자신을 돌아보며 자기 삶에 영향을 미치는 정서적 코드나 준거틀의 흔적과 패턴(lifeway)을 알아갈 수 있다.

필자의 경우, 초등학교 시절에 시작하여 지금까지도 계속되고 있는 안면신경마비의 경험은 의도적으로 억압하고 무시하며 기억하지 않으려고 한 사건이었지만 그럴수록 더욱 강렬하게 필자에게 영향을 주어 결국은 한시도 그것을 잊을 수 없게 하였다.[2] 이러한 경험을 되돌아보는 것은 고통스러운 과정이었다. 하지만 1996년 여름에 미국 달라스(Dallas, TX)에 소재한 파클랜드 종합병원(Parkland Medical Center)에서 실시된 임상수련 중 자기이슈분석과 나눔 시간을 통해 필자는 "우리의 모든 경험과 고통 속에 임재하시는 하나님의 존재에 열린 마음"으로 나아갈 수 있었고, 나아가 그런 경험들을 구속적인(redemptive) 경험으로 재구성하는 특별한 기회를 가질 수 있었다.3) 개인적으로는 예측하지 못했던 은총과 성장의 경험을, 사역의 측면에서는 다른 사람들의 아픔을 주관적으로 평가하지 않으면서 그들의 영혼 깊이 들어갈 수 있는 은혜의 사건으로 변화되는 축복을 맛보게 되었던 것이다. 과거의 경험들에 대한 이러한 구속적 성찰과 성장은 코칭상담자만 아니라 사람을 돕거나 인도하는 모든 리더들에게 반드시 필요한 과정이다.

2) 가족관계 맥락에서의 자기성찰과 성장

가족은 구성원들이 개별적인 분화를 잘 이루고, '연합성'과 '개별성'에의 조화가 균형을 이룰 때 건강한 가족 체계를 형성하고, 구성원들은 건강한 자기 이미지를 발전시키게 된다. 그러나 많은 경우, 가족들은 그 자체로 하나의 미분화된 정서 덩어리와 같아서 현재의 가족 관계는 물론 세대(generation)를 넘어 다양한 형태의 정서적, 기능적, 관계적인 영향을 주고받으며 세대를 넘어 지속하게 된다.

이러한 "다세대 전수과정"은 가족관계맥락에서의 "정서체계에 근간을 두고 있으며 한 세대로부터 다음 세대로 계승된 정서, 감정, 그리고 주관적으로 결정된 태도, 가치와 신념" 등을 통해 이루어진다.4) 그리고 "항상 ~ 해야 한다" "절대로 ~ 하면 안 된다"와 같은 의미가 내포된 메시지를 통하여 '믿지 말라'(관계의 영역), '느끼지 말라'(정서적 영역), '착하게 굴어라'(행동적 영역), '생각하지 말라'(사고의 영역) 등의 역기능적 가족 규칙 및 그와 관련된 건강하지 못한 가족구조와 기능, 역할들을 발전시키고 그것을 내면화하게 만들 수 있다. 이러한 원가족 경험은 시간이 흐른다고 하여 과거의 일로 없어지는 것이 아니다. 마치 살아있는 어떤 생명체와 같이 끊임없이 미해결된 정서적 욕구 충족을 요구하며 성인기 삶에 다양한 방법으로 영향을 끼칠 수 있다.

회복 사역자 정성준은 원가족 관계의 경험에서 온 이슈들로 말미암아 많은 상처와 아픔을 경험하였다. 부모님의 이혼과 재혼의 과정을 거치며 권위자로부터의 끊임없는 인정과 사랑의 욕구에 시달리다가 결국 자신도 그토록 원치 않았던 이혼의 상처를 경험하게 되었다. 이것은 그의 모든 인생계획은 물론 사역에까지 커다란 영향을 끼쳤다. 몸부림치며 달라진 삶을 살려고 했지만 결국 절망의 나락으로 떨어졌다.

그러나 하나님은 그가 절망의 바닥에서 신음할 때 그를 잊지 않으시고 건져주셨다. 그는 서서히 회복을 경험하며 자신의 행동이나 관계의 패턴이 전혀 우연이 아니었으며 과거 가족관계의 맥락과 밀접한 관련이 있다는 사실을 깨닫고 깜짝 놀랐다. 이러한 자기이해는 그의 삶과 사역에 큰 변화를 주었다. 그는 이러한 깨달음을 통해 수많은 가정들을 회복하는 구속적 사역에 적극적으로 임할 수 있게 되었다.5)

이처럼 상담자와 목회 사역자, 교사, 직분자, 부모, 각종 리더들은 자신이 어떤 가족관계를 경험하며 살았는지, 그로 인해 받은 정서적 영향은 무엇인지, 그것이 자신의 삶에 어떤 영향을 끼치고 있는지를 탐색하는 것이 필요하다. 가족 및 성장기의 관계경험에 따라 건강한 자기이해와 더불어 긍정적인 타자인식 및 관계구축에 이르거나 그 반대의 결과를 초래할 수도 있음을 알아야 한다. 그리고 가족관계 맥락에서의 자기이해와 변화를 시도할 필요가 있다.

3) 교회 맥락에서의 자기성찰과 성장

그리스도인의 신앙과 인격은 개인적일 수 있지만 그 자신 만의 사적인 것은 아니다. 그것은 다른 사람들과의 관계적 맥락에서 함께 공유하는 자기 모습이기도 하다. 이러한 차원에서 크리스천 사역자 혹은 상담자의 자기 이해는 개인적인 사안인 동시에 전체 교회 공동체와 연결된 이슈이기도 하다. 어떤 사람도 고립된 섬처럼 홀로 존재할 수는 없기 때문이다. 사도 바울이 고린도 교회를 묘사하면서 모든 지체가 서로 연결되어 상호 영향을 준다고 보았듯이, 사역자가 교회의 맥락에서 자신을 어떻게 보느냐 하는 것은 그가 돌보거나 상담을 제공하는 성도들과의 관계에 다양한 영향을 미친다. 이것은 그의 관계 유형이나 태도, 그리고 사역 리더십에 이르기까지 광범위하게 나타난다.[6]

사람들은 저마다 삶 속에서 자신만의 고통과 상실의 아픔을 경험하며 살아간다. 이를 함께 나누고 포용하며 뛰어넘는 여정을 통해 진정한 연합을 맛보고, 사랑과 희망의 공동체적 관심과 돌봄을 통한 치유와 성장을 경험하게 된다. 그래서 하나님은 저마다 서로 다른 개인들을 부르셔서 "그리스도의 몸이요 지체의 각 부분"으로서 '교회'가 되어 상호 연합하고 함께 기능하며 살아가도록 인도하셨다(고전 12:27). 하지만 현대의 개인주의적 경향은 이러한 부르심을 외면하는 결과를 초래하였다.

필자에게 찾아온 안면신경마비는 평생에 잊을 수 없는 상처와 아픔의 요인이었다. 그렇지만 필자가 경험한 교회는 사랑과 돌봄에 대한 성경의 내용은 가르쳐 주었지만, 교회의 공동체적 돌봄과 사랑을 경험하도록 도와주지는 않았다. 한 전도사님은 '문제=죄=하나님의 벌'과 같은 맥락에서 당시 초등학생이었던 필자에게 무슨 남다른 죄가 있어서 안면에 문제가 생겼을 수 있으니 '회개'하라고 촉구하였다. 그래서 실제로 생각나는 죄들을 낱낱이 나열하며 회개했지만 문제는 사라지지 않았다. 이로 인해 필자는 더 영적으로, 심리적으로, 관계적으로 고통스런 시간을 보냈다.

안면신경마비로 웃을 때마다 일그러지는 얼굴을 보이지 않기 위해 필자는 한동안 마스크를 쓰고 다녀야 했다. 사람들 앞에서 웃는 모습을 보이지 않기 위해 수없이 얼굴을 돌리거나 손으로 입을 가리며 살았다. 고통스러운 현실을 이러한 방어기제를 통해 억누르고 회피하며 의식의 저편 너머로 숨기려 하였다. 그러나 정말 필자를 힘들게 하였던 것은 얼굴의 기능장애보다도, 유학 시절, 신학적 성찰훈련을 통해 발견한 '교회의 침묵'이었다.

내가 그렇게 사랑하고 헌신하고, 생명까지라도 내주고 싶었던 교회가 늘 사랑과 돌봄을 강조했지만 정작 그 도움과 위로, 사랑을 필요로 할 때는 침묵과 무관심으로 일관했음을 발견하면서 필자는 더 상처를 받았고 그것에 아파하였다. 교회에서 자주 뵈었던 목사님이나 전도사님, 교회의 지도자들은 입으로는 늘 '사랑'을 외쳤지만 너무 할 일이 많고 바빠서였는지 어린 아이를 위해 기도하거나 위로해 줄 시간은 없으셨던 것 같다.

이때 필자에게 와 닿았던 것이 한때 남침례교 총회장을 역임하였던 지미 알렌(Jimmy Allen) 목사님의 경험이었다. 그는 자신의 아들 스캇(Scott) 목사의 아내와 자녀가 에이즈에 감염된 피를 잘못 수혈 받아 에이즈에 걸려 즉시 교회에서 쫓겨 나와야 했고, 또 그들을 받아주려는 교회가 없어 방황해야 했던 경험을 책으로 기록하였다. 지미 알렌은 그의 책에서 자기 아들과 그 가족이 직면해야 했던 진짜 아픔은 무서운 에이즈보다도 교회에 대한 실망감이었다고 토로하였다. 그들이 그토록 사랑했고 헌신했던 교회가 그들이 정말 도움을 필요로 할 때 그들 앞에서 문을 닫아걸었기 때문이었다. 알렌은 자기 가족이 그렇게 힘들어 할 때 위로와 소망의 장소가 될 줄 알았던 교회가 견디기 어려운 고통의 근원이 될 줄은 몰랐다고 토로하였다.[7]

그렇다면 우리의 교회는 과연 어떠한 공동체인가? 그 안에서 살아가는 우리는 그 지체들에게 어떠한 교회가 되어가고 있는가? 교회적 맥락에서의 이러한 자기성찰은 '서로의 짐을 나누어지며, 서로를 돌아보아 사랑과 선행을 격려하라'는 상호적 돌봄과 섬김에로의 부르심을 입은 크리스천들에게 있어서 매우 중요한 자기 이해의 한 측면이 아닐 수 없다. 크리스천의 자기 이해와 사역은 결코 교회 공동체와 분리되어 생각할 수 없기 때문이다.

4) 사회관계적 맥락에서의 자기성찰과 성장

사람은 관계적 존재이다. 모든 사람은 자신이 속한 사회나 집단에서의 이슈나 관계를 통해 다양한 영향을 주고받으며 살아간다. 역사상 그 어느 때보다도 전화나 TV, 인터넷, 트위터나 페이스북, 카카오톡 등 사회 전달매체들의 발달로 모든 정보들이 실시간으로 전파되고 교류되는 상황에서는 더욱 그러하다. 따라서 크리스천 리더는 자신이 살아가는 21세기 사회문화적 흐름과 코드를 읽을 줄 알고, 그 안에서 성서적인 영혼돌봄과 코칭 혹은 상담 사역을 전개할 필요가 있다.

이러한 시대에 어떤 특정한 사건이나 이슈에 대한 정의, 이해는 기존의 전통적 인식이나 학문적 판단보다 '네이버'나 '다음' 등 인터넷 정보, 소셜네트웍서비스(SNS) 매체에서 쏟아지는 네티즌들의 집단적 의견 및 반응들에 의해 좌우되는 경우가 많다. 크리스천들도 교회에선 성경을 자기 삶의 중심이요 진리라고 말하지만 일상의 삶에선 자신의 지식이나 판단이 '진리의 잣대'로 활용되는 것을 어렵지 않게 볼 수 있다. 모든 것을 해체하고 자기중심성이 강한 포스트모던을 넘어선 정보화시대의 한 특성이다.

필자가 수년 전 이혼상담 전문가 교육에 참가하였을 때의 일이다. 이혼상담 사례에 대한 수퍼비전 시간을 인도하고 있을 때, 사례 수퍼비전에 나선 한 목회상담 교수가 "'필요하면 이혼할 수 있다'는 전제를 열어놓지 않으면 상담이 안 된다"며 그렇게 하지 않는다면 목회상담에 한계가 있을 수밖에 없다고 주장하였다. 이에 여러 목회상담 교수들이 동의를 표하였다. "내가 상담해 보니까 부부갈등을 경험하는 사람들의 힘든 심정을 안다면 이혼에 동의를 하지 않을 수 없더라"고 말하는 목회상담자도 있었다. 이혼에 대한 어떤 성서적 해석과 성찰을 근거로 그런 결론에 도달했는지는 모르지만, 이러한 견해는 폭발적으로 이혼이 증가한 한국의 현 시대문화적 분위기와 일맥상통하는 것이다.

이러한 차원에서, 목회상담자 혹은 크리스천 상담자가 사회문화적 현상을 도외시하거나 그 흐름에서 동떨어져 있는 것은 바람직하지 않지만, 그러한 사조를 그냥 따라가서도 안 된다. 이 시대를 본받기보다는 그 안에서 그리스도인으로서의 분명한 자기 인식을 하고 하나님의 뜻을 분별하는 것이 필요하기 때문이다(롬 12:1-2). 현상에 대한 적절한 이해와 대처는 필요하지만 현상에 파묻혀 성경적 본질을 상실해서는 안 되기 때문이다.

머레이 보웬은 시대의 사회문화적 분위기가 개인은 물론 가족에게 어떤 영향을 줄 수 있는지를 잘 간파하였다. 그래서 사회에 역기능적인 시스템이 만성적으로 작동하거나 그런 환경으로 말미암아 사람들이 만성적인 불안정 혹은 불안에 휩싸이면 개인과 가족들은 그런 상태를 감정적으로 억제하지 못하고 충동적으로 행동하게 된다고 보았다.[8]

한국에서 이러한 현상이 명료하게 나타난 때가 IMF 기간이었다. 사회 전반에 정서적 불안과 긴장이 고조되자 그것을 견디지 못한 수많은 사람들의 관계가 파괴되고 가족 해체가 급증하는 사회적 현상을 초래하였던 것이다. 이러한 현상은 최근까지도 경제계층간 갈등이나 세대차이, 왕따, 소외, 우울, 자살, '갑을' 갈등 등으로 계속되고 있다.

사회는 빠르게 변모하고 있고 한국은 세계에서 가장 빠르게 그 가치관과 생활상이 바뀌고 있다. 그 변화의 속도를 따라가지 못하고 지난 세기의 사고방식과 문화를 그대로 고집하다가는 낭패를 당할 수밖에 없다. 이러한 측면에서, 한국에 진출한 '스타벅스 코리아'의 이야기는 사회문화적 흐름에 민감하게 대응하는 것이 얼마나 중요한 것인지를 잘 보여주는 사례라고 할 수 있다. 스타벅스 코리아는 자신들을 단순히 커피 장사를 하는 사람들이 아니라 '커피 문화의 전도사'로 자처하며 '나눔과 섬김'이라는 경영철학을 갖고 한국 문화에 파고들었다. 1999년에 이화여대 앞에 1호점을 낸 이래 5년 만에 100호점을 여는, 소위, '대박'을 터뜨렸다. 그들은 적어도 커피에 관한 한, 한국사회의 문화에 적응하는 차원을 넘어 문화를 선도하는 입장에 섰던 것이다.[9]

상담 사역자 또한 이처럼 빠르게 변모하는 사회적 분위기와 문화적 현상을 인식하고 적절한 대처를 하고 있는지, 성서적인 지향점을 따라 시대를 선도하고 있는지 철저하게 자기 점검을 하고 거듭나는 노력을 해야 한다. 그럴 때, 성서적이면서도 진정한 '문화 민감적'(culture-sensitive)

돌봄과 상담을 하고 나아가 사회를 선도할 수 있게 될 것이다.

5) 상담전문가로서의 자기성찰과 성장

어떤 분야에서 '전문가'가 된다는 것은 적어도 자신이 무엇을, 어떤 방향으로, 어떻게 해야 할지 알고, 그것을 적절한 방식으로 추진할 수 있는 사람이 된다는 것을 의미한다. 상담 분야도 마찬가지이다. 크리스천 상담전문가는 자신이 얼마나 성서와 교회에 대한 바른 인식과 더불어 상담이론 및 실제에 대한 전문적인 이해와 기술을 갖고 현장에 임하는지 끊임없이 살피고 성장을 꾀해야 한다.

필자가 임상지도를 할 때면 늘 눈에 띄는 것이 있다. 상담자 자신이 어떤 인간이해나 상담개념, 상황이해 혹은 이론 및 방법에 근거하여 상담하는지 뚜렷한 이해도 없이 그냥 막연하게 상담하는 경우들이 많다는 사실이다. 그러다보니 내담자와 만나 어떻게 대화를 이끌어가며 어떤 질문을 통해 어떻게 문제 해결을 향해 나아가야 할지 몰라 갈팡질팡하다가 시간이 되면 서둘러 몇 가지 조언을 주고 회기를 끝내는 경우가 허다하다. 명료한 코칭 혹은 상담목표를 세우지 못하다보니 중간에 길을 잃고, 나중에는 아무런 방향이나 전략도 없이 공허한 시간을 보내는 경우가 발생한다.

따라서 상담자는 전문적인 자기발전을 위한 노력을 게을리 해선 안 된다. 자기 성장을 위한 배움과 노력을 지속하고, 정기적인 수퍼비전과 자문을 받는 것이 좋다. 다양한 상담 접근과 테크닉들을 익히는 것은 결코 소홀히 할 수 없는 일이며, 하루아침에 되는 것도 아니기 때문이다. 필자 또한 석사 과정에서 상담이론과 기술을 2년 이상 배우고 실제 실습에 임했을 때 무엇을 어찌해야 좋을지 몰라 혼란스러웠던 기억이 지금도 생생하다. 상담 인턴십과 관련하여 하워드 스톤 교수가 '너는 어떤 상담이론과 접근을 주로 사용하는가'라고 질문했을 때 자신 있게 말할 수 없어서 우물쭈물하며 대답을 못했던 순간도 잊을 수 없다. 어떤 상담자도 완벽한 상태에 도달할 수는 없다. 그러나 자신의 코칭 혹은 상담 접근에 대해 스스로 자신의 현 주소를 파악하고 분석 및 성장을 지속적으로 꾀할 수 있어야 한다.

크리스천 상담은 일반상담과 여러 면에서 유사한 측면이 있다. 앞에서 다루었듯이, 내담자의 사연을 경청하고 공감하며, 내담자와의 신뢰와 치료적 관계 구축을 위해 내담자의 언어적 혹은 비언어적 행동이나 자세, 태도 등을 주목하고 관찰하는 것, 실제 변화와 성장을 위해 사용하는 테크닉 등에서도 비슷한 것들이 많이 있다.

하지만 유사성에도 불구하고 차이점 또한 분명히 존재한다. 무엇보다도 사람의 상태나 인생의 궁극적 목표, 각종 이슈들에 대한 성서적 또는 그 접근에 대한 관점에서 차이가 있다.10) 따라서 크리스천 코치나 상담자는 하나님과의 관계와 신앙적인 요소들, 및 그 자원 등에 관심을 갖고 그것들을 실제 과정에 적용할 수 있어야 한다. '살아있는 인간문헌'(Living human documents)으로서의 내담자와 그들의 "파편화된 삶의 이야기"(fragmented life story)들을 성서적 시각으로 재해석하고 재구성하는 작업을 촉진할 수 있어야 한다.11)

이러한 성찰 작업이야말로 크리스천 상담을 다른 여타의 상담과 구별시켜주는 핵심적인 요소의 하나라고 할 수 있다. 그리고 이러한 접근을 통해 내담자는 물론 상담사 자신도 변화와 성숙을 경험하게 된다. 필자는 임상현장에서 심신이 소진되기도 하지만 성서적 성찰을 통해 내담자와 함께 자신의 영혼이 새롭게 충전되는 공동체적 경험을 하곤 한다.

6) 상담전문가로서의 자기관리와 성장

크리스천 상담사가 점검해야 할 여섯 번째 요소는 전문가로서의 자기관리에 관한 것이다. 교회 사역자나 상담자가 경험하기 쉬운 오류의 하나는 자기 한계와 사역의 경계선을 명확하게 구분하지 못하는 것이다. 특히 초보자일수록 자신이 '반드시 해야 할 것'과 '해야 할 것처럼 느끼는 것' 사이를 구별하지 못하고 모든 것을 다 자신이 하려고 하는 '메시야 콤플렉스'(Messiah Complex)에 빠지는 경우가 많다. 하나님의 부르심에 대한 소명과 순종, 자기 성공을 위한 미충족 욕구추동과 야망을 혼동하여 자신의 한계와 사역의 경계를 관리하지 못할 때 발생하는 현상의 하나이다.

필자는 목회 소명을 받고 지역 교회의 담임 목회자로 사역하던 초기에 하나님 나라의 거룩한 일에 '나' 같은 죄인도 부르시고 사용하신다는 사실에 감격하여 밤낮을 가리지 않고 교회에서 기도하며 말씀 준비를 하고, 행정을 하고, 성도들의 집과 직장을 심방하며 부지런히 활동하였다. 교회는 성장해야 했고, 필자는 자신이 목회하는 교회가 그렇게 되기를 정말 간절히 원했다. 그것이 하나님을 기쁘시게 하는 것이고 내가 가야 할 길이라고 의심치 않았다. 그러는 동안 아내는 혼자 아파트에서 어린 아기들을 안고 씨름하다 지쳐 잠이 들곤 하였다.

그렇게 가정의 필요는 도외시한 채 사역에 몰두하면서도 늘 모든 것에 부족감을 느끼며 하나님께 죄송하였다. 피곤하여 조금 늦잠이라도 자거나 휴가를 가려고 하면 '성도들은 고생하며 사는데 어떻게 목회자가 쉴 수 있겠나' 하는 내면의 목소리에 눌리곤 하였다. 그러다가 이혼하려는 성도가 생기자 이번에는 목회자가 부족하여 그들이 이혼하려고 한다며 자책감에 힘들어 하였다.

이러한 현상이 지속될 때, 목회 사역자는 탈진하게 된다. 목회자에게 있는 '사망의 음침한 골짜기'는 '탈진의 골짜기'일 수 있다. 이 골짜기를 지나면서 모세는 분노에 차서 반석을 지팡이로 쳤고, 엘리야는 로뎀나무 아래서 죽기를 간구하였으며, 사도 바울도 살 희망을 잃고 사역을 포기하려고 하였다.

이것은 크리스천 사역자 혹은 상담자의 정체감과 밀접한 관계가 있다. 많은 경우, 사람들은 자신이 하나의 제한적인 인간이라는 것을 보거나 인정하지 않으려고 한다. 자기 내면의 모습과 개인적 한계의 현실을 직면하지 않음으로써 자신의 존재에 대한 혼돈을 겪기도 한다. 그래서 내적으로는 자신의 불완전성과 부족감에 시달리고 힘들어 하면서도 겉으로는 초인적 능력과 성자적 모범을 요구하는 성도들의 요구나 기대에 부응하기 위해 늘 긴장하며 자기를 혹사한다. 열심히 노력함으로써 하나님과 사람의 인정을 받으려고 한다. 그러다가 스트레스가 커지거나 위기적인 상황이 닥치면 부정적인 충동 혹은 감정으로 갈등을 겪거나 치명적인 상처를 입고 추락하는 경우가 왕왕 발생한다.

열왕기상 18장과 19장에 나타난 엘리야의 사역과 광야에로의 여정은 우리가 자신의 일과 한계에 대한 분명한 이해와 경계선을 갖고 자기 관리를 해야 한다는 그리고 그것이 지켜지지 않을 때 어떤 일이 발생할 수 있는지를 보여주는 한 가지 좋은 사례라고 할 수 있다. 엘리야는 갈멜산에서 놀라운 사역을 행하였지만 이세벨이 자기를 죽이려고 하자 광야로 도피한다. 그리고 거기에 있는 한 로뎀나무 아래에 앉아 죽고 싶은 충동을 토하며 쓰러져 잠이 들었다(왕상 19:4). 엘리야는 사람들이 자신을 죽이려 한다는 압박감과 이제 하나님의 일을 하는 남은 사람은 자기 밖에 없다며 절망적인 심정에 힘들어했다. 그때 하나님은 엘리야를 먹고 쉬게 하시며 그가 혼자 있는 것이 아님을 알려주셨다. 엘리사를 선지자로 세워주셨으며 이스라엘에 칠천 명이나 되는 사람을 예비해두셨다(왕상 19:10, 14, 16, 18). 그리고 하나님의 일은 하나님께서 하나님의 방법으로 이루신다는 사실을 확실하게 알려주셨다.

어느 목회자 부부 세미나에 가서 목회자 부부들에게 그들의 삶에 가장 필요한 것이 무엇인가고 물어본 적이 있었다. 목회자들은 더 많은 기도, 설교능력, 성령충만 등 주로 영적인 헌신과 관련된 대답을 하였다. 하지만 참석한 사모들은 주로 '사랑의 관계'가 필요하다고 지적하였다. 그래서 '사랑'이 뭐냐고 물으니, 한 사모가 '눈물의 씨앗'이라고 대답하였다. 한바탕 웃음이 넘쳐났지만, '목회자 남편을 사랑하고 나서 눈물 흘릴 일이 많았다'는 이야기를 듣고는 장내가 일순간 숙연해졌다. 그때 필자는 이렇게 말한 것으로 기억한다: "사랑도 헌신도 좋습니다. 그러나 가장 필요한 것은 서로에 대한 사랑과 헌신을 가슴으로 소통하는 것입니다."

자신의 한계 안에서 자신을 돌보고 관리하는 것은 누가 대신해 줄 수 있는 것이 아니다. 남편이나 아내, 부모 혹은 자녀의 역할과 필요 또한 누가 대신 채워줄 수 있는 것이 아니다. 그 역할과 위치를 다른 사람이 대신하게 하거나 다른 데에서 찾게 해서는 안 된다. 교회의 돌봄 사역자나 상담자들 중에는 여호와에 대한 열심이 "유별"한 자기 밖에 일하는 사람이 없다고 불평하면서 사역을 다른 사람들과 함께 나누지 못하는 경우가 많다(왕상 19:10, 14). 진정한 전문가는 때로 사역의 모든 과정이나 결과를 주께 맡기고, 조용히 자신을 먹이시고 만지시며 말씀하시는 하나님을 경험하는 가운데 육체적으로, 정신적으로, 영적으로 재충전하고 회복되는 시간을 가질 줄 아는 사람이다.

크리스천 상담자의 자기 관리에 있어서 상담윤리에 관한 것은 아무리 강조해도 지나침이 없다. 점점 윤리적 이슈와 사건들이 상담 영역에서도 증가일로에 있기 때문이다. 일전에 서울대학교 황우석 교수의 논문 파동으로 한국 사회는 큰 홍역을 치러야 했다. 이 사건의 핵심을 여러 가지로 짚어볼 수 있겠지만, 가장 중요한 것의 하나는 윤리적 문제였다. 우리 사회는 전문가의 윤리 문제에 있어서 아직 철저하지 못한 부분이 있는 것이 사실이다. 이것은 상담 분야에서도 마찬가지이다. 목회 사역자 혹은 상담자와 성도 간에 있었던 상담 내용이 교회의 기도 제목 리스트나 주일 예배 설교의 예화로 등장하여 모든 사람이 알 수 있게 된다면 이것은 비밀보장의 윤리에 대한 심각한 위반이다. 그래서 문제 해결을 위해 상담을 받다가 도리어 상처를 입고 교회를 떠나는 경우들이 있었다.

상담 윤리에 대해서는 비밀보장 문제 외에도 고려해야 할 여러 이슈들이 있다. 상담자의 자기이해를 비롯하여 상담자의 가치관의 문제, 내담자의 권리에 대한 문제, 상담자와 내담자의 이중적 관계의 문제, 상담훈련의 영역과 경계선 설정의 문제, 문화적 이해와 존중의 문제 등 다양하다. 필자는 상담훈련을 받는 인턴들에게 몇 가지 질문과 더불어 간략한 자가 테스트를 통해 윤리적 이슈들에 대한 인식 정도와 준비도를 점검한다. 상담사의 이중적 관계 윤리에 대한 사례를 들면 다음과 같다:

상담자의 이중적 관계

- 상담자가 내담자와 상담 이외의 상황에서 개인적인 관계를 가질 때 윤리적 문제가 일어날 수 있다.
- 상담자는 내담자와의 관계에서 파워차이와 남용, 역할경계에 대한 이해가 있어야 한다.
- 상담자는 때로 이중적 관계가 불가피할 경우, 이에 대한 적절한 대처 능력을 갖고 있어야 한다.
- 상담자는 자신의 언행이 내담자에게 어떤 영향을 줄 수 있을지에 대한 인식이 있어야 한다.
- 자가 테스트 … (아래 항목에 "1-강한 부정, 2-부정, 3-미정, 4-동의, 5-강한 동의" 중에서 택하라)
    [ ] 상담자는 내담자와 감정적인 개입이 없이 내담자의 이슈를 다룰 수 있어야 한다.
    [ ] 내담자를 터치하는 것은 내담자의 오해를 살 수 있으므로 어떤 것이든 피해야 한다.
    [ ] 상담이 진행되는 동안에는 내담자와의 개인적 관계는 안되나 상담관계가 끝난 뒤에는 관계없다.
    [ ] 내담자가 내게 성적인 유혹을 느낀다면 나는 그를 다른 상담사에게 보낼 것이다.
    [ ] 내담자가 상담비를 지불할 능력이 없다면 나는 다른 물건으로 상담료를 대신 받을 수 있다.
    [ ] 내담자의 선물을 받는 것은 상담관계의 범주를 넘는 것이므로 어떠한 선물도 받지 않을 것이다.
    [ ] 내가 윤리적으로 잘 무장된 전문상담사라면 결코 내담자에게 성적인 유혹을 느끼지 않을 것이다.
    [ ] 나는 내담자에 대한 일반적인 터치, 성적유혹에의 대처 등에 대한 훈련이 되어 있다.

[　] 나는 내담자와 분명하고도 철저한 바운더리를 설정하는데 별 어려움을 느끼지 않을 것이다.
[　] 상담자는 자신의 행동을 늘 살펴보고 비윤리적 행위를 할 가능성을 줄일 방도를 생각해야 한다.

7) 공동체적 크리스천으로서의 자기성찰과 성장

상담사의 자기성찰과 성장을 위한 일곱 번째 요소는 크리스천으로서 하나님의 말씀에 근거한 삶을 살고 있는지, 교회에 속한 지체로서의 공동체적 삶을 살고 있는지를 늘 돌아보고 점검하는 것이다. 자신의 기도생활, 말씀읽기와 연구, 묵상(QT), 교회생활을 살펴보고 성장하는 그리스도인의 삶을 살 수 있어야 한다. 크리스천 상담자로서의 자기 정체성과 상담자로 부르신 하나님의 소명에 부합된 상담접근을 하고 있는지 살펴야 한다. 매년 건강검진을 하듯 정기적으로 자신의 내면을 점검하고 주변 동역자들과의 공동체적 관계 속에서 예수 그리스도의 이야기가 21세기 삶과 사역의 현장에서 재연되고 있는지를 돌아보아야 한다.

지금까지 살펴본 크리스천 라이프웨이 코칭상담자의 일곱 가지 자기성찰 및 점검 영역은, 필자의 임상적 관찰에 근거할 때, 건강한 돌봄과 코칭상담 사역에 꼭 필요한 요소들이라 할 수 있다. 코치 혹은 상담사들은 척도 질문 기법을 통해 자신의 현재 상태에 대해 분석하고, 성장을 위한 계획을 세우고 그것을 실천에 옮길 수 있다. 즉, 각 영역에서 가장 낮은 수준을 척도 0이라고 하고, 가장 높은 수준을 척도 10이라고 한다면, 현재 자신의 점수는 얼마라고 생각하는가? 그러한 점수를 주게 된 이유는 무엇인가? 무엇 때문에 그런 점수를 주게 되었는가? 내년 이맘때에 이 점수가 1점 올라가 있다면 나는 이 영역에 있어서 앞으로 무엇을 어떻게 다르게 할 수 있을 것인가? 그렇다면 그때까지 내가 할 수 있는 구체적인 방법들은 무엇인가?

전문적인 상담 사역자는 이러한 질문들을 통하여 실질적인 자기 이해와 성장을 이끌어낼 수 있다. 그리고 자기 분석을 넘어 자기 발전을 위한 지속적인 교육과 훈련, 수퍼비전을 받을 필요가 있다. 그럴 때 우리의 삶 속에서 역사하시는 성령께서 더욱 자유롭게 우리에게 있는 것들을 사용하셔서 영혼들을 치유하고 그리스도 앞으로 인도하는 사역을 감당하게 하실 것이다.

2. 21세기 크리스천 상담과 그 공동체적 여정에의 초대

필자는 1990년대 초에 신학대학원을 마치고 예기치 않게 찾아온 목회 사역에의 제안을 받고 어느 정도 준비가 되었다고 판단하여 한 교회의 담임 목회자가 되었다. 목회자가 되었다는 사실에 감격하여 정말 열심히 말씀묵상과 기도를 하며 사역에 임했다. 감사하게도 설교와 교육, 제자훈련, 교회행정 등에 대해서는 은혜 가운데 큰 대과(大過) 없이 사명을 감당할 수 있었다. 주일마다 만나는 성도들은 말끔한 복장을 하고 교회를 찾았고, 아무런 문제가 없는 것처럼 서로 반갑게 맞이하며 즐겁게 교회생활을 하였다. 그러나 그러한 화사한 미소 뒤에는 저마다 선뜻 드러내기 어려운 갈등과 아픔이 감추어져 있었다는 사실을 그 때는 몰랐다. 적어도 그런 문제들이 표면적으로 드러나기까지는!

물론 이러한 현상은 비단 필자가 목회한 교회만 그런 것이 아니었다. 어느 교회이든 조금만 성도들의 가슴을 파고 들어가면 부부간의 갈등, 자녀에 대한 염려, 직장에서 구조조정 당할 것에 대한 불안과 상처 등 일반적으로 흔히 있을 수 있는 문제들이 넘쳐난다. 심지어 가정폭력, 우울증, 도박, 불륜, 성폭력 등 갖가지 문제들이 '주일아침의 미소'(Sunday morning smile) 뒤에 위장되거나 감추어져 있음에도 불구하고 교회에선 이런 문제들에 그리 신경 쓰는 것 같지 않다. 적어도 당시 젊은 목사였던 필자는 그랬다. 그리고 그러한 문제들을 어떻게 다루어야 할지도 알지 못했다.

'목회자'(pastor)란 헬라어로 '목자'(shepherd)를 의미한다는 사실을 이미 배워 알고는 있었다. 목회에는 목자가 양을 돌보듯 성도들의 영혼을 돌보고 치유하고 그리스도의 장성한 분량에 이르게 하는 돌봄과 상담의 개념이 들어가 있는 것도 알았다. 그리고 이러한 사역은 안수 받은 목사나 특정한 일부 사람들만 하는 것이 아니라 교회 공동체 전체의 과제라는 사실도 배워 알고 있었다. 목회자는 교회의 성도들로 하여금 하나님의 일을 하도록 훈련하고 구비시켜(equipping) 함께 전도와 선교는 물론 영혼의 치유와 돌봄, 및 성장을 위한 사역 드라마를 써가야 한다는 사실도 배웠다(엡 4:11-12).

그런데 막상 목회 사역의 현장에 뛰어드니 상처 입은 영혼들을 위한 구체적인 회복과 치유, 돌봄, 성장을 위한 사역을 어떻게 해야 할지 막막하였다. 주일 예배 인도, 설교, 교육, 행정을 하면서 필자의 사역이 너무 피상적이라는 생각이 떠나지를 않았다. 표면적으로는 별 문제 없이 사역을 하는 것 같았는데 조금만 성도들의 삶과 내면을 들여다보면 깊은 정서적 상처와 왜곡된 자아 구조 등이 해결되지 않고 있음을 알 수 있었다. 그들의 삶이 미움과 원망, 분노와 실망, 좌절 등의 부정적 감정과 관계 갈등, 불행한 결혼 생활, 끊임없는 죄책감과 수치감 등의 문제로 인해 교회를 다니지 않는 사람들과 그리 다를 바 없는 것 같았다.[12] 성도들의 이런 현실에 눈을 감으면 좀 괜찮은 것 같았지만 결국엔 그렇게 되지 않았다. 무언가 대책이 필요하였다.

그래서 기도 가운데 결단하고, 상담을 공부하기 위해 학교로 돌아갔다. 그때 하나님께서는 한 가지 특별한 경험을 통해 건강한 교회와 가정에 대한 특별한 '부르심'을 주셨다. 어느 날, 말씀을 묵상하다가 비몽사몽간에 사단이 공중에서 하나님이 세우신 가족들을 파괴하는 장면을 목도하고, 이 땅에 건강한 교회를 통해 건강한 가정들을 세우는 소망과 비전을 갖게 되었다. 신학교에서 목회, 즉 하나님께서 맡기신 '양들'을 잘 먹이고 돌보기 위한 훈련을 나름 받았다고 생각했는데, 막상 이혼하겠다는 부부가 생겼을 때 어떻게 돌보고 사역해야 할지 몰라 당황하며 허둥지둥 뛰어다녔던 경험이 아프게 되살아났다. 상황이 곪고 터지기 전에 예방할 수도 있었으련만 그러지 못한 것이 너무나 가슴이 아팠다.

물론 이러한 현실이나 경험은 필자에게만 있었던 것이 아니었다. 목회를 하겠다고 훈련받지만 정작 영혼을 돌보고 회복하고 성장하게 하는 돌봄과 상담, 코칭사역을 어떻게 해야 할지 모른 채 막연한 생각을 갖고 그냥 목회지에 뛰어드는 사역자들이 참 많다. 성서적인 돌봄과 상담, 코칭을 포함한 건강한 크리스천 사역의 필요성은 사람들이 자기중심적이며 개인주의화되고 사회에 역기능적인 요소가 확대되는 21세기 상황에서 그 어느 때보다도 더욱 절실하게 와 닿는다. 목회사역자나 크리스천 상담사를 포함한 리더들은 이러한 사실을 깊이 유념할 필요가 있다.

필자는 교회에 대한 몇 가지 질문을 제기하면서 본서를 시작하여 여기까지 왔다. "교회는 과연 무엇인가? 교회는 왜 있어야 하는가? 교회는 어떤 공동체여야 하는가?" 우리는 21세기 삶의 현장에서 경험하기를 원하는 1세기적 교회 공동체의 모습을 찾고 그것의 21세기적인 적용 방안을 찾기 위한 공동체적 여정을 지금까지 함께 이어왔다.

이를 위해 처음에 '크리스천 상담이란 무엇인가'에 대한 질문으로 시작하여, 크리스천 상담의 특성과 패러다임 변천을 살펴보았다. 그리고 21세기 크리스천 상담은 1세기에 예수 그리스도께서 소개하신, 그리고 초대 교회를 통해 드러난 바대로 '서로 돌아보아 사랑과 선행을 격려'하고 '서로의 짐을 나누어지는 교회의 정체성'에 근거한 공동체적 돌봄과 상담, 코칭 접근이 필요하다는 것을 확인하였다. 나아가 그러한 접근의 한 사례로, 필자가 임상훈련과 교회의 목회적 돌봄 및 상담의 현장을 통해 계발해 온 라이프웨이 코칭상담의 실제를 소개하였다.

그렇다면, 우리는 이제 어디로 가야 할 것인가?(Where Do We Go from Here?) 빠르게 변모하는 복잡한 21세기 사회 현실에서, 각각의 교회는 그리스도의 살아있는 몸이요 생명의 공동체로서 어떻게 성경이 말하는 그러한 1세기적 교회가 될 수 있겠는가? 어떻게 서로 돌아보아 사랑과 선행을 격려하며 서로의 짐을 나누어지고 그리스도의 풍성한 삶으로 인도하는 그리고 크리스천 돌봄과 코칭상담 사역을 전개하는 성서적인 치유 공동체가 될 수 있겠는가?

필자 자신도 지역 교회를 목회하면서 이러한 사역을 개 교회에서 발전시키기란 그리 쉬운 것이 아님을 뼈저리게 경험한 바 있다. 그래서 교회들이 연합하여, 본서에서 제시된 바, 영혼의 치유와 회복, 생명이 살아나는 공동체적 돌봄 및 코칭상담 사역을 전개하기 위해 다음과 같은 '크리스천 라이프웨이 공동체'(Christian LifeWay Community) 구축을 위한 실천적인 제안을 하고자 한다.13)

첫째, 21세기 상황에서 1세기적 교회 공동체와 돌봄 및 코칭상담 사역 발전의 필요성에 공감하는 목회 사역자와 코칭 혹은 상담 전문가 및 성도들이 함께 '크리스천 돌봄 공동체'를 구축하는 것이다. 함께 건강한 교회와 행복한 가정 건축을 위한 공동의 사역 비전을 나누고 실질적인 상담 혹은 프로그램들을 연구하는 모임에 참여한다.

둘째, 라이프웨이 공동체원들이 지속적으로 언약의 삶을 살아가도록 온·오프라인을 통해 상담과 지지 및 훈련을 제공한다. 이를 통해, 건강한 교회와 가정을 위한 하나님의 언약적 사랑을 실천하고, 그리스도와 교회의 사랑과 성숙의 비밀을 드러내는 삶을 실천하도록 격려할 수 있다(엡 5: 26-27, 32). 이를 위해 교육과 훈련, 성장에 도움이 될 자료들을 나누고, 소그룹 모임과 기도 및 영성 강화를 위한 모임을 갖는다. 일대일이나 소그룹의 연장 교육, 건강한 커플들을 멘토로 활용하고, 연결하는 것도 효과적이다.14)

셋째, 연례 공동체 집회를 통해 한 해의 언약적 삶을 돌아보고, 새로운 성장을 위한 결단과 언약 갱신의 축제를 갖는 것이다. 하나님께서 이스라엘 백성들을 통하여 늘 언약을 갱신하고 '부르심'에 바로 설 수 있도록 모범을 보여주신 것처럼, 우리도 먼저는 개인과 가정, 나아가 교회와 사회적으로 언약의 실천을 점검하고 주기적으로 갱신할 때 하늘에서 오는 부흥을 이 땅에서도 체험하게 될 수 있을 것이다(왕하 11:17).

필자는 아직도 인간의 곤경에 대해 오래 전에 되묻곤 했던 각종 "왜?" 라는 질문들에 대한 구체적인 답변을 다 얻지는 못하였다. 그러나 하나님의 은혜는 필자로 하여금 "왜?"라는 질문에서 "나는 누구인가?" "내 삶의 주인은 누구인가?" "나는 어떻게 그리스도 안에서 나의 현실을 해석하고 그것에 반응할 것인가?" "어떻게 사망의 음침한 골짜기에서라도 하나님의 은혜와 그로 인한 궁극적인 소망의 빛을 볼 것인가? 어떻게 다른 사람들에게도 이런 일이 있도록 도울 수 있겠는가?" 등의 질문을 하도록 바꾸었다. 고난 중에도 하나님을 신뢰하고 주변의 신앙 공동체와의 연합과 나눔을 통해 우리는 이미 세상을 이기신 그리스도 안에서 소망의 빛을 보고 회복과 성장을 경험할 수 있기 때문이다.

필자는 한 번도 고통을 원하거나 환영하지 않았다. 그리고 앞으로도 그럴 것이다. 그러나 이미 일어난 상실과 아픔의 경험에 대해서는 감사한다. 그것을 통해 고통이 없이는 경험하지 못할 주님의 은혜와 회복을 통한 치유와 성장이 있었기 때문이다. 미국 텍사스 주의 달라스에 있는 파클랜드 병원에서 만난 한 환자는 고통이 어떻게 아름답고도 구속적인 의미와 경험으로 나타날 수 있는지를 잘 보여주었다. 그는 필자의 안면신경마비와 관련된 마음의 상처 이야기를 듣고는 눈물을 글썽이며 그것이 절망의 수렁에 빠진 자신의 상황을 이해하고 수용하는데 어떻게 도전과 도움이 되었는지 토로하였다. 그리고 뜻밖에도 그토록 기나긴 세월을 보기 싫게만 생각했던 필자의 미소가 소용돌이치던 자기의 영혼을 차분하게 해주는 아름다운 미소로 다가왔음을 간증하였다.

필자의 고통스러운 성찰 과정에 함께 참여한 한 동료는 이렇게 말하였다: "주님의 은혜가 당신의 온 몸에 부어지고 있는 것을 느낍니다. 어떤 사람들은 현실과 변화에 직면하기가 두려워 그냥 자신을 감싸고 있는 동굴에서 나오려하지 않습니다. 당신이 스스로 파놓은 영혼의 동굴에서 나와 당신을 향해 쏟아지는 하나님의 은혜의 비에 당신의 있는 모습 그대로 젖어보세요. 일단 그 은혜의 비에 젖어보면 당신은 그것을 즐거워하게 될 것입니다. 그리고 다른 사람들에게도 와서 함께 은혜의 비에 젖어

들자고 초대하게 될 것입니다."

　사람들은 저마다 나름대로의 아픔과 상처를 안고 가슴앓이를 하며 살아간다. 필자 역시 신체적으로는 여전히 완치되지 않은 안면신경마비의 고통을 안고 있고, 그것이 늘 의식된다. 그러나 안면신경마비의 사건은 고통스럽게 시작되었지만 그 구속적 은총의 샘은 오늘도 지속적으로 흘러내리고 있다.

　본서에 기록된 필자 자신의 이슈 성찰이나 모든 여타의 내용들은 필자가 이미 온전히 이루었거나 그 모든 성장의 과정을 다 마쳤다는 것을 의미하지 않는다. 이 이야기들은 믿음의 공동체 안에서 서로의 아픔을 함께 지며, 우리의 궁극적 고향인 하나님의 나라에 온전히 귀향하는 그 날까지 우리의 회복과 성장의 이야기를 계속 함께 써가야 할 것을 의미한다. 또 그렇게 할 것을 새롭게 다짐하는 것이다.

....
그리고
이 은혜의 여정에 함께 동참하여
하늘로서 오는 은혜의 단비에
당신도 함께 젖어들기를 바라는
필자의 작은 초청이기도 하다.

주(註)

1) Andrew Lester, 「희망의 목회상담」, 67.
2) 이에 대한 구체적인 내용에 대해서는 다음의 자료를 참고하라. 유재성, "한국인의 공동체적 의식과 목회상담적 자기성찰," 「성경과 상담」, 제3권 (2003년): 93-136.
3) Patricia O'Connell Killen and John de Beer, *The Art of Theological Reflection* (New York: Crossroad, 1994), 18.
4) Michael Kerr and Murray Bowen, 「보웬의 가족치료이론」, 남순현, 전영주, 황영훈 공역 (서울: 학지사, 2005), 280.
5) 정성준, 「나는 왜 그런 배우자를 선택했을까?」 (서울: 지혜문학, 2004), 72-109. 가족관계 맥락에서의 자기이해와 성장을 돕는 도구 및 실천적 사례에 대해서는 다음의 자료들을 참고하라. Monica McGoldrick, Randy Gerson, and Sylvia Shellenberger, 「가계도: 사정과 개입」, 이영분, 김유숙, 정혜정 공역 (서울: 학지사, 2005); Ronald Richardson, *Becoming a Healthier Pastor* (Minneapolis: Fortress Press, 2005).
6) Ronald Richardson, *Creating a Healthier Church: Family Systems Theory, Leadership, and Congregational Life* (Minneapolis: Fortress Press, 1996).
7) Jimmy Allen, *Burden of Secret: A Story of Truth and Mercy in the Face of AIDS* (Random House, 1995), 90, 215-6.
8) 김유숙, 「가족치료: 이론과 실제」 (서울: 학지사, 2002), 124.
9) 맹명관, 「스타벅스 100호점의 숨겨진 비밀」 (서울: 비전코리아, 2005).
10) Brister, *The Promise of Counseling*, 52.
11) 유영권, "한국적 목회상담 수퍼비전 모델," 「기독교 상담 학회지」, 제4호 (2002): 186-7.
12) David Seamands and Beth Funk, *Healing for Damaged Emotions Workbook* (Wheaton: Victor Books, 1992), 9.
13) 필자는 이혼이 한국 사회에 큰 문제가 되는 상황을 목도하며 건강한 가정 건축을 위한 필자의 비전에 따라 이미 이와 유사한 제안을 발표한 바 있다. 이에 대해서는 다음의 자료를 참고하라. 유재성, "이혼에 대한 목회신학적 성찰과 그 대안," 「복음과 실천」, 제33집 (2004년 봄호): 300-5. 라이프웨이 공동체는 성서적인 교회와 가정을 건축하는 사역을 위해 함께 뜻을 같이하는 사람들의 모임이다. 이에 대한 문의는 침례신학대학교 상담심리학과

유재성 교수(email: jsyoo@kbtus.ac.kr)에게 연락하면 된다.
14) 멘토 커플 훈련과 활용, 그리고 그 효과에 대해서는 다음을 보라. Michael McManus, *Marriage Savers: Helping Your Friends and Family Avoid Divorce*, rev. ed. (Grand Rapids: Zondervan Publishing House, 1995); Michael and Harriet McManus, "How to Create America That Saves Marriages," *Journal of Psychology and Theology*, Vol. 31 (Fall, 2003): 196-207.

라이프웨이 코칭상담 … 만남 전 자기탐색

+이름/전화/E-mail:　　　　+일시/장소:　　　　+기관/교회:
+다음은 유재성 교수와의 만남이 보다 효과적이고 열매있는 시간이 되기 위한 것입니다.
　간략히 기록해 주십시오.

1. 현재상황 기록 나의 느낌/생각/행동반응, 시도한 해결방안 등	a) 변화/성장목표 b) 목표달성시 나/주위 사람들의 변화된 구체적인 모습(Visioning) c) 한 문장의 목표기도문
2. 예외상황 문제/이슈가 덜 심각/개선된 때/상황?	그 상황 전후에 내가 한 생각/행동은? 도움된 것은?

3. 나의 강점/자원
　1) 좋아하는/잘하는 것(봉사/경력/직업 등)
　2) 위로/용기/소망주는 것(성경/기도문/찬송 등)
　3) 문제 속에 있을 때 내게 도움이 되었던 주변의 사람들이나 요소들, 방법들 및 기타

4. 상황개선에의 의지
　해결에의 기대와 의지가 없는 것을 1, 가장 강한 상태를 100이라고 한다면, 현재 나는 몇 점입니까?
　코칭상담자와 긍정적인 해결을 이룰 것을 어느 정도나 확신합니까? 등

라이프웨이 코칭상담 약정서(샘플)

1. 코칭/상담자 소개 … 유재성

  1) 교육과정
   미국 Southwestern 대학원에서 목회학 (M.div in Pastoral Ministry/Theology, 1992)
   가족상담 (M.A. in Family Counseling, 1996)
   목회상담 (Ph.D in Pastoral Counseling, 2002)

  2) 임상훈련 및 상담 경력
   중독집단상담 인턴십 (Walsh Counseling Center, Fort Worth, Texas)
   임상목회훈련 (Parkland 종합병원, Dallas, TX; Swedish 종합병원, Seattle, WA)
   교회 및 상담 관련 기관들에서 교육, 상담(개인, 가족, 집단), 워크숍 및 세미나 인도
   한국목회상담협회, 한국가족상담협회, 한국기독교상담심리치료학회 상임위원/수퍼바이저 외

2. 코칭상담 접근
유재성 교수가 해결중심, 이야기치료, Bowen 가족치료 접근 등을 기반으로 자신의 연구와 임상경험을 통해 계발한 '라이프웨이 코칭상담' 접근을 사용합니다. 하나님 나라의 성서적 개념과 한국의 사회문화적 특성 및 개인의 강점과 자원을 통합하여 단기에 치유와 회복 및 변화와 성장을 시작하도록 돕습니다. 실질적인 변화와 성장을 위해 코칭과 상담 접근을 통합적으로 실시하며 기본적으로 3회~5회의 만남을 갖습니다.
그 후, 목표달성 여부를 점검하고 추가적인 회기를 진행할 수 있습니다.

3. 비밀 보장
코칭상담 과정에서 드러나는 모든 정보는 철저하게 비밀이 보장됩니다. 자살이나 학대, 각종 폭력의 증상이나 타인에게 해를 끼칠 수 있는 계획을 가진 경우 등을 제외하고는 사전 동의 없이 외부인에게 공개되지 않습니다. 교육이나 감독, 연구 등을 위해 필요한 경우 코치이/내담자의 사전 동의 후 코칭상담 과정을 녹음 혹은 녹화할 수 있습니다. 이것을 원치 않으면 미리 말씀해 주시기 바랍니다.

4. 코칭상담의 책임과 역할

코칭상담자와 코치이/내담자는 약속 시간을 지키고, 코칭상담 과정에 성실하게 임할 것을 약속해야 합니다.

부득이하게 약속된 시간에 올 수 없거나 기타 이유가 있어 만남을 갖기 어려울 경우에는 최소한 하루 전에 그 사유를 알려야 합니다.

5. 코칭상담비 정책

일반적으로 1회의 코칭상담에 _____의 코칭상담비를 책정하고 있습니다.

본 코치이/내담자는 위의 내용을 읽고 잘 이해하였으며 ___부터 ___회의 코칭상담을 받고자 합니다.

날짜: 20_____년 _____월 _____일

코치이/내담자 이름과 서명:

코칭상담자 이름과 서명:

참고문헌

1. 국내서적 및 소논문

김유숙. 「가족치료: 이론과 실제」. 서울: 학지사, 2002.
맹명관. 「스타벅스 100호점의 숨겨진 비밀」. 서울: 비전코리아, 2005.
송성자. 「한국문화와 가족치료: 해결중심 접근」. 서울: 법문사, 2001.
_____. "해결중심 가족치료의 전략과 기법." 「무엇이 좋아졌습니까?」, 김인수 외 4인 공저, 11-27. 서울: 동인, 1998.
유영권. "한국적 목회상담 수퍼비전 모델." 「한국기독교상담학회지」, 제4호 (2002): 173-208.
유재성. "상담과 코칭의 분리-통합 접근." 「한국기독교상담학회지」, 제18호 (2009): 95-120.
_____. "목회자의 탈진 자가진단법." 「목회와 신학」, (2004년 8월): 102-8.
_____. "이혼에 대한 목회신학적 성찰과 그 대안." 「복음과 실천」, 33 (2004): 277-309.
_____. "인간내면의 이해와 관계성장." 「한국기독교상담학회지」, 제9권 (2005년 5월): 85-111.
_____. "장기상담에서 단기상담으로: 해결중심의 전략적 단기공동체상담." 「복음과 실천」, 29 (2002): 375-98.
_____. "한국 사회의 이혼 급증현상 요인분석." 「목회와 신학」, (2003년 5월): 100-12.
_____. "한국인의 공동체적 의식과 목회상담적 자기성찰." 「성경과 상담」

제3권 (2003): 93-136.

이지선. 「오늘도 행복합니다: '지선아 사랑해' 두 번째 이야기」. 서울: 이레, 2005.

_____. 「지선아 사랑해: 희망과 용기의 꽃 이지선 이야기」. 서울: 이레, 2003.

정성준. 「나는 왜 그런 배우자를 선택했을까?」. 서울: 지혜문학, 2004.

2. 번역서적

Blackaby, Henry and Claude King. 「하나님을 경험하는 삶」. 문정민 역. 서울: 요단출판사, 1993.

Bradshaw, John. 「상처받은 내면아이 치유」. 오제은 역. 서울: 학지사, 2004.

Collins, Gary. 「뉴 크리스천 카운슬링」. 한국기독교상담심리치료학회 역. 서울: 두란노, 2008.

Epstein, Fred and Joshua Horowitz. 「내가 다섯 살이 되면」. 이경남 역. 서울: 한언출판사, 2003.

Fitchett, George. 「영적 진단을 위한 지침」. 유영권 역. 서울: 한국 장로교 출판사, 2001.

Kerr, Michael and Murray Bowen. 「보웬의 가족치료이론」. 남순현, 전영주, 황영훈 공역. 서울: 학지사, 2005

Kollar, Charles Allen. 「해결중심 목회상담」. 유재성 역. 서울: 요단출판사, 2004.

Lakoff, George. 「코끼리는 생각하지 마」. 유나영 역. 서울: 삼인, 2006.

Lester, Andrew. 「희망의 목회상담」. 신현복 역. 서울: 한국심리치료연구소, 1997.

Maxwell, John. 「실패를 딛고 전진하라」. 이현수 역. 서울: 두란노, 2000.

McGoldrick, Monica, Randy Gerson and Sylvia Shellenberger. 「가계도: 사정과 개입」. 이영분, 김유숙, 정혜정 공역. 서울: 학지사, 2005.

McIntosh, Gary and Samuel Rima. 「리더십의 그림자」. 김기호 역. 서울: 두란노, 2002.

McNamee, Sheila and Kenneth Gergen, eds. 「심리치료와 사회구성주의: 자기 이야기와 새로운 구성」. 김유숙 역. 서울: 학지사, 2004.
Metcalf, Linda. 「해결중심 집단치료」. 김성천, 이소영, 장혜림 역. 서울: 청목출판사, 2002.
Maxwell, John. 「실패를 딛고 전진하라」. 이현수 역. 서울: 두란노, 2000.
Weiner-Davis, Michele. 「누구나 한번쯤 이혼을 꿈꾼다」. 유재성 역. 서울: 한언출판사, 2003.

3. 외국서적

Adams, Jay. *How to Help People Change*. Grand Rapids: Zondervan, 1986.
Allen, Jimmy. *Burden of Secret: A Story of Truth and Mercy in the Face of AIDS*. New York: Random House, 1995.
Allport, Gordon. *The Pattern and Growth of Personality*. New York: Holt, Rinehard, and Winston, 1961.
Anderson, Ray. *The Soul of Ministry: Forming Leaders for God's People*. Louisville: Westminster Press, 1997.
Benner, David. *Strategic Pastoral Counseling: A Short-Term Structural Model*. Grand Rapids: Baker Books, 1992.
Berg, Insoo and Scott Miller. *Working with the Problem Drinker: A Solution-Focused Approach*. New York: W. W. Norton & Company, 1992.
Bishop, Leigh. "Healing in the Koinonia: Therapeutic Dynamics of Church Community." *Journal of Psychology and Theology* 13(1) (1985): 12-20.
Bonhoeffer, Dietrich. *Life Together and Prayerbook of the Bible*, Dietrich Bonhoeffer Works, vol. 5, Geffrey Kelley, ed., english edition. Minneapolis: Fortress Press, 1996.
Brister, C. W. *Pastoral Care in the Church*. 3rd ed. rev. and expanded.

New York: HarperSanFrancisco, 1998.
____. *The Promise of Counseling*. New York: Harper, 1978.
Browning, Don. *The Moral Context of Pastoral Care*. Philadelphia: Westminster Press, 1976.
____. *Religious Ethics and Pastoral Care*. Philadelphia: Fortress Press, 1983.
Bruce, F. F. *The Book of the ACTS*, in F. F. Bruce, ed., *The New International Commentary on the New Testament*. Grand Rapids: Wm. B. Eerdmans Publishing Co. 1984.
Brueggemann, Walter. "Covenanting as Human Vocation: A Discussion of the Relation of Bible and Pastoral Care." *Interpretation* 33, no. 2 (April 1979): 115-29.
Capps, Donald. *Living Stories: Pastoral Counseling in Congregational Context*. Minneapolis: Fortress Press, 1998.
Carter, John. "Maturity." In *Wholeness and Holiness*. ed. H. Newton Malony, 184-93. Grand Rapids: Baker Books, 1983.
Childs, Brian. *Short-Term Pastoral Counseling*. Nashville: Abingdon 1990.
Clebsch, William and Charles Jaekle. *Pastoral Care in Historical Perspectives: An Essay with Exhibits*. Englewood Cliffs: Prentice-Hall, 1964.
Clinebell, Howard. *Basic Types of Pastoral Care and Counseling: Resources for the Ministry of Healing and Growth*. rev. ed. Nashville: Abingdon Press, 1984.
Conn, Joann Wolski. "Spirituality and Personal Maturity." In *Clinical Handbook of Pastoral Counseling*, vol. 1, rev. ed., eds. Robert Wicks, Richard Parsons and Donald Capps, 37-57. New York: Paulist Press, 1993.
Corsini, Raymond. *The Dictionary of Psychology*. Philadelphia: Brunner/Mazel, 1999.

Couture, Pamela and Richard Hester. "The Future of Pastoral Care and Counseling and the God of the Market." In *Pastoral Care and Social Conflict*. eds. Pamela Couture and Rodney Hunter, 44-54. Nashville: Abingdon Press, 1995.

Crabb, Larry. *Connecting*. Nashville: Word Books, 1997.

_____. *The Safest Place on Earth*. Nashville: Word Books, 1999.

Crabb, Lawrence and Dan Allender. *Hope When You're Hurting: Answers to Four Questions Hurting People Ask*. Grand Rapids: Zondervan, 1996.

Ellens, J. Harold. "Sin and Sickness: The Nature of Human Failure." In *Counseling and the Human Predicament*, eds. LeRoy Aden and David Benner, 56-75. Grand Rapids: Baker Books, 1989.

Erikson, Erik. *Childhood and Society*. New York: W. W. Norton, 1963.

Freud, Sigmund. *The Ego and the Id*. New York: W. W. Norton, 1960.

_____. *A General Introduction to Pschoanalysis*. Garden Cinty: Garden City Publishing, 1943.

Gerkin, Charles V. *An Introduction to Pastoral Care*. Nashville: Abingdon Press, 1997.

_____. The Living Human Document: Revisioning Pastoral Counseling in a Hermeneutical Mode. Nashville: Abingdon Press, 1984

_____. Widening the Horizons: Pastoral Responses to a Fragmented Society. Philadelphia: Westminster Press, 1986.

Graham, Larry. *Care of Persons, Care of Worlds: A Psychosystems Approach to Pastoral Care and Counseling*. Nashville: Abingdon Press, 1992.

Grenz, Stanley. *Created for Community: Connecting Christian Belief with Christian Living*. Grand Rapids: Baker Books, 1998.

_____. *Revisioning Evangelical Theology: A Fresh Agenda for the 21st Century*. Downers Grove: InterVarsity Press, 1993.

_____. "Salvation and God's Program in Establishing Community," *Review and Expositor* 91 (1994): 505-20.

_____. *Theology for the Community of God*. Grand Rapids: Eerdmans, 2000.

Hauerwas, Stanley. *Character and the Christian Life*. San Antonio: Trinity University, 1985.

_____. *The Peaceable Kingdom*. Notre Dame: University of Notre Dame, 1983.

Hauerwas, Stanley and William Willimon. *Resident Aliens*. Nashville: Abingdon Press, 1989.

_____. *Where Resident Aliens Live: Exercises for Christian Practice*. Nashville: Abingdon Press, 1996.

Hiltner, Seward and Lowell Colston. *The Context of Pastoral Counseling*. Nashville: Abingdon Press, 1961.

Holifield, Brooks. *A History of Pastoral Care in America: From Salvation to Self-Realization*. Nashville: Abingdon Press, 1983.

Hulme, William E. *Pastoral Care and Counseling: Using the Unique Resources of the Christian Tradition*. Minneapolis: Augsburg Press, 1981.

_____. *Pastoral Care Come of Age*. Nashville: Abingdon Press, 1970.

Hunter, Rodney. "Pastoral Care and Counseling," *Dictionary of Pastoral Care and Counseling*. ed. Rodney J. Hunter, 845. Nashville: Abingdon Press, 1990.

Hunter, Rodney and John Patton, "The Therapeutic Tradition's Theological and Ethical Commitments Viewed through Its Pedagogical Practices: A Tradition in Transition," In *Pastoral*

Care and Social Conflict. eds. Pamela Couture and Rodney Hunter, 32-43. Nashville: Abingdon Press, 1995.

Johnson, Paul. *Psychology of Pastoral Care*. Nashville: Abingdon Press, 1953.

Kelly, Eugene. "Social Commitment and Individualism in Counseling." *Journal of Counseling and Development* 67 (February, 1989): 341-4.

Kemp, Charles. *The Caring Pastor: An Introduction to Pastoral Counseling in the Local Church*. Nashville: Abingdon Press, 1985.

Killen, Patricia O'Connell and John de Beer. *The Art of Theological Reflection*. New York: Crossroad, 1994.

Lapsley, James. "Pastoral Theology Past and Present." In *The New Shape of Pastoral Theology*, ed. William B. Oglesby Jr., 31-48. Nashville: Abingdon Press, 1969.

Lester, Andrew. *Hope in Pastoral Care and Counseling*. Louisville: Westminster Press, 1995.

Lincoln, Andrew. *Ephesians*, in David Hubbard and Glenn Barker, *Word Biblical Commentary*, vol. 42. Dallas: Word Books, 1990.

Lyon, K. Brynolf. "Aging and the Conflict of Generations." In *Pastoral Care and Social Conflict*, eds. Pamela Couture and Rodney Hunter, 86-98. Nashville: Abingdon Press, 1995.

Lyon, Steve. "Leading in Congregational Conflict: A Family Systems Model." *Southwestern Journal of* 43, no. 3 (Summer, 2001): 37-56.

Marshall, Joretta. "Pastoral Care with Congregations in Social Stress." In *Pastoral Care and Social Conflict*, eds. Pamela Couture and Rodney Hunter, 167-79. Nashville: Abingdon Press, 1995.

Maslow, Abraham. *Toward a Psychology of Being*, 2nd ed. New York: Van Nostrand Reinhold Company, 1968.

_____. *Motivation and Personality*. 2nd ed. New York: Harper, 1970.

McGoldrick, Monica Carol Anderson, and Froma Walsh eds. *Women in Families: A Framework for Family Therapy*. New York: W. W. Norton and Co., 1982.

McManus, Michael. *Marriage Savers: Helping Your Friends and Family Avoid Divorce*, rev ed. Grand Rapids: Zondervan Publishing House, 1995.

McManus, Michael and Harriet "How to Create America That Saves Marriages." *Journal of Psychology and Theology*, Vol. 31 (Fall, 2003): 196-207.

McNeill, John. *A History of the Cure of Souls*. vii. New York: Harper, 1951.

Metcalf, Linda. *Solution Focused Group Therapy*. New York: The Free Press, 1998.

Miller, Kevin. "Putting an End to Christian Psychology: Larry Crabb Thinks Therapy Belongs Back in the Churches." *Christianity Today* (14 August, 1995): 16-7.

Miller-McLemore, Bonnie and Herbert Anderson. "Gender and Pastoral Care." In *Pastoral Care and Social Conflict*, eds. Pamela Couture and Rodney Hunter, 99-113. Nashville: Abingdon Press, 1995.

Nouwen, Henry. *The Wounded Healer: Minister in Contemporary Society*. New York: DoubleDay, 1979.

Oates, Wayne E. *Pastoral Counseling*. Philadelphia: Westminster Press, 1974.

_____. "The Power of Spiritual Language in Self-understanding." In *Spiritual Dimensions of Pastoral Care*, eds. Gerald Borchert and Andrew Lester, 56-71. Philadelphia: Westminster Press, 1985.

_____. *The Presence of God in Pastoral Counseling*. Dallas: Word Books, 1986.

_____. *Protestant Pastoral Counseling*. Philadelphia: Westminster Press, 1962.

O'Connell, Patricia Killen and John de Beer. *The Art of Theological Reflection*. New York: Crossroad, 1994.

Oden, Thomas C. *Pastoral Theology: Essentials of Ministry*. San Francisco: Harper, 1983.

_____. "Recovering Pastoral Care's Lost Identity." In *The Church and Pastoral Care*, eds. LeRoy Aden and J. Harold Ellens, 17-31. Grand Rapids: Baker Books, 1988

O'Hanlon, Bill. "What's the Story?: Narrative Therapy and the Third Wave of Psychotherapy." In *Evolving Possibilities: Selected Papers of Bill O'Hanlon*. eds. Steffanie O'Hanlon and Bob Bertolino, 205-20. Philadelphia: Brunner/Mazel, 1999.

Oliver, Gary, Monte Hasz and Matthew Richburg. *Promoting Change through Brief Therapy in Christian Counseling*. Wheaton: Tyndale House, 1997.

Patton, John. *From Ministry to Theology*. Nashville: Abingdon Press, 1990.

_____. *Pastoral Care in Context*. Louisville: Westminster Press, 1993.

Pattison, Mansell. *Pastor and Parish-A Systems Approach*. Philadelphia: Fortress Press, 1977.

Poling, James. "Ethical Reflection and Pastoral Care, Part 1." *Pastoral Psychology* 32 (Spring, 1984): 106-13.

Richardson, Ronald. *Becoming a Healthier Pastor*. Minneapolis:

Fortress Press, 2005.

_____. *Creating a Healthier Church: Family Systems Theory, Leadership, and Congregational Life*. Minneapolis: Fortress Press, 1996.

Rieff, Philip. *The Triumph of the Therapeutic*. New York: Harper, 1966.

Schneider, Carl. "'If One of Your Number Has a Dispute with Another': A New/Ancient Pastoral Paradigm and Praxis for Dealing with Conflict." In *Pastoral Care and Social Conflict*, eds. Pamela Couture and Rodney Hunter, 209-19. Nashville: Abingdon Press, 1995.

Seamands, David and Beth Funk. *Healing for Damaged Emotions Workbook*. Wheaton: Victor Books, 1992.

Shazer, Steve de. *Keys to Solution in Brief Therapy*. New York: W. W. Norton & Company, 1985.

Stevens, R. Paul and Phil Collins. *The Equipping Pastor*. New York: Alban Institute, 1993.

Stone, Howard. *The Caring Church*. Minneapolis: Fortress Press, 1991.

_____. "The Congregational Setting of Pastoral Counseling: A Study of Pastoral Counseling Theoriest from 1949-1999." *The Journal of Pastoral Care* 55, no. 2 (Summer 2001): 181-96.

_____. "Pastoral Counseling and the Changing Times." *The Journal of Pastoral Care* 53, no. 1 (Spring, 1999): 31-45.

_____. "Sojourn in South Africa: Pastoral Care as a Community Endeavor." *Journal of Pastoral Care* 50, no. 2 (Summer, 1996): 207-13.

_____. ed. *Strategies for Brief Pastoral Counseling*. Minneapolis: Fortress Press, 2001.

_____. *Theological Context for Pastoral Caregiving: Word in Deed.* New York: Haworth Press, 1996.

Thomas, Frank and Jack Cockburn, *Competency-Based Counseling: Building on Client Strengths.* Minneapolis: Fortress Press, 1998.

Thurneysen, Edward. *A Theology of Pastoral Care.* trans. Jack Worthington and Thomas Wieser. Richmond: John Knox, 1962.

Tjeltveit, Allen. "The Psychotherapist as Christian Ethicist: Theology Applied to Practice." *Journal of Psychology and Theology* 20, no. 2 (Summer 1992): 89-98.

Vanier, Jean. *Community and Growth.* New York: Paulist Press, 1979.

Weiner-Davis, Michele. *Divorce Busting.* New York: Simon & Schuster, 1992.

Wilson, Rod. *Counseling and Community.* Waco: Word Books, 1995.

Wolski, Joann Conn. "Spirituality and Personal Maturity." In *Clinical Handbook of Pastoral Counseling,* vol. 1, rev. ed., eds. Robert Wicks, Richard Parsons and Donald Capps, 37-57. New York: Paulist Press, 1993.

Wuthnow, Robert. *Sharing the Journey: Support Groups and America's New Quest for Community.* New York: Free Press, 1994.

Yoo, Jae Sung. "Brief Pastoral Caregiving in a Communal Context." Ph.D. diss., Southwestern Baptist Theological Seminary, 2002.

"예수께서 이르시되 내가 곧 길이요 진리요 생명이니 나로 말미암지 않고는 아버지께로 올 자가 없느니라"(요 14:6)

현대 크리스천 상담의 이해와 실제

초판발행 2006년 9월 5일
개정발행 2015년 2월 12일

저　자　유　재　성
발행인　배　국　원
발행처　하 기 서 원
　　　　대전광역시 유성구 북유성대로 190(하기동 산14)
　　　　042-828-3255, 3257 • Fax. 042-828-3256

인쇄처　도서출판 이화
　　　　대전광역시 중구 선화동 229-2번지 장현빌딩 2층
　　　　042-255-9707~8 • Fax. 042-255-9709

ISBN 978-89-93630-61-9 93180

정가 15,000원

※ 무단복제나 전재를 금합니다.
※ 잘못 만들어진 책은 바꾸어 드립니다.